幕藩研究会◉編

論集 近世国家と幕府・藩

岩田書院

目　次

Ⅱ　幕府制度の諸相

Ⅲ　諸藩の政治・文化

まえがき

本書は幕藩研究会の会員による初めての論文集である。幕藩研究会は一九八八（昭和六十三）年七月四日に第一回の研究例会を開催してから、本年二〇一九年で三十一年になる。幕政史・藩政史、幕藩関係史に関心を持つ人が集まり、自由な議論をかわす研究会として続いてきた。

発足当初の会員は四人（浅倉有子・中川和明・針谷武志・松尾美惠子）で、第一回の報告者は中川氏、タイトルは「豊臣政権の城普請・城作事」であった。そのレジュメには「大名課役研究会」とある。幕藩研究会の名称はどうやらこの日に決めたようである。

当時松尾は徳川林政史研究所に勤務しており、研究会は概ね研究所で夕刻から行った。その後研究所の同僚、アルバイトの大学院生、史料の閲覧者、知人・友人に声をかけて、参加者が増えていった。一九九二年に岡山藩研究会が発足し、そのメンバーとも相互に交流した。研究会では、随時、報告例会のほか、史料の講読会、史料調査を兼ねた合宿などを行い、その成果はメンバー各自の研究に生かされ、個々の論文に結実した。

発足十年を経た一九九九年四月、それまでの研究会の活動状況を広く発表する場として、シンポジウム「国役再考―近世国家史の視点から―」を開催した。近世の国役に関しては一九七〇年代半ば以降、多くの研究者により様々な見解が示されており、シンポジウムでは、国役概念の再検討とともに、国役の時代的変化を検証した。さらにその成果を中心にした機関誌「幕藩研究」の刊行を企画したが、実現に至らなかった。

二〇一〇年代になると、若い会員を中心に研究会の活性化が図られ、会の形も整えて、将来に向けて踏み出そうという機運が盛り上がり、二〇一二年九月、近年の大名論の蓄積を基にして、「近世大名論再考」というテーマでシンポジウムを開催した。その後、毎年総会とともに大会あるいは例会を開いてきた。

研究会の継続は、中心メンバーの就職や様々な条件が重なり、容易ではなかったが、メンバーの世代交代が進む中、なんとか続けて来ることができたのは、幹事役(事務御用掛と呼称)の三人、針谷武志(初期)、笠原綾、小宮山敏和(現在)に負うところが大きい。また松尾の勤務先の学習院女子大学から登録学会として施設の使用を認められ、ときに学会開催のための援助金を支給されたことも有難かった。

昨秋、現在研究会を運営するメンバーの中から二〇一九年十月の松尾の喜寿を期して、念願の論集を出してはどうかという話が持ち上がった。小宮山敏和・田原昇・藤田英昭・堀亮一の四人が編集世話人となり、これまでのシンポジウムや大会の報告者を中心に原稿を依頼した。こうして集まった一四の論考は、それぞれの問題関心に基づいて、幕府・大名(藩)・幕藩関係の諸問題を究明している。いずれも史料に裏付けられた実証的な研究で、正面から近世「国家」の特質を論じるものではないが、その一面を提示しているといえよう。そこで、本書のタイトルを『論集 近世国家と幕府・藩』とし、各論考をⅠ「幕藩制の成立と展開」、Ⅱ「幕府制度の諸相」、Ⅲ「諸藩の政治・文化」の三部に配置した(以下、副題省略)。

Ⅰ「幕藩制の成立と展開」には、近世大名や幕藩関係に関する論考四本を収録した。

松尾美惠子「徳川政権の「国分」と国主・城主・領主」は、関ヶ原戦後の徳川政権の「国分」によって、国主の領する国と、それ以外の徳川直轄国とが大枠として存在したとみなし、国主と国奉行を対比的にとらえ、それぞれの役割、豊臣秀頼の位置づけ、徳川直轄国内の城主の役目、諸領主の性格等々を検討し、近世「国家」の基本的枠組みを提示した。近世大名(藩)を類型化する上での起点となる論考である。

鍋本由徳「徳川秀忠政権期の外国人紛争と九州大名」は、平戸にいたイギリス商館員が起こした日本人(肥後の商人)打擲事件を事例に、江戸初期の外国人をめぐるトラブルにイギリス商館や関係する大名がどのように対応したかを検討した。とくに、事件解決のうえでは大御所家康の存在は大きく、イギリス側も家康から獲得した特権をもとに、自己の正当性を主張していたことなどを英文史料を活用しながら明らかにした。

針谷武志「近世後期の海防と「慶安軍役令」」は、寛政以降本格化する海防動員で「慶安軍役令」が適用されていく経緯とともに、海防軍役に対する幕府の保障行為を検討した。「慶安軍役令」は旗本が海防動員されるなかで有効性を帯びてきたと指摘する。また、大名の海防動員に対する保障行為は、基本的に扶持給付ではなく拝借金・下賜金の形態であったが、財政難を理由に拝借金の出願を認めなくなり、幕府の公儀権能を藩側が疑問視するようになると見通した。

藤田英昭「幕藩関係の変容と徳川慶勝の「公武合体」運動」は、文久年間における御三家と国持大名(「列藩」)との国政上の役割を整理しながら、御三家尾張家の徳川慶勝の活動を検討した。慶勝は列藩が京都政局に介入することに消極的で、列藩の京都進出につながる御親兵の採用に批判的な活動を展開していた様子を明らかにした。この御親兵は、諸藩をして天皇の「藩屏」化を促進させるとともに、従来までの幕藩関係を変容させていくと見通している。

Ⅱ「幕府制度の諸相」には、幕府の役職や制度、大奥に関わる論考六本を収めた。

堀亮一「関東における代官所の機能」は、幕府勘定奉行配下の代官が、幕領以外の私領・寺社領に対しても影響力を行使していた点に注目した。とくに、近世中期の関東を対象に、武蔵国多摩郡上布田村(東京都調布市)の名主がまとめた「公令抜記」という御触書集成などを活用して、具体的状況を示している。これにより、文化二年(一八〇五)の関東取締出役設置以前に、代官による広域支配行政が展開していたことが明示された。

田原昇「幕府役人の任用形態に関する一考察」は、小伝馬町牢屋敷役人である囚獄石出帯刀・牢屋同心・牢屋下男を取り上げ、その任用形態の実態を俗説などと対比しながら検討したものである。これまで牢屋敷といえば、刑罰の面に研究の関心が向けられていたが、ここでは、牢屋敷の運営を担っていた最下層の御家人に焦点を当てて、御家人身分の多様なありようを検証している。

福留真紀「大奥御年寄の養子縁組」は、元禄期における大奥御年寄の養子縁組の実態を紹介した。注目したのは、筆者が長年取り組んできた酒井雅楽頭家の縁者である松枝の養子縁組である。この縁組は、松枝の嫡男酒井主膳忠平に続き、孫の采女が死去したことを契機とし、当初は松枝個人の養子が強調されていたが、のちに婚家の跡継ぎに想定されたことなど、縁組をめぐる動きを追究しながら、綱吉政権下の大奥と大名・旗本の関わりの一端を示した。

吉成香澄「徳川将軍姫君の縁組と御住居について」は、文化・文政期における十一代将軍家斉娘の縁組事情をみた。事例としたのは、会津松平家に嫁いだ一六女の元姫であり、縁組の経緯や「御住居」の造営過程を明らかにした。毎年のように誕生する家斉の子女の処遇は、幕府の重要な政治課題であったが、大名側が子女を受け入れやすいように幕府が譲歩している実態を示している。

大沢恵「幕府側史料による老中奉書の検討」は、老中奉書の文書学的な検討であるとともに、老中の職務にも迫った論考である。これまで老中奉書といえば、大名家側に残された史料で分析されてきたが、本稿は『丹鶴城旧蔵幕府史料』をもとに、幕府(老中)の視点で老中奉書の再検討を試みた。「奉書留」「当日奉書留」を老中奉書の控えとみなし、折紙・折封と竪紙・捻封の違いも大名の格式や献上物によるものではなく、献上者の居場所に基づいていたと解釈するなど、これまでの老中奉書研究に新たな知見を加えた。

小宮山敏和「江戸幕府の行政運営における「申合」の機能」も、先述の『丹鶴城旧蔵幕府史料』を活用して、老中の業務運用の一端を分析した。本稿で注目したのは、老中間でやり取りされた「申合」という行為であり、その制度的な位置づけと機能を明らかにしている。とりわけ「申合之書付」は、部局を限定した運用細則的なもので、老中以外の幕府役職においても「申合」は機能していたと示唆する。

Ⅲ「諸藩の政治・文化」には、個別藩の献上・贈与、藩政改革、大名の交遊、災害に関する論考四本を収めた。

深井雅海「尾張藩祖徳川義直の刀剣献上・贈与」は、尾張家から将軍家・徳川一門・幕閣・大名・幕臣・尾張家および諸大名の家臣などに献上・贈与された刀剣を分析した基礎的成果である。義直が献上したり、贈与した刀剣は、献上者・贈与者の立場や身分・権力状況に応じて異なっており、刀剣も細かに格付けされていた実態が鮮明となる。刀剣を活用した近世武家社会における格の重要性がうかがえる。

浅倉有子「記録方から見た米沢藩中期藩政改革」は上杉治憲（鷹山）の改革を支えた記録方の歴史編纂事業の視点から、米沢藩の藩政改革を再検討した。従来、改革の停滞期と見なされてきた天明期も、記録編纂事業の観点から見れば、改革は継続されていたとする。そして記録方が改革政治から退き、本務に服した後も、上杉家の正統性を保証する記録方は、藩内で重要視されていったと評価した。

岡崎寛徳「近世大名の蹴鞠・楊弓・打毬」は、寛政～文化期の津軽藩主津軽寧親宛の書状を分析し、遊芸を介した大名間の交遊関係を具体的に解明した。とくに、近世中期以降武家の間に流行した蹴鞠・楊弓・打毬に焦点をあてて、ほとんど知られていない大名の暮らしぶりを明らかにしている。近世の大名の書状は、読み込めば意外な事実や時代を反映した内容に触れることがあると説く。

千葉一大「災害と幕藩権力・民衆」は、安政三年(一八五六)に発生した盛岡藩領の津波災害を検討の中心に据えた論考である。被災状況の把握のされ方や被害者救済の実態などを実証的に分析した。とりわけ、地域支配のありようや被災状況によって、災害時の対応は異なっていたことを指摘し、史料に即した分析を重視している。その史料にしても、被災状況を水増し、改変された事例があることから、確実な史料批判の上に立つ歴史研究の必要性を提唱した。あわせて、史料分析の専門性を有する歴史研究者の役割と社会的責任も喚起している。

ここに収めた論考は、幕藩研究会に集まった人々がともに学び、議論してきたことの一端に過ぎない。今後、この論集で考察した事柄を土台にして、幕府・大名(藩)・幕藩関係に関する研究がさらに進展し、第二、第三の論文集が編まれるようになることを祈ってやまない。おわりに、昨今の厳しい出版事情にもかかわらず、このような論文集の刊行を快くお引き受けくださり、種々ご助言を賜った岩田書院の岩田博社長に、深く感謝する次第である。

二〇一九年十月

幕藩研究会代表　松尾　美恵子

Ⅰ　幕藩制の成立と展開

徳川政権の「国分」と国主・城主・領主

松尾　美惠子

はじめに

徳川家康が関ヶ原の戦いに勝利し、将軍宣下、大坂の陣へと続く過程で、「国土」をどのように掌握し、大名・諸将に配分したかという問題は、当該期の政治史のみならず、近世の大名制の成立過程を考える上でも重要である。

一般に近世の大名は将軍に直属する知行一万石以上の武士、旗本は一万石未満の武士と定義づけられているが、江戸時代のはじめからそのように区別されていたわけではない。また大名の分け方も将軍との親疎関係により、親藩（一門）・譜代・外様に分ける三分法が定説だが、これは近代の産物である。

筆者が従来の近世大名の分け方に疑問を持ったのは、大坂加番制の研究を進める過程で、史料に出てくる「御譜代」（帝鑑間席の大名）と「外様」（柳間席の大名）が、一般的に認識されている譜代大名・外様大名とは異なることに気づいてからである。[1]その後、親藩・家門・譜代・外様の語の用例や意味、三分法の成立とその源流を検討し、[2]また大名の江戸城における殿席の制度が、将軍との親疎関係や、国持大名か、城主か否か、石高、官位など、大名の家格を表わす様々な要素を集約して成立していて、近世大名を類型化する上でもっとも重要であると考えた。[3]さらに大名・

藩の問題は、これまでの固定化した三分法から解き放たれることがまず必要で、大名はその成り立ち方から類型化していくことが幕藩制国家史研究において求められる、と折に触れ述べてきた(4)。

しかし、大名を親藩・譜代・外様の三種に分ける分け方は、依然として根強く、教科書の記述は変わらないし、専門書でさえもこの問題に無頓着であるといわざるを得ない(5)。そのため再び大名の類別の問題を俎上に載せることにしたいが、本稿では近世の大名制が殿席制を軸にした家格制として成立する前提として、主に慶長期の大名・領主の存在形態について検討し、さらに当該期の「国家」の基本的枠組みがいかなるものであったかを考察する。

一　徳川の「国分」

最初に、関ヶ原の戦い後の徳川政権による「国分《くにわけ》」に注目する。「国分」は豊臣政権の全国統一過程において惣無事令とともに強権的に行なわれた領知の確定命令を意味する語で、「四国国分」「北国国分」「九州国分」が実施され、また大規模な国替が行なわれて、いわゆる鉢植え大名が誕生したことが、藤田達生氏らの研究により明らかにされている(6)。この結果成立した豊臣期の大名・領主の存在形態、個々の統治・支配の様態について、ここで筆者が具体的に言及することはできないが、国郡を単位として領知を与えられた国主・郡主と、国主・郡主の存在しない国郡に知行を与えられた領主たちとに分けて認識することは許されるであろう。そしてその中には織田政権下の秀吉の同僚、秀吉に臣従した戦国大名や国衆、秀吉の係累、秀吉子飼いの部将たちがおり、国主・郡主として、また領主として領国・領知を統治・支配しようとしていたとみなすことは可能であろう。

このようにいったん成立した豊臣期の国主・領主の所領配置が大きく変わるのが、関ヶ原の戦い後であることは周知の通りである。それは一般に関ヶ原後の戦後処理・論功行賞の結果としてとらえられているが、ここでは徳川家康・秀忠が覇権を確立する過程で実施した徳川の「国分」（「国割」「国配分」という言葉もある）という観点でみてみる。「国分」はかつて盛んに議論された国郡制の枠組みに規定された領知配分を意味する。そもそも豊臣政権において国郡制に基づく「国分」が行なわれ、また石高知行制が成立して併用され、同様に徳川政権も国郡を単位に領知を配分し、また国郡を分割するさいは石高による知行を与えたとみてよいであろう。その結果、徳川政権のもとでも武家領主は自らの領国を有する国主と、それ以外の国に知行を持つ領主とに分かれた。そして徳川政権は、国主を置いた国については国主にその支配を委ね、国主を置かない国については直轄し、国奉行を置き、また軍事的拠点（城）に自らの部将と軍兵を置いて全国支配を固めていったと考えておきたいと思う。[8]

二　国主をめぐって

本節では、徳川の「国分」により国単位に配置された国主について検討する。国主とは第一義的に「一国一円」の領主であるが、肥前鍋島氏・肥後細川氏など同国内に他領を含みつつ「国主」と称されている大名も存在する。前田氏のように加賀・能登・越中三か国、島津氏のように薩摩・大隅二か国を宛行われ、複数国を領有した国主もある。「国大名」[9]や「国持」[10]、「守護」[11]とも表現されるが、初期の史料では「国主」と出てくることが多い。そのことに何か意味があるかもしれないので、ここでは専ら「国主」の語を使用する。なお寛保三年（一七四三）成立の『柳営秘鑑』[12]に、「国持之面々」として一七の大名家と越前家二家の名が上がり[13]（論文末の付表1参照）、一般に国持大名といえば、これらの家々を指すことが多いが、本稿ではこれを近世大名制成立後の家格表現の一種としてとらえて、初期の国主

とは区別しておきたい。(14)

1　国主の配置

まず江戸時代初頭の国主配置をみていこう。使用する史料は『当代記』(15)と『御当家紀年録』(16)である。周知のように、『当代記』は近世初期の政治・社会の状況を知る上で重要な文献である。『御当家紀年録』は播磨姫路城主松平(榊原)忠次が寛文四年(一六六四)に著した江戸幕府の創業史で、やはり前期幕政史の史料として高い価値を有する。どちらも一次史料ではないが、その中で表現される語は近世初期に使用、概念化されたものとして重視したい。この両史料に「国主」の語が多く出てくる。そこで、『当代記』の慶長五年(一六〇〇)から慶長十九年に至る「国主」関係記事と、『御当家紀年録』の慶長五年から寛永九年(一六三二)までの「国主」関係記事を摘記してみた(それぞれ論文末の付表2・付表3として表示)。すなわち「国主」の肩書のある人名と、関ヶ原の戦い後の「国配当」の記事(『当代記』)等、特定の国の国主であることが明白な人名記事はすべて拾った。(17)

「半国主」という語にも注目し採録した。藤堂高虎と加藤嘉明は関ヶ原後、伊予国を半分ずつ与えられた。高虎は慶長十三年八月、伊賀一国と伊勢八郡の内に移され、以後「伊賀国主」と呼ばれた。嘉明は、慶長十五年六月、「名小屋普請知行役」を課せられた中に、「拾九万千六百石　加藤左馬頭(嘉明)伊予半国主」(『当代記』)と出てくる。『御当家紀年録』には元和五年(一六一九)福島正則が安芸・備後両国を没収され、そのあと浅野長晟が紀伊国から安芸国・備後半国に移封した記事がある。

「郡主」の語は見当たらなかったが、関係するものとして『御当家紀年録』に、慶長五年、遠藤慶隆が「濃州郡上郡一円」を賜った記事、下って寛永九年、池田光政が「因幡・伯耆二州」から「備前国及備中一郡」に移動した記事があったので採録した。「国主郡主居城図」[18]という史料の存在や、官位任叙の際の礼物に国取り侍従・郡取り侍従の別があったこと[19]から、郡を単位に領知を与えられた郡主が存在したことは確かであろう[20]。

もうひとつ、大久保長安に関する『当代記』の記事に注目した。次の史料は慶長七年の記事である。

〔史料1〕

此比より佐渡国に銀倍増して、一万貫目余上江被納、先代越後景勝《上杉》彼国領納之時分は、わつかなりしと云々、又石見国金山も倍増して、四五千貫目被納、是も先代森輝元《毛利》の時は僅の義也、家康公分国になりしより如此、右之両国大久保石見守拝領也、但金山之義は彼人為代官、銀は上江右之通被収、毎年石見守三月佐渡江相下、八月伏見へ上、九月十月者石見国江下、是金山相改、弥銀多分為可被納也、（傍線筆者、以下同じ）

すなわち、佐渡国は上杉、石見国は毛利の領国だったが、関ヶ原後、徳川家康の分国となって以来、金銀の産出が倍増した、この両国を大久保石見守（長安）が拝領した、但し金銀山は家康の所有で、長安はその代官として、産出金銀は家康のもとに納められた、長安は毎年三月に佐渡、八月に伏見、九月・十月は石見に赴いた、とある。同じく慶長九年の記事にも、「八月十日比、自佐渡国大久保十兵衛（長安）上る、銀子山繁昌之由悦玉ふ、佐渡国を十兵衛に被下、但銀山はのぞく」とある。

これらによれば、佐渡国と石見国は金銀山を除き長安の所領となったといえよう。ただ、長安の従五位下石見守叙任は、慶長八年五月十四日〜同年十月二十八日の間のことであり[21]、『当代記』の記事は正確とはいえないが、慶長年間の一時期、長安が家康から両国を与えられ、支配していたことは間違いないであろう。但し国主としてではなく、徳川直轄国の国奉行的な存在と見た方がよいのかもしれない[22]。国奉行としての大久保長安についてはのちにふれる。

表1はこの両史料の記事に基づいて、関ヶ原戦後の「国配当」以降の国主（半国主を含む）の変遷をまとめたもので

山陽道	30	播磨	池田輝政＊・利隆		
	31	美作	小早川秀秋	森忠政＊	
	32	備前		池田輝政･輝直(利隆)＊･松平忠継･忠雄･光政	
	33	備後	福島正則＊	(半)浅野長晟	
	34	安芸		浅野長晟	
	35	周防	毛利輝元・秀就＊		
	36	長門			
南海道	37	紀伊	浅野幸長＊・長晟	徳川頼宣	
	38	淡路	脇坂安治	池田忠雄	蜂須賀至鎮
	39	阿波	蜂須賀至鎮＊		
	40	讃岐	生駒一正・正俊＊		
	41	伊予	(半)加藤嘉明	(半)藤堂高虎	
	42	土佐	山内一豊・忠義＊		
西海道	43	筑前	黒田長政＊・忠之		
	44	筑後	田中吉政・忠政＊		
	45	豊前	細川忠興＊・忠利		
	46	肥前	鍋島勝茂＊		
	47	肥後	(半)加藤清正＊・忠広	細川忠利	
	48	大隅	島津家久＊		
	49	薩摩			

本表は主として『当代記』『御当家紀年録』中の「国主」記事を基に作成した。「半国主」の場合は名前の前に(半)と記した。

豊臣秀頼を摂津・河内・和泉の「国主」とする記事はないが、便宜上記入し、(　　)で示した。

大久保長安は佐渡・石見の「国主」か検討を要するが、記事内容に従い(　　)で示した。

陸奥国・出羽国の広域的領主も記した。

慶長16年4月12日の三か条の条目に署判したもの(島津家久は在国、署判免除)には国主名の後に＊を、慶長17年正月15日に署名したものには＊＊を付した。

表1　慶長・元和期の国主

	No.	国	国主の変遷		
畿　内	1	摂津	（豊臣秀頼）		
	2	河内			
	3	和泉			
東海道	4	伊賀	筒井定次	藤堂高虎＊	
	5	尾張	松平忠吉	徳川義直	
	6	遠江	徳川頼宣	徳川忠長	
	7	駿河			
	8	甲斐	徳川義直		
	9	安房	里見忠義＊＊		
東山道	10	飛驒	金森長近・可重＊・重頼		
	11	陸奥大崎 岩手山	伊達政宗＊＊		
	12	陸奥南部	南部利直＊＊		
	13	陸奥会津	蒲生秀行＊＊		
	14	出羽米沢	上杉景勝＊＊		
	15	出羽	最上義光＊＊・義俊		
	16	出羽愛田 （秋田）	佐竹義宣＊＊		
北陸道	17	若狭	京極高次・忠高＊		
	18	越前	結城秀康・松平忠直＊ 同＊＊		
	19	加賀	前田利光＊		
	20	能登			
	21	越中	前田利長・利光		
	22	越後	堀秀治・忠俊	松平忠輝	
	23	佐渡	（大久保長安）		
山陰道	24	丹後	京極高知＊		
	25	伯耆	中村一学	池田光政・光仲	
	26	因幡			
	27	出雲	堀尾忠氏・忠晴（可晴後見）＊		
	28	隠岐			
	29	石見	（大久保長安）		

ある。但し国主と同様、一円的・広域的な領知を有した大名も本表に加えた。

陸奥国と出羽国には一国をまるまる領有する国主は存在しないが、慶長十二年十月、家康が秀忠を饗した茶会の席に、相伴衆として招かれた「長尾(上杉)景勝、元越後・佐渡主、今奥州米沢の主也、伊達正(政)宗、元会津・二本松・信夫の主、今大崎・岩手山の主也、但在江戸、佐竹(義宣)、元常陸国の主、今愛田(秋田)の主也」(『当代記』)の三人と、慶長十三年、駿府の家康に音信物を送った「奥州南部の主、南部信濃守(利直)」、「会津(蒲生)飛驒守(秀行)」、「出羽国最上出羽守(義光)」(『当代記』)らがいた。なお『御当家紀年録』の元和八年是年条では、同年家中騒動により領国を没収された最上義俊(義光の孫)に「出羽国主」の肩書を付けている。

また『駿府記』慶長十八年正月三日に、「国持衆」の名代が家康に太刀・馬を献上した記事があり、二六人の「国持衆」の名が列挙されており、その中にも上杉景勝・伊達政宗・佐竹義宣・蒲生忠郷・南部利直・最上義光の名がみえる。ここには肥後国の鍋島勝茂(慶長十二年、竜造寺家の後を受け継いだ)の名もあり、本表に追加した。

そして、表1に見る慶長・元和期の国主(陸奥・出羽の広域的領主を含む)の領国・領知(番号1〜49)を「国主と国奉行の配置」図(三〇〜三一頁)で示した。同図より江戸時代初期、国土のかなりの部分が国主の領国とされたことが一目瞭然である。国奉行についてはのちにふれる。

2　国主への領知宛行

関ヶ原後の論功行賞において、領知宛行の判物・朱印状、領知目録が発給されなかったことをもって、笠谷和比古氏は、給付の主体が家康か秀頼か微妙であるとしている。その配分・給付は実質的に家康の手で進められたが、法的・形式的観点からその主体は秀頼であり、家康の名をもってすることはできなかったとしている。(23) 藤井譲治氏も、この時期家康は豊臣政権の大老としての地位からまだ抜け出せず、領知朱印状を出せなかったと述べている[24]。その後藤井氏は、慶長期における家康・秀忠の領知朱印状を分析、検討し、「限界があるとはいえこの時期の領知宛行権は、徳川氏に属した[25]」とする。ここでは、国主に注目する立場から、慶長期における家康・秀忠の国主たちへの領知宛行について検討する。

開幕以前より家康は、慶長七年（一六〇二）七月二十七日付で、佐竹義宣に出羽国の内秋田・仙北を「進置」、「全可有御知行」といった文言の判物を発給している[26]。佐竹氏は関ヶ原の戦いの際、日和見的態度をとったため、五月八日、伏見で常陸国からの国替えを命じられた。同月十二日、常陸にいる父義重と家中にこの旨が伝えられ、六月十四日城を明け渡した[27]。

『当代記』の慶長八年二月六日条によると、池田輝政に備前国が与えられ、「朱印被出」とある。輝政ではなく、二男の忠継（家康の孫）に与えたとの説[28]もある。朱印状も発給されたとみられ、開幕以前の国宛行として注目される。

開幕後には、豊前国主細川忠興が病気になり、証人として江戸にいた忠利が帰国するに際して、慶長九年八月二十六日に家康、閏八月二十六日には秀忠から、忠利を家督相続者とすることを承認した判物を貰っている[29]。これは忠興が忠利を嫡子としたいとの願いにより発給されたものである。厳密にいうと領知判物ではないが、以下に述べる国主の代替わり時における継目の判物と同様の意味をもつものである。家康だけでなく、将軍になる前の秀忠からも発給されていることに注目したい。忠興はその後回復し、忠利への相続は元和六年（一六二〇）のことになる。

〔史料2−1〕[30]

越後国事、如前々無相違申付之訖、然上者、全可任亡父左衛門督（堀秀治）仕置之旨者也、

慶長十三　三月七日　（秀忠花押）

松平越後守（堀忠俊）とのへ

越後国之儀、従将軍如前々被申付旨、令満足候、彌将軍江可抽忠勤者也、

（慶長十三年）三月十五日　（家康花押）

（堀忠俊）松平越後守とのへ

〔史料2-2〕

これは慶長十三年三月、越後国主堀忠俊に与えられた家康・秀忠の判物である。忠俊は堀秀治の子で、十一年十一月に十一歳で父のあとを襲い、秀忠から松平の称号と諱の一字を与えられ、越後守と称した。十三年二月二日、家老の越後三条城主堀直政が家康側近の本多正純に「私存命之内に」家康に披露し、「越後一国次目之御墨印」を頂戴したいと請願した。また領国の検地と知行の割り替えと、公儀の役儀を勤める際は、越後守の知行から従来の家中の無役分を差し引くことを求めた。直政は二月二十六日に没したが、三月七日秀忠から、十五日に家康から前掲の判物が発給された。また三月七日付で秀忠付き年寄の本多正純・大久保忠隣から直政の要望に応えた奉書も出され、「如様にも越後守殿御為之事候間、各宿老中被仰談、可然様に尤候、委細丹後守殿（直政二男直寄、越後坂戸城主）可為演説候」と伝えられた。判物に石高の記載はないが、豊臣秀吉が堀秀治（羽柴久太郎）に与えた慶長三年の「越後国知行方目録」[31]によると、越後の「国高」は四五万石で、その多くが与力大名、一族、重臣の知行であった。幼い忠俊が彼らを統率することは難しく、病気の直政が命あるうちに、幼い越後国主の保証を家康・秀忠に求めたといえる。

慶長十六年六月、前田利長と福島正則が病気で「存命不定」のため「継目判形」を所望し、正則は息子正勝を駿府と江戸に下したという[32]。前田利長は関ヶ原後、加賀・能登・越中三か国の領有を認められた。慶長十年六月、弟利光（のち利常。秀忠の娘を娶り、松平の名字を賜る）に家督を譲り、越中富山（慶長十四年富山城焼失後、高岡に移る）に隠居

し、新川一郡二二万石を領していた（のち六万石を金沢に還付）。慶長十六年当時、利長は腫物を煩って、歩行も困難な状況に陥っており、利光および家中に対して遺書をしたため、藤堂高虎の周旋で本多政重（本多正信二男、正純弟）を召し抱えて、駿府の大御所・江戸の将軍とのパイプ役となすなど、自らの死後に備えている。利長が死去したのは慶長十九年五月二十日で、同年九月十六日利光は駿府に赴き、家康に謁し「継目御朱印」を賜り、翌日迎えに来た土井利勝とともに江戸に下り、二十三日に秀忠からも判物を賜ったのである。家康・秀忠の判物は次の通りである。

〔史料3―1〕(33)

加賀・能登・越中三ヶ国之事、一円被仰付訖、者守此旨、可抽忠勤者也、仍如件

慶長十九年九月十六日　（家康判）

松平筑前守殿

〔史料3―2〕

加賀・能登・越中三ヶ国事、任今年九月十六日先判旨、永不可有相違、者守此旨、彌可励忠勤之状如件

慶長十九年九月廿三日　（秀忠判）

松平筑前守とのへ

利光はすでに前田家を相続していたけれども、領国統治の面においても、幕府・諸大名との関係においても、前田家の総師は利長であり、また隠居分一六万石を含む三か国の領知を幕府から認めて貰う必要があったのである。なお福島正則は病気が回復し、「継目判形」が発給されることはなかった。

継目の判物は、他の国主たちにも出された。筑後国主田中忠政は、父吉政が慶長十四年二月十八日死去し、六月四日付で、「筑後国事、如前々不可有相違、然上諸事任亡父仕置可申付之、弥守此旨可励忠勤者也」(34)との判物を賜っ

た。讃岐国主生駒正俊は父一正が慶長十五年三月十八日に死去し、翌十六年正月九日付で、「讃岐国事、無相違一円宛行之訖、可令全領知者也(35)」との判物を賜った。国主の継目の判物に「宛行」の文言を使用しているところに注目したい。出雲・隠岐両国主堀尾忠晴の場合は、慶長九年に父忠氏が死去し、家督を継いだが、幼少であったため、祖父可晴が「国政」を補佐していた。その可晴が慶長十六年六月十七日に死去したため、翌十七年六月四日付で、「出雲・隠岐両国事、如前々可令存知之、不可有全相違之状如件(36)」との判物が出された。現在知られるこれらの判物はいずれも秀忠からのもので、家康から発給されたかどうかはわからない。判物の文言は一定していないが、各国主の相続と領国支配は、堀家や前田家の場合と同様、こうした判物を得たことで、公的に保証されたといえるだろう。

〔史料4(37)〕

尾張国一円出置之訖、全可有領知之状如件

慶長十三年八月十五日　　(秀忠花押)

徳川右兵衛督殿へ

史料4は慶長十三年八月、尾張国一円を義利(のち義直)に与えるという判物である。関ヶ原後家康は尾張国を四男忠吉に与えた。しかし忠吉は慶長十二年三月五日に死去し、同年閏四月、家康は九男義利を甲斐から移すことを定めている(38)。そしてその後秀忠から前掲判物が発給されたのである。この後家康は一〇男の頼将(のち頼宣)に駿河・遠江両国を与えるとし、付家老水野重央を遠江浜松城主とした(39)。しかし頼将はまだ家康の膝下にあり、判物の宛行もなかったようである(40)。いずれにせよ家康の子息たちへの国宛行は関ヶ原後家康が得た徳川領国、あるいは直轄国内の分与とみるべきであろう。

以上のように、慶長十年代の国主たちへの領知宛行は、ほとんど国主家側からの求めにより発給された継目の判物によってなされたといってよい（41）。その要請は国主が病気に罹り、存命中に次代の相続を保証して貰いたい場合（豊前国主細川家、加賀・能登・越中三か国主前田家、安芸・備後両国主福島家）もあれば、国主が幼少で領国支配が不安定なため、家康・秀忠に保証を求めた例（越後国主堀家）もあった。

継目の判物が大御所家康・将軍秀忠両者から発給されたことに関連して、領知宛行権は家康が掌握していたが、政権の継承・存続をはかって秀忠にその権限を委譲しようとしていたとの見方がある（42）。一方、国主大名家側にとっても、国主が代替わりしても「両御所」との関係性を保持し続けることが望ましく、積極的に両者に働きかけることもあったであろう。そしてその行為は徳川政権へ服属することでもあったのである。継目の判物交付を通して、豊臣政権下、いわば「同僚」だった徳川と国主との関係は、関ヶ原直後の領知を「進置」く段階から、「宛行」う段階へと移行し、「忠勤」を励むべき君臣関係に変化していった。そしてその関係は家康・秀忠と国主とのパーソナルなものから、徳川将軍家と国主大名家、つまり家と家との主従関係として成立していったといえよう。

この間、徳川政権は、諸国に国郡の「田畠之帳」と国郡絵図を提出させて国土を把握し、その結果に基づいて普請役などの役儀を課し、また正月参賀、誓詞、証人提出、妻子の江戸居住（役の軽減を伴った）、偏諱・松平の称号賜与、婚姻政策等を通じて、国主たちを傘下に収めたのである。

3　国主の役割と公儀の法

徳川政権が成立し、国単位の統治を委ねられた国主は、国の石高に応じた公儀の役（国役）を勤め、国の「仕置」を行なうことが求められた。国の「仕置」とは、家臣団を統率し、領国内の諸身分を支配し、行政、裁判を行うことであった。しかし国主の誰もがその役目を果たすことができたわけではなく、不適格者は処分された。二、三例を上げよう。

伊賀国主筒井定次が、駿府の家康の許にいた元家臣の中坊秀祐と争論となり、慶長十三年（一六〇八）五月、駿府に呼び出されて取り調べを受け、その後江戸に下り、六月十六日に至って伊賀国を没収された。両者は、定次に仕える秀祐の息子が、大久保長安の邸の営作のため駿府に下ろうとしたことにより対立し、秀祐が定次のことを家康に訴え、改易処分に至ったという。定次は常々酒食に溺れ、家臣たちと対面もせず、山中に隠居し、遊猟に明け暮れていたという。(43)

筒井家は元来大和国の大名であったが、天正十三年（一五八五）豊臣秀吉により伊賀国に移された。関ヶ原の戦いでは東軍に属し、所領を安堵されたが、多様な出自を持つ家臣団が対立しており、定次は彼らを統率することができず、日ごろの行ないも悪かったことが領国を失うことに繋がったのであろう。

慶長十五年閏二月には越後の国主堀家が改易された。前述したように、十一年に堀忠俊が十一歳で国主となり、家老堀直政の請願により十三年に家康・秀忠から継目の判物を得た。しかし直政死去後、家老堀直次（直政嫡男）とその弟（実は庶兄）の直寄が不和となり、直寄は江戸・駿府で訴えを起こし、直次は忠俊とともに駿府に出訴した。両者は家康・秀忠の前で対決して直次が敗れ、出羽国山形に流罪となった。また家康は忠俊が直次の肩を持って出訴に及んだことについて、「為幼少者此義不可申」(44)と断じ、越後国を没収し、陸奥国磐城に預けた。直寄は罪に問われなかったが、信濃国飯山に移封となり、国主としての堀家は滅亡した。(45)国主が幼少の場合、家老が国の「仕置」を代行する義務を負っていたのに、堀家は家老兄弟が互いに争論して国内の混乱を招き、彼らを統御することができず、一方を贔屓した国主に、幼少とはいえその責任が問われたのであろう。

また慶長十七年、越前国で重臣たちが対立し、武力衝突に及ぶほどの大騒動となった。重臣たちの訴え、騒動の報告を受けて、幕府は家老の本多富正と今村掃部・清水丹後らを江戸に召喚した。十一月二十八日、両者は家康・秀忠の前で対決し、裁決が下って今村・清水らは敗訴、流罪となった。本多は罪に問われなかった[46]。翌十八年五月十九日、本多富正は駿府で越前国の「国中仕置」を命じられ、御朱印を賜って帰国している[47]。このとき国主の松平忠直に累が及ばなかったのは、忠直がまだ若年で、重臣たちの騒動とは無関係とみなされたからであろう。しかしその後、忠直自身に「不法之儀[48]」があり、病気と称して江戸に参勤しなかったので、元和九年（一六二三）越前国を没収され、豊後国萩原に配流された。将軍家の一門とはいえ、もはや若年ではない忠直の行為を、幕府として見逃すわけにはいかなかったのであろう。

慶長二十年（元和元年）の武家諸法度第一三条では、「国主可撰政務之器用事」と定められている。この箇条については、建武式目の条文を念頭においた国主資格条項なのか、国主が政務の器用なものを任用すべきとみるのか、解釈は分かれているが[49]、上述の改易事例をみると、国主資格条項とみる方が妥当であろう。現実に生起する事件・訴訟との関連において公儀の法は定められたのである。

それは武家諸法度に先立って発令された三か条の条目[50]の場合も同様である。一般に三か条の誓詞と呼ばれているこの条目は、慶長十六年四月十二日、後水尾天皇の即位式の日に、上洛していた家康が在京の諸大名に署判させて発布した。第一条では、源頼朝以来の代々の「公方」が定めた法式を重んじ、損益を考えて江戸の秀忠から出される条目を守ること、第二条では、法度に背き、上意を違えるものを各国に隠しておかないこと、第三条では、各々抱えた諸侍以下がもし反逆・殺害人であるとの届けがあったら、その者を抱えることを停止すること、というものである。この第二条・第三条の内容は、慶長十年以来の伊予国宇和郡主の富田信高と石見国津和野城主坂崎直盛の紛争と深く関係しており、十八年十月に、両者は家康・秀忠の前で対決し、結局富田は法に背いた者を抱えていた咎により改易さ

れるのである。(51)

三か条の条目には二二人の国主が署判している。(52)『御当家紀年録』によると、家康・秀忠は天下一統ののち、「法制」を制定するつもりだったが、慶長十一年江戸城普請役を命じられ江戸に参集していた国主たちに、富田と坂崎の訴訟について相談したところ、皆「法を破るべからず」と言ったという。国主たちの署判は、先行政権の将軍、当代の将軍の法の遵守と、第二条・第三条の内容をあらためて法として承認し、違反しないことを合意、誓約したものととらえておく。(53)

なお幕府はこの三か条を慶長十七年正月、江戸に参勤した陸奥・出羽など一一人の大名にも示し、署名させている。(54)この中の人々は国主か、一円的な領知を有する大名である。(55)また関東甲信越に一万石以上の領知を持つ城主・領主五〇人が署判したものもある。(56)辻達也氏は以上三点の各署名者を詳細に分析し、京都で署名の二二人と翌年江戸で署名の一一人は大御所家康に服属し、関東甲信越の譜代・外様の中小名は将軍秀忠の統率下にあったとした。(57)

公儀の法として定められた三か条の条目は慶長二十年の武家諸法度に受け継がれた。すなわち、第二条は第三条「背法度輩、不可隠置於国々事」、第三条は第四条「国々大名小名并諸給人、各々相抱之士卒有為叛逆殺害人告者、速可追出事」として制定された。さらに武家諸法度では第五条で「自今以後、国人之外、不可交置他国者事」、そして第一三条の「国主可撰政務之器用事」など、明らかに国主およびその領国を対象とする条文が加わった。しかし第五条は寛永六年、第三条・第一三条は、寛永十二年の武家諸法度で削除される。また第四条の内容を受け継いだ一二条から「国々大名小名并諸給人」の語句が消える。それはこれらの条項が寛永期の実態と合わなくなったこと、幕府権力と国主との関係も慶長期とは大きく変化したことを意味している。

三　徳川直轄国の支配

先にも述べたように、近世初期、徳川政権は、国主を置かない国には国奉行を置き、また軍事的拠点(城)に自らの部将と軍兵を置いて支配を固めていったと基本的に考えている。ここで、これらの国々をあえて徳川領国ではなく徳川直轄国と呼ぶ理由は、近世における幕府直轄領は一大名の領知というより、「公儀御領」としての性格があり[58]、とくに初期においては、それまでの徳川の領国に加えて、没収した西軍諸将の領知や、各地に散在する豊臣の蔵入地も引き継いで支配したに相違ないからである。そこで本節では国主に宛行われた国以外の国々を徳川直轄国と呼び、その支配の形について検討する。

1　国奉行の配置と役割

慶長十年(一六〇五)代、畿内を中心とする一一か国に「国務」を「沙汰」する徳川政権の役人が置かれた。その機能、役割を検討し、彼らを国奉行と呼んだのは高木昭作氏である[59]。高木氏は『大工頭中井家文書』の「国々諸事触下覚」[60]に列記された人名に注目し、彼らがそれぞれの国とどのような関わりをもつことによってその国を「触下」としていたかを、明らかにした。すなわちその任務について、主として備中国の国奉行小堀遠州(政一)の「国務沙汰」の内容を分析し、①国絵図・郷帳の作製・管理、②給人への知行地割付け、③給地・蔵入地を問わず国の全域から、夫役を徴収し、各地の城普請や国内の堤普請を指揮する任務、④幕府蔵入地の代官としての任務、⑤法令の伝達など、多岐にわたっているとした。

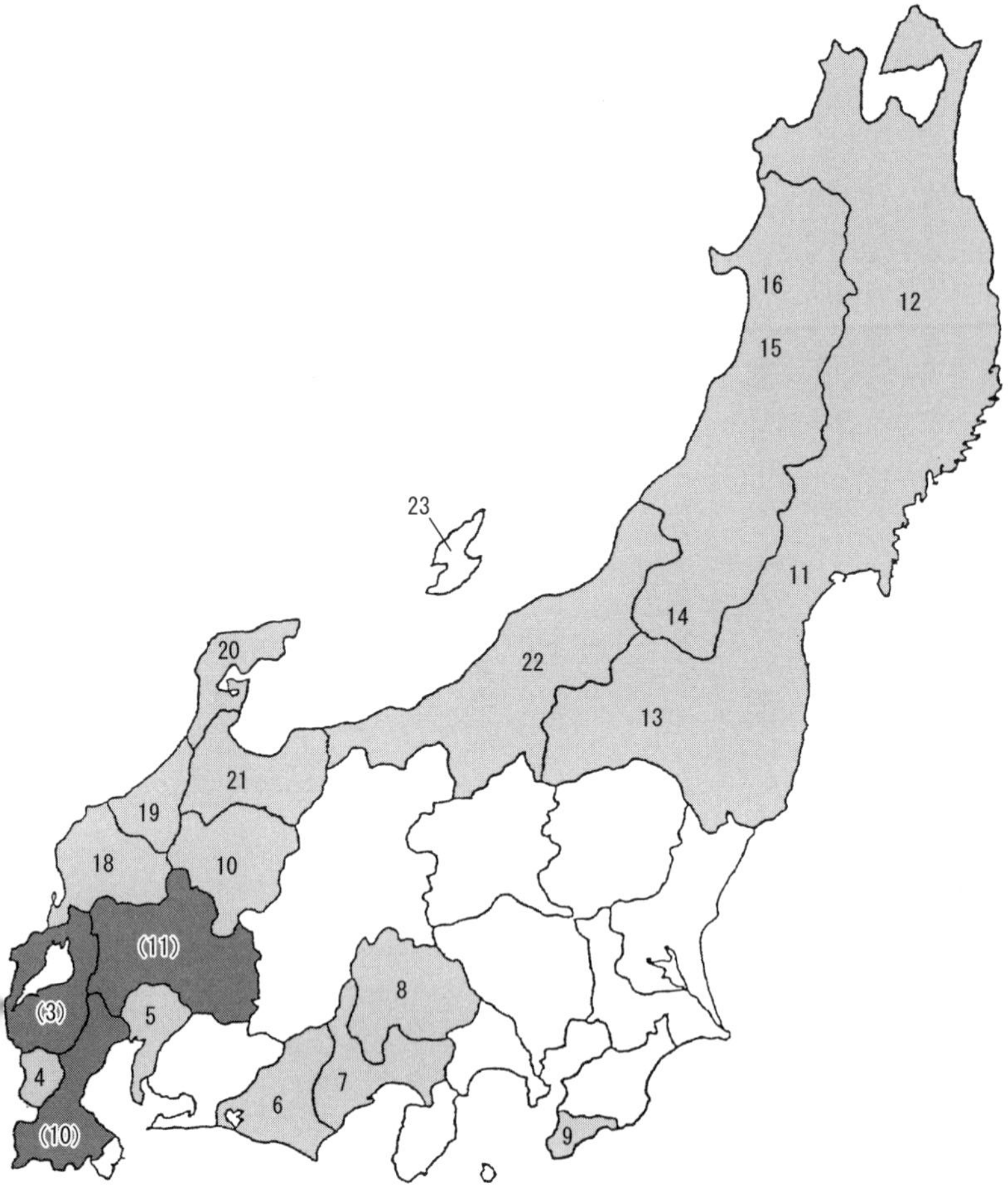
16
15
12
23
11
14
22
13
20
21
19
18
10
(11)
(3)
5
8
4
7
6
(10)
9

国主と国奉行の配置

国主所在の国
国奉行所在の国
国主・国奉行重複所在の国
国主・国奉行ともに所在しない国
あるいは所在が明確でない国

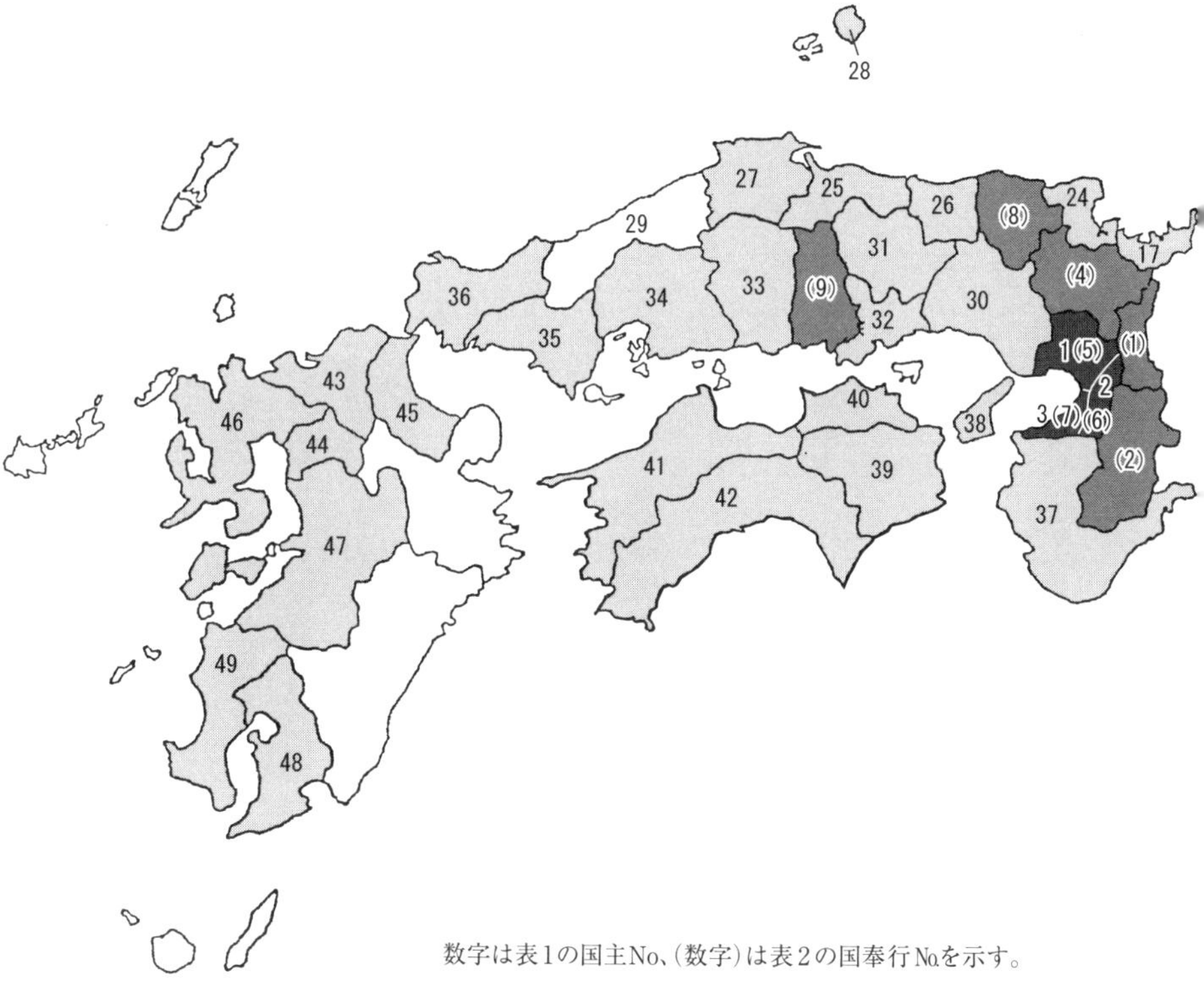

数字は表1の国主No、(数字)は表2の国奉行№を示す。

表2　慶長期(14～17年)の国奉行

№.	国	国奉行	諱
(1)	山城	板倉伊賀守	勝重
(2)	大和	大久保石見守	長安
(3)	近江	米津清右衛門	親勝
(4)	丹波	山口駿河守	直友
		村上三江衛門	吉正
(5)	摂津	片桐市正	且元
(6)	河内		
(7)	和泉		
(8)	但馬	間宮新左衛門	直元
(9)	備中	小堀遠江守	政一
(10)	伊勢	日向半兵衛	政成
		長野内蔵丞	友秀
(11)	美濃	大久保石見守	長安

本表は高橋正彦編『大工頭中井家文書』の「国々諸事触下覚」により作成した。

高木氏の国奉行論は、その後、分業論や身分論として展開していったが、国奉行の一国支配は、「幕府の全国支配の一分肢」[61]であったという指摘にも拘わらず、幕藩権力編成論と関連づけては進展しなかった。ここでは国奉行を国単位に配置された国主と対比的にとらえる見地から、その配置と役割などにふれておきたい。

表2は国奉行の支配する国(1)～(11)の一覧で、それを国主所在の国とともに示したのが、前掲図「国主と国奉行の配置」である。この図から、当時(慶長十年代)の「日本」国土のほとんどが、国主の領国あるいは国奉行の支配国であったことと、国主も国奉行もいない空白国と、国主と国奉行が重複して存在する国とがあったことがわかる。

図からみる限り、国主も国奉行もいない空白国は関東の七か国(武蔵・相模・上野・下野・上総・下総・常陸)と伊豆・三河・信濃・豊後・日向国である。ただ(1)～(11)の国奉行の名は「国々諸事触下覚」に出てくる人物に限定されており、空白国だからといって国奉行に相当する存在がなかったとはいえない。

例えば天正十八年(一五九〇)以来の領国である関東には関東総奉行がおかれ、本多正信・青山忠成・内藤清成がその任にあったとされる。[62]但しその実態はほとんどわかっていない。[63]伊豆国も関ヶ原以前より徳川の領国で、銀山が存在した。大久保長安は同銀山の支配とともに、「地かた」の支配もしている。[64]伊豆国を支配した大久保長安は前述のように佐渡国と石見国を支配しており、大和・近江・美濃・甲斐・関東の代官所の「御勘定」、信濃国の「木曽谷中地かた并どいくれ（土居・榑）御勘定」にも携わっている[65]。家康六男越後国主の松平忠輝との関係も深かった。大久保長安は「国々諸事触下覚」では大和と美濃の国奉行として出てくる[66]。初期の徳川政権において長安が家康の意を受けて、金銀山を含む極めて広域的な支配に携わっていたことは間違いない。ただその役割は国・地域によって違いがあるようである。長安の活動の全貌はまだ解明されているとは言い難い。今後の研究の進展を俟ちたい。

関ヶ原後徳川政権が掌握した三河国は、慶長十二年からは駿府政権の直接支配下にあり、国ごとの「触頭」である国奉行は存在しなかったとされている[67]。同様に上述の関東・信濃など[68]、国奉行の存在が明確でない国々は、徳川の政権基盤の中核であり、家康の子息たちの領国とされた東海地域の国々も含め、それぞれの支配方式はあらためて検討する必要があろう。

九州の豊後国の場合は、豊臣政権下、朝鮮侵略の兵站基地として多くの蔵入地が設定されており、「五畿内同前」の掌握下に置かれた[69]。関ヶ原後、豊後国内で知行を安堵、給与された中川秀成・来島長近・毛利高政らに対しては、家康の意を受けて片桐且元・彦坂元正・大久保長安・加藤正次らが知行目録に署判している[70]。同国を徳川政権が接収したのは間違いない。しかし国絵図・郷帳の作製をはじめとする「国務沙汰」の担い手が誰かはわからない。日向国の場合とともに今後の課題としておきたい[71]。

一方、国主と国奉行が重複して存在した国は、豊臣秀頼の領国とされている摂津・河内・和泉国である。この三か国には国奉行として片桐且元が存在し、「国務」を「沙汰」していた。且元は豊臣秀頼の家老であると同時に、徳川政権の役人である国奉行としての任務を担っていたことが先行研究により明らかになっている[72]。且元が摂津国・和泉国の国絵図作製に携わった[73]ことや、慶長十八年四月、河内国の堤普請に「惣国並」に人足を徴収していることはその[74]

一端である。

この国主と国奉行の併存の問題に関連して、次の『当代記』慶長十二年の記事に注目したい。

〔史料5〕

同三月廿五日、五百石之知行に壱人宛人夫配課、駿府普請として可相下由也、(略)是畿内五箇国、丹波備中近江伊勢美濃当給人知行、并蔵入合十箇国之人夫也、去年為江戸普請下る衆、并近習輩知行は除之、此五百石夫、大坂秀頼公領分へも同前被相配相下也、

慶長十二年、家康は自らの居城駿府城普請に、まず「越前・美濃・尾張・三州・遠江衆」と「上方衆」の「一万石二万石或は千石二千石とりの少身の衆」に駿河に下ることを命じ(『当代記』)、ついで史料5の通り五畿内(山城・大和・摂津・河内・和泉)と丹波・備中・近江・伊勢・美濃の一〇か国に知行五〇〇石につき一人の「人夫」(五百石夫)を課した。これらの国々には、いずれも「国務」を「沙汰」する国奉行が存在しており、高木氏のいうところの国奉行の③の任務、すなわち給地・蔵入地を問わず、国の全域から夫役を徴収し、同城普請に携わったと考えられる。秀頼の領国とされる摂津・河内・和泉の三か国からも、他の徳川直轄国と同様、国役として「五百石夫」を差し出し、それを指揮したのは片桐且元であった筈である。つまり駿府城普請の国役は、国主の領国に課せられた役ではなく、徳川直轄国に対し一律に課せられた役であったといってよい。こうしてみると、摂津・河内・和泉三か国は秀頼の領国で、秀頼は三か国の国主であるという前提自体が曖昧になってくる。

すでに述べたように国主は基本的に「一国一円」の領主であり、家臣の知行は領国内で与えられるのが普通である。しかし秀頼の家臣「大坂衆」は必ずしもこの三か国内で与えられていたわけではない(75)。片桐且元自身、慶長六年正月、家康家臣の加藤正次・大久保長安・彦坂元正からそれまでの播磨・伊勢国の知行の「替知」など二万四四〇七

石四斗を大和国平群郡内で受け取っている。[76] 且元は慶長八年に実施された近江国の検地奉行や、諸方面の争論の裁定にも関わっており、[77] 他の国主の家老の域を超えていた。いわば公儀を掌握しつつある家康の配下で働く公儀の役人だったといってもよい。

すなわち秀頼の領国とされる摂津・河内・和泉三か国の支配のありようは、他の国主のそれと同じではなかった。天下人秀吉の遺児秀頼は関ヶ原後も特別な存在だったことは間違いないが、国主ほど自律的ではなく、その基盤は脆弱だった。秀頼は国主というより、「徳川の公儀」の内側にあって、保護・監視される存在だった。

国奉行の「国務沙汰」と、国主の国の「仕置」とは、共通する部分が多い。国奉行の任務の①や③は国主の義務でもある。その近似性は、「東大寺雑事記」の著者が大和国奉行の大久保長安を「国主」と記したことからもうかがえる。ただ両者には決定的な違いがあった。それは国内の武士に対する軍事指揮権の有無である。国主は国内の武士を配下に収め、家臣化し（中には一時的に国主に付属した与力衆も存在）、彼らを指揮して公儀の軍役・普請役を勤めたが、国奉行にはそうした権限はなかった。徳川直轄国内の武士は徳川政権に直属し、その「御家人」としてそれぞれの役務を勤めたのである。

2　城主とその役割

本項では、徳川直轄国内の城主について述べよう。慶長六年（一六〇一）二月、徳川家康は関ヶ原後手中に収めた近江・伊勢・尾張・美濃・三河・遠江・駿河国の東海道筋の城に徳川の部将を配置し（表3）、江戸・上方間のルートを押さえた。[78] 豊臣期の城主の内、石田三成はじめ、関ヶ原で西軍に属した氏家行広・織田秀信・伊藤盛正は没落し、東軍に味方した京極高次は若狭、福島正則は備後・安芸、田中吉政は筑後、池田輝政は播磨、堀尾忠氏は出雲、山内一豊は土佐、中村一氏は伯耆のそれぞれ国主として転出し、そのあとに入れた。また同年三月に伊豆下田から戸田尊次を三河田原に入れ、「城付浮役」を含め一万石余の知行を与え、城主とした(79)。三河刈谷城主の水野忠重は関ヶ原直前の慶長五年七月、不慮の死を遂げ、子の勝成は家康の会津攻めに従軍中で、刈谷の継承を認められていた(80)。

但しこのとき定められた城と城主は移動があり、例えば近江国では慶長六年六月、膳所城が築かれ、戸田一西は同城主となった(81)。九年には佐和山城の代わりに彦根城が築かれ、七年に死去した井伊直政の子直継(直勝)が入った(82)。また十一年には近江長浜城が修築され、駿府城主の内藤信成が移動した(83)。近江の城は徳川政権にとり、とくに重要な軍事防衛拠点であり、新たに堅固な城づくりが急がれたのであろう。近江だけでなく、奥平信昌を城主と定めた美濃国の加納城も、慶長七年七月からの新規の築城だった(84)。

丹波国では、慶長十三年に篠山城、十五年に亀山城が新たに築かれ、それぞれ松平康重と岡部直盛を城主とした。

表3　慶長6年　東海道筋の城主

国	城	城主	関ヶ原前の城主・城代
近江国	佐和山*	井伊直政	石田三成
近江国	瀬田*	戸田一西	京極高次(大津)
伊勢国	桑名*	本多忠勝	氏家行広
尾張国	清洲*	松平忠吉	福島正則
美濃国	加納*	奥平信昌	織田秀信(岐阜)
美濃国	大垣*	石川康通	伊藤盛正
三河国	岡崎*	本多康重	田中吉政
三河国	吉良*(西尾)	本多康俊	田中吉政
三河国	刈谷	水野勝成	水野忠重・勝成
三河国	吉田*	松平家清	池田輝政
三河国	田原	戸田尊次	池田輝政城代
遠江国	浜松*	松平忠頼	堀尾忠氏
遠江国	掛川*	松平定勝	山内一豊
駿河国	田中*	酒井忠利	中村一氏臣横田村詮
駿河国	駿府*	内藤信成	中村一氏
駿河国	興国寺*	天野康景	中村一氏臣河毛重次
駿河国	三枚橋*	大久保忠佐	中村一氏弟一栄

本表は主として『当代記』の慶長六年「去二月城々有定」の記事(城名に*を付す)により作成した。
関ヶ原前の城主・城代は参考のため記した。(　　)はそのときの城地である。

ともに上方・西国への押さえの城(85)で、この築城を藤井讓治氏は「大坂城包囲網の一環」ととらえている。(86)これらの城々の築城・修築には、当該国をはじめ周辺の国々に国役（普請役）がかけられている。徳川直轄国内の城主配置、新規築城、そして普請役の賦課のありかたについては、あらためて総合的に検討する必要があろう。

次に城の授与について考える。まず慶長六年二月二日付　本多康重宛　本多正信書状写(87)をみよう。

〔史料６〕

猶以御城御知行御兵粮被下、御受取、能々可被仰付候、以上

急度啓上仕候、仍而三州岡崎之御城ニ五万石之御知行相添被進候間、御受取、御仕置等可被仰付候、殊御兵粮五千石被進候、伊那（奈）備前守殿御手代衆可被罷在候間、夫〻御城茂御兵粮も御請取可被成候、若又備前守殿手代衆抔ニ不存抔と被申候ハ丶、備前守殿御入候処江被遣候而、如書付御請取可被成候、恐惶謹言

二月二日　　　本多佐渡守正信　判

本多豊後守様　人々御中

上野国白井城主（知行二万石）だった本多康重は三河国岡崎城と、これに添えて知行五万石、さらに兵粮米五〇〇〇石を与えられることを本多正信から伝えられた。そして城も兵粮米も現地にいる伊奈忠次の手代衆から受け取ること、手代衆に承知していないといわれたら、伊奈忠次のいるところに使いをやって、この書付の通り受け取ることを指示された。本多正信は家康の側近にあってその意思を伝達していた。伊奈忠次は、関ヶ原直後のこの時期、接収した三河・遠江両国の寺社領の寄進・安堵状を単独で多数発行している。(88)城や兵粮米もその管理下にあったことがわかる。

次の史料は元和三年（一六一七）八月十二日付　松平成重宛　本多正純・板倉勝重・土井利勝・安藤重信連署状(89)であ

る。

〔史料7〕

急度申入候、仍三州西尾之城貴殿ニ被下候、城付知行弐万石御拝領ニ候間、其御心得候而早々御上、御仕置等可被仰付候、恐々謹言

八月十二日

安藤対馬守重信（花押）
土井大炊助利勝（花押）
板倉伊賀守勝重（花押）
本多上野介正純（花押）

松平将監殿　人々御中

ここでは、それまでの三河西尾城主本多康俊の近江膳所城への移転のあとをうけて、松平成重に城と城付知行二万石を授与することを通達している。成重は下野板橋に一万石を知行していた。側近からの手紙ではなく、年寄衆の連署奉書で、城主の任命書というべき文書である。

「城付知行」は「城領」ともいい、『当代記』慶長十七年六月の記事に「下野国笠間の城、二、三箇年以前より無城代、今松平丹波守（戸田康長）古河の城主被為相移、さて古河は小笠原左衛門佐（信之）古酒井左衛門尉男、信州松尾掃部大夫養子して、先年国替の時より武蔵国本庄にて一万石拝領、古河へは可相移の旨将軍下知し給。笠間は城領三万石、古河は二万石なり」とあるように、城に付属した知行であるといえよう。なおこの記事では、「城主」と「城代」が同義で使用されていることにも注意したい(90)。また城には城付の武具や兵粮米・城米が常備されていて、城主が交代してもそのまま引き継がれた。すなわち、城は城主の所有物ではなく、城主は徳川の直轄国内の城を預かり、その役目を務めるた

めに知行（城領）を賜ったのである。(91)城主の務めとは、城に常駐し、戦時には士卒を率いて戦い、平時には兵を養い、城を修補し、武器を整え、兵粮を備蓄しておくことだった。

城主は同時に知行所の「仕置」をする領主であり、百姓から年貢を徴収し、自らの士卒、領民を使役して、普請役や一国平均の国役も勤めた。『当代記』によれば、慶長十年の三河国矢作川の開鑿の際には「彼国の知行役并其知行百姓人足令普請、士は百石に二人、百姓は百石に一人」の人足が動員されている。慶長十二年の駿府城普請で普請役を課せられた遠江の浜松・掛川、三河の吉田・岡崎衆は、高麗人馳走のためいったん国に帰っている。その宿泊・賄いは幕府代官が担当し、城々からは鞍置馬を出したり、船橋をかけたり、鷹師を出している。(92)

3　徳川直轄国の領主

徳川直轄国には、様々な性格を持つ武士が存在していた。三河以来の徳川の家臣、徳川が領国を拡大する過程で家臣化したもの、織田・豊臣の時代に知行を得た武士など多種多様であり、その中には城主に取り立てられたものもいれば、本領を安堵されたり、新たに知行を与えられたものもいた。その知行高もまちまちだった。

次に各地に散在するこれら徳川直轄国内の領主たちを、当時はどのように分けて認識していたかをみていこう。『当代記』に大坂冬の陣後、「大御所より上方諸大名江銀子百貫目宛被下、藤堂佐渡守弐百貫目被下、是は去比兵粮壱万石進上せられし故かと云々、譜代衆へは銀不被下、上方衆奥州衆迄の儀也」という記事が見える。(93)大御所家康から出陣した「上方諸大名」へ銀一〇〇貫目ずつ、前に兵粮米一万石を進上した藤堂高虎へは二〇〇貫目を与えた。「譜代衆」へは与えられず、「上方衆」「奥州衆」までのことであるという意である。「譜代衆」「上方衆」「奥州衆」がそれぞれどのような範囲の人々か、このとき「譜代衆」に銀が与えられなかったのはなぜか、具体的には不明だが、「譜代衆」が「上方衆」「奥州衆」の対照語として出てきていることに注目したい。

『御当家紀年録』には元和・寛永期に「御普(譜)代御家人」(以下「御譜代御家人」)の語がたびたび出てくる。いくつか例を挙げよう。

〔史料8〕

㋑同年(元和六年)大坂城築石垣、西国・四国・中国・北国其外諸国大小名各役之、但御譜代御家人被除之

㋺(元和六年)六月十八日御入　内、五畿内近国御譜代御家人各上洛、騎馬扈従并勤辻固役

㋩今年(元和六年)秋、江戸浅草川満水、仍為防之、在江戸御譜代御家人及御旗本諸士、依仰各召具士卒赴彼地

㋥是年(寛永元年)、築大坂城石壁、(略)西国・四国・中国・北国諸大名及上方筋中大名等役之、洛陽二条城築石壁、尾張黄門・紀伊黄門・其外西筋領地之御譜代御家人勤之

㋭同月(寛永三年十月)十八日、大御台贈従一位号崇源院御葬礼、(略)小辻固着肩衣、并大辻固、近国之中名等勤之、(略)在江戸御譜代御家人着装束或直垂・狩衣、或大紋、(略)其後於増上寺有御中陰事、在江戸御譜代御家人及近国中名等、交代寺中勤番之

㋬是年(寛永六年)、築江戸城之石壁、尾張・紀伊両亜相並西筋御譜代御家人従豆州運石、〔水戸黄門〕及関東中名等築西丸諸口升形及平石垣

以上の史料8㋑〜㋬から、次のことが判明する。

①　一般に御家人とは、鎌倉時代に将軍と主従関係を結び、所領を安堵、新恩を給与され、大番役や警護役を勤めた武士をいい、江戸時代には将軍に直属する一万石未満の幕臣の内、御目見以上を旗本、御目見以下を御家人、と説明されている。しかしここでの「御家人」は、むしろ鎌倉時代の意味に近い。

②「御譜代御家人」の存在は逆に、譜代以外の「御家人」の存在をうかがわせる。ただ譜代の語の対義語は一般に外様であるが、本史料に外様の語は見出せない。

③「御譜代御家人」は、㋺の「五畿内近国御譜代御家人」、㋩㋭の「在江戸御譜代御家人」、㋥㋬の「西筋領地之御譜代御家人」のように、大まかな地域ごとに把握されている。

④㋩では「在江戸御譜代御家人」と「御旗本諸士」とを分けている。ここでは「旗本」は文字通り将軍の旗下にいる者を指している。

⑤「中名」「中大名」の語が多く出てくる。やはり地域を冠して㋥「上方筋中大名」、㋭「近国之中名」、㋬「関東中名」などと呼称されている。

⑥㋥では「西国・四国・中国・北国諸大名」と「上方筋中大名」とを分けている。

⑦㋭では「在江戸御譜代御家人」と「近国之中名」とを分けている。

『御当家紀年録』における「中名」の語は他にも見出せる。元和五年（一六一九）伏見城の軍事組織（城代・大番の在番）を大坂城に移した記事に「其外中名等有交替加番」とある。[94] 元和八年江戸城本丸御殿の改築記事には「老臣及御近習中名等勤手伝役」とあり、「老臣」「近習」「中名」とを分けている。元和九年八月六日、家光の将軍宣下参内拝賀の記事には、「自二条城至　禁裏（略）辻固等尾張・紀伊・水戸及国大名其外中名等役之」とあり、「国大名」と「中名」とを分けている。寛永五年（一六二八）五月朔日の大御所秀忠・将軍家光の日光社参に関する記事に、「近国中名」は両度の参詣に勤仕し、「遠国中名」は秀忠の時と、家光の時のどちらかを勤めたとある。

「中名」とはどのような人々だったのだろうか。「国大名」すなわち国主の対照語として出てくるからには、概ね徳川直轄国内に知行を安堵・給与された領主であったとみてよいであろう。武家領主の領知の大小を表す語として「大名・小名」[95]があるが、ここでの「中名」はその中間くらいの領主であったのであろう。問題なのは「御譜代御家人」と「中名」との関係である。後年の文政十年（一八二七）、水戸家の御城附が「中大名と唱申候ハ、何万石より何万石迄ニ御座候哉、承知いたし度候事」と幕府大目付に問い合わせている。大目付は附札で「中大名と唱候ハ、柳之間衆之儀ニ而候」と回答している。[96]柳之間は外様大名の席である。では『御当家紀年録』における「中名」は譜代の対義語としての外様なのだろうか。

㈡の寛永元年大坂城の普請役を勤めた「西国・四国・中国・北国諸大名」は、細川忠利（豊前）・黒田忠之（筑前）・鍋島勝茂（肥前）・蜂須賀忠英（阿波）・池田光政（因幡）・池田忠雄（備前）・京極高広（丹後）の国主たちだが、「上方筋中大名」はどのような人々を指しているだろうか。古田重恒（石見浜田城主）・池田長幸（備中松山城主）・分部光信（近江大溝）らがこの役を勤めたことは確かである。[97]知行高は二万石の分部を除き、五～六万石である。

同年の二条城の普請役を勤めた「西筋領地之御普（譜）代御家人」は、松平定勝（伊勢桑名）・井伊直孝（近江彦根）・本多忠政（播磨姫路）・本多忠刻（忠政嫡子）・松平忠明（大和郡山）・小笠原忠真（播磨明石）・松平定行（伊勢桑名）・水野勝成（備後福山）・本多政朝（播磨竜野）・松平忠隆（美濃加納）・松平忠国（丹波篠山）・松平忠良（美濃大垣）・松平康重（和泉岸和田）・岡部長盛（丹波福知山）・松平家信（摂津高槻）・松平成重（丹波亀山）・菅沼定芳（近江膳所）である。[98]同じ近江国に領知があっても「中大名」の分部は大坂城、「御譜代御家人」の菅沼は二条城に分かれて勤めた。これを「外譜の別」と見ることもできる。

一方、㈥の寛永六年江戸城普請では、「西筋御譜代御家人」が伊豆から石材を切り出し、江戸まで運ぶ役（「寄方」）を勤め、対して「関東中名等」は「西丸諸口升形及平石垣」を築く役（「勤方」）を勤めた。それぞれの具体的な人名は旧稿[99]で明らかにしたが、「寄方」は三河・遠江・伊勢・播磨・丹波・備後・五畿内・近江・美濃国に領知を持つ領主たち、「築方」は多く関東の領主たちで、前者の内「三河衆」の中には元和八年出羽国を改易された最上義俊も含まれている。後者（関東与）には酒井忠世（上野前橋）・土井利勝（下総佐倉城主）ら年寄衆や、『御当家紀年録』の著者松平（榊原）忠次（上野館林城主）の名もある。その忠次が前者を「西筋御譜代御家人」、後者を「関東中名等」と総称しているのである。ここでは「御譜代」と「中名」は必ずしも対照語ではなく、その差異も曖昧であるといわざるを得ない。

初期の徳川直轄国内の領主は多種多様であり、佐竹輝昭氏が「譜代成り」という概念を設定して検討したように、後代の「外譜の別」では説明しきれない面がある。その点について筆者は次のように考えたい。初期徳川政権にとって重要だったのは、国主を配置した国々を統御することとともに、それまでの徳川領国に加えて、新たに徳川直轄国となった国々の武士を編成し、軍役・普請役に動員する体制を整えることだった。そうした体制づくりの中心となったのは直轄国の要地に配置された徳川の部将たち（「城主」）であり、関ヶ原の戦いののち徳川氏に従い「御家人」になった徳川直轄国内の領主は、そのもとに組織されて、大坂の陣に従軍したり、各地の城普請役や番役・警備役を勤め、「忠勤」に励んだ。そのような領主たちを当時「外様」と呼ぶことがなかったのは、徳川直轄国の領主の国ごと、地域ごとの編成がまずは必要だったからであろう。

寛文期の著作物『御当家紀年録』における「御譜代御家人」の頻出は、自らもその一人である松平（榊原）忠次による「御譜代」意識の表出とも見える。そうした意識が譜代の対義語としての外様の語を生み出したと思われるが、今のところ推測の域を出ない。今後の課題としておきたい。

おわりに

本稿を閉じる前に、幕府が武家諸法度等で武家領主をどのように表現、区分しているか、あらためて確認しておきたい。まず慶長二十年（元和元年、一六一五）令では、「国々大名小名并諸給人」（第四条、反逆殺害人追放義務）、「百万石以下二十万石以上…十万石以下」（第九条、参勤作法）、「国大名以下一門歴々」（第一一条、乗輿）、「国主」（第一三条、政務器用）である。「国大名」「国主」はすでにみてきたように一国以上の領知を宛行われた大名、「小名并諸給人」は徳川直轄国内で知行を安堵・給与された領主であろう。第一一条では上洛時の従者の数を領知高で区別している。

寛永六年（一六二九）令[104]では、乗輿できる者を「国大名、同子息、一門之歴々并一城被仰付衆、付五万石以上、或五十以上之人」に拡大した。国主や一門の歴々だけでなく、「一城被仰付衆」（城主）と、「五万石以上」（中名クラス）も同資格とした。なお寛永十一年の家光の上洛時、国主を含む「五万石以上」と「城主」に一斉に領知宛行状が発給されており[105]、「五万石以上」と「城主」が武家領主を分ける基準として機能していたことがわかる。

寛永十二年令では、「大名・小名」（第二条、参勤交代）、「諸国主・領主」（第七条、私の諍論の禁）、「国主・城主・一万石以上并近習物頭」（第八条、私婚の禁）、「一門之歴々、国主・城主・一万石以上并国大名の息、城主および侍従以上之嫡子」（第一一条、乗輿）などに分けられている。「一万石以上」の基準が採用されたことで、通説では寛永十年代に大名身分が成立したとする。しかし三宅正浩氏が指摘するように、「近習の物頭」の中にも万石以上の者はいたわけで、一万石以上という基準が出てきたからといって一万石以上が大名であるというわけではない[106]。

次に寛永十年に発令された全二一条からなる公事訴訟の取り扱いに関する定書「公事裁許定」[107]の第九・一〇条をみ

ておきたい。

〔史料9〕

公事裁許定（抜粋）

一御代官所・給人方町人・百姓目安之事、其所之奉行人・代官并給人等之捌可受之、若其捌非分有之は、於江戸可申之、奉行人・代官・給人等え不断訴申族は、雖有理、不可裁許事、

一国持之面々家中并町人・百姓目安之事、其国主可為仕置次第事、

寛永十年酉八月十三日

すなわち、「御代官所・給人方」の町人・百姓の「目安」は、「其所之奉行人・代官并給人」の裁きをうけ、その裁きに「非分」があれば、江戸に訴えでること（第九条）、「国持」（国主）の家臣とその領国の町人・百姓の「目安」はその国主の仕置次第であること（第一〇条）を令している。笠谷和比古氏はこの内の第一〇条に注目し、幕府は国持大名の領内政治に干渉せず、「国持大名は自己の領地について、幕府から独立した裁判権を有していた」と指摘する。(108)

筆者はここでは「御代官所・給人方」と、「国持」が分けられているところにとくに注意を払いたい。「御代官所・給人方」は、「国持」の領する国を除く幕府の直轄する国々に散在する御料・私領を指しているのではないだろうか。そして「給人」は、徳川直轄国内で知行を安堵・給与された領主たちで、各知行所内の百姓・町人を裁く権限を有したが、最終的な裁判権は、江戸（幕府）にあったことを明示しているのではないだろうか。

以上をまとめると、関ヶ原戦後の「国分」により、国主の領する国と、それ以外の国とが大枠として存在し、国主を置かない国、すなわち徳川直轄国には国奉行が置かれ国務を沙汰し、軍事的拠点に城主が配置された。またその国々の中には、「御譜代御家人」のほか、知行を安堵、給与された多様な出自を持つ武士（給人）が存在した。大御

所・将軍の側近層（旗本衆）もその中で知行を得ていた。

元和期以降、国奉行は改組され、直轄国の中の幕府直轄領（「公儀御料」）は奉行・代官が町方・地方行政を行なうようになる。国郡の枠組みは後景に退き、御料・私領が全国に散在する形になる。そして武家領主は、国主・城主・領主といった領知の存在形態、石高や官位、関ヶ原を指標とする「外譜の別」が強く意識されるようになり、やがて儀礼や格式が重んじられる江戸の武家社会で、江戸城の殿席による区別が重い意味を持つようになっていったのである。

近世大名制の成立過程は「藩」制の確立過程でもある。その成り立ち方の違いは「藩」の有り様（幕府との関係、大名間の関係、家臣団、領知支配のしくみ、地域社会との関係、大名・家臣・領民の意識等々）を少なからず規定したであろう。この点を念頭においた藩政史・地域史研究が進展することを願い、擱筆する。

付表1　『柳営秘鑑』に見る国主

国主名	氏名	官位	居城	石高
加賀・能登・越中三ヶ国主	松平（前田）加賀守吉徳	正四位下宰相	加賀金沢	一〇二万五〇〇〇石余
奥州仙台主	松平（伊達）陸奥守宗村	従四位下左近衛少将	陸奥仙台	六二万石余
薩摩・大隅弐ヶ国主 外ニ琉球国領之	松平（島津）大隅守継豊	従四位上左近衛権中将	薩摩鹿児島	七二万八七〇〇石余 （内琉球国一二万三七〇〇石）
安芸国主	松平（浅野）安芸守吉長	従四位下左少将	安芸広島	四二万六五〇〇石余
因幡・伯耆弐ヶ国主	松平（池田）相模守宗泰	従四位下侍従	因幡鳥取	三二万石
備前国主	松平（池田）大炊頭継政	従四位下侍従	備前岡山	三一万五〇〇〇石余

周防・長門二ヶ国主	松平（毛利）大膳大夫宗広	従四位下侍従	長門萩	三六万九四一〇石余
筑前国主	松平（黒田）筑前守継高	従四位下侍従	筑前福岡	四七万三一〇〇石
肥前佐賀主	松平（鍋嶋）丹後守宗教	従四位下侍従	肥前佐賀	三五万七〇〇〇石
阿波淡路一（二）ヶ国主	松平（蜂須賀）阿波守宗鎮	従四位下侍従	阿波徳島	二五万七〇〇〇石
肥後国主	細川越中守宗孝	従四位下侍従	肥後熊本	五四万石
土佐国主	松平（山内）土佐守豊敷	従四位下侍従	土佐高知	二〇万二六〇〇石
出羽秋田主	佐竹右京大夫義峯	従四位下侍従	出羽久保田	二〇万五八一〇石余
伊賀国主	藤堂和泉守高豊	従四位下侍従	伊勢津	三二万三九〇〇石
出羽米沢主	上杉民部大輔宗房	従四位下侍従	出羽米沢	一五万石
筑後久留米主	有馬中務大輔則昌（頼徸）	従四位下侍従	筑後久留米	二一万石
大和郡山主	松平（柳沢）甲斐守吉里	従四位下侍従	大和郡山	一五万一二〇〇石余
越前国主	松平兵部少輔宗矩	従四位下左少将	越前福井	三〇万石
出雲国主	松平出羽守宗衍	従四位下侍従	出雲松江	一八万六〇〇〇石
（准）伊予宇和島城主	伊達大膳大夫村隆	従四位下侍従	伊予宇和島	一〇万石
（准）筑後柳川城主	立花飛驒守貞俶	従四位下	筑後柳河	一〇万九六〇〇石余
（准）奥州二本松城主	丹羽左京大夫高寛	（従四位下）	陸奥二本松	一〇万七〇〇〇石

本表は『柳営秘鑑』（一）（『内閣文庫所蔵史籍叢刊』5）の記事に基づいて作成した。

国主名・氏名・官位は記事のまま掲載した。氏名の本氏等は括弧で補った。

居城・石高は『寛政重修諸家譜』に拠った。

（准）は准国主である。国主に準じ、記事のまま掲載した。

国主・准国主はすべて寛保3年（1743）『柳営秘鑑』成立時の大名である。官位も当時の官位である（例えば「出雲国主」松平出羽守宗衍は寛保2年12月11日に従四位下侍従叙任）。

付表2　『当代記』に見る国主

国	氏名	記事
周防・長門	森(毛利)輝元	慶長5年10月朔日　「七箇国上表、二箇国領納」
安芸・備中(備後の誤り)	羽柴左衛門大夫(福島正則)	慶長5年10月朔日　「此時国配当あり」
播磨	羽柴三左衛門(池田輝政)	慶長5年10月朔日　「此時国配当あり」
備前・美作	金吾中納言(小早川秀秋)	慶長5年10月朔日　「此時国配当あり」
出雲・隠岐	堀尾帯刀(信濃守忠氏)	慶長5年10月朔日　「此時国配当あり」
紀伊	浅野左京(幸長)	慶長5年10月朔日　「此時国配当あり」
伊予	藤堂佐渡(高虎)・加藤左馬介(嘉明)	慶長5年10月朔日　「此時国配当あり」
筑前	黒田甲斐守(長政)	慶長5年10月朔日　「此時国配当あり」
若狭	京極宰相(高次)	慶長5年10月朔日　「此時国配当あり」
丹後	京極修理(高知)	慶長5年10月朔日　「此時国配当あり」
肥後	加藤主計頭(清正)	慶長5年10月朔日　「此時国配当あり」
讃岐(土佐の誤り)	山内対馬(一豊)	慶長5年10月朔日　「此時国配当あり」
北国の主	羽柴肥前(前田利長)	慶長5年10月朔日
薩摩主	又八(島津家久)	慶長7年　「十月十日比」「出仕」
芸州之主	羽柴左衛門大夫(福島正則)	慶長7年　「此取持之人」
備前・美作両国主	金吾中納言(小早川秀秋)	慶長7年10月18日　「被相果」
佐渡・石見	家康公分国	慶長7年　「右之両国大久保石見守(長安)拝領」
土佐	山内対馬守(一豊)	慶長7年　「去秋土佐国江唐船寄、彼国主山内対馬守」

備前	池田三左衛門（輝政）	慶長8年2月6日	「朱印被出」
美作	森右近（忠政）	慶長8年2月6日	信州河中島より「国替有て彼国江移」
芸州・備中（備後）主	羽柴左衛門大夫（福島正則）	慶長8年10月18日	
伯耆国主	中村一角（忠一）	慶長8年	「十二月上旬の比」
出雲之主	堀尾（忠氏）	慶長8年	
甲斐主	五郎太（徳川義利）	慶長8年12月	
芸州・備中（備後）主	羽柴左衛門大夫（福島正則）	慶長9年6月2日	
佐渡	大久保十兵衛（長安）	慶長9年	「八月十日比」「佐渡国を十兵衛に被下」
出雲之国主	堀尾信濃守（忠氏）	慶長9年8月	「死去」
北国の主	羽柴肥前守（前田利長）	慶長10年4月上旬	
筑後国主	田中兵部（吉政）	慶長11年正月	「廿日比」
肥後国主	加藤主計頭（清正）	慶長11年3月	「当時肥後国主加藤主計頭息女関東江下向」
安芸・備後與両国之主	福島左衛門大夫（正則）	慶長11年	
播磨・備前両国之主	池田三左衛門尉（輝政）	慶長11年	
越前主	（結城）秀康	慶長11年8月	「院御所築地普請」
安房国主	里見の梅鶴（里見忠義）	慶長11年11月5日	「元服」
伊賀国主	筒井（定次）	慶長11年12月23日	「在所上野の城焼」
肥後国主	加藤主計（清正）	慶長12年1月20日	「息男…死去」
芸州・備後両国主	福島左衛門大夫（正則）	慶長12年11月19日	「息男乱行」
伊賀国主	筒井伊賀守（定次）	慶長13年5月	「臣下中坊飛驒守」「讒言」

周防・長門両国主	毛利輝元	慶長13年6月	「息男」「秀康息女」と婚姻
薩摩国主	松平陸奥守(島津家久)	慶長13年4月28日	「旧冬(駿府城)就火災…方々音信」
讃岐国主	生駒壱岐(讃岐カ)守(一正)	慶長13年5月朔日	「旧冬(駿府城)就火災…方々音信」
伯耆国主	一角事中村伯耆守(忠一)	慶長13年5月朔日	「旧冬(駿府城)就火災…方々音信」
飛驒国主	金森法印(長近)	慶長13年5月朔日	「旧冬(駿府城)就火災…方々音信」
美濃国主(誤りか)	平岡平左衛門	慶長13年5月朔日	「旧冬(駿府城)就火災…方々音信」
此(若狭)国主	若狭宰相(京極高次)	慶長13年5月朔日	「旧冬(駿府城)就火災…方々音信」
美作国主	羽柴右近(森忠政)	慶長13年5月朔日	「旧冬(駿府城)就火災…方々音信」
豊前国主	細川内記(忠利)	慶長13年5月朔日	「旧冬(駿府城)就火災…方々音信」
出雲・隠岐国主	堀尾帯刀(可晴)(孫忠晴後見)	慶長13年5月朔日	「旧冬(駿府城)就火災…方々音信」
薩摩国主	松平陸奥守(島津家久)	慶長13年5月朔日	「旧冬(駿府城)就火災…方々音信」
安房国主	里見安房守(忠義)	慶長13年5月朔日	「旧冬(駿府城)就火災…方々音信」
備後・安芸両国主	羽柴左衛門大夫(福島正則)	慶長13年5月朔日	「旧冬(駿府城)就火災…方々音信」
肥後国主	加藤肥後守(清正)	慶長13年5月3日	「旧冬(駿府城)就火災…方々音信」
阿波国主	蜂須賀阿波守(至鎮)	慶長13年5月3日	「旧冬(駿府城)就火災…方々音信」
当時伊賀国主	藤堂和泉守(高虎)	慶長13年5月3日	「旧冬(駿府城)就火災…方々音信」
加賀・能登・越中三ヶ国主	松平筑前守(前田利光)	慶長13年5月3日	「旧冬(駿府城)就火災…方々音信」
筑後国主	田中筑後守(吉政)	慶長13年5月3日	「旧冬(駿府城)就火災…方々音信」
越中国主	羽柴肥前守(前田利長)	慶長13年5月3日	「旧冬(駿府城)就火災…方々音信」
越後国主	松平越後守(堀忠俊)	慶長13年7月2日	「旧冬(駿府城)就火災…方々音信」

越前国主	越前少将（松平忠直）	慶長13年8月朔日	「旧冬（駿府城）就火災…方々音信」
阿波国主	蜂須賀阿波守（至鎮）	慶長13年9月2日	
讃岐国主	生駒讃岐守（一正）	慶長13年9月2日	
此（若狭）国主	若狭宰相（京極高次）	慶長13年9月4日	
出雲・隠岐の国主	堀尾帯刀（可晴）（孫忠晴後見）	慶長13年9月4日	
伯耆国主	一角事中村伯耆守（忠一）	慶長13年9月4日	
淡路国主	脇坂淡路守（中務少輔安治か）	慶長13年9月4日	
安芸国主	羽柴左衛門大夫（福島正則）	慶長13年9月5日	
此（若狭）国主	若狭宰相（京極高次）	慶長13年9月7日	
安房国主	里見安房守（忠義）	慶長13年9月7日	
阿波国主	蜂須賀阿波守（至鎮）	慶長13年9月7日	
美作国主	羽柴右近（森忠政）	慶長13年9月7日	
豊前国主	細川内記（忠利）	慶長13年9月7日	
伯耆国主	中村伯耆守（忠一）	慶長13年9月8日	
讃岐国主	生駒讃岐守（一正）	慶長13年9月8日	
備前国主	松平武蔵守（池田利隆）	慶長13年9月8日	
土佐国主	山内対馬守（忠義）	慶長13年9月8日	
美作国主	羽柴右近（森忠政）	慶長13年9月8日	
讃岐国主	生駒讃岐守（一正）	慶長13年9月27日	
此（若狭）国主	若狭宰相（京極高次）	慶長13年12月26日	

肥後国主	加藤肥後守（清正）	慶長13年12月26日	
越中子息豊前国主	細川内記（忠利）	慶長13年12月26日	
出雲国主	堀尾帯刀（可晴）（孫忠晴後見）	慶長13年12月26日	
美作国主	羽柴右近（森忠政）	慶長13年12月26日	
長門・周防主	松平長門守（毛利秀就）	慶長13年12月26日	
能登・越中・加賀三ヶ国主	松平肥前守（前田利長）	慶長13年12月26日	
下総国主（誤りか）	内藤左馬助（正長）	慶長13年12月26日	
薩摩国主	羽柴陸奥守（島津家久）	慶長13年12月26日	
備前国主	松平武蔵守（池田利隆）	慶長13年12月26日	
筑後国主	田中筑後守（吉政）	慶長13年12月26日	
紀伊国主	浅野左京（幸長）	慶長14年正月28日	「清洲江参向」
筑後国主	田中兵部（吉政）	慶長14年2月	「於伏見頓滅」
伊賀国主	筒井伊賀守（定次）	慶長14年2月29日	「中坊飛驒」「横死」
筑前国主	黒田筑州（長政）	慶長14年3月朔日	「於駿府出仕」
豊前国主	長岡越中守（細川忠興）	慶長14年	「小笠原信濃守女」
伊賀	藤堂和泉守（高虎）	慶長14年3月26日	「去年伊賀国拝領」
伯耆国主	中村一角（忠一）	慶長14年5月11日	「頓滅」
若狭国主	京極宰相（高次）	慶長14年5月11日	「病死」
紀伊国主	浅野紀伊守（幸長）	慶長14年5月18日	
豊前国主	長岡越中守（細川忠興）	慶長14年6月15日	「昨日被着駿府」

遠江・駿河	常陸主（徳川頼将）	慶長14年12月11日	「遠江駿河両国、常陸主江可被渡と也」
越後	上総主（松平忠輝）	慶長15年閏2月	「越後国被召上、上総主被遣」
備後・安芸両国主	羽柴左衛門大夫正則	慶長15年6月3日	「尾州名小屋普請」
播磨主	羽柴三左衛門（池田輝政）	慶長15年6月3日	「尾州名小屋普請」
紀伊国主	浅野紀伊守（幸長）	慶長15年6月3日	「尾州名小屋普請」
播磨	羽柴三左衛門輝政	慶長15年6月3日	「尾州名小屋普請知行役事」
備前	松平武蔵守（池田利隆）	慶長15年6月3日	「尾州名小屋普請知行役事」
淡路	羽柴三左衛門二男（池田忠雄か）	慶長15年6月3日	「尾州名小屋普請知行役事」
筑前国主	黒田筑前守（長政）	慶長15年6月3日	「尾州名小屋普請知行役事」
周防国長門両国主	松平長門守（毛利秀就）	慶長15年6月3日	「尾州名小屋普請知行役事」
土佐国主	山内土佐守（忠義）	慶長15年6月3日	「尾州名小屋普請知行役事」
伊予半国主	加藤左馬頭（嘉明）	慶長15年6月3日	「尾州名小屋普請知行役事」
阿波国主	蜂須賀阿波守（至鎮）	慶長15年6月3日	「尾州名小屋普請知行役事」
越後国主	堀越後守（忠俊）	慶長15年11月1日	「去春越後国主堀越後守改易時」
播磨の国主	池田三左衛門尉（輝政）	慶長16年正月3日	「屋敷類火」
薩摩の国守主（国主の誤りか）	陸奥守（島津家久）	慶長16年正月22日	「此春、薩摩国龍白病死…同弟兵庫頭も病死」
肥後国主	加藤主計（清正）	慶長16年8月16日	「去夏肥後国主加藤主計死去の後」
駿河・遠江・尾州	右兵衛主・常陸主（徳川義利・頼将）	慶長17年正月29日	「駿河遠江尾州是三ヶ国は右兵衛主常陸主分国也」

出雲国主	堀尾山城守(忠晴)	慶長17年6月6日	「在江戸」
北国主	羽柴肥前守(前田利長)	慶長18年4月14日	「煩以外之由」
播磨国	武蔵守(池田利隆)	慶長18年6月6日	「播磨国三左嫡男武蔵守拝領」
備前国	左衛門督(池田忠継)	慶長18年6月6日	「備前国左衛門督拝領也」
淡路国	宮内(池田忠雄)	慶長18年6月6日	「淡路国宮内拝領」
美作国主	森右近(忠政)	慶長18年6月	「駿河へ被召寄間、廿五日六日駿府江下着」
備前国主	松平左衛門督(池田忠継)	慶長18年6月	「備前国主になさる松平左衛門督」
紀伊国主	浅野紀伊守(幸長)	慶長18年8月25日	「死去」
紀伊国	浅野但馬守(長晟)	慶長18年8月25日	「被下紀伊国」
安房国主	里見安房守(忠義)	慶長18年10月	「里見讃岐守被改易、是安房国主安房守伯父也」
備前国主	(松平左衛門督)(池田忠継)	慶長19年3月26日	「古三左衛門後室…息男今為備前国主」
紀州主	浅野但馬守(長晟)	慶長19年6月12日	「手前石垣崩」
安房国	里見安房守(忠義)	慶長19年9月9日	「国替」
北国主	松平筑前守(前田利光)	慶長19年9月14日	「下駿府、古肥前守拝領国々不可有相違との儀也」
播州の主	松平武蔵守(池田利隆)	慶長19年9月17日	「先度献起請文」
加賀・越中・能登三ヶ国主	松平筑前守(前田利光)	慶長19年10月23日	「着陣」
越前国主	三河守(松平忠直)	慶長19年12月4日	

本表は『当代記』(『史籍雑纂』第2、続群書類従完成会、1974年)に出てくる「国主」関係記事により作成した。

中に疑問の箇所もあるが記事のまま記載した。

括弧内は筆者が補足した。

付表3『御当家紀年録』に見る国主

年月日	氏名	国名	記事
慶長5年	毛利輝元	長門・周防両国	長門・周防両国者如元賜之
	島津忠恒(家久)	薩摩	安堵本国
	豊臣秀頼	摂津・和泉・河内三ヶ国	
	結城秀康	越前国	改野州結城
	松平忠吉	尾張国	改武州忍
	小早川秀秋	備前・美作両国	改筑前国
	池田輝政	播磨国	改三州吉田
	福嶋正則	安芸・備後両国	改尾州清洲
	黒田長政	筑前国	改豊前中津
	田中吉政	筑後国	改三州岡崎
	細川忠興	豊前国及豊後二郡	改丹後国
	浅野幸長	紀伊国	改甲州
	山内一豊	土佐国	改遠州掛川
	堀尾忠氏	出雲国	改遠州浜松
	京極高次	若狭国	改江州大津
	京極高知	丹後国	改信州飯田
	中村一学	伯耆国	改駿府
	前田利長	加賀・能登・越中三国	加賜加州能美・江沼廿万石余

	加藤清正	肥後国半	
	遠藤慶隆	濃州郡上郡一円	
	金森長近	飛騨国主	
慶長8年11月25日	松平忠継	備前国	兄武蔵守利隆為名代
	森忠政	美作国	改信州川中嶋
慶長9年是年	中村一学	伯耆国主	斬戮其家老横田内膳
	堀尾氏	出雲国主	遣加勢
慶長11年是年	堀秀治	越後国主	卒
慶長11年是年	筒井定次	伊賀国主	南都奉行中坊有相論事…没収伊賀国
慶長12年3月5日	松平忠吉	尾張国主	逝
慶長12年是年	徳川義直	甲斐国	賜
慶長13年是年	藤堂高虎	伊賀国	賜伊賀国及勢洲穴津
慶長14年5月11日	中村忠一	伯耆国主	頓死
慶長15年今年	堀忠俊	越後国	幼弱、家老兄弟妄争相訟、何以治国乎
慶長15年是年	徳川義直	尾張国	
	徳川頼宣	遠江・駿河	
	松平忠輝	越後国	
慶長16年3月17日	松平忠直	越前国主	任少将
慶長18年6月18日	松平利隆	播磨国	賜

慶長18年10月18日	浅野長晟	紀伊国	賜
慶長19年4月29日	里見忠義	安房国	被没収房州及常州之領地
元和元年6月28日	松平忠雄	備前国	転淡路国
元和元年閏6月3日	松平（蜂須賀）至鎮	淡路国	為加増賜淡路国
元和2年6月13日	松平利隆	播磨国主	卒
元和2年7月10日	金森重頼	飛騨国主	松平上総介忠輝…配於飛騨国
元和3年今年夏	松平光政	因幡・伯耆	改播磨国
元和4年是年	徳川忠長	甲州一国	領
元和5年今年夏	福島正則	安芸・備後両国	没収
元和5年今度	浅野長晟	安芸・備後半	改紀伊国
	徳川頼宣	紀伊国及勢州之内	改め駿遠二州
元和6年6月5日	生駒正俊	讃岐国主	卒
元和6年8月7日	田中忠政	筑後国	卒…筑後国為上使…
元和8年是年	最上義俊	出羽国主	家中有相訟事…被没収領国
元和9年2月是月	松平忠直	越前国	没収
元和9年8月4日	黒田長政	筑前国	卒去…嫡子右衛門佐忠之領筑前国
寛永2年是年	徳川忠長	駿河国及遠州・江州之内	加本領甲州賜
寛永9年4月4日	松平光政	備前国及備中一郡	改因幡・伯耆二州
	松平勝五郎（光仲）	因州・伯州	賜
寛永9年4月是月	加藤忠広	肥後国	没収

寛永9年9月	細川忠利	肥後国	改豊前国及豊後国采地
寛永9年10月	徳川忠長	甲斐・駿河	領国悉没収之

本表は『訳注日本史料　御当家紀年録』(集英社)により作成した。

註

(1)　拙稿「公儀勤役の選考方法について―大坂加番の場合―」(『徳川林政史研究所研究紀要』昭和五十年度、一九七六年)。

(2)　拙稿「近世大名の類別に関する一考察」(『徳川林政史研究所研究紀要』昭和五十九年度、一九八五年)。

(3)　拙稿「大名の殿席と家格」(『徳川林政史研究所研究紀要』昭和五十五年度、一九八一年)。

(4)　岡山藩研究会第六回全体会(一九九五年三月十一日)での報告「近世大名の類型―比較藩制(政)史のために」(報告要旨は『岡山藩研究』一四、一九九四年)など。なお近年、三宅正浩氏より、近世大名の成立過程について、筆者が「近世中期の殿席制のあり方から遡及的に考察」し、「近世初頭の実態分析がほとんどなされていない」との批判を受けた(三宅正浩「近世大名の成立過程―徳川政権の武家編成―」、『九州史学』一七五、二〇一六年)。筆者自身は、前出報告要旨で、「近世大名の成り立ち方から類型化していくと、江戸城の詰めの間、控えの間の区別に至る」との見通しは述べたが、「近世初頭の武家区分がそのまま殿席制に移行した」と主張したわけではない。三宅氏と同じく豊臣政権期から少なくとも寛文期まで、丁寧に実証していくことが大事と考えており、本稿執筆の意図もそこにある。

(5)　例えば、渡辺尚志編『藩地域の構造と変容―信濃国松代藩地域の研究―』(岩田書院、二〇〇五年)では、松代藩真田家を「外様中藩」とする。しかし『新訂寛政重修諸家譜』(第十一、六〇頁)では、寛政期の当主真田幸専の伝に、同家の殿席を「代々帝鑑間に候す」と記す。また宝暦十年（一七六〇）刊「大成武鑑」（深井雅海・藤實久美子編『江戸幕府大名武鑑編年集成』10、四五一頁）も、当時の当主真田伊豆守幸豊の殿席を「帝鑑間」としている。帝鑑間は譜代の席である。一方拙稿「近世大名の類別に関する一考察」（『徳川林政史研究所研究紀要』昭和五十九年度、一九八五年）で紹介した「大名類別書上」（寛文中期成立）では、真田左衛門（幸道・松代城主）、真田伊賀守（信利・上野国沼田城主）は、「上方衆」（信長公・秀吉公両御代御取立輩）の内の「野州小山ゟ関原（東）押へ罷在并中山道御供輩、附御先江罷登一戦有之輩」の中に含まれている。「上方衆」を譜代に対する外様（初期に外様という言葉は出てこないが）と考えれば、近世前期には、真田家は外様ということになる。但し「大名類別書上」は著作物であり、幕府の認識を示すものではない。真田家がいつから帝鑑間に伺候するようになったか明らかにする必要があるが、いずれにせよ軽々に断定することは避けなければならない。

（6）藤田達生『日本中・近世移行期の地域構造』（校倉書房、二〇〇〇年）、同『日本近世国家成立史の研究』（校倉書房、二〇〇一年）。

（7）永原慶二・山口啓二「日本封建制と天皇」（『歴史評論』三一四、一九七六年）。山口啓二『鎖国と開国』（岩波書店、一九九三年）。

（8）後述するように、徳川政権初期、国郡制の郡を単位に領知を与えられた郡主も存在したが、郡主の語が史料上に出てくることは少ない。

（9）「武家諸法度」（『御触書寛保集成』）慶長二十年（一六一五）令、第一一条（乗輿）、寛永十二年（一六三五）令、第一一条（乗輿）、『訳注日本史料　御当家紀年録』（集英社、一九九八年）慶長十年五月、元和九年（一六二三）八月六日、寛永六年九月六日の記事など。

(10)『御当家紀年録』元和九年八月九日、寛永三年九月六日、寛永八年十二月二十一日の記事、『本光国師日記』(第六、続群書類従完成会、一九七一年)寛永六年八月二十二日の記事、寛永十年八月十三日「公事裁許定」(『御当家令条』五一八、近世法制史料叢書2、創文社、一九五九年)、寛永十一年三月「老中職務定則」(『徳川禁令考』七五一)など。

(11)『御当家紀年録』元和六年正月の記事に、「(浅野)長晟紀伊国守護之時」とある。また「元寛日記」の元和二年正月の幕府殿中儀礼記事の中にも、「越前之守護」「加賀之守護」といった語が出てくる。但しこの儀礼記事には多くの疑問点があると指摘されている(小宮木代良『江戸幕府の日記と儀礼史料』、吉川弘文館、二〇〇六年)。

(12)『柳営秘鑑』一(『内閣文庫所蔵史籍叢刊』第五巻、汲古書院、一九八一年)。

(13)「准国主」として三家の大名家が続く。

(14)国主に関する先行研究としては、笠谷和比古「「国持大名」論考」(『古代・中世の政治と文化』、思文閣出版、一九九四年)がある。中世の守護制度、大名領主制、国郡制の枠組みとの関連など、筆者と考えを同じくするところが多いが、近世初期の国主と大名家格制成立後の国持大名とを直線的にとらえている点、国奉行を国持大名制の「補完物」と位置づけている点などは、私見と異なる。

(15)『当代記』(『史籍雑纂』第二、続群書類従完成会、一九一一年、一九七四年復刻)を使用した。

(16)『訳注日本史料　御当家紀年録』(集英社、一九九八年)を使用した。

(17)但し『当代記』の慶長十三年五月朔日条「美濃国主平岡平左衛門」、同年十二月二十六日条「下総国主内藤左馬助(正長)」の記事は疑わしく、表には載せなかった。

(18)尊経閣文庫に「国主郡主居城図」と題する史料があるが、未見。

(19)「官位御礼物品々覚」(近世法制史料叢書2『御当家令条』五六五)。

(20) 例えば富田信高は慶長十三年、伊予国宇和郡一〇万一九〇〇石余を一円宛行われている（慶長十三年九月十五日付 徳川秀忠領知判物、「諸家文書纂」一三、『大日本史料』第十二編之五、七七六頁）。

(21) 村上直『論集 代官頭大久保長安の研究』（揺籃社、二〇一三年）三八〇頁。

(22) 大久保長安は慶長十八年四月二十五日に死去し、死後、生前の蓄財を咎められて処罰された。『当代記』慶長十八年五月の記事によれば、「大久保石見男共蒙勘当、其故は父代官所可遂勘定之由、訖与仰成けれ共、若輩故不知前後、如上命難成之由言上付如此、石見国務並佐渡国拝領之由思設処、物而知行分、於関東千石ならては不被宛行之由貴命成けれは、今迷十方と云々」とあり、長安の子は父が石見国の国務を担い、また佐渡国を拝領していたと考えていたようである。しかし幕府は関東で一〇〇〇石の知行分しか認めなかった。同年四月二十一日の長安の「遺書」（大野瑞男「大久保長安の遺書」『日本歴史』四七二、一九八七年）によると、「石見銀山并地かた米売銀」についてはともに、慶長七年～十二年の勘定は十四年に、慶長十三年～十六年の勘定は十七年に決算し、皆済となり、十七年より「江戸　将軍様へ被進候間、御運上江戸へ納」めたとある。一方佐渡の銀山については、慶長九年～十二年の勘定は十四年に決算し、皆済したとあるが、「地かた米売銀」のことは記されていない。慶長十三年・十四年の佐渡の「銀山并地かた米売銀」は慶長十七年に皆済したとあり、さらに慶長十五年からは「江戸　将軍様へ被進候間、御運上江戸へ納」とある。この史料による限り、佐渡国の年貢米売銀は慶長十二年までは長安が領主として収取し、十三年・十四年は家康、十五年以降は秀忠のもとに収められたといえようか。

(23) 笠谷和比古『関ヶ原合戦と大坂の陣』（吉川弘文館、二〇〇八年）二九八頁。同『関ヶ原合戦と近世の国制』（思文閣出版、二〇〇〇年）九七・九八頁。

(24) 藤井讓治『江戸開幕』（集英社、一九九二年）六三頁。

(25) 藤井譲治『徳川将軍家領知宛行制の研究』(思文閣出版、二〇〇八年)第一章「家康期の領知宛行制」。
(26) 中村孝也『徳川家康文書の研究』下巻之一(日本学術振興会、一九六〇年)二一八頁。
(27) 『当代記』慶長七年五月八日条。
(28) 『寛永諸家系図伝』第二(続群書類従完成会、一九八〇年)池田忠継の項など。なお『朝野旧聞裒藁』一二(『内閣文庫所蔵史籍叢刊特刊』第一、汲古書院、一九八三年)慶長八年正月条では、「羽柴池田三左衛門輝政に備前三十一万五千石を賜はり(略)二男藤松か封国とせらる、藤松拝謁の時懇命ありて腰刀をたまふ」とし、「創業記二月六日条曰、池田三左衛門備前国被下之由、朱印被出、官本当代記同じ、○按ずるに此書によれば正月領国を賜はり二月六日に御朱印を出されしにや」と推定する。
(29) 『徳川家康文書の研究』下巻之一、四〇〇・四〇一頁。
(30) 同上、五三一～五三五頁。
(31) 大阪城天守閣所蔵。『越後の大名』(新潟県立歴史博物館、二〇一一年)所収。
(32) 『当代記』慶長十六年六月二十四日条、「北国の前田肥前(利長)、去春より被相煩、福島左衛門太夫(正則)、去春より被煩、存命不定の間、継目判形依所望、息男駿河江戸江被下」とある。
(33) 『駿府記』(『史籍雑纂』第二、続群書類従完成会、一九一一年、一九七四年復刻)慶長十九年九月十六日条、『徳川家康文書の研究』下巻之一、八四三～八四六頁、『加賀藩史料』二、二三六～二三九頁。
(34) 中野等『筑後国主田中吉政・忠政』(柳川市、二〇〇七年)二四三頁。
(35) 「生駒家宝簡集」乾『大日本史料』第十二編之七、七三頁。藤井前掲註(25)五九頁参照。
(36) 『思文閣古書資料目録』(一九三、二〇〇五年)。藤井前掲註(25)五九頁参照。

(37) 徳川美術館所蔵。徳川義宣『新修徳川家康文書の研究』（吉川弘文館、一九八三年）三九三頁。

(38) 『当代記』慶長十二年閏四月二十六日条に「古薩摩守（忠吉）遺跡ニ右兵衛主（義利）を被定」とある。

(39) 『当代記』慶長十四年十二月条によれば、「遠江国浜松城十二日入城江は水野備後守（分長）同対馬守（重央）兄弟被移、此対馬守は自去年常陸主（頼将）江被付依也…遠江・駿河両国、常陸守主江家康公末子年八歳、可被渡と也、近習輩悉常陸守江可被付」とある。また同書慶長十七年正月条には、「従去年、諸国多分江戸将軍江被相納、但美濃・伊勢両国は駿府へ納、駿河・遠江・尾州是三ヶ国は、右兵衛主（義利）・常陸主（頼将）分国也、於近江十三万石駿府へ同納」とあり、この時期の徳川領国における直轄地年貢の収納先が知れる。義利・頼将に分国した駿河・遠江・尾張の分の年貢の納入先も駿府だったのだろうか。

(40) 尾張家をはじめ御三家は、この後も幕府から領知の宛行状を貰っていない。

(41) なお、相続のさいに家康・秀忠双方から継目の判物・朱印状が発給されるのは、国主だけではなかった。伊勢国田丸城主稲葉通吉（のち紀通）は、慶長十三年、父道通の跡職（四万五七〇〇石）を相続し、二月二十五日秀忠より黒印状、三月十九日家康より朱印状を発給されている。（『徳川家康文書の研究』下巻之一、五三五～五三六頁、藤井前掲註(25)五五頁参照）。

(42) 藤井前掲註(25)七三頁。

(43) 『当代記』慶長十三年五月、六月十六日条などによる。

(44) 『当代記』慶長十五年閏二月二日条、『御当家紀年録』慶長十五年の記事など。

(45) 越後国はその後、家康六男松平忠輝の領国となった。堀家は国主家としては消滅したが、直寄の子孫などが近世大名（寛政十年時、信濃飯田藩二万石・越後村松藩三万石・信濃須坂藩一万石・越後椎谷藩一万石）として続いた。

(46)『当代記』慶長十七年閏十月、十一月二十八日、十二月六日条、『御当家紀年録』今年(慶長十七年)冬の記事など。
(47)『駿府記』慶長十八年五月十九日条。
(48)『御当家紀年録』今(元和九年)春の記事。
(49)塚本学「武家諸法度の性格について」(『日本歴史』二九〇、一九七二年)。
(50)尊経閣文庫所蔵文書(『徳川家康文書の研究』下巻之二)六六二〜六六五頁。
(51)拙稿「富田信高の改易と武家諸法度」(『駒澤大学大学院史学論集』四三、二〇一三年)。
(52)豊前宰相忠興・越前少将忠直・播磨少将輝政・安芸少将正則・薩摩少将・美作侍従忠政・加賀侍従利光・周防侍従秀就・丹後侍従忠知・若狭侍従忠高・備前侍従輝直(池田利隆)・加藤肥後守清正・浅野紀伊守幸長・黒田筑前守長政・藤堂和泉守高虎・蜂須賀阿波守至鎮・松平土佐守忠義・田中筑後守忠政・生駒讃岐守正俊・堀尾山城守忠晴・鍋嶋信濃守勝茂・金森出雲守可重の二二人。ただし「薩摩少将」すなわち島津家久は在国していて、禁裏御所造営のための材木を出すよう命じられ、上洛を免されていたので署判はない。
(53)拙稿前掲註(51)。
(54)『御当家令条』二(『近世法制史料叢書』2)、『憲教類典』四之一(『内閣文庫所蔵史籍叢刊』第四〇巻、二九三頁)、『教令類纂』初集四(『内閣文庫所蔵史籍叢刊』第二一巻、六八頁)など。署名したのは、米沢中納言(上杉景勝)・丹羽宰相(長重)・越前少将(忠直)・大崎侍従(伊達政宗)・立花侍従(宗茂)・会津侍従(蒲生秀行)・最上侍従(義光)・安房侍従(里見忠義)・秋田侍従(佐竹義宣)・南部信濃守(利直)・津軽越中守(信枚)の一一人。名前の順は『御当家令条』による。
(55)ただし越前少将(忠直)は前年と重複。また丹羽宰相(長重)・立花侍従(宗茂)はこの段階では領知は少ないが、国主並みに高い官位を有していた。津軽越中守（信枚）は陸奥国津軽郡一円を領する郡主であったから、ともに連署の列に加えられたか。

(56) 尊経閣文庫所蔵文書（『徳川家康文書の研究』下巻之二）六八三〜六八六頁。

(57) 辻達也『江戸幕府政治史研究』（続群書類従完成会、一九九六年）第一章「近世初期の大御所と将軍」。辻氏は慶長十七年正月に駿府の家康のもとに出仕した東海から濃尾地域の譜代・外様の中小名は、京都でも江戸でも署名していないことを指摘する。法の署名者の分析から大御所・将軍と大名・領主との関係の問題に接近しており、近世初期の武家領主の存在形態を考える上で参考となる論考である。

(58) 安藤正人「幕藩制国家初期の「公儀御料」」（『歴史学研究』別冊、一九八一年）。

(59) 高木昭作「幕藩初期の国奉行制について」（『歴史学研究』四三一、一九七六年、のち『日本近世国家史の研究』第Ⅲ章「幕藩初期の国奉行制」、岩波書店、一九九〇年）。

(60) 高橋正彦編『大工頭中井家文書』（慶応通信、一九八三年）一三七。

(61) 高木前掲註(59)で氏は、国奉行が担った郷帳の作製に関連して「御前帳（郷帳）が全国的に作製されたという事実は、将軍・大名の関係もまた、単なる主従関係だけでなく、国家的な支配・被支配の関係を一側面として有したことを暗示しており、国奉行の一国支配も、そのような幕府の全国支配の一分肢であった」と述べている。

(62) 村上直「関東総奉行について」（高柳光寿博士頌寿記念会編『戦乱と人物』、吉川弘文館、一九六八年）によれば、慶長九年以降は代官頭との連帯により関東全域を総括したが、同十一年正月、青山・内藤両奉行の失脚により消滅したとする。

(63) 慶長八年三月二十七日、内藤修理亮（清成）・青山常陸介（忠成）は連名で、「御領所」の代官、「私領」の領主（「地頭」）

に対し、百姓の逃散や「直目安」の扱い方など七か条の法度(『御当家令条』二七三、『近世法制史料叢書』2)を伝達している。「御領私領」を通しての法令伝達は、国奉行の任務の⑤に相当する。

(64)　註(22)で記した大久保長安の「遺書」。

(65)　同上。

(66)　大久保長安は慶長十六年六月大和国奈良に赴き、東大寺や春日社に詣でた。このことを伝える「東大寺雑事記」に「六月十八日、一段雨天、国主大久保石見、奈良越被申トテ、寺中浄地被申渡也、八九年御越無之ト云々、廿日、守護大久保石見守殿御越ニ付而、両寺(東大寺・興福寺)僧其外役人召具シ、向ニ出被申也」(『大日本史料』第十二編之八、三二二頁)とあり、長安を「国主」「守護」と呼称している。当時の人々にとり、「国主」「守護」「国奉行」の概念、区別は必ずしもはっきりしたものではなかったのであろう。

(67)　山本英二「幕藩初期三河国支配の地域的特質」(『国史学』一三八、一九八九年)。なお山本氏は「国奉行が存在しないからといって、国郡制が機能しなかったというわけではない。むしろ国郡域・「領」域による地域編成が第一義にあるからこそ、国奉行なり代官頭の機能が問題になるのではないだろうか」とも述べている。

(68)　関東の国々の中でも、関ヶ原以前から徳川の領国であった武蔵・相模・上野・上総・下総の国々と、関ヶ原後徳川直轄国となった下野・常陸国との差異もあるであろう。

(69)　山口啓二「豊臣政権の成立と領主経済の構造」(『日本経済史大系』3、近世上、東京大学出版会、一九六五年)。

(70)　中川秀成に宛てた知行目録は、片桐且元・彦坂元正・大久保長安・加藤正次が、来島長親へは片桐且元・加藤正次・板倉勝重が署判している。毛利高政への知行目録は片桐且元が単独で署判しており、併せて「当座の御蔵入」の預かりを通達している(曽根勇二『片桐且元』、吉川弘文館、二〇〇一年)。曽根氏は「当座の御蔵入」を「当座の豊臣蔵入地代官」と解釈している。

(71)　豊後国も日向国も慶長国絵図が現存する(臼杵市立臼杵図書館所蔵)。近年その存在が明らかになった「豊後国八郡絵図」には領主別の高目録が記されており、「中川修理大夫」(秀成)、「来嶋右衛門市」(長親)、「毛利伊勢守」(高政)らの名もみえる。毛利高政の場合は、「一　壱万九千石　毛利伊勢守、一　弐万六千九百七拾七石八斗六升一合　御蔵納同人御代官所」とあり、高政が代官として支配する石高が併記されている。同様に同国内に二万石の領知を有する竹中伊豆守(重利)も「一　九千八百拾石三斗八升六合　御蔵納同人御代官所」とあり、豊後国では近隣の領主を「公領」(元豊臣蔵入地、この段階では徳川直轄地)の代官に任じて在地を支配している状況がみてとれる。「日向国絵図」には正保以降の国絵図には描かれていない高橋元種(縣城主)と秋月種長(財部城主)の領分を含んでおり、この部分は両者が共同で作成し、絵図元に提出したのではないかと推定されている(国絵図研究会編『国絵図の世界』、柏書房、二〇〇五年)。

(72)　曽根前掲註(70)。

(73)　国絵図研究会編前掲註(71)「摂津国」および「和泉国」。

(74)　慶長十八年四月十六日付　誉田八幡社僧中宛　片桐且元書状(『大日本史料』第十二編之十三、二七〇頁)。

(75)　拙稿「慶長の禁裏普請と『家康之御代大名衆知行高辻』帳」(『学習院女子大学紀要』創刊号、一九九九年)。

(76)　『徳川家康文書の研究』下巻之一、一二～一六頁。なおこのとき片桐且元に渡された「御知行之書立」の内一万八〇一四石六斗は「為御代官所渡ル」とある。これを中村孝也氏も曽根勇二氏も『譜牒余録』「片桐又八郎」の書上と同じく且元の加増分とみているが、「為御代官所渡ル」の意味は、片桐が預かった代官所分と解釈できる。註(70)で記した豊後国における毛利高政や竹中重利と同様の立場で、大和国内の一部の「公領」を預かったとみる方が自然ではないだろうか。

(77) 曽根前掲註(70)。
(78) 『当代記』慶長六年「去二月」条。
(79) 『愛知県史』資料編22、領主2(愛知県、二〇一五年)、史料2「戸田尊次田原入封につき知行宛行状写」。
(80) 水野忠重は豊臣秀吉に従属し、本領の三河刈谷を領していた。慶長五年七月十九日、越前府中に赴く堀尾吉晴を池鯉鮒で饗応中、同席の加賀井重望に殺害された(福山市立福山城博物館図録『水野勝成とその時代』、一九九二年、参照)。
(81) 「大日本史料稿本」慶長六年六月是月条。「大日本史料稿本」は東京大学史料編纂所大日本史料総合データベースを利用した。
(82) 『大日本史料』第十二編之二、慶長九年七月一日条。
(83) 『朝野旧聞裒藁』一三、慶長十一年七月条。
(84) 『当代記』慶長七年七月朔日条。
(85) 篠山城は「山陰道之鎮護」(『譜牒余録』)の地(『大日本史料』第十二編之六、慶長十四年九月是月条参照)、亀山城は「帝都ノ近辺、山陰道ノ要地」(「公室年譜略」)(『大日本史料』第十二編之七、慶長十五年七月是月条参照)であった。
(86) 藤井前掲註(24)。
(87) 「後久録」(『新編岡崎市史』史料　近世下8、一九八五年)三九頁。
(88) 『朝野旧聞裒藁』一一、慶長六年二月七日、十日条。
(89) 大分県立先哲資料館所蔵、岡本家文書(前掲註(79)『愛知県史』資料編22)一七頁。
(90) 大坂夏の陣後、大坂城を預けられ、知行一〇万石を与えられた松平忠明は城主であったか、城代であったかと議論したことがあったが、「城主」すなわち「城代」とみれば、とくに問題は生じない。拙稿「大坂加番制について」(『徳川林政史研究所研究紀要』昭和四十九年度、一九七五年）、拙稿への批判は藪田貫「近世畿内所領構成の特質―「畿内非領国」論の意義と課題にふれて―」（『ヒストリア』七三、一九七六年）参照。

(91) 寛永三年、武蔵国岩槻城主阿部正次が大坂城代に任じられた際、摂津国に三万石を加増され、岩槻の知行と併せて八万五〇〇〇石を領知したが、「其内五万石之軍役をもって可守大坂城、其余采地可附岩付城」（『御当家紀年録』寛永三年春条）と命じられている。

(92) 拙稿「近世初期三河国の領主」（「愛知県史のしおり」、前掲註(79)『愛知県史』資料編22）。

(93) 『当代記』慶長十九年十二月八日条。

(94) 「大坂加番制について」（『徳川林政史研究所研究紀要』昭和四十九年度、一九七五年）。

(95) 福田千鶴『江戸時代の武家社会―公儀・鷹場・史料論―』（校倉書房、二〇〇五年）は「大名小名」を分ける基準を石高一〇万石とする。三宅正浩「江戸幕府の政治構造」（岩波講座『日本歴史』11近世2、二〇一四年）は石高が絶対的基準ではないとし、「国持」とそれ以外に分けている。但し「中大名」の解釈については今後の課題としている。

(96) 「聡明答撰抄上」（『古事類苑』官位部）。

(97) 『徳川実紀』寛永元年是年条。

(98) 『徳川実紀』寛永元年二月条。

(99) 拙稿「近世初期大名普請役の動員形態―寛永六年江戸城普請の場合―」（『徳川林政史研究所研究紀要』昭和六十年度、一九八六年）。

(100) 佐竹輝昭「近世初期における譜代成りの構造」（『日本歴史』七一六、二〇〇八年）。

(101) 寛文年間成立の「大名類別書上」では、「上方衆」「国衆」と呼び、「御譜代衆」と区別している。

(102) 大坂の陣軍役の地域ごと(基本的に国単位)の組編成については、三宅正浩「近世初期譜代大名論─軍事編成と所領配置─」(『日本史研究』五七五、二〇一〇年)、寛永六年江戸城普請役の編成形態については、拙稿前掲註(99)参照。

(103) 松平(榊原)忠次の意識については、拙稿「榊原家の秘本『御当家紀年録』」(訳注日本史料『御当家紀年録』解説)参照。

(104) 乗輿の箇条を「一　五十以上、一　五万石をきり、一　一城被仰付者、一　国持之子息達、一　見本高衆」と改訂したのは大御所秀忠の意思であった(『本光国師日記』寛永六年八月二十二条)。但し寛永六年令は公布されなかったようである(丸山雍成「元和・寛永期の『武家諸法度』の存否について─参勤交代制の「成立」「制度化」との関連において─」『日本歴史』五一二、一九九〇年)。

(105) 藤井前掲註(25)第四章「寛永十一年の領知朱印改め」。

(106) 三宅氏前掲註(95)。なお三宅氏は寛永十一年三月三日に定められた老中(年寄)の職務分掌「国持衆・惣大名・一万石以上御用并訴訟之事」と、「六人衆」の職務分掌「御旗本相詰候輩万事御用幷御訴訟之事」についても、一万石以上の「旗本」の存在を前提に解釈している。この見解に筆者も従いたい。

(107) 『御当家令条』五一八(近世法制史料叢書2)。

(108) 笠谷前掲註(23)『関ヶ原合戦と近世の国制』。

本稿は二〇一二年九月一日開催の幕藩研究会シンポジウム「近世大名論再考」における基調報告「大名類別再考─徳川の「国分」と国主・城主・領主─」を改題し、論文化したものである。

徳川秀忠政権期の外国人紛争と九州大名
―代替り直後のイギリス商館員打擲事件―

鍋本由徳

はじめに

本稿は、一六一六（元和二）年前後のイギリス商館員らが関与した事件などを素材にして、徳川家康から徳川秀忠への「御代替」におけるイギリス商館の紛争処理を検討するものである。特に、大村領で起こった日本人打擲《ちょうやく》事件をとりあげ、平戸領主松浦家以外の大名も関係する事例を紹介する。

著者は、イギリス商館と権力の関わりについて、いくつかの事件をとりあげて検討してきた[1]。そこでは、大きな枠組みとして、

①イギリス商館関係者同士であれば、原則としてイギリス商館内部で解決される。
②加害者が日本人でイギリス人に不利益を与えた場合、商館から松浦家へ処罰を要求する。
③加害者がイギリス人で日本人に不利益を与えた場合、商館での扱いとなるケースが多い。

といったパターンを紹介した（付表参照）。

このように紛争の処理では、ある程度のパターンが決まっているのだが、必ずしも定められていたわけではない。

また、買物掛とされる長谷川藤廣や長谷川藤正らが、積極的であれ消極的であれ、事件に関わることがあり、そこにはイギリス商館側の長谷川氏への期待が込められていた。しかし、慶長期における長谷川藤廣・藤正らは、貨物管理や商売における問題へは積極的に関わっていくが、いわゆる刑事事件的な問題については、積極的関与を回避しようとする傾向が強い(2)。

さらに、外国人同士のトラブルは必ずしもイギリス商館員同士とは限らない。たとえば、平戸にあったイギリス商館と取引のあるスペイン人商人がポルトガル船に捕縛された事件があった。コックスは長谷川藤正・松浦隆信らを頼ろうとしたが、彼らが関与を回避しようとしたことで、ウィリアム゠アダムスを通して徳川家康の上意を仰ぎ、解放を実現させたものだった。

そこには、スペイン・ポルトガルら南蛮の論理とイギリス商館の論理が錯綜していた。ポルトガル人船長は、スペイン人ならば南蛮側で働くべきだと理解し、イギリス商館側は重要な取引商人であると理解し、ともに正当性を主張した。しかし当時、イエズス会宣教師たちは家康との謁見を拒否されており、その点でイギリス人有利に働いた。

本稿で扱う事件は、外国人と日本人との騒動であり、時期としても一ヶ月足らずの短い事件である。イギリス商館をめぐる事件としては些細な出来事だが、松浦氏・大村氏・加藤氏らの思惑が見え隠れする興味深い事件である。そして、この事件が、家康薨去の時期と重なる点も特徴的である。それは、家康から秀忠への名実ともに「代替」の時期だからである。この事件を通して、イギリス人たちの処遇がどのように変化するのかにも着目してみたい。

なお、本稿での年代表記は、イギリス商館員を中心とするため、ユリウス暦を使用し、必要に応じて和暦を併記する。

一　一六一六年　イートンによる日本人打擲事件の概要

1　事件の着眼点

まず、この事件のあらましをみておこう。雪ノ浦（肥前国彼杵郡）で材木取引をおこなっていたイギリス商館員ウィリアム゠イートンと肥後国材木商人が喧嘩をし、イートンが肥後の商人に襲われた。イートンが保身のために反撃したところ、肥後の商人が逆に致命傷を負った。イートンらはその場で捕まり、当初現地では、大村の領民たちはイートンを保護する姿勢をみせていたが、その後、イートンは監禁状態となり、他者との接触ができなくなった。その事実を知ったコックスはイートンの解放をめざした。さらに松浦家・大村家・加藤家などの動きもあって、約三週間後にイートンは平戸へ戻ってきた。その後、騒動を起こした肥後の者が処罰される流れになる。

この事件はイギリス人が起こした事件であり、いくつか特徴的なことが挙げられる。①イギリス人が捕まった事件であること、②平戸以外の大名領（大村領）で起こった事件であること、③当事者が外国人と肥後の領民であること、の三点である。

大村の領民同士であれば大村家によって処理できる案件であり、大村領民と肥後領民との争いであれば、必要に応じて幕府権力による介入、あるいは幕府要職者による仲介による解決が想定できるものである。しかし、この事件の当事者には日本人だけではなく、イギリス人が入っていた。しかもそのイギリス人が日本人によって捕縛され、大村に拘留された点に着目したい。

先行文献でこの事件を取り扱ったものがいくつかある。古くは、Ludwig Riess 氏がその著書のなかで、事件概要を紹介している。(3) その他、武田万里子氏が「イギリスの治外法権がまっとうされた」事件として紹介し、(4) 近年では吉村雅美氏がリチャード＝コックスによるイエズス会・キリスト教認識の観点から、「宣教師に導かれた民衆」と「イギリス商館」との対立として評価している。(5)

これらの研究で紹介されている以上の事実は、残された史料から見いだすことはできない。とはいえ、本事件の経緯を丁寧にみることで、外国人が起こす事件をめぐる幕府や大名の権力のあり方や、紛争解決をめぐるイギリス人と日本人との意識のズレを理解することができる。

2　イギリス商館員の動向

この事件は、一六一六年五月十六日（元和二年四月十一日）にコックスへもたらされた。(6)『商館長日記』では先に事件の発端が書かれ、続けてチャイナ・キャプテン（李旦）が長崎から戻り、現地の事情を語ったとあるので、事件情報の提供者は李旦であろう。コックスはすぐに大村へ働きかけ、拘留されたイートンの保護をめざした。

まず、コックスは直接雪ノ浦の代官戸町惣兵衛に宛て、イートンの身柄保護を依頼した。その根拠が「皇帝から与えられた我々の特許状が明記しているところ」（特権を記した朱印状）である。コックスは大村領主大村純頼へ書状を送ることにしており、そこでイギリス人の得た朱印状の内容に従って解放するよう願うつもりであること、そのことは大村へ派遣される松浦隆信の家臣が証明するであろうことを戸町惣兵衛へ伝えた。

この事件が起こる前年の一六一五年、スペイン人・イタリア人商人が捕縛され、コックスがその解放を図った時、コックスは平戸領主松浦隆信や長谷川藤正らを介した解決を模索した。もっとも、その事件はポルトガル商人とイギリス商人との国際問題でもあり、隆信も藤正も積極的な関与を回避した。そして、最終的には家康の上意によって解決をみた。(7)その際の隆信の行動から、コックスは隆信に全幅の信頼を置いていなかった。今回も大名家同士の交渉として、松浦家家臣が大村へ向かったことから、コックスが松浦氏を介して大村氏との交渉の円滑化をめざしていたことがわかる。しかし、大村純頼への書状は松浦家関係者ではなく、唐津領主寺沢広高の家臣今井重兵衛によって書かれた。

当初、コックスは「特権」を根拠に、さらに複数の大名が関与していることから、イートンが早期に解放されるだろうと楽観視していたと思われる。大村純頼宛の書状を携行した商館員ウィリアム＝ニールソンが十七日に大村へ発ち、その二日後にはニールソンからの書状がコックスへもたらされた。ニールソンが大村へ到着次第すぐに状況を確認したことがわかる。

この時点までコックスは、大村の者たちがイートンを保護し、危険から護っていると理解していた。しかし、十九日になると事情が変わる。イートンへの手紙を持って大村へ出たバルク船船長の情報によって、イートンが大村で冷遇されていることを知ったからである。それを受けて、松浦隆信の弟松浦信辰は、必要であれば肥後の加藤忠広へ手紙を送る旨をコックスへ伝えた。しかし、コックスは事実がわかるまでは何も書けないと伝えている。

二十日、コックスは松浦家家臣南總右衛門へ事件の顚末を話した。總右衛門は、イートンの拘留が肥後の人々による暴行からイートンを警固するためであり、食事を与えていないことにも悪意はないと伝えた。松浦家からの使者が大村へ到着すればイートンは即時解放されるだろうと見込んでいた。

二十一日、雪ノ浦へ行っていたニールソンが平戸に戻り、コックスへ状況報告した。イートンにより傷つけられた肥後の男が死亡し、報復としてイートンのボウイが処刑され、同行していた助太夫と通詞トメも処刑寸前だったという。「特権」で解放されるどころか、イートンは窮地に追い込まれていたのである。

ところで二十二日に、拘留中のイートンからニールソンに宛てた書状には、ニールソンへの感謝を述べ、平戸へ奉行を返さずに共にいれば問題が解決しただろうと記し、さらにイートンが傷つけた男については、「外科医が私に話したように、これといった問題はない」と述べている。あるいは、良くも悪くもないといったことであろうか。もしくは、イートンが傷つけた人物は複数おり、そのうち死亡しなかった者を指しているのであろうか。いずれにしても、コックスが『商館長日記』に記した内容とは若干異なっているようである。(8)

ニールソンが再び雪ノ浦へ向かい、五月末日付の書状が六月二日にコックスのもとへ届いた。その手紙には、イートンが平戸に戻るであろうことが記されている。(9)なお、『商館長日記』では、大村領の奉行の処遇について、その地位を離れ、イートンのボーイの首を刎ねたことで自身の首を失いそうである、と記している。

ニールソンの手紙がコックスの許へ届く前日の六月一日、拘留中のイートンからコックスへ手紙が出された。(10)その多くが商売に関わる内容だが、追伸に平戸から役人が戻ってこないため、本一件が解決しないのではないかとの心配が書かれていた。

イートンが平戸へ戻るのは五日で、同日の『商館長日記』には、平戸の松浦家家臣は肥後を経由して大村へ戻ってきたこと、そこで加藤忠広がイートンへの報復はしないとの意思を大村純頼へ伝えたこと、その上でイートンの解放が決まったが、それから二日間拘留し続けていたこと、さらに他の大村の役人がニールソンも拘留状態にしたことなどが書かれている。

この事件での商館員の動きをまとめると、コックス本人はほぼ動かず、主にニールソンを大村へ派遣して状況確認させたことがわかる。ウィリアム゠アダムスは当時日本を離れており、本事件には一切関わっていない。

二　イートンの冷遇とその背景

1　イートンに対する冷遇と背景

イートンが拘留され、冷遇されていた理由についてコックスは、大村喜前によるキリスト教徒弾圧が背景にあると五月十九日には考えていた。イギリス人であるイートンもまたキリスト教徒である。隠居大村喜前にとって、イエズス会士への憎悪のみならず、「イートンはキリスト教徒」であった。「キリスト教徒」それ自体が敵視され、それが理由で冷遇されたとコックスは解釈していた。ここに宗派による対立をみることはできない。

ところで、イートンが大村で冷遇された理由については先行研究論文でも指摘されている。それによれば、コックスのカトリックへの理解、すなわち、大村の領民の多くがカトリック教徒であることがイートンの待遇に影響しているとのことである。(11)つまり、イートンらイギリス商館員はキリスト教徒だが、カトリックと敵対する側にあったことが要因となり、カトリック教徒の多い大村の人々が敵対する宗派のイートンを冷遇したとの見方である。

この見方は、イートンが平戸へ戻ってきた際にコックスが日記に記したことで、必ずしも誤りではない。コックスは、パードレたちが領民を煽動し、イギリス人と大村領民を敵対させ、さらにカトリックが排除されつつある原因がイギリス人の策動にあるとみなしていると『商館長日記』で明確に記している。(12)しかし、その数週間前までは、カトリックとそれ以外との対立については触れておらず、イートンがキリスト教徒であったことで冷遇されていたと記していた。

コックスには、宗教に加えて、交易におけるポルトガルとの競争・対立が強く意識される。スペイン・ポルトガル、オランダ・イギリスとの関係をみると、一六一五年、スペイン宣教師ディエゴ・デ・サンタ・カタリナが家康・秀忠との謁見に失敗したことが象徴的である。この年、オランダ船によるポルトガル船の拿捕では、朱印状を持たない船に対する他国の行為に幕府権力は介入しないことが示された。ポルトガル船を拿捕したオランダ船の正当性が将軍家によって認められたことになる。そして、スペインとポルトガルの待遇は低くなり、スペインらの冷遇は、オランダによって妨害されたからであるとイエズス会士は考えていた[13]。

さらに、イギリス商館をめぐる大きな国内騒動において、イギリス商館は、敵対とまでいかなくとも、対立関係になった者へは厳しい記述をする。一六一五年、商人スペイン人・イタリア人の囚禁事件では、彼らの救出のためにコックスは長谷川藤正を頼ろうとした。しかし、藤正がその期待に応えないと判断して以後、藤正が交易でポルトガルを優遇し、彼らの味方をしているからであるとの見方を強める。この囚禁事件をめぐっても、将軍家への謁見に失敗したスペイン宣教師が、オランダ（イギリス）の交易妨害を指摘し、イギリス側を非難している[14]。この時期は、スペイン・ポルトガル、イギリス・オランダが互いに牽制し合っていたからである。

以上の動向を踏まえて、大村氏の立場と、イエズス会士らの大村氏理解をみてみよう。大村喜前は、キリシタン大名大村純忠の長男として生まれ、自身もかつては洗礼を受けたキリシタンであった。しかし、秀吉存命の頃から禁教の立場へ変えた。喜前による弾圧は留まることがなかった。一六一三（慶長十八）年、将軍家からキリシタン弾圧を命ぜられた時、息子の純頼によって翌年に教会関係施設が破壊された。以後、一六一六年段階で、大村領はカトリック教徒が多くいる地域ではあったが、大村氏自身が禁教の立場にあったことは明白である。

イエズス会は、大村氏が当初イエズス会の活動を見て見ぬ振りをしていたにもかかわらず、一六一四年頃から仏僧らの圧力によってキリシタン教徒の改宗を求めるようになったとする[15]。家康の指示に従ってキリシタン弾圧、バテレン追捕を進めていた時、大村氏は自領での禁教政策を強めたが、一六一六年・一七年頃のイエズス会宣教師は、必ずしも大村氏自らは積極的にキリシタンを迫害したのではないと理解しようとしていた[16]。このような見方は珍しくなく、大坂での宣教師の活動を豊臣秀頼の庇護によるものと理解し、その対極に置かれたのが、禁教令を推進する徳川将軍家であった[17]。また、後世の叙述であるが、パジェス『日本耶蘇教史』では、純頼の急死は生前のキリシタン殺害や精神的苦痛を与えたことへの贖罪であると述べている[18]。

イートンの打擲事件が起こった翌一六一七年の事例であるが、大村では複数の神父が処刑されている。その様子をモラーレスの報告書で確認すると、まず一六一五年に大村へ入った宣教師が投獄され、数年間拘留されたままだったという[19]。これらの事例を踏まえると、大村氏の姿勢は一貫して「禁教」の立場にある。しかし、コックスが言う通り、大村が以前から「カトリック擁護」の雰囲気を持った土地柄であり、大村家の役人の一部がカトリック擁護にあった可能性は否定できない。イートンがすぐに解放されなかった点も、大村純頼自身が強い領主権を行使できなかったことを示唆している。

2　将軍家による「特権」とイギリス商館

一六一三年、ジョン＝セーリスによって徳川家康へ交易をめぐる請願書が提出された。出された請願書には日本国内騒動での「領事裁判権」は記されず、“When Japanese and Englishmen quarrel that the merits shall be inquired into, and dicision given exactry in accordance therewith”[20]「一　日本人といきりすの者、けんくわ仕出候者、理非を御せんさく被成、理非次第、有躰ニ被仰付可被下候事[21]」と、日本人とイギリス人との喧嘩があった場合は、日本側で吟味して、その理非次第で処罰を決めて欲しいとの旨を書いていた。

そして、江戸から戻ってきたセーリスが受けた回答には、いわゆる「領事裁判権」について記されていた。[22] 家康から与えられた回答では、「いきりす人之内、徒者於有之者、依罪軽重、いきりすの大将次第可申付事」と書かれており、[23] "If one of the English should commit an offence he shall be sentenced by the English General (Taisho) according to the gravity of the offence" とイギリス人の犯罪については、その犯罪の軽重に応じて「イギリスの大将」によって刑罰を与えることが認められている。この条文の前提は、イギリス人による犯罪である。

しかし、この条文の適用範囲は厳密ではない。通詞五郎左衛門と、松浦家家臣安右衛門兄の竜崎七郎右衛門による騒動において、コックスは五郎左衛門の保護をめざした。松浦家側が五郎左衛門の旨を伝えた際、コックスは松浦家の役人を法官とも裁判官とも認めず、そして、今回のイートン解放の件と同様、コックスならびに商館員・商館使用人が大御所の保護下にあることを主張している。[24] その上で、他出していた松浦隆信が戻ってくるまで、家臣たちに手出し無用であることを伝えている。コックスが記す「イギリス商館の使用人」とは、イギリス商館員たちのみならず、イギリス商館に関わっている通詞も含めていることは明白である。[25]

今回、イートンは日本人に致命傷を負わせた加害者である。イートンが一方的に被害を受けただけならば、なにごともなく解放されたはずである。イートンは保護の名目で拘束され、誰とも会話できない状態であった。「特権」を得たイギリス人や、そのことを知っている松浦家とは違い、拘束した大村側の立場でみれば、そもそもイギリス人が「領事裁判権」的な特権を有していること自体知らない可能性は高い。特権を得たことが全国の諸大名に告知・周知されないからである。それゆえ、コックスが最初にとる行動は、「皇帝から与えられた我々の特許状が明記しているところ」を示すこと、次いで、その根拠に基づいてイートンが日本の法に服す義務のない者であることを伝え、解放を要求することである。

三　事件の解決と「特権」の効果

1　イギリス商館と関係大名

概要で見た通り、本事件は大村領で起こった事件である。この事件には、大村純頼（25歳、数え年齢。以下同じ）、加藤忠広（16歳）、寺沢広高（54歳）、松浦隆信（25歳）の四人が関わっている。将軍家や、長谷川一族は一切関わっていない。大村は現地大村の領主、加藤はイートンと争った当事者の居所である肥後の領主、寺沢はコックスの意向を受けて大村へ書状を送った唐津領主、松浦はイギリス商館が所在する平戸の領主である。寺沢を除けば、江戸開幕後に襲封した世代となる。

彼らが外国と何らかの関わりを持った事例として、一六一三（慶長十八）年、鍋島勝茂・寺沢広高・有馬直純・松浦隆信・大村純頼の五人が、長崎にあった一一ヶ所のキリシタン拠点の切り崩しを幕府から命ぜられたことが知られる。国内事情では、翌一六一四年、有馬晴信の所替に際して有馬旧領の一部が、鍋島勝茂と寺沢広高と大村純頼によって分割され、大村も分割されたことが知られる。(26)

イギリス商館と彼らとのつながりを確認しておこう。大村純頼とイギリス商館との取引、あるいは贈答物の交換などの交友関係は確認することができない。出てくる記事の多くは、コックスが聞いた政治風聞やキリシタン捕縛に関わる内容であり、大村と商館との間に直接的な関係はなかったといえる。今回の一件では、イートンが雪ノ浦へ材木を買い付けに行っているものの、大村氏とは直接関わりはないようである。

加藤忠広とイギリス商館との関わりは、大村純頼同様、直接的な取引や贈答物の交換をした事実を確認することができない。加藤と商館員との関係はなく、『商館長日記』に現れる記事は、今回の事件にほぼ限定されている。

寺沢広高は、直接今回の事件に関わることはなかったが、寺沢の家臣が事件に関わった。コックスあるいは商館員と寺沢との個人的交友を一部確認することができるため、先の二人に比べて『商館長日記』上での記事も多い。一六一五年十月二日(元和元年八月二十日)、広高が平戸を来訪し、翌日イギリス商館を訪問するとの伝言があった。翌三日に広高は商館とオランダ船を訪問し、コックスは広高から贈り物を受けている。その後、広高は商館から商品をしばしば購入していることが『商館長日記』からわかる。

寺沢家のなかで、家臣今井重兵衛は、コックスのために日本語書状を数度書いたことをコックスが『商館長日記』に記す。ただ重兵衛がコックスから贈り物を受けるのは、一六一七年が初めてである。(27)重兵衛とイギリス商館とは、お互い午餐に招待しあうことがあった。(28)今回、今井重兵衛が大村純頼へ書状を書いたのも、重兵衛とコックスの個人的な関係が前提となっている。なお、一六一八年三月二十五日(元和四年三月九日)の記事には、コックスが松浦隆信らを後日午餐に招待するため、招待者のリストの作成を隆信に依頼した。そのリストに挙げられた人物の多くは松浦家一族と家臣だが、そこに今井重兵衛が加わっていたことも、重兵衛と商館員、松浦家との親交が深くなっていったことがうかがえる。

松浦隆信は詳述するまでもなく、イギリス商館の所在する平戸の領主である。平戸領内で起こる様々な事件をめぐり、法印鎮信が存命の時は、おもに鎮信が窓口となっていた。コックスらは、隠居鎮信を"old king"、当主隆信を"young king"と、両者を"king"として認識した。大名家の場合、"old king"を「以前の王」と解釈することもできるが、(29)大名家の場合、隠居・当主共に「王権」体現者であり、実質的に隠居が実権を握っていれば、確実に先代が「実質の王」として理解されていた。セーリスやコックスが来日した年、平戸領内で不穏なできごとがあった時、「老王は病で臥せているため、若王のところへ行ってこのことを訴えた」と、セーリスの駿府参府にともない平戸で留守を預かっていたコックスが記している[30]。コックスは、当主隆信ではなく、隠居鎮信に対応を依頼することを前提にしていたことがわかる。殊に松浦家の場合は、鎮信と隆信両名から知行宛行状が発給されたケースもあることから、鎮信の存在は大きかった。さらに、ヨーロッパの王位が死後相続を前提としており、そのような社会のなかで生まれ育ったヨーロッパ人が、先代を「王権の代表」と考えたことも不自然なことではない。

鎮信死後、権力が隆信に一元化されたことで、隆信が窓口となったものの、コックスは隆信に大きな期待を寄せていたとは言えない。事件解決のために松浦家にいわゆる裁判を依頼した時、尽力すると答えながら、関与を回避しようとする動きがあった[31]。とはいえ、長谷川藤廣・藤正や、駿府・江戸での将軍家訪問への取成では隆信を頼らざるを得ず、またこの事件以後も、領内での事件解決では松浦家に処理を頼むことはあった。それでもコックスは隆信に全幅の信頼を置くことはなかった。

本事件が起こった時、隆信は駿府にいた。コックスは六月五日に、五月十八日（元和二年四月十八日）付の隆信書状を受け取った。隆信が平戸にいないことが松浦家を積極的に頼れない背景になりそうだが、松浦信辰が隆信に代わり、コックスに協力している。

2　問題処理の手段と将軍家の代替

さて、事件が起こった時点で家康は存命だったが、事件進行中の一六一六年五月二十二日（元和二年四月十七日）に死去した。大御所徳川家康が死去し、将軍徳川秀忠の単独治世期に入った。大坂の陣終了前後で、国内政治上での権限は完全ではないにせよ、秀忠へ移行され、家康は政界から退き、名実ともに隠居を計画していた[32]。家康の死後、いわゆる「代替」となるが、イートン解放をめぐる一件は直接将軍家と関わりがないため、家康の死去が与えた影響は大きくなかった。

家康は、大坂の陣終了後も、大御所として外交を掌握していた。一六一五（慶長二十）年、イギリス商館と取引のあったダミアン゠マリネスらが長崎で捕縛された一件では、商館長リチャード゠コックスは当初、現地長崎で解決させようと試みた。しかし、長谷川藤正や松浦隆信らは商館の希望に沿うような期待を持たせつつも効果的な動きはなく、最終的にウィリアム゠アダムスが家康の上意を得ることによって解決した事件であった。大坂の陣が終了したとはいえ、秀忠は一切関わっていない事実、また数か月解決しなかった問題が家康の上意により速やかに解決したことから、いまだ外交問題での家康の力が大きいことを示した。

論文末の付表は、日本人とイギリス人との間で起こった事件性のある主要なできごとをまとめたものだが、この一覧を見る限り、松浦家が捕縛・審理に関わったものは多くない。松浦家家臣が当事者となった事件では松浦家預りとなるケースが多い。幕閣への誹謗など商館内部では埒があかないとコックスが判断したものなど、いずれも日本人が加害者あるいは発端となったものである。そして、窃盗は主に商館使用人が犯人のため、原則として領主へ送られることはなく、商館内で鞭打ちなどに処される。外国人が関わる事件の場合、松浦家家臣の暴言などがきっかけになって騒動となるケースも多かったが、慶長期は記録が少ないこともあり、当該期の紛争特徴を示すことは難しい。

今回の一件は、日本人から受けた暴行への抵抗がもとで起こったことであり、イギリス商館としては被害者としての意識があった。イートン自身が"my mischawnce that hath hapned"「自身に起こった不運」と記している通りである。(33)そこでコックスはイートン保護のために「特権」を適用させようとした。幕府や大名の裁判権に服す必要はなく、また日本の不当な扱いを避けるためである。

イートンの身柄について、現地の大村氏も当事者のいる肥後の加藤氏も静観している。加藤氏の動きが見えるのは五月二十四日である。松浦氏が雪ノ浦で得た情報によると、加藤忠広が大村純頼へ書状を送り、「イギリス人が彼の領民を殺したとしても彼はそれに報復しない旨」を伝えたとある。(34)しかしイートンはまだ雪ノ浦に拘束され、雪ノ浦へ向かったニールソンも平戸へ戻らなかった。

コックスは六月二日付の手紙をイートン・ニールソン両名宛で作成し三日に送っている。そのなかで、「大村と肥後(の領主)が皇帝へ使者を送ったことを確信し、肥後からの回答のために両名が滞在し続けていることを確実視している」と述べる。(35)さらに「大村と加藤の両名が、この問題について皇帝に説明させない(上意を出させない?)ようにしていることを確信している」とも書いている。さらに『商館長日記』には記されないが、これらのことが"his secretary Codesque Dono"本多正純に伝わるであろうことを書状に書いている。ちなみに書状の大半が取引のことであり、イートンは雪ノ浦に身柄を拘束されているとはいえ、商売に支障が出ているわけではない。

『商館長日記』には、「皇帝に使者を派遣して事を遷延させている以外の何物でもないから、ニールソンが戻ってくることが最善」と、大名たちが家康へ事態を伝えて引き延ばしを図ろうとしているだけなので、ニールソンが雪ノ浦に滞在する必要はないとコックスは書いている。「遷延＝事態は解決しない＝ニールソンの早期帰還が良い」のではなく、家康、そして本多正純がこの事態を知ることに重要な意味があると思われる。それは、コックスがしばしば記すように、イギリス商館には家康から認められた「特権」があり、むしろ家康や正純の耳に入ることは、「特権」を利用しようとしている商館側にとってむしろ都合のよいことになる。だからニールソンがそのまま雪ノ浦に滞在する意味はないのである。

ところが、コックスがこの書状を書いている時、すでに家康は死去していた。その事実をコックスは知らされていない。六月五日(元和二年五月二日)、松浦隆信から五月十八日(元和二年四月十三日)付の書状がコックスの許に届いた。その手紙には家康から暇の許可が出て様々な贈り物を得たことが書かれていた(36)。その三日後、コックスは隆信は家康と直接会ったのではなく、正純が暇の許可を与えたことを人づてに聞いた。

六月五日は、肥後へ渡っていた松浦家臣が大村へ行き、イートンの身柄に関する加藤氏の意向を伝えた日である。加藤からは「イギリス人を自由にすべき」、「忠広が皇帝の保護のもとにある人々に干渉したくない」、「暴挙を起したフィンゴの人々も、忠広に何も知らせることなく彼らの事を運んだ」とのことで、「特権」保護下にある者に手出しができない状況がうかがえる。もっとも、当時の加藤家は当主忠広が政治を主導しておらず、家老達による合議で政務が決定していた。やや時期が下がるが、細川忠興は元和二年八月十日(一六一六年九月十日)付忠利宛書状にて「一加藤肥後家中二ツニわれ候ニ付、可被成　御仕置かとさけすミ候由、それハしれ申ましきかと存候」と記していた(37)。いわゆる「牛方馬方騒動」が表に出てくる前から、家中が不穏であるとの情報が九州でキャッチされていたことになる。

忠広自身の居所は未詳(38)、また大村純頼の当時の居所も未詳だが、元和元年から二年は家康・秀忠ともに江戸で越年し、年明け三月に家康と諸大名が駿府へ向かっているため(39)、関係諸大名自身が在国していない可能性が高い。大名当主が領国に在国していたとしても、コックスが「家康から与えられた特権」を適用させてイートンの解放を求めている以上、直接家康が関わっていなくとも、家康の威光を無視することはできないとコックスは考えたはずである。しかもコックスは、六月中旬まで家康の死去について確証を得ていないのである。

現地大村では、加藤からの意向が伝わって以後も二日の間、イートンを拘束し続けた。その理由について、コックスは、キリスト教との関係を示唆しているが、国内事情として、戦国期に松浦道可隆信が領地回復させ、さらにかつて大村領であった土地を松浦家が領有し続けていることが大村家の態度を硬化させたと考えた。コックスが日本国内で起こった歴史事実をも勘案しながら状況把握しようとしたことがうかがえるのである。

おわりに

家康の死去は国内諸大名の書状で即時に国許へ伝えられたが、コックスのもとへは不確定情報が届いていた。コックスが家康の死去を事実として確証を持ったのは六月十六日(元和二年五月十三日)であった。本稿では、イートンが拘束され、その解放に至るまでの間の経緯をみてきたが、家康の死去以後、コックスは「特権」についてどのように考えていたかに触れておこう。『商館長日記』のなかで、日本人との事件に関わった商館員あるいは商館関係者を「特権」適用で身柄を引き取った、あるいは解放を要求した件は具体的には見当たらない。もっとも、イギリス商館員あるいは関係者が事件を起こした場合、松浦の裁判に委ねる事例はなく、ほとんどが商館内部で罰が与えられる。それは一六二一年の段階にも見られる。ウィリアム＝バーバーと呼ばれるイギリス船船員が泥酔の上、代金未払い・貴金属窃盗で家の女性に捕縛された。バーバーがその女性を打擲したことで、周囲の者がバーバーを縛り上げてコックスへ通報したのである。バーバーは商館内の柱に縛り付けられ鞭打ちとなった。平戸の領民が松浦にではなく、コックスへ引き渡した点、コックスもまた松浦家中へ引き渡すことがなかった事実から、「家康からの特権」、すなわち「領事裁判権」については、明文化されたものがなかったとしても、代替後もそのまま継続して適用されていたのである。

以上のことから、本稿で示した点は以下の通りである。

①捕縛・拘留された商館員の解放については、従前通り「家康からの特権」を適用させようとした。
②当時の関係諸大名が抱えている内部事情から、大名家は積極的に関与する姿勢を見せない。
③イートンの拘束の背景に、現地のキリスト教事情が反映するとコックスは考えるが、理解にはブレがあること。
④イギリス商館が得た「領事裁判権」は、家康の死後も平戸領内で適用されていた。

イギリス商館が得た特権、「朱印状」「特許状」などは、その資料の伝来過程からやや複雑であり、特に一六一六年秋に入手した秀忠からの朱印状が家康時代と大きく異なったことが当時問題となった。これは取引に関することである。旧来の特許への復帰を求めながらも、それが叶うことはなく、商売で厳しい制約を受けることとなった。現地平戸での活動では、イギリス商船には松浦家奉行が乗り込むこととなり、その乗組員による妨害行為が頻発する。そのような妨害行為を松浦家に訴えても、多くの場合は、うやむやなままで終わるのである。他領での事件では、幕領である長崎で数件の事件がみられるが、すでに指摘したように、長谷川藤正の行動は、貨物管理のみならず、治安などの点でも決してイギリス人が満足するものではなかった。

他領主が商館をどのように理解し、その活動をみていたのかは、史料的制約も多く十分な検討が難しい状況にある。一つ一つの事案を今後も丁寧にみて、イギリス商館と幕府や大名との関わりを追究していくことを課題としておきたい。

付表　一六一五（慶長二十）～一六二一（元和七）年イギリス商館に関する事件

年月日	概要	罪状	対応
一六一五年　七月二九日（慶長二〇年閏六月一四日）	通詞五郎左衛門が松浦家家臣安右衛門義兄七郎右衛門の悪評を拡散。	侮辱	アダムズの仲介、五郎左衛門救済のため特権の適用。

一六一五年一一月　三日（元和元年　九月二二日）	松浦家家臣がジャンク船水主を切りつけ、両成敗。	傷害	松浦家によって両成敗となる。
一六一五年一一月二五日（元和元年一〇月一五日）	船を逃亡していた元日本人船員を捕まえ、平戸藩に突き出す。	逃亡	松浦家による取り調べが約束される（経過不明）。
一六一六年　四月　四日（元和二年　二月二八日）	御用銀子の盗難事件をめぐり商館内協議。	窃盗	李旦を仲介させて松浦家に取成を依頼。
一六一六年　五月一六日～（元和二年　四月一一日）	イートン打擲一件、イートンが大村領内で肥後の日本人を打擲する。	暴行	コックスは特権を根拠に解放を求める。
一六一六年一一月二一日～（元和二年一〇月二三日～）	通詞五郎左衛門による商館員への誹謗、五郎左衛門の借財など。	侮辱・借金	商館による解雇処分、翌年、コックスは訴訟するが進展せず。
一六一七年　四月　四日（元和三年　三月　九日）	料理人トーマスが松浦隆信の犬を殺害す。多数の日本人を打擲した余罪あり。	暴行	商館が隆信に謝罪して終了。
一六一七年　五月二六日（元和三年　五月　二日）	元通詞五郎左衛門をコックスが松浦家に訴える。	侮辱・借金	昨年秋からの遺恨、松浦家は積極的に動かず。
一六一七年　六月一七日・一八日（元和三年　五月二四日）	松浦家臣丑之助らがオランダ船を訪問していたトットンを強制的に連れ戻す。	違法行為	コックスらが特権への介入であると丑之助らに書状で抗議。
一六一七年　六月二七日（元和三年　六月　五日）	松浦家臣丑之助らがオランダ船へ向かうトットンらから櫂を奪い取る。	暴行	対応できず、なお同時に、五郎左衛門訴訟での怠慢を批判。
一六一七年　六月二八日（元和三年　六月　六日）	松浦家奉行らがオランダ船給仕の衣服運搬を妨害する。	暴行	対応できず、コックスは日本人の乱暴さを批判。
一六一七年　六月二九日（元和三年　六月　七日）	松浦家奉行らがニールソンらが乗る船のオランダ船接近を妨害。	暴行	対応できず、一連の嫌がらせか？。
一六一七年　七月　三日（元和三年　六月一一日）	松浦家奉行らの一連の妨害行為に対して、コックスが苦情。	暴行	松浦信辰を訪問して、五郎左衛門の商行為許諾を盾に追求したが、松浦家は明確に回答せず。

一六一七年 七月二三日（元和三年 七月 一日）	松浦家奉行が座礁オランダ船に向かったニールソンらの小舟の水夫を打擲する。	暴行	松浦信辰が水夫を解放した。奉行らは五郎左衛門の件と関係があることを示唆（欠損部多数）。
一六一七年 八月 二日（元和三年 七月一一日）	日本人がトットンのトルコ風の衣服を船上から盗む。	窃盗	八日にアドバイス号当直奉行の暴言を受ける。
一六一七年 八月 八日（元和三年 七月一七日）	船上当直奉行の暴言・狼藉など。	暴言	松浦重忠へ訴えるが当人不在で対応してもらえない。
一六一七年 八月一八日（元和三年 七月二七日）	英国渡航した日本人船員がアダムズを暴行・脅迫。	暴行・脅迫	コックスが殺意を抱くも自制、商館内部処理か。
一六一七年一一月二五日（元和三年一一月 八日）	堺定宿久保九右衛門が代金を遷延して支払わない。	代金未納	告訴予定先がわからない（平戸領内ではないので幕府か）。
一六一七年一二月 七日（元和三年一一月二〇日）	松浦隆信用人庄助がオランダ船上で私貿易【参考】。	私貿易	隆信が求めた過料が払えず切腹。
一六一七年一二月 七日（元和三年一一月二〇日）	助右衛門の所業不良。	所業不良	松浦隆信によって所払が命ぜられる。
一六一七年一二月 七日（元和三年一一月二〇日）	元通詞五郎左衛門の所業不良。	所業不良	一連の所業に対し、隆信から過料あるいは所払が命ぜられる。
一六一七年一二月二三日（元和三年一二月 六日）	ウィッカムの日本人使用人がオランダ商館で銀杯を盗む。	窃盗	盗まれた銀杯をオランダ商館へ返却、翌日商館内で鞭打ち刑。
一六一七年一二月二四日（元和三年一二月 七日）	イギリス商館がシャムへ日本人を強制連行か。	強制連行？	コックスは賃金を払っていることあるいは将軍家の朱印状を得ていると弁明、重忠は関わりを回避。
一六一八年 一月 三日〜（元和三年一二月一七日〜）	五郎兵衛（天野屋共同経営者）が生糸証文を贋造。	文書偽造	松浦重忠が抱き込まれ、重忠が五郎兵衛らに加担。
一六一八年 一月一六日（元和三年一二月三〇日）	ニールソン、通詞コ・ジョンを打擲。	暴行	商館内処理。

一六一八年　一月　七日（元和三年一二月二一日）	松浦信正室の使用人がアダムスから侮辱を受ける。	侮辱	翌日、コックスが松浦家重臣大炊へ訴え、大炊から桃野太郎左衛門へ伝言あるいは、佐川信利へ訴えることを論す。
一六一八年　二月　二日（元和四年　正月一七日）	ウィッカムの使用人が商館内で貨幣を盗む。	窃盗	ニールソンが彼らを追放処分。
一六一八年　二月　四日（元和四年　正月一九日）	ウィッカムの使用人が商館内で釦を盗み逃亡する。	窃盗	商館内で追跡して逮捕した。処分は不明。
一六一八年　二月　六日（元和四年　正月二一日）	ウイッカムの使用人が窃盗の罪を家族に着せる。	窃盗	証拠不十分。
一六一八年　四月一八日（元和四年閏三月　四日）	日本人雇用人ジェフリーが無断帰宅した。	職務怠慢	年季証文が出されない限り自宅待機、翌日証文提出。
一六一八年　四月二八日～（元和四年閏三月一四日～）	イギリス商館での銀匙が紛失した。	窃盗	内部調査し、鉄火裁判を計画する。日本人ボーイ対馬が犯行を自白したが、翌日、某が匙を受け取ったと告げたが、相手は否認。コックスは裁判のため松浦重忠のところへ商館員を派遣し、重忠は受理するが審理せず（五日頃）、内済を示唆（九日）。
一六一八年　七月一四日（元和四年　六月　三日）	入港中の者が上陸し、手当たり次第に盗みを働く。	窃盗	松浦重忠らによる探索が進むか疑問を抱く。
一六一八年一二月　二日（元和四年一〇月二六日）	ニールソンの下僕ミゲルが商館内で刀を盗み逃走。	窃盗	商館内で追跡するも捕まらず。
一六二〇年一二月一八日（元和六年一一月　五日）	日本人がイギリス人を打擲し、自宅に拘禁する。	暴行・監禁	アブラハム・スマートが商館内で犯人に会い、罠をしかける。コックスは犯人を解放し、佐川信利へ愁訴（一九日）。
一六二一年　一月一二日～（元和六年一二月三〇日～）	九右衛門の木材代金訴訟のこと。	取引	長谷川藤正へ代金訴訟の件について善処を求める。

一六二一年　一月二七日～（元和六年閏一二月一五日～）	商館の使用人で窃盗常習犯の萬が商館内で窃盗・逃亡する。	窃盗	芳右衛門（商館のボーイの父）、長谷川藤正へ捜索を依頼。
一六二一年　七月　五日（元和七年　五月二六日）	エリザベス号の水夫が泥酔状態で日本人に斬りかかる。	暴行	日本人が逆襲し、コックスが水夫を救出。
一六二一年　九月　五日（元和七年　七月二九日）	平戸藩奉行が英国水兵を囚禁。水兵は釈放後、提督により処分。	監禁	密輸の監視のため。水兵は窃盗・婦女暴行で監禁された。信利へ訴えれば解放されるであろうとのこと。
一六二一年　九月一一日（元和七年　八月　六日）	松浦隆信が帆船労働の日本人を罷業し、日本人監督を拘留。	逮捕	コックスの依頼により復業。
一六二一年　九月一三日（元和七年　八月　八日）	火薬倉庫が襲撃され、逃亡。	暴行	南蛮人の教唆ヵ、翌日桃野太郎左衛門へ報告、二五日に犯人確保し、松浦家を介した裁判へ。桃野は先に証人・目撃者の取り調べを示唆。
一六二一年　九月一六日（元和七年　八月一一日）	ペパーコーン号乗員が娼家にて窃盗・暴行。	窃盗・暴行	コックスが引き取り、商館内で鞭打ちの刑に処す。
一六二一年一〇月　一日（元和七年　八月二六日）	日本人夫が司令官ラ・フェーブルを打擲。	暴行	隆信邸の階段を登ったため。隆信が処罰したというがコックスは信じず。
一六二一年一〇月　二日（元和七年　八月二七日）	イギリス人が逃亡し行方不明。	逃亡	松浦隆信・長谷川藤正へ捜索依頼。三日に松浦家が捕縛し商館へ引き渡す。日本人は長崎で投獄される（隆信が処刑するとの噂）。
一六二一年一〇月二六日～（元和七年　九月二二日～）	松浦家家臣が借金未返済のイギリス船員を多数捕縛、隆信は船員を長崎へ連行か。	逮捕	借財返済の件、藤正不在。
一六二二年　一月一五日（元和七年一二月一四日）	日本人がイギリス船員を捕まえ長崎でスペイン人に売却した。	連行	囚禁日本人に対して桃野太郎左衛門が食事付与を依頼するが、コックスの意向で叶わず（一八日も同じ内容）。

一六二二年　二月一一日（元和八年　正月一一日）	横田角左衛門らが商館囚禁の日本人の件でコックスらを諭す。	監禁	幕府関係者が関わってくる。松浦隆信・長谷川藤正の依頼をイートンが拒否していること、審理を藤正がするのであれば、藤正が食事を与えればよいとコックスは考える。

『イギリス商館長日記』から抽出。拙稿①初秋の表をもとに作成。

註

（1）拙稿①「一七世紀、イギリス商館関係者の紛争処理と平戸松浦家―『イギリス商館日記』を題材にして―」（日本大学通信教育部『研究紀要』二五、二〇一二年）、同②「江戸時代初期における領主権力と「長崎奉行」の覚書―『イギリス商館長日記』を中心にして―」（日本大学通信教育部『研究紀要』二八、二〇一五年）、同③「イギリス商館長リチャード＝コックスと幕藩権力―一六一五年のスペイン人・イタリア人囚禁事件をめぐって―」（日本大学通信教育部『研究紀要』三一、二〇一八年）、など。

（2）拙稿前掲②。

（3）Ludwig Riess, HISTORY OF THE ENGLISH FACTORY AT HIRADO 1613-1622, TOKYO 1898, p39.

（4）永積洋子・武田万里子『平戸オランダ商館　イギリス商館日記　碧眼のみた近世の日本と鎖国への道』（そしえて、一九八一年）、三一二頁。

（5）吉村雅美「イギリス商人のみた日本のカトリック勢力―リチャード・コックスの日記から―」（清水光明編『「近世化」と日本』（アジア遊学一八五、二〇一五年）。

（6）『イギリス商館長日記』譯文編上巻（東京大学出版会、一九七九年。以下、『商館長日記』と略す）三七二頁。なお、特記しない限り、本事件の経過については『商館長日記』に拠る。

（7）　拙稿前掲③。

（8）　William Eaton in prison at Akuno-ura to William Nealson, 22 May 1616, Anthony Farrington ed., THE ENGLISH FACTORY IN JAPAN 1613-1623 vol.1 London, 1991. No.165 415p に、“the man I hurt is indifferent well and, thanks be to God, there is no danger of his life, as I am informed by the surgeon, which I have detained here at least six days.” とある。なお、『商館長日記』ではニールソンが受けた二十二日付の書状については述べられず、二十三日・二十四日付のコックス宛の書状を受け取ったことのみが記されている。

（9）　William Nealson at Akuno-ura to Richard Cocks at Hirado, 31 May 1616, Farrington, op.cit No.168, 423p 書状には、“I p'ceive that the secretary of Umbra is nott contented w'th his bongew about the death of the boy and his somwhat hard dealing w'th Mr. Eaton” とある。

（10）　William Eaton at Akuno-ura to Richard Cocks at Hirado, 1 June 1616, Farrington, op.cit, No.169, 425p.

（11）　吉村前掲註（5）。

（12）　『商館長日記』訳文編上巻、三九五頁。

（13）　「西班牙国セビーヤ市インド文書館文書」（『大日本史料』第十二編之十二）四七九頁。

（14）　同前。

（15）　「ガブリエル・デ・マットスのイエズス会総長宛、一六一四年度・日本年報」（『十六・七世紀イエズス会日本報告集』第Ⅱ期第2巻、同朋舎、一九九六年）一六三頁。

（16）　レオン・パジェス『日本切支丹宗門史』上巻（岩波文庫、一九三八年）四一二頁。「そこ（大村―引用者注）の背教の大名は、一六〇三年宣教師らを追放したのであつたが、今神父の来たことを知り、仏僧の告訴を無視して目を閉じていた」とある。

（17）「イエズス会総長宛、一六一五、一六年度・日本年報」（前掲『十六・七世紀イエズス会日本報告集』第Ⅱ期第2巻）。

（18）パジェス『日本切支丹宗門史』上巻（岩波文庫）。

（19）『福者フランシスコ・モラーレスO.P. 書簡・報告』（キリシタン文化研究シリーズ7　キリシタン文化研究会、一九七二年）。

（20）Tranceration of the summary of John Saris' petition for trade privilegs, presented to Honda-Kosuke-no-suke, 10 Septnber 1613, Farrington op.cit, No.11, 85p.

（21）「外蕃書翰覚」国立公文書館所蔵。https://www.digital.archives.go.jp/das/meta/M2010021521325646987　二〇一九年三月十日閲覧。

（22）一般的に「治外法権」と理解されている条項である。裁判管轄において現地国の裁判権に服さない「領事裁判権」はその一部に相当する。なお、幕末において、領事裁判権が日蘭和親条約に規定されており、「一、和蘭人日本之掟を犯し候ハ、出嶋在留高官之者へ為知可有候、左候得者同人をして和蘭政府ゟ其国法通戒可申事」とある。一方、日本人のオランダ人への犯罪については、「和蘭人日本人ゟ不都合之取扱を受候時者、於日本和蘭領事官ゟ其旨訴日本重役ゟ吟味之上日本国法通戒可申事」とある（『大日本古文書　幕末外国関係文書之十三』四五頁）。日本人による外国人に対する規定の萌芽は日蘭和親条約とされる（荒野泰典「近世の日本において外国人犯罪者はどのように裁かれていたか―明治時代における領事裁判権の歴史的前提の素描―」『史苑』六九巻合併号、二〇〇九年）。なお、日蘭和親条約の前に締結された日米和親条約や日英和親条約に同様の規定はない。日米間では、一八五七（安政四）年に追加された条約によって領事裁判権が追加され、それが日米修好通商条約へと受けつがれている。日英和親条約では船主が日本の港で法を犯せば港を閉じ、末端の者が法を犯せば、船将への引き渡しとされていた(『大日本古文書　幕末外国関係文書之七』四四三頁」)。幕末の開国においても、領事裁判権が明確に記されていないのである。

(23)　慶長十八年八月二十八日付イギリス人宛徳川家康朱印状（オックスフォード大学ボドリアン図書館所蔵）https://www.bodleian.ox.ac.uk/news/2013/bodleian-marks-anniversary-of-first-japanese-trade-agreement　二〇一九年三月二十二日閲覧。

(24)　『商館長日記』譯文編上巻、六四～六五頁。「私は皇帝オーゴショ様の保護のもとにあり、そして彼の署名を得て、日本のいかなる法官といえども皇帝の許可による以外私並びに私の商館内の使用人に干渉することはできないこととなっており、しかも実際は私が語っている以上に大きな権限を私は持っている」と述べていた。

(25)　拙稿前掲①。

(26)　「大村記」(『史籍雑纂』第二)一五七頁。

(27)　『商館長日記』譯文編上巻、七三七頁。一六一七年五月二日条で、「以前にも数通の手紙を書いて呉れたが、今まで何も彼に与えられなかった」との理由で、今井重兵衛へ更紗などの布を送っている。

(28)　『商館長日記』譯文編上巻、三四六頁。

(29)　たとえば、家康と秀忠の場合は、故家康を“old Emperour”、将軍秀忠を“New Emperour”と表現した。この場合、家康を「以前の皇帝」との意味で解釈するのが適当であろう。なぜなら皇帝が同時に二人存在することは想定しないからである。

(30)　「セーリス日本渡航記」(『新異国叢書』第Ⅰ輯第6巻、雄松堂、一九七〇年)一三六頁。

（31）拙稿前掲③。
（32）三島への隠居については大嶌聖子「徳川家康の隠居―最晩年の政権移譲構想―」（『日本歴史』七〇二、二〇〇六年）。
（33）William Eaton in prison at Akuno-ura to William Nealson, 22 May 1616, Farrington op.cit, No.165 415p.
（34）『商館長日記』譯文編上巻、三八一頁。
（35）Richard Cocks at Hirato to William Eaton or William Nealson at Akuno-ura or elesewhere, 2 June 1616, Farrington op.cit, No.170, 426p.
（36）『商館長日記』譯文編上巻、三九三頁。
（37）元和二年八月十日付細川忠利宛忠興書状、『細川家史料』一（大日本近世史料）一七一頁。
（38）『駿府政事録』巻八、国立公文書館デジタルアーカイブ。元和元年七月二十六日条に「越前宰相殿加藤肥後守御暇被下」とある。https://www.digital.archives.go.jp/das/image/M2015010621032498525　二〇一九年三月二十日閲覧。
（39）元和二年三月十四日付島津惟新宛島津家久書状、「旧記雑録」巻七十二（『鹿児島県史料』旧記雑録後編四）六一九頁。

近世後期の海防と「慶安軍役令」

針谷武志

はじめに

寛政期以降、幕府は増大する海防の必要性に対し、大名動員によってこれに対処しようとした。基本方針は時により、打払令や薪水給与令の違いはあったが、長崎や蝦夷地、江戸湾など要地の経営には、個々の藩が動員された。また要地のみならず、幕府は沿海諸藩にも海防手当を命じ、その報告を要求した。

大名旗本の海防動員は即ち軍役動員であり、諸藩は海防報告書において具体的な軍陣の報告を要求された。幕府が海防の全国的総動員を前提とすれば、課役基準が求められることは必至であり、海防において軍役が問題化せざるを得なかった。

軍役論は長い研究史がある。簡略にふりかえると、生産関係と権力編成を有機的に結合させて論を展開した佐々木潤之介氏の一連の研究により（1）、軍役は単なる領主階級のみの問題ではなく、近世社会特質の解明の手がかりと位置づけられた。これから朝尾直弘氏・山口啓二氏らの佐々木氏への批判が展開され、また峰岸賢太郎氏・金沢静枝氏・新見吉治氏らの諸論考が出された（2）。

しかるに、軍役論の基礎史料たる「慶安軍役令」につき、根岸茂夫氏より慶安二年(一六四九)段階に幕府法令として発令されたことに疑問が提示され、(3)現在定説となっている。根岸氏も「慶安軍役令」が有効性を帯びてくる背景を「近世後期から幕末にかけて海辺防備に対する緊張の昂まり」に求めているが、詳細な検証はされなかった。

軍役論は高木昭作氏の研究により大きく理解が変化した。(4)大名に対する軍役は、武器や人数でなく、給付される扶持人数に意味があるとして、大名軍団(戦闘単位となる備)編成の自律性を指摘し、旗本に対しては、備に組み込むために武器員数の規定が必要だとした。その上で寛永軍役令は実戦ではなく、上洛行列のための軍役で威儀を整える目的であったとした。近世初期の軍隊編成については谷口眞子氏や長屋隆幸氏の研究がある。(5)

幕末期の軍役については、森杉夫氏や亀掛川博正氏の研究の後、(6)保谷(熊澤)徹氏の詳細な研究がある。(7)保谷氏により文久二年(一八六二)の兵賦制、慶応二年(一八六六)の軍役改定の動きなどが明らかにされ、この過程で「慶安軍役令」浮上の状況と意義とが示されている。

寛政期から弘化嘉永期までの海防を主とする軍役の推移の中で、「慶安軍役令」が浮上してくる経緯の問題は、根岸氏と保谷氏の研究のはざまでまだ検討する余地があると思われる。本稿の目的はここにある。

いま一つの課題として、近世の軍役が公儀の扶持給付を前提としているという、近世初期の研究成果を、(8)近世後期の幕藩関係で確認できるかを検証しておきたい。幕藩制国家の研究では、国家的役賦体系という観点から、軍役系統・国役系統を通じた全身分の役動員から成り立っていたのが、近世の役体系社会であったとする見解(「近世兵営国家論」)が一つの到達点であった。(9)その中で、近世的軍団の編成上の特徴とされる扶持給付について、近世後期の海防動員で検証することは、幕末の変化の前提の確認という意味でも重要になろう。

一　幕府の諸藩海防動員の特徴

まず幕府の海防政策の根本は、個別領主に対する軍役動員であったことを確認しておきたい。以下旧稿をもとに述べると、(10)幕府は海防政策を展開するにあたり、まず基本方針を示す海防令を発令した。それが寛政三年(一七九一)令や、文化薪水給与令、文政打払令、天保薪水給与令などである。しかしただ一般方針を示す触書のみならず、幕府はその有効性の裏打ちとして、個々の領主に対し、その具体的処置＝海防手当の報告を命じた。これを「海防報告書提出令」と呼ぶことにするが、寛政四年令、天保十三年(一八四二)令(二度)、天保十五年(弘化元年・一八四四)令、嘉永二年(一八四九)令の五回が確認できる。

寛政四年令は「兼々手配致し置候船数人数、其他大筒有無并一躰之心得方、隣領申合之趣等、委細書付候て可被差出候」と、海岸に領地を持つ大名に命じている。(11)こうした全国的な海防報告書提出令を伴う海防政策は、寛政が初めてであり、それ以前の必要に応じての個別動員とは段階の違った、継続的海防体制の構築を目指すものであった。大規模な海防軍役問題の発生として、寛政期が海防上の一画期と位置づけられる。

天保薪水給与令の裏打ちとして、天保十三年令は二度にわたって出されたが、寛政四年令よりも拡大されている。拡大された点を以下に列記する。(12)①寛政四年令で報告させた内容よりも増強を命じている。②海防手当の書付のみならず、海岸絵図面に水深を記入させて提出させている。③海岸領主は大名のみならず、旗本にも報告させている。④江戸湾海防のため諸藩の江戸屋敷の手当も報告させている。これらは沿海内陸を問わずすべての大名に命じている。

こうした命令をうけた諸藩が、海防報告書を幕府へ提出していることは、すでに旧稿に述べたので詳述はさけるが、幕府はこれをただそのまま受け取っていたわけではなく、その内容が不満足と判断すれば、差し戻して再提出を命じ、満足と判断されるまで幕藩間の数度の伺と差し戻しを経て受領された。従って海防報告書は幕府の意にかなった海防手当をさせるための、統制手段であった。そしてその担当は専任の老中があたった。寛政期の松平定信と天保期の土井利位であるが、これが海防掛老中である。

国許・江戸表の諸藩兵力を把握し、増強を促す一方で、幕領海防への大名派兵待機を命じ、要地には駐屯させて警備させる体制を作っていった(時代により強弱はあったが)。自領海防は幕府の奉公だけでない要素もあるが、江戸での軍事動員や幕命による領外派兵は幕府の軍役奉公の要素がより明確である。これらの詳細は旧稿にゆずる。

二　寛政期における軍役問題

海防報告書は具体的な兵力、武器員数の書上であり、諸藩にとりそれが要求されたとき、軍役の意識が発生するのは当然であった。

すでに指摘されていることであるが、寛政五年(一七九三)に徳山藩が軍役につき幕府目付に問い合わせている。まずこの史料を見てみよう(13)。

①寛政五丑年八月十四日、御目付桑原善兵衛殿江谷祐八左之伺書御用人を以差出候所、追而御差図可被成候由

先年従　公儀被　仰出候非常之節御軍役御定前之人数武器等(者)、主人出馬之人数外之義ニ可有御座候哉、左候而(者)右御軍役者主人在府ニ而も、其向寄等之方角ニ不拘、一応在所江罷越候歟、或者在所ゟ人数呼寄歟、其上ニ而発向仕候節之義ニ御座候哉、

御附札(A)

御軍役御定通り之人数武器、主人出馬之時者、御軍役通之人数を召連武器等為持候、若主人病気か幼少ニ而出馬難相成候節者、御定通之人数武器計(出)候、尤家老歟親族之内ニ而主人可有之候場所ニ至而ハ、公儀御役人之差図を請可相働事候、主人在府ニ而も一応在所江罷越、在所ゟ御定之通人数召連発足可仕事ニ候、

②

但右御軍役御定被　仰出候者、何年何月之義ニ御座候哉、

御附札(B)

当時相用候御軍役ハ寛永十年癸酉二月十六日被　仰出候、

③

主人在府之節於御当地居合之人数指出候義、是又其所ニ応し御定等有之義ニ御座候哉、然者石見守三万石之高人数武器等何程之御定ニ御座候哉、

御附札(C)

主人在府之節居合候人数差出候義、是ハ其節ニ至り何万石御軍役を以人数召連候様、従　公儀被　仰出候事ニ候、遠近ニ寄替有之、兼而何程と難定候、

右之廉々為心得御内々御問合申上候、以上

毛利石見守家来
谷　　祐　　八

八月十四日

右之通差出候所、翌寅年三月十六日谷祐八御呼出ニ而、御用人御附札御渡、

（中略）

この伺の②に対する目付の返答附札Ⓑに明確に書かれているように、この段階では寛永軍役令が確認されている。このことに関し、新見吉治氏は「慶安軍役令」が存在する前提で、「幕府の軍役令は旗本に関する規定を主とし、大名に関する規定は添え物にすぎ」ないと述べ[14]、久留島浩氏はこれを「慶安軍役令」が幕府自身に認められなかったことの証左とした[15]。ここで問題としておきたいのは、この寛政期に徳山藩がなにゆえに軍役の確認を必要としたのか、ということである。①の冒頭「非常之節御軍役」とは寛政当時なにを意味していたかである。

別の大名家史料からも、この時期、軍役が問題化していることがわかる。阿波徳島藩では、寛政五年三月に藩主蜂須賀治昭が江戸参府前に、直書を家老に渡しているが、その中に「先般異国船漂流之節御手当心得被　仰出候ニ付而者、一統下々着類属具之修覆等猶更無油断趣、（中略）且又御役割武器員数等先年ハ毎時御触渡も有之、元建ハ何時も同事ニ候得とも、寛文之頃迄ハ何角時宜ニ応、節々之御配改有之、其上久々御触知も無之、殊ニ元禄之頃より近年何角区々之私説も相起り、（中略）当務之員数多少を不相計候而者、自然与修覆之前後ニ付差当無益之労念も万ニ一可有之哉、就而者猶人々御役割下知も可被　仰出候」[16]とあり、やはり海防手当の基準が問題とされている。徳島藩主は本来軍役は基本は不変であるが、寛文ごろから課役法に差異が生じ、軍役についての再触もなかったため、元禄以来軍役の認識につき混乱が生じ、私説が様々にあるような状況であったが、「当務」の員数の多少を計るためには基準が必要であり、そのためまた軍役につき仰せ出されるはずであると説明している。そしてこの徳島藩主直書は、非常時

に使うべき朱印状をそえていた。

今度在府中、万一異国船漂着ニ而打払等申附候時宜ニ及候ハ、、此所名面賀嶋長門与御直ニ而御書入被遊候出張可致、且其場ニ臨候ハ、、中老一組、物頭一組引具出張之上、一番手之者一備ニ相立、万事此所前ニ同し但名計令指揮候様ニ可有之事、

寛政五

三月　御朱印但水牛御諱名之御印　此御印江戸御持通御感状御長持ニ入有之

賀嶋長門殿

佐渡安芸殿

この朱印状は阿波に異国船が渡来したときの海防動員命令書であり、「当務」とは海防を指していることは明白である。前節で述べた寛政四年十一月の海防報告書提出令こそ、「当務」の員数の多少を計るための基準が求められる幕命であり、従って直接軍役に関する問題を提起したものと思われる。『吹塵録』『陸軍歴史』に所載の「慶安軍役令」の奥書からすると、軍学者福島《くしま》伝兵衛（國雄）が幕府の大小目付の命で同軍役令を差出したのが寛政四年十月である(17)。福島がいわゆる「慶安軍役令」を提出したのも、少々穿った見方をすれば、海防報告書提出令準備中の参考であったかも知れない。

また同時期には軍役のみならず、様々な軍事・兵学の調査が命じられており、諸大名も報告を命じられている(18)。このことも藩側に影響を与えたと考えられる。実際にこの時期、軍役改定が促されていることがいくつかの藩で認められる。

富山藩では寛政八年の「軍役覚書(19)」によると、藩は藩士に「人数帳」なるものを毎年正月六日に差し出させている。これは藩士が常時抱えている従者を書き上げさせたものであるが、藩の意図は軍役数規定を守らせることにあっ

た。また軍役の適用につき述べた部分があるが、それには以下のようにある。[20]

（前略）其時処之模様ニ因テ小異之品ニ御座候ニ付、（中略）且御家諸侍之面々与、□□□御大身之御家中江者、御内択ニモ難成可有御座候、或ハ高田城請取之択ニモ事候、飛州郷民共之一揆ニ類スル者ヲ取鎮申事ニ、又海上ニ漂着仕唐賊船ヲ可禦打御手当与て、各御主意違可申候、先以御人数ヲ被催、御家中出立可仕ニも、其主ニテ助力可仕、着到之従者無て不叶義、仍其度益々御家与加州御定与考合（後略）

軍役は石高相応の規定であるが、実際の発動に際してはその時、その所の模様により小異があるとしながらも、基本的には軍役規定に基づくとして、本家加賀藩の規定を考慮にいれた軍役改定である。富山藩が実際に経験した、高田城請取（延宝九年（一六八一））、大原騒動出兵（安永二年（一七七三））とならんで、海防手当がこの軍役の発動対象としていることがわかる。富山藩としては、城請取、一揆鎮圧、海防動員を前提としての軍役改定であった。

尾張藩は、寛政四年十一月の海防報告書提出の幕命を受けると、翌年正月には一通りの軍陣を定めた。[21] その後寛政六年に、幕命により非常時には「公義御用之為京大坂江御人数差遣」し、京都所司代または大坂城代の指揮下に入るべき体制に組み込まれた。

一、京都近辺若騒動有之罷出候節、御用之為人数差出候段、諸司代《ママ》衆江申達、御差図ニ随ひ可申事、
一、騒動之様子ニ寄、二番手御人数をも被差向可然候ハヽ、其段早速名古屋表江可申越事、
一、三番手之義者、騒動之模様ニ寄而可相越事、
一、大坂近辺若騒動有之罷越候節も、京都同様相心得、御城代衆江相伺、御差図ニ随ひ可申事、

と心得が定められ、一番手から三番手の軍陣も定められた。[22] この非常時援兵体制を整えた寛政六年十月前後から軍役改定の動きがあり、まず九月に藩から家中へ渡す人夫・馬匹の規定数・扶持規定の改定が行われた。[23] さらに四〇〇石

から三万五〇〇〇石までの軍役員数も決められ、「寛政七年卯八月、江戸表ニ而被　仰出御触面」として江戸から名古屋へ通達されている(24)。この軍役改定は、海防と特に非常時京都大坂出兵体制の整備の一環であったとしてよいであろう。

また寛政十一年八月には、具体的な数値は不明であるが、南部藩が軍役改定に手をつけた事が知られる(25)。寛政十一年正月には蝦夷地への出兵が津軽藩に加えて、南部藩に命じられており(26)、その直接の影響と考えることができる。

ところで「慶安軍役令」が幕府内部で問題となったにせよ、この節の冒頭で挙げた徳山藩の問答史料からすると、幕府は寛永令を選択し、「慶安軍役令」を採用しなかったかのように見える。しかし事はそう単純ではない。

三　文化期における軍役問題

寛政期の徳山藩の伺に対して幕府内部でどのような検討がなされたかを示す史料はないが、文化期の同様の軍役伺に対する、幕府内部の検討の様子を窺わせる史料がある。老中御用部屋の記録である『諸事留』に記載された、文化五年（一八〇八）の浜松藩井上家六万石の軍役に関する記録から、その様相を見てみよう(27)。

文化五年に井上河内守（正甫《まさもと》）から「先年従　公儀御定被　仰付候高割軍役之儀ニ付、以ケ条、左ニ奉伺候」と、老中松平信明に内意伺が出された。質問事項を要約すれば、以下のようになる。①六万石の軍役規定の騎馬九〇騎の内に士大将・物頭・奉行役などを含むのか。含むとなると騎馬武者が少なくなって軍陣に差し支えるのではないか。②旗一〇本では不足であるので、「手長旗」を了見次第で持たせてもよいか。③長柄九〇筋、弓三〇張などの規定に拘泥せず、多分に用意することは上を重んじることになると思うが、いかが心得るべきか。④他国への出兵を命じられた場合、「其領内郷士百姓抔由緒等有之者、社家寺院等可然者罷出度旨願出候ハヽ、召連候而も不苦儀と相心得罷在候、且右之者不申出候共、其時宜ニより召連候而も不苦儀ニ可有之哉、左候ハヽ、九十騎の数相違も可有之候得共、是ハ与力ニ而御座候間、不苦儀かと相心得罷在候」との点の確認。⑤着用の具足装束について。その他である。④の箇所で、「一、他国江人数差向候様被　仰付節、其時ニ至可相伺筋ニも可有之候得共、夫ニ而ハ第一手廻し悪く、兼々用意仕置不申候而ハ、調兼候儀も有之、且ハ無益之品用意仕候而も如何ニ付、相伺置申候」と述べていることからわかるように、この伺は、第一節に述べた領主相互の援兵を第一に想定してのことである。

これに対する老中松平信明の返答は、

覚

一、騎馬九十騎之定ハ、士大将其他物頭奉行役々并歩行立之士之外ニ而候、騎馬歩行立共嗜次第相増候而も不苦候、

一、一手限ニ而他国江出馬之時、与力之者召連候事も時宜ニ寄苦ケ間敷、乍然此方より押而召連候筋ハ有之間敷候、

一、旗長柄弓鉄炮御定之数より不相増儀ニ候得共、替旗替長柄弓鉄炮等ハ嗜次第之事と存候、手長旗之儀、家々持伝へ来候分者不苦儀、尤旗之色ハ何を用ひ候而も不苦候、

一、着用之具足并装束等何色にても不苦（後略）

というものである。この記事の直後の地文に「右十月十九日御挨拶之御覚調上、尤御軍役宅并御具足奉行福嶋伝兵衛御尋有之」とある。信明はこの返答を用意するにあたり、再び北条流軍学者の福島伝兵衛に諮問しているのである。この諮問書と福島の回答を次に掲げよう。

御具足奉行福嶋伝兵衛江御尋之趣　朱書之通

一、壱万石ニ付騎馬十騎之定ニ候処、士大将共ニ候哉、歩立之士者右之数ニ者不搆儀ニ候哉、右騎馬士大将始物奉行役々之ものも右之数江入候而ハ、騎馬之武者少なく、備へ立兼可申哉之御尋、

壱万石ニ付騎馬十騎之御定、士大将物頭共歩立之士ハ相除候、主人始物奉行役々之ものハ相除候、慶安二己丑年被　仰出候一万石御軍役別紙奉入御覧候、

一、壱万石ニ付旗三本之定ハ手長旗計之事ニ候哉、昇を矢張旗と申、手長旗ハ人々之了簡次第ニ而、外ニ為持候儀も有之候哉之御尋、

旗三本之御定者自分持旗計ニ御座候、昇を旗と申儀、慶安年中旗太鼓具之儀、御三代様　思召有之、高祖父安房守氏長奉蒙　台命、旗之儀御定旧記有之、以前御武器御用中委細之儀申上候、猶御尋之儀も御座候ハヽ、絵図面を以委細ニ可奉申上候、

一、壱万石ニ付長柄三十筋、鉄炮二十挺、弓十張之定ニ候得共、不足之節者相増候而も不苦候哉、増候節者何程増候而宜候哉之御尋、

御軍役之外人数者、嗜次第召連可為忠節之被　仰出候義も有之候得共、長柄鉄炮弓御定之外相増不申、替長柄弓鉄炮所持仕候儀、申伝候口伝御座候、員数ハ銘々是又嗜次第ニ御座候、猶又御尋之上可申上候、

一、万石以上着用之具足并袴、惣而装束等何色にても不苦候哉、鎧腹巻ハ色々仕立方も有之候得共、何を用ひ候而も不苦候哉之御尋、

装束之儀、鎧直垂之儀と奉存候、是ハ慶安年中御定、万石以下ハ不相用候、万石以上ニ者相用候儀も御座候、相用候と申候者一本采牌之時之義ニ御座候、鎧腹巻胴丸色々仕方何れを用ひ候而も不苦儀ニ御座候、

辰（文化五年）八月　　福嶋伝兵衛

この史料から、松平信明は浜松藩の伺を一万石の場合に一般化して、ほとんどそのまま福島に諮問したことがわかる。福島に質問しなかったのは④の事項のみであり、これは直接軍役に関わることではなく、別の次元の判断を要するものであったからであろう。

福島の回答にはいくつか注目すべきことが含まれている。第一項でやはり「慶安軍役令」が発令されていると言及し、第二項では慶安年中に「御三代様」すなわち三代将軍家光の命により、福島伝兵衛の高祖父北条安房守氏長（のち正房と改名）が、旗太鼓の儀につき取り調べた旧記があると述べている。(28) 第三項の軍役規定以上の武器所持については口伝があると言い、この口伝と第四項の装束については別に詳細に述べている。その口伝には「口伝壱万石より十万石迄御軍役不足之節相増候儀、御定数よりハ不相増儀ニ候得共、替長柄弓鉄炮人数嗜次第候故、時々応し数之多少ハ面々之嗜次第ニ而、右嗜分を相増候儀者勝手次第ニ候」と、軍役以上の武器は「替長柄弓鉄炮」として用意すべきであると述べている。福島への諮問は一回ではなく数度にわたったようで、福島は家々伝来の旗は勝手次第である旨、旗の色も装束の色も何を用いてもかまわない旨を返答している。

つまりは老中松平信明は、その福島の答申をほとんどそのまま浜松藩に回答していると言ってよい。「御軍役宅」と言われるほどに、軍役をいわば家職とする福島家の権威が窺われよう。

そして注目すべきは、福島は軍役定書を信明へ提出している。この内容は一般に知られた、慶安二年十月の年記をもついわゆる「慶安軍役令」である。冒頭に「寛永十癸酉年二月十六日、慶安二己丑年十月　日両度被　仰出」と記載されている。(29)

まず第一に、寛政以降、再度文化期に幕府内で「慶安軍役令」が確認されていることが指摘できる。「慶安軍役令」は後世の編纂物に現れていたが、この史料は幕府内部の確実な記録である。第二に、冒頭書にあるように、寛永十年（一六三三）と慶安二年（一六四九）の両度にわたり発令されたと述べて、両者を同一のものとの認識していることである。『諸事留』には寛永軍役令の六万石書抜も記録されている。しかしこの際に、寛永令と慶安令を別物と考えてどちらが有効かを問題視された形跡がない。

そもそも「慶安軍役令」は、寛永軍役令を改定したといえるほど、大きな変更はされていないと言える。武器員数に関しては全く同じと言ってよく、問題は専ら人数規定にある。それも二〇〇〇石以上に関しては従来無かった規定が加えられたのであり、真に変更したと言いうるのは二〇〇〇石以下の旗本に関してである。それ以外は「慶安軍役令」は従来無かった細々とした細則を付け加えたものにすぎない。同令は本質的な改定ではないと認識されていたのではないだろうか。そうであれば、大名を対象とする場合は、年次の古い寛永軍役令と表現して指示することはあり得るであろう。

「慶安軍役令」が有効とされている、遅くとも文化期とみられる事例も確認される(30)。

一、大坂中小屋ニ張付有之御書付写

後年御改御軍役并御扶持方之覚

一、弐万石　一、騎馬二十騎　一、槍五拾本

一、鉄炮五拾挺　一、旗　五本

一、対持鑓共

御扶持方之覚

一、弐万石　三百人

右者　御上洛、日光御成之定也、御陣之時者一倍扶持也、
右御軍役如定、旗弓鉄炮甲冑皆具諸色人数積可相嗜、若軍役不足之族有之者、可為曲事、軍役之外者其身嗜次第召連、可為忠勤者也、

慶安二丑十月

これは二万石軍役規定であるが、冒頭にあるように、大坂城中の中小屋口詰所に張ってあった書付ということが注目される。つまりこれは大坂加番の基準として周知されていたとみることができよう。いつのまにか大坂加番は「慶安軍役令」に準拠するとされていたのである。しかし細々とした人数規定もなく、奥書と年記がなければ寛永令としても全くおかしくない内容である。

四　天保期における軍役問題

幕府と大名との軍役に関する応対は、天保期にもいくつかみられる。寛政期同様、海防報告書提出令が一つの誘因であったろう。前述したように、天保期海防報告書提出令は、寛政令よりもかなりの動員拡大を目指すものだった。海防報告書提出令直前の天保十三年(一八四二)六月の、臼杵藩の在所海防調練伺では、「能登守領知高五万石余之軍役人馬武器等、寛永年中被　仰出候通相心得罷在、(中略)尚又寛政中被　仰出候異国船相見江候節、海岸固人数手当申付候ニ付而茂同様ニ勢揃為致候」と述べられている。[31] 寛政期から半世紀もの後の発言であるが、寛政期の海防動員が寛永軍役令に基づいている認識を窺わせる。臼杵藩の意識としては、天保十三年当時も、この寛永軍役令に準拠した寛政海防体制のための調練伺なのである。これに対する老中水野忠邦の返答の書取は「書面之趣不苦候事」との

みである。大名に対しては寛永軍役令として構わないのである。

しかし天保期の海防動員は、従来と違った軍役問題を誘発した。それは旗本に対する軍役動員である。天保海防報告書提出令は、沿海の旗本にも報告書の提出を命じている。このことは旗本への新たな軍役動員を意味する。しかし史料的に、旗本の海防報告書は管見では確認できない。すべての沿海旗本が報告書を提出したかも疑問である。わずかに一八〇〇石の交代寄合榊原家が、固有家役の久能山警衛にからめて、天保期に海防手当を定めたらしいことが窺われる[32]。しかし天保期より旗本動員が幕府の海防政策に含まれてゆくのは明らかである。

このことは、旗本軍役を明確化させる必要性が生じる事態であった。天保期には旗本からの軍役問合が存在する。播磨屋形一〇〇〇石の旗本池田家の史料を次に掲げる[33]。

天保十四卯年六月十二日、御目付中川勘三郎江出ス、十一月八日同人ゟ答来候、

御問合　　松浦金三郎

覚

一、御軍役人数之儀、寛永十酉年二月、慶安二丑年十月被　仰出候通、当時ニ而者、高千石ニ而者惣人数弐拾壱人、内弓壱張、鉄炮壱挺、鑓弐本、侍五人、

右之通心得可然哉、

下札「書面高千石ニ而者惣人数弐拾人ニ可当候、
其外者書面之通、被心得可然存候、

（後略）

池田家も寛永・慶安二度にわたり軍役が発令されたと認識している。それ以前の元和令を挙げていないことからすると、文化期の福島伝兵衛同様、やはり寛永・慶安の軍役規定を同一と考えていることを窺わせる。しかも「惣人数弐拾壱人」「侍五人」という表記からして、「慶安軍役令」の内容としてよい（「侍五人」の表記は寛永令になく、「慶安軍役令」にある）。これに対する幕府目付も「惣人数弐拾人」とむしろ少なく訂正してはいるが、やはり寛永令でなく「慶安軍役令」に従った指示とみてよい。目付中川勘三郎忠潔は、寛政四年（一七九二）十月に福島伝兵衛から「慶安軍役令」の書付を受け取った大小目付のなかの中川勘三郎忠英の家系であり[34]、おそらく中川家に残されていた寛政四年系統「慶安軍役令」の記録に従って、一般に知られている二一人を二〇人に訂正したと考えられる。

先の臼杵藩との対応では、寛永令を答えていることとの矛盾はどう理解すべきか。これを老中と目付の認識の不統一、または軍役認識の混乱と片づけてしまうのは安易にすぎよう。従来は海防動員は大名に限定されていた。従って「慶安軍役令」を指示する必要は無かった。「慶安軍役令」が寛永令と明確に違うと言えるのは、旗本に関してだからである。

旗本の海防動員は、天保期以降強化され、弘化二年（一八四五）には、従来老中のみであった海防掛が若年寄にも設定された。さらに嘉永二年（一八四九）には、とくに旗本に主眼を置いた一連の海防政策が打ち出されている。こうした中で再び弘化二年九月には、軍学者福島五左衛門から「慶安軍役令」書付が、海防掛若年寄大岡忠固へ提出されている。大小目付のみならず若年寄へ提出していることは、右の理解からすると整合的である。そして弘化三年には老中阿部正弘から大目付堀利堅へ、諸向からの問合には「慶安軍役令」を返答するようにとの指示が出される[35]。この段階にいたり、大名まで含めて「慶安軍役令」に徹底されたとみることができる。そしてこの弘化三年系統の「慶安軍

役令」が旗本の海防手当の準拠とされていることが、個別の旗本史料から窺われる。(36)

天保期の軍役関係の幕藩間の応対の事例を、もう一つ提示したい。次の史料は鳥羽藩からの伺と老中の回答である。(37)

○天保十三寅年十一月十一日、土井大炊頭様江御内意奉伺差出、同年十二月廿三日御書取御渡、
海岸防禦之義、蛮夷諸国戦闘之仕組和漢之制度与違候得者、其覚悟ニ而用意候様、此度被　仰出候ニ付、追々被成御取調候所、外夷之義野戦者其次ニ相成可申哉、第一海岸打払之御手当は大炮抱筒ニ可有御座哉、海防差向専用之大炮抱筒可成丈御用意被成度、右ニ付而者、前々御定之弓長柄之数御減少被成候而も不苦候哉、勿論弓長柄共得其術候者為御持被成候、此段各様方迄御内慮相伺候様被仰付候、以上

稲垣摂津守様御家来
小曽根懸平

十一月十一日

御書取

書面弓長柄之義ハ、御定之員数丈ケ用意可仕事ニ候、其余大炮抱筒等用意之義ハ銘々心懸次第之事ニ候、

鳥羽藩は、異国船との戦闘はまず砲撃戦であり、野戦はその次であるとの考えから、軍役規定の弓・長柄を減らしてでも火砲を増やした方がよいと、伺の形で意見具申しているのである。だが老中からの指示は、あくまで軍役規定の遵守を命じている。軍役規定による海防動員という図式は、結局幕府には放擲できぬことであった。これは当時の軍役を媒介にする幕藩国家が行う海防の原則であり限界点であった。硬直した内戦向けの軍役が異国船相手に有効で

ないことは幕府も承知していながら、軍役に準拠する形でしか諸藩を動かすことができず、部分修正的に大砲は心懸け次第としか言えなかったのである。

こうした体質のまま海防の実効性を挙げようとするならば、軍役を大砲規定を含んだものに改定する必要があった。文久二年（一八六二）の軍制改革による兵賦制でも「慶安軍役令」の変形修正であった(38)。

天保十三年九月の江戸藩邸兵力報告書提出令で「若近海江渡来も候ハヽ、臨時ニ警衛并防禦等被　仰付候儀可有之候間、（中略）参勤之面々其覚悟ニ而防禦之仕方兼而心懸置可被申候(39)」として、諸藩の江戸藩邸の兵力を報告させたことは、江戸の防衛を大名の在府兵力によろうとしていたことを意味する。参勤交代の制度自体、江戸防衛の軍事的意味をもつものであることは言を俟たない。平時では藩財政を圧迫することに結果したが、対外的危機に直面して本来的意味を取り戻したと言えよう。

海防動員の要請以前においても、江戸における勤番（江戸城門番、火番等）を前提として、諸大名は参勤交代を行っていた。詳細は旧稿にゆずるが(40)、正徳二年（一七一二）の「諸大名参勤之節召連候人数定之条々」と、享保三年（一七一八）の参勤交代人数の規制、享保六年の江戸勤番人数規定が、天保段階で準拠すべき規定であった。享保六年九月に譜代大名には軍役通りの人数を求めたが、同年十月の国持大名・外様大名向けの規定は倹約路線から江戸参勤の人数を制限する趣旨で、具体的に参勤人数規定を設けている。そして「今度人数之儀被　仰出候之上者、御定之通急度人数召連可被申候、若又少々余り候人数有之候共、差出被申間敷候、尤不相応之場所者被　仰付間敷候(41)」と規定通りの人数召連を要求し、一方不相応の江戸勤番は命じないとしている。さらに「万一人数御用之時者、勿論領内ゟ人数召寄御軍役之通堅可被相勤事」との付帯条件をつけている。この規定は第二節冒頭に掲げた徳山藩伺に対する、目付の返答（附札(A)）に合致する。

参勤交代および江戸勤番については、幕政改革の緊縮財政策・倹約令の関連から、幕府は大名の在府人数を最小限度に制約しようという力を掛けていた。この方向性は強弱はあろうが、天保期までは認められる。天保期の江戸藩邸海防報告書提出令において「是迄より多人数召連候儀者無用ニ致し、江戸表有合之人数ニ而相心得候様可被致候」[42]と言わざるを得なかったことにも現れている。この参勤人数制限は、ペリー来航後の嘉永六年十一月に、銃砲・人数とも江戸へ呼び寄せは勝手次第とする幕令により撤廃されたが、この幕令では、享保六年参勤人数制限令を挙げて、「万一人数御用之時者、勿論領内ゟ人数召寄御軍役之通堅可被相勤事」に今こそ該当する事態であると宣言している。[43]

天保期の江戸藩邸の兵力報告書の中で、松本藩の報告書には「兼而私儀在府中、於江戸表不時ニ非常警固等被　仰出候節之人数差出方之儀、御定御軍役高六万石之三分之一を以申付置候」として、非常の節は「人数不足分ハ、御差図次第在所表ゟ召呼可申候」と述べている。報告書の挙げている武器人数は、鉄砲六〇、弓一〇、長柄一〇、束鑓三〇。人数は士分七六名、足軽八〇名、供人中間道具持などの又者三〇四名を含む合計四七一名である。以上は江戸藩邸人数の全部ではなく、その内の非常の節の差出予定人数で、江戸藩邸の総兵力は、鉄砲六一、弓三二、長柄三三、鎗三〇、家老以下諸役以上九九名、中小姓一〇名、徒士五二名、足軽九七名、中間三三三名の総勢五九一名であることも報告している。[44]江戸詰兵力が三分一軍役であるという規定は管見では見ないが、この報告書は海防掛老中土井利位の内覧の上提出されたものであるから、一応の内諾は受けているはずである。人数規定のある「慶安軍役令」の六万石は鉄砲一七〇、弓三〇、長柄鎗九〇、人数は士分にあたる馬上・徒士・侍計二二五名、総人数は一二一〇名で、三分の一に合っている。人数も含めて三分の一であるから、実質的には「慶安軍役令」を参考にしてつくられた可能性がある。

五　扶持給付と拝借金

海防動員に対する幕府の保障行為について検討する。冒頭に述べたように、近世の軍役動員には公儀がこれに扶持給付をすることが指摘されている。海防に対してこの原則はどうなっているのか。

寛永十年（一六三三）二月十七日寛永軍役令と同日付の「御扶持之定」(45)では、一〇〇〇石くらいを境にして、それより小給の者へは軍役基準より多く、それより大身の者へは人数規定より少ない規定となっており、小給の者の軍役維持への配慮がなされている。この寛永扶持定では、実戦に際しては一倍（今の表現では二倍）と規定されている。

近世初期の軍役動員での扶持給付については、高木昭作氏が検証している。(46)近世中期以降も、この寛永扶持規定はその後も準拠されており、延宝九年（一六八一）の高田城請取では、動員された村上・長岡・富山・村松・新発田藩はそれぞれ役高一万石につき一五〇人扶持が給付されている。(47)また安永五年（一七七六）の日光社参でも、三〇〇俵の旗本の一二人扶持九日分の請取史料が残っており、(48)これまた合致する。また「慶安軍役令」が有効となっている長州戦争でも、幕府は大名へも一万石につき一五〇人扶持を給付する予定であったが、幕府に遂行能力なく、旗本のみに給付したことも明らかにされている。(49)

近世後期の海防動員については、管見の限りでは、扶持給付を一般的とすることは困難である。文政七年（一八二四）・八年に設定された小名浜代官所援兵体制の関係史料でも、文政七年十二月二日の白河藩から幕府勘定所浦々掛（勘定奉行村垣定行・遠山景晋ら）への問合書では、「一、右人数差出候付而者、武器用具并諸荷物、且兵糧之手当馬飼料等、白川ゟ相送候心得ニ御座候、早速之御用向ニ付、継人馬等聊無遅滞継送候様、兼而御達置被下候様仕度候、但賃銭之儀者、其場所定有御座候間、相払可申候間、是又御達置被下候様仕度候」という一条に対して、浦々掛は「書面武器用具其他共相送候儀、伺之通ニ而可然候、人馬継送之儀者、寺内重次郎（小名浜代官）江茂可相達置候得共、可成丈手人被相用候様、可被致候」と回答しており、ここでは幕府からの扶持給付は言及されていない(50)。

実際に海防動員が発動された弘化三年（一八四六）のビッドル来航や、嘉永六年（一八五三）と安政元年（一八五四）のペリー来航でも、大名へは事後に褒美として時服や金銀を与えたことが認められるのみである(51)。

安政元年のペリー来航の時には、幕府は動員した旗本に対してだけは、扶持と馬飼料を給付する旨の幕令が出されている。しかしその際でも「家来下々迄之惣人数」と「乗馬員数」を取り調べて目付へ報告させ、その分のみを給付するとしている。しかも「尤御軍役ニ相泥ミ、無益之雑人雇人等召連候儀可成丈相省、御実備之処致勘弁、御申聞可有之候」と、軍役規定よりも少ない人数を期待している(52)。軍役通りの人数を要求できない幕府の実力の低下がすでに現れ始めていた。

さかのぼるが文化四年（一八〇七）には、蝦夷地派遣を命じた目付遠山景晋以下の幕臣には、それぞれ高相応の一倍扶持が給付されている(53)。幕府は最低限旗本への扶持給付は行っているようである。

大名への海防軍役動員の保障行為は、扶持給付ではなく、拝借金恩貸または下賜金給付であった。江戸内海動員の場合を見れば、嘉永二年六月に川越藩松平斉典から幕府へ次の書付が提出されている(54)。

覚

一、金拾万六千八百両余
　　米壱万八千五百俵余
　　　内

金壱万五千両　　拝借金追而被下切ニ相成候分

差引

金九万千八百両余

米壱万八千五百俵余

右は去ル天保十三寅年より当酉年迄八ケ年之間全御備御用ニ付遣払候金高、

右は大凡取調之処を以入御覧中候、以上

六月

これによれば、天保十三年(一八四二)から嘉永二年(一八四九)までの八年間にかかった海防経費一〇万六八〇〇両余・米一万八五〇〇俵余の内、幕府からの給付で賄えたのは、拝借金「被下切」の一万五〇〇〇両のみであった。またこの史料から扶持給付がなかったことも確認される。

この川越藩の拝借金は、天保十三年八月三日に川越藩に相州警衛、忍藩に房総の警衛が命じられたのに付随して、同年十一月二十九日に「相模・安房・上総・御備場御用引受ニ付、格別之訳を以」、それぞれに一万両の拝借金が許されている。(55) さらに川越・忍両藩には、弘化三年ビッドル艦隊が浦賀に来航した際に出精したとして、追加で五〇〇〇両の拝借金が許された。(56) その後弘化四年三月十四日には彦根藩と会津藩が増強されて江戸湾は四家警衛体制になるが、この折に彦根・会津藩に「金一万両被下之」と返済義務のない下賜金が与えられ、(57) 同時に川越・忍藩も従来の拝借金一万五〇〇〇両が「被下切」となったのである。(58)

その後内海台場ができると、嘉永六年十一月に川越・忍・会津が台場警衛を命じられるが、この折にも三家には「為御手当金壱万両被下之」と下賜金が与えられた。(59) かわりに房総警衛を命じられた柳川藩立花左近将監鑑寛《あきとも》は侍従に任ぜられた上で、金一万両の拝借金を許されている[60]。家格の引上は、とくに外様大名の海防動員にみられる。おなじく房総警衛の岡山藩松平（池田）内蔵頭慶政《よしまさ》もやはり少将に任じられ、それが海防動員の交換条件であることが明確にしめされている[61]。さかのぼるが天保九年に八戸藩主南部左衛門尉信真が蝦夷地警衛を理由に城主格とされている[62]。

拝借金は他にも、文政十一年に佐賀藩も領分損毛と長崎表御備場破損を理由にしているが、一万両拝借が許可されている[63]。

幕府の拝借金については、大平祐一氏・森田武氏・松尾美恵子氏・千葉一大氏等の研究があるが[64]、それらに従えば、無利子である拝借金は幕府公儀の権能であり、単なる藩財政難では許可されず、正当な理由をもって貸与される性質のものである。実際には、幕閣のお手盛り型の拝借金や、御三家御三卿への将軍家の家産経営の延長的な拝借金などが主流となり、必ずしも公儀権能の実態とは言いがたい面もあるが[65]、そうした中でも海防動員には外様大名へも拝借金が許可されており、拝借金恩貸と下賜金給付はとくに領外派兵の海防動員への一種の保障行為とみなすことができよう。ただし領外派兵の海防課役に必ず給付されたかはなお検討すべきである。千葉氏によれば、蝦夷地派兵は条件だがそれのみでは不足で、盛岡藩の拝借金は盛岡藩側の働きかけの結果であった[66]。また大平氏は「軍事的御用も大名の当然の任務であり、その諸経費も大名自ら負担すべきものであった。それゆえ、警衛・防備による失費を理由に幕府へ拝借を願い出るべきではなかった」としているが[67]、氏が挙げている例は文久以降のもののみで、幕府が財政的に拝借金を貸与できなくなった、公儀権能喪失過程だと思われる。

幕府が旗本をも海防に動員するにあたり、嘉永六年九月にすべての旗本・御家人に海防名義の拝借金を許可する法令を出しているのも[68]、やはり同様の理解ができよう。この拝借金も結局、安政二年九月に返済免除となっている[69]。

大名の海防動員に対して扶持給付がなかったわけではない。文化年間の津軽藩の蝦夷地出兵に対しては、幕府はカラフト、ソウヤ、リイシリ詰人の実働人数分のみの扶持を給付し[70]、あわせて五〇〇〇両の拝借金を与えている[71]。そもそも当時の蝦夷地は米の調達が困難な地域であり、幕府は恩恵として出羽幕領から松前藩へ渡米を行っているのである[72]。兵糧の調達困難な所で金を与えても無意味であり、そのための扶持給付であろう。逆にいえば流通市場が整っている場合は、扶持そのものの現物支給は必ずしも必要ではない。ペリー来航や長州戦争など、大規模な動員の際も扶持給付が認められるが、これは大規模なるが故の個別領主の兵糧調達困難を、幕府がかわって保障するということであろう。

以上からすると、扶持給付と拝借金、下賜金は可変的な発現形態であり、場合により、扶持と拝借金が同時に与えられることもあった。遅くとも安永五年の日光社参までには供奉する旗本に扶持給付が行われ、岩槻・古河・宇都宮の各城主には拝借金が与えられることが定型化している[73]。もちろん三者は公儀の恩恵として同等なものではなく、返却義務のある拝借金より、扶持給付・下賜金のほうがより恩恵度は大きい。動員の規模、重要性、幕府側の都合、幕藩間の強弱(譜代か外様などの関係性)、流通市場の条件などが、三者の違いに関係していよう。高木昭作氏は島原・天草の乱での扶持給付について、九州諸藩は全国市場大坂の成立を前提にしていることを指摘している[74]。

文久年間になると、幕府は海防動員を名義とする拝借金出願を次々に拒否するようになる[75]。これは海防課役の拡大から、すべてに拝借金を許可することが財政的に困難になったためだと考えられるが、このことにより藩側に幕府の公儀権能を疑問視することを惹起した[76]。

なお浅見隆氏は「公儀権力の保障義務」として、拝借金と所領再配置(転封)を挙げているが[77]、大筋においては首肯できるが、天保上知令に軍役負担に耐えられる個別領主強化の意味合いはあったであろうが、転封を扶持給付にかわる保障行為とみなせるかは疑問である。だが幕府が財政上の困難さから転封の発動で解決しようとしたとする指摘は、注目すべきであろう。江戸湾海防では私領同様預地の付与で対応するように変化するのも[78]、財政的な制約のためであろう。

むすびにかえて

寛政以降、軍役規定は常に海防動員との関連で問題化し、その度に「慶安軍役令」が何らかの形で現れている。文化期には大名に対しても内実「慶安軍役令」に従った指示がなされていた。天保期には旗本側も寛永と慶安に同じ軍役令が発令されたと認識し、幕府側もそれを異としていない。その上で弘化段階に大名旗本を含めて「慶安軍役令」に統一して有効とされたと考えられる。「慶安軍役令」は旗本に主眼をすえた軍役令であった。寛政期にも松平定信の海防構想には旗本の動員が含まれており[79]、このことがやはり寛政期に「慶安軍役令」が浮上した背景にあるのではないかと思われる。

文化期にみられた、幕府内の軍役に関する老中と北条流軍学者との応対、天保期の旗本と目付の応対では、寛永軍役令と「慶安軍役令」とが必ずしも二律背反ではないことを示している。「慶安軍役令」は主眼は旗本軍役であり、大名への適用では寛永軍役令としても、遅くとも文化期には幕府は矛盾としなかったのではないか。二度にわたり発令され両者が矛盾しないとの認識は、今風に例えれば本則と施行規則、あるいはガイドラインの関係のように理解しているかに思える（旗本部分は改定なのであるが）。現代政治においても法律のみで政策意図は果たしえず、施行規則とガイドラインが求められる。政策論的なメカニズムは似ている。諸向が伺を立てるのは、指示に沿って越度ではないことの保障を求めてのことであり、そうした求めが人数規定のある「慶安軍役令」を浮上させた要因ではないかと思われる。「慶安度被　仰出ニ基キ諸向問合候向え挨拶可仕旨(80)」とは、そういう文脈であろう。

前掲第二節の徳島藩伺には「御軍役通之人数」と見えるから、人数規定があることを想定しているように見える。日光社参や江戸勤番の規定等々の積み重ねの上に、海防報告書に人数記載を求める幕府の指示の積み重ねの結果、大名軍役にも人数規定があるのが当然との認識が一般化したとも考えられる。徳島藩伺書も江戸勤番を意識した伺書であった。そうなると寛永軍役令と言いながら、内実は人数規定のある「慶安軍役令」に準拠した可能性がある。いっぽう軍役認識はたしかに混乱もあった。たとえば『柳営秘鑑』は寛永軍役令を「慶長二十年軍役令」として、それを読む者に混乱を与えている(81)。

海防報告書をめぐる大名と幕府との応対で、海防掛老中は国持大名に増強と軍陣内容の明記を要求しているが、大名側は強く抵抗する面がみられた(82)。このことは幕府が大名への軍陣編成内容にはあまり干渉しなかった原則から外れることであり、貫徹は出来なかった。しかし他の大名は外様も含めて人数編成も書き出している。保谷徹氏は「慶安軍役令」が大名に大規模に発動されたのは長州戦争の際であり、「慶安軍役令の採用を明示したことは大名軍制への介入の契機(83)」と述べている。しかし国持外様以外の大名にはすでに海防報告書が介入の契機になっていたと言えよう。

幕府の海防軍役に対する保障行為については、近世後期では扶持給付は一般的ではなく、局地的な場合などは拝借金または下賜金という形をとった。しかしそれが大規模であったり、市場的問題で兵糧調達が困難な場合に扶持給付の形態もみられる。それでも扶持給付は旗本には確認されるが、大名へは例外的で一般的とは言えない。内陸の旗本まで、全領主に海防動員が及べば、扶持にせよ拝借金にせよ幕府は支弁困難にならざるを得ない。部分的に私領同様預地という手段もとられたが、全般的には海防は当然のこととして、保障行為能力の低下となる。これは幕府の公儀喪失過程であった。

「慶安軍役令」が海防の実効をあげるには限界があった。第一に、軍役規定以上の軍備は、少なくとも表面上は期待できない。それは嗜みとされた。第二に、硬直した軍役規定は異国船には有効でないにもかかわらず、不十分な軍備を用意させることになった（鳥羽藩の伺の例）。これは幕末軍役改定（案）に持ち越される。第三に、軍役とは主君に対する奉公、つまり主従制原理であって、危機意識（対外的危機あるいは民族的危機）に基づいた行動ではなかった。同じ構造は藩内にもみられることが指摘されている。(84) 嘉永以降の幕府は、情報を漏らして危機意識の共有化を図り、(85) 外様大名への「委任」、あるいは「国恩」を強調した海防令や、朝廷との融和による人心統合（心性上の効果）など、軍役とは異なる方策をも模索するが、なお軍役（主従制）は放擲できない原理であったことは、保谷氏の研究の文久・慶応の軍役問題を見れば理解できよう。(86)

註

（1）　佐々木潤之介①「幕藩制の構造的特質」（『歴史学研究』二四五、一九六〇年）、同②「幕藩制第一段階の諸画期について」（『歴史学研究』二六〇、一九六一年）、同③『幕藩権力の基礎構造』（お茶の水書房、一九六四年）一八五頁以下、同④『幕藩制国家論』上（東京大学出版会、一九八四年）三〇五頁以下。

（2）　山口啓二①「幕藩制の構造的特質」（『歴史評論』一四六、一九六二年）、同②「藩体制の成立」（『岩波講座日本歴史』一〇巻・近世二、一九六三年）。朝尾直弘①「幕藩制第一段階における生産力と石高制」（『歴史学研究』二六四、一九六二年）、同②「幕藩権力分析の基礎的視角」（『歴史評論』一四六、一九六二年）。峰岸賢太郎「軍役と地方知行制」（『歴史評論』一三四、一九六一年）。金沢静枝「阿波藩軍役算定法について」（『日本歴史』一九三、一九六四年）。新見吉治

「軍役論について」(『日本歴史』一九九、一九六四年)。
(3)　根岸茂夫「調所「慶安軍役令」の一考察」(『日本歴史』三八三、一九八〇年。のち同『近世武家社会の形成と構造』、吉川弘文館、二〇〇〇年再録)。
(4)　高木昭作①『日本近世国家史の研究』(岩波書店、一九九〇年)、同②「近世の軍勢」(『日本史研究』三八八、一九九四年)。
(5)　谷口眞子「近世軍隊の内部組織と軍法」(『民衆史研究』四七、一九九四年)。長屋隆幸『近世の軍事・軍団と郷士たち』(清文堂出版、二〇一五年)。
(6)　森杉夫「幕末期の旗本軍役」(『大阪府立大学紀要　人文・社会科学』二一、一九七三年)。亀掛川博正「幕末期における幕府軍役改正について」(『軍事史学』一八―四、一九八三年)。
(7)　熊澤(保谷)徹①「幕府軍制改革の展開と挫折」(『日本近現代史1　維新変革と近代日本』、岩波書店、一九九三年)、同②「幕末維新期の軍事と徴兵」(『歴史学研究』六五一、一九九三年)、同③「慶応軍役令と歩卒徴発―幕府組合銃隊一件―」(『歴史評論』五九三、一九九九年)、保谷徹④「近世近代移行期の軍隊と輜重」(『歴史学研究』八八二、二〇一一年)。
(8)　山口前掲註(2)②「藩体制の成立」、高木昭作③「「公儀」権力の確立」(『講座日本近世史1　幕藩制国家の成立』、有斐閣、一九八一年)、安藤正人「幕藩制国家初期の「公儀」御料」(『歴史学研究』一九八一年度別冊特集)。
(9)　高木昭作④「幕藩体制と役」(『日本の社会史』三巻、岩波書店、一九八七年)、同前掲註(4)①『日本近世国家史の研究』。久留島浩「近世の軍役と百姓」(『日本の社会史』四巻、岩波書店、一九八六年)。前田勉『近世日本の儒学と兵学』(ぺりかん社、一九九六年)。

(10) 拙稿①「近世後期の諸藩海防報告書と海防掛老中」（『学習院史学』二八、一九九〇年）、同②「文政期の海防報告書と一揆鎮圧法―「内憂外患」への領主的対応―」（瀧澤武雄編『中近世の史料と方法』、東京堂出版、一九九一年）、同③「江戸府内海防についての基礎的考察―ペリー来航以前を中心に―」（『江東区文化財研究紀要』二、一九九一年）、同④「佐倉藩と房総の海防」（吉田伸之・渡辺尚志編『近世房総地域史研究』、東京大学出版会、一九九三年）、同⑤「「内憂外患」への領主的対応の挫折と変容―弘化三年の海防動員の検証を通じて―」（横浜開港資料館・横浜近世史研究会編『19世紀の世界と横浜』、山川出版社、一九九三年）、同⑥「安政―文久期の京都・大坂湾警衛問題について―」（明治維新史学会編『明治維新と西洋国際社会』、吉川弘文館、一九九九年）、同⑦「岡山藩の海防と幕藩関係」（横浜開港資料館・横浜近世史研究会編『幕末維新期の治安と情報』、大河書房、二〇〇三年）。

(11) 『御触書天保集成』下（岩波書店、一九四一年）六五二六号。

(12) 「日記下調」（国文学研究資料館蔵・真田家文書）八月四日の条（『通航一覧続輯』五巻、清文堂出版、二六頁の同令は八月九日とし、『幕末御触書集成』第五巻、岩波書店、五一九一号は八月九日と五日を示す）。および九月十日の条（『通航一覧続輯』第五巻二六～二七頁、『幕末御触書集成』第五巻五一九二号）。

(13) 『天保雑記(三)』（汲古書院、内閣文庫所蔵史籍叢刊三四巻）六一五頁。同内容史料は『諸例集(一)』（同前九四巻）三八四頁にもあり、一部異同を（　）で補った。

(14) 新見吉治『旗本』（吉川弘文館、一九六七年）一二四～一二五頁。

(15) 久留島前掲註(9)「近世の軍役と百姓」二八五頁。

(16) 「異国船御手当一巻御帳」（国文学研究資料館蔵・蜂須賀家文書）。

(17) 『吹塵録』上（原書房）二三三頁の「慶安軍役令」の奥書に、

右寛政四子年十月大目付安藤大和守、御目付中川勘三郎、石川六左衛門ヨリ達有之取調差出候写、尤当時モ相用候趣ニテ、福島五左衛門ヨリ大目付堀伊賀守え差出之、
右之書面ヲ以、弘化三午年七月大目付堀伊賀守ヨリ相伺候処、慶安度被　仰出ニ基キ諸向問合候向え挨拶可仕旨、伊勢守殿御達有之、

とあり、『陸軍歴史』下(原書房)二二五頁所載の奥書には、
右寛政四子年十月大目付安藤大和守、御目付中川勘三郎、石川六左衛門より達有之取調候写にて、当時相用候旨、尤大岡主膳正殿えも差出候由、弘化二巳年九月朔日福島五左衛門より差越候、御用所留安政四巳年五月海防掛局中にて写置候事、

とある(読点筆者)。根岸前掲註(3)「謂所「慶安軍役令」の一考察」も参照。

(18)「袋廻留　四」(埼玉県立文書館蔵・稲生家文書)寛政四年十二月三日の条。

(19)『富山県史』史料編Ⅳ近世下(一九八三年)八〇頁以下。

(20)同前書、八七頁。

(21)「寛政四子年異国船漂流之節御手当一巻」(徳川林政史研究所蔵「国秘録」第二十五冊所載)。直臣四四六名、鉄砲五〇、弓五〇の兵力である。

(22)「京大坂辺御指出軍令」(同前書所載)。一番手は人数一五一〇名(従卒二九九名、夫九四三名を含む)、鉄砲七〇、大筒一〇、弓三〇、長柄一〇〇。二番手は人数二六一九名(従卒四七九名、夫一六二八名を含む)、鉄砲一四〇、大筒二〇、弓六〇、長柄二〇〇。三番手は人数三九八八名(従卒七六六名、夫二四五九名を含む)、鉄砲二一〇、大筒三〇、弓九〇、長柄三〇〇と決められた。

(23)「国秘録」第二十六冊（徳川林政史研究所蔵）。
(24) 同前書。同じ内容が「御軍役御極」（名古屋大学蔵・高木家文書）に見出せる。
(25)「御家御軍制　上巻」（もりおか歴史文化館蔵、閲覧時は盛岡市中央公民館蔵）。
(26)『岩手県史』第五巻（一九六三年）四一九頁。
(27)『諸事留（二）』（汲古書院、内閣文庫所蔵史籍叢刊八六巻）一三〇〜一四二頁。
(28) 根岸前掲註（3）「謂所「慶安軍役令」の一考察」三一〜三二頁参照。
(29)『諸事留（二）』一三六〜一四二頁。
(30)『諸例集（一）』（汲古書院、内閣文庫所蔵史籍叢刊九四巻）三八三頁。南和男氏の解題によれば、同書は淀藩稲葉家史料であり、全二八巻は前編と後編に分かれ、前編は稲葉丹後守正諶（安永二年（一七七三）継、文化三年（一八〇六）卒）のかかるところとされている。ここに引用した史料は前編に含まれる。
(31)『天保雑記（三）』（汲古書院、内閣文庫所蔵史籍叢刊三四巻）六〇九頁。
(32)『弘化雑記・嘉永雑記』（汲古書院、内閣文庫所蔵史籍叢刊三五巻）四九五頁、嘉永三年八月十八日付阿部正弘宛在所調練伺書。
(33)「（軍役之儀問合ニ付目付より返札）」（国文学研究資料館蔵・播磨屋形池田家文書）。
(34)(35) 前註（17）参照。
(36) 拙稿⑧「内陸旗本と海防」（『地方史研究』二二四、一九九〇年）。
(37)『天保雑記（三）』六一七頁。
(38) 亀掛川前掲註（6）「幕末期における幕府軍役改正について」および保谷前掲註（7）諸論文参照。

(39)「日記下調」(国文学研究資料館蔵・真田家文書)同年九月十日の条(『通航一覧続輯』第五巻、二六～二七頁、『幕末御触書集成』第五巻、五一九二号)。
(40) 拙稿「軍都としての江戸とその終焉―参勤交代と江戸勤番―」(『関東近世史研究』四二、一九九八年)。
(41)『御触書寛保集成』八八九号。拙稿前掲註(40)三二頁参照。
(42) 前掲註(39)に同じ。
(43)『通航一覧続輯』第五巻、一八頁。
(44)「海岸防禦御手当之御届之留写・江戸近海異国船防禦御手当御届之留写」(東京大学史料編纂所蔵)。
(45)『憲教類典(四)』(汲古書院、内閣文庫所蔵史籍叢刊四〇巻)三五五頁。
(46) 高木前掲註(4)①『日本近世国家史の研究』、②「近世の軍勢」。
(47) 松尾美恵子①「奉公」(『日本古文書学講座』第六巻、雄山閣出版、一九七六年)一九六頁付表。
(48)「日光山御社参一件」(埼玉県立文書館蔵・稲生家文書)。
(49) 久留島前掲註(9)「近世の軍役と百姓」二九〇頁。
(50) 学習院大学蔵・阿部家文書一〇三一号。
(51)『通航一覧続輯』第四巻(清文堂出版)、弘化三年は一七二～一八一頁、嘉永六年は四七〇～四七四頁、安政元年は七四九～七五一頁。
(52) 同前書五一四頁、「安政元年正月十七日御目付達書」。
(53)『通航一覧』第七(国書刊行会)二九五～二九七頁。
(54)『新編埼玉県史』史料編一七、六二八頁。

(55)『通航一覧続輯』第五巻、一〇二・一〇九頁。
(56)同前書一〇九頁、弘化三年十一月十六日。および二〇二頁。
(57)同前書一八六頁および一九六頁。
(58)同前書二〇二頁の忍藩の史料では弘化四年二月であり、川越藩も同様この時に返済免除となったと思われる。「返済相済候分者御下ケ戻被成下」と返済分も下げ戻している。
(59)同前書一八八頁。
(60)同前書二〇三頁。
(61)同前書二〇四頁。前掲拙稿註(7)「岡山藩の海防と幕藩関係」参照。
(62)同前書九一頁。
(63)同前書六七頁。
(64)大平祐一「江戸幕府拝借金の研究」(『法制史研究』二三、一九七四年)。森田武「幕末期における幕府の財政・経済政策と幕藩関係」(『歴史学研究』四三〇、一九七六年)、同「文政・天保期における川越藩の公儀拝借金と知行替要求について」(『埼玉大学紀要　教育学部　人文・社会科学』三一、一九八二年)。松尾美恵子②「幕府拝借金と越後高田藩政」(徳川林政史研究所『研究紀要』昭和五十一年度)。千葉一大「文化年間における盛岡藩への拝借金―その貸与と返納について―」(『日本歴史』六二〇、二〇〇〇年)。
(65)大口勇次郎「幕府の財政」(『日本経済史第二巻　近代成長の胎動』、岩波書店、一九八九年)一五五～一五九頁。
(66)千葉前掲註(64)「文化年間における盛岡藩への拝借金―その貸与と返納について―」。
(67)大平前掲註(64)「江戸幕府拝借金の研究」一〇五頁。

(68)『通航一覧続輯』第五巻、一二頁。
(69)『安政雑記』(汲古書院、内閣文庫所蔵史籍叢刊三六巻)九七・一二六頁。
(70)国文学研究資料館蔵・津軽家文書一二四八号、文化六年十二月老中牧野忠精達書写。
(71)『弘前市史』藩政編(一九六三年)付録八三頁。
(72)本間勝喜「羽州庄内幕領地における松前渡米」(『松前藩と松前』三〇、一九八八年)。
(73)「日光御社参一件」(埼玉県立文書館蔵・稲生家文書)、『栃木県史』史料編・近世二、六三頁、『柳営日次記』(雄松堂マイクロフィルム)安永四年五月三日の条。岩槻藩は二〇〇〇両、古河・宇都宮藩は五〇〇〇両宛。天保日光社参でも同様。『柳営日次記』天保十三年五月十四日の条、『埼玉県史』史料編一七、八五六頁。なお享保日光社参では拝借金ではなく、三年間の上米免除である(『柳営日次記』享保十二年八月七日の条)。
(74)高木前掲註(4)②「近世の軍勢」一三二頁。
(75)前註(67)に同じ。
(76)森田前掲註(64)「幕末期における幕府の財政・経済政策と幕藩関係」二一一頁参照。
(77)浅見隆「天保改革論」(『講座日本近世史6　天保期の政治と社会』、有斐閣、一九八一年)三〇五・三一三頁。
(78)江戸湾警衛の彦根藩の場合、嘉永二年に当初通常の預地を与えられ、嘉永五年に私領同様預地となった。岡山藩は嘉永六年より私領同様預地を与えられている。拙稿前掲註(10)⑥「安政―文久期の京都・大坂湾警衛問題について」六四・七五頁参照。
(79)松平定信「海辺御備愚意」(『陸軍歴史』上、原書房、一九六七年)三六三頁。
(80)前掲註(17)参照。

（81）『柳営秘鑑（一）』（汲古書院、内閣文庫所蔵史籍叢刊五巻）八一～八二頁。前掲拙稿「内陸旗本と海防」五三～五四頁参照。
（82）拙稿前掲註（10）⑦「岡山藩の海防と幕藩関係」八七～九一頁参照。
（83）熊澤前掲註（7）①「幕府軍制改革の展開と挫折」一四七頁。
（84）上田純子「海防軍役と大名家臣団―天保～嘉永期の萩藩軍事改革―」（『歴史評論』八〇三、二〇一七）参照。
（85）岩下哲典『増補改訂版　幕末日本の情報活動―「開国」の情報史―』（雄山閣、二〇〇八年）参照。
（86）前註（7）に同じ。

幕藩関係の変容と徳川慶勝の「公武合体」運動

藤田英昭

はじめに

よく知られているように、対外問題を機にして、幕藩関係は嘉永・安政期から文久期にかけて、大きく変容していった[(1)]。とりわけ、朝廷権威の伸張に伴い、諸藩の位置づけに変化が生じた。本稿は、幕藩関係の変容がより進行していく文久二年（一八六二）～三年に焦点を当て、特に御三家・尾張徳川家の動向に注目しながら、この時期の問題点を探ろうとするものである。

ところで、先に指摘した幕藩関係の「幕（幕府）」「藩」という言葉は、近世社会の公用語ではない。青山忠正氏によれば[(2)]、「幕府」は、これまで近世「公儀」を構成していた天皇と将軍とが、安政の通商条約調印問題で意思分裂を引き起こしたため、両者を呼び分ける必要から生じた言葉で、ここに「朝廷」と「幕府」の呼称が登場したとされる。「藩」という言葉も、同時期の頻出語で、天皇の「藩屏」として、天皇と直結する国持大名が主に「藩」と称された。

「公武御合体」のうえで、「外夷」に臨むことを求めた安政五年（一八五八）八月の勅諚（いわゆる戊午の密勅）では、

「大老・閣老、其他三家・三卿・家門・列藩・外様・譜代共、一同群議評定」[3]の必要性が指摘されており、ここでの「列藩」が「藩」を指す。この「藩」は、国持大名に限定しており、「外様」と同義でないところが重要である。[4]しかし、国持大名以外も徐々に「藩」と通称されるようになり（例えば「三家」は、徳川「親藩」と自称、あるいは呼称された）、江戸時代の大名家は、幕末維新期にかけて「藩」の名のもとに一律化されていった。そして、慶応四年（一八六八）閏四月二十一日の政体書において、「藩」は、明治新政府の直轄領である府・県とともに、大名（諸侯）の統治する土地という意味で公称化され、行政区画の一つとなった。

本稿では、幕末期に「諸藩」と一括りにされがちな「藩」の中で、「列藩」（国持大名）と「三家」の性格・役割の違いを整理しつつ、特に、文久三年に入京した尾張家前当主徳川慶勝の「公武合体」運動に注目する。[5]これまで、文久期の慶勝は「公武合体に尽力した」などと不用意に語られることが多かったが、この「公武合体」の意味を政治状況の中から再確認したい。これらの検討を通じて、幕藩関係が変容していく様子を素描していきたいと思う。

一　「列藩」の周旋・「三家」の上京

幕藩関係の変容を示すうえでは、文久二年（一八六二）閏八月に発せられた参勤交代制の緩和を重要な画期にあげることができる。これによって、大名は三年に一度、一年または百日の在府となり、在府中は登城するだけではなく、「御政務筋之理非得失」など気付いたことを幕府に申し立てることが許された。大名は、幕府から「国郡政治之可否、海陸備禦之籌策等」を諮問される存在となった。「諸大名互に談合」することも認められ、将軍が大名に「御直ニ御尋」することもあると示された。[6]こうして、幕令によって、大名の位置づけに変化が加えられ、大名の幕政関与への道が開かれていった。

大名の中でも、特に国持大名（「列藩」）は、幕政のみならず、朝廷から、分裂した公儀の意思統一のために、朝幕間を周旋することを依頼され、朝廷の意思である攘夷実行や幕政改革を幕府に督促する場合がしばしば見られた。文久元年・二年の萩（長州）・薩摩両藩による周旋を皮切りに、以後、縁戚関係にある公卿を介して、肥後・筑前・土佐・肥前・津・阿波・仙台・久留米・備前・安芸等の諸藩へ、薩長同様に国事周旋することが要請されていった。文久二年十月十四日には、薩摩・萩（長州）・土佐・仙台・肥後・筑前・安芸・肥前・備前・津・阿波・久留米・因幡・岡といった国持大名を中心とする一四の藩に内勅が下賜され、攘夷の叡慮を叶えるべく、幕府に「周旋」し「報国尽忠」することが督励されている[7]。朝廷から藩に、軽々しく内勅が下ることを批判する筑前藩主黒田斉溥のような意見もあったが[8]、彼のような意見は「幕え諂諛致候風説有之」[9]として、朝廷からは頗る評判が悪かった。

こうしたなか、「列藩」以外の「三家」尾張家前当主の徳川慶勝に対しても、「国事政務方取掛尽力之儀」[10]が求められる。では、「列藩」との役割の違いは何であったのか。

慶勝の活動を検討するうえで、ここではまず、「列藩」にして徳川家門意識も併せ持っていた因幡鳥取藩主の池田慶徳の行動をみたい[11]。慶徳は、文久二年九月五日、以下のように自身の京都情勢認識とともに、その打開策を幕府に建議した[12]。

> 第一京洛へ外藩追々集リ、巣窟ト仕候テハ、乍恐遂ニハ御大事ニモ可及哉ト奉存候間、尾張前中納言殿か又松平春嶽か、何レニモ親藩有志ノ大諸侯ノ内、上京被仰出候テ、専ラ彼地ニ於テ叡慮ヲ篤ト相伺、御内情悉ク幕府ニ於テ御承知ニ相成候様ノ御処置御急務かト奉存候、　（傍点引用者、以下同じ）

慶徳は、朝幕一致のために、将軍上洛を不可欠としていたが、将軍の発途は「御定見御目途」が立ったうえで実施すべきと考えていた。そのうえで、現状では、薩長土などの「外藩」が、京都（叡慮）を独占している状況を憂慮し、「親藩有志」の徳川慶勝か松平慶永かを上京させて、叡慮や朝廷内を幕府がしっかりと把握する必要があると力説する（「親藩」に対する「外藩」という意識も無視できず、「外藩」という用語は、慶勝も含めて御三家・家門大名による使用例が多い）。慶徳にとっての「公武ノ御合体」とは、「天朝幕府ノ御間御懇親」であることで、「列藩」は、飽くまでも「公武合体」の周旋に徹する存在と見なす。もとより、「親藩」の上京も「公武合体」のための一手段であった。

その慶徳は、同年十月二十日に勅を受けて、攘夷の叡慮貫徹に尽力するために東下し、実弟の将軍後見職一橋慶喜に奉勅攘夷を督励しつつ、尾張・水戸両藩を尊王攘夷に一定するために尽力していった[13]。とりわけ、実家水戸藩重役の人事異動（家老白井久胤・同太田資忠の罷免、大場景淑・武田正生らの執政復帰）による藩政刷新は、慶徳の尽力に拠るところが大きかった[14]。「三家」が尊攘論を掲げることは、「征夷」大将軍である幕府の武威を補完することを意味し、その御威光を誇示するうえで重要であったのである。

また、慶勝の上京については、長州藩世子毛利定広の奉勅東下における活動も無視できない。そもそも毛利定広は、前述した慶勝の「国事政務方」をも幕府に周旋するようにと朝命を受け、それを幕閣に働きかけていた[15]。こうした経緯に注目すると、「三家」の場合は「列藩」とは異なり、直接「三家」に勅書が下されるのではなく、朝旨を受けた「列藩」が幕府に働きかけて、幕府から「三家」へと申し渡される形式を踏んでいたことがわかる。

着府した定広は、慶勝の登用を幕府要路に運動するだけではなく、慶勝に対しても「第一の親藩懿親」であることの自覚を求めつつ、「宗家輔翼の憤励」を促していった[16]。こうした動きの中で、幕府は「京都ゟ被仰進候趣も有之[17]」として、慶勝に将軍上洛の先発上京を命じたのである。

慶勝の上京と併せて看過できないのは、同じ「三家」の水戸慶篤の上京である。もともと慶篤は、九月九日の幕命によって、将軍上洛に伴う江戸の留守を紀州茂承とともに委任されていた。これは、尾張は京都に近く、現当主徳川茂徳は年相応、紀州は若年、水戸は江戸に近いという単純な理由であったようだが(18)、攘夷派水戸藩士の一部がこの幕命に納得できず、毛利定広ほかの長州藩に接触して、朝命によって慶篤が上京できるよう周旋依頼がなされたのである(19)。その結果、十二月十八日に幕府は、慶勝と同様に「京都ゟ被仰進候趣も有之(20)」として、慶篤の江戸留守委任をやめて、将軍上洛の先発を命じた(21)。

このように、「列藩」の国事周旋を切っ掛けに、「三家」の上京が実現することとなる。「三家」の上京は、朝廷の希望でもあったが、堂上の中には「外様之列侯」（＝「列藩」）を近くに召し寄せ、「関東江御威光を被為示(22)」とする者も少なからずおり、かえって朝幕融和を困難にさせていた。こうした動向に対して、池田慶徳ら「列藩」の中には、自身の役割を朝幕間の周旋（幕府に叡慮を伝達し貫徹させること）にあるとみて、それが済んだ後には帰国して、「藩屏之本職」に戻るべきであるとし、それこそ「真実之御合体」（＝公武合体）であると認識していたことは無視できない(23)。彼らが言う「藩屏之本職」とは、「防禦之任」（武備充実・富国強兵）に他ならず、将軍上洛が決定し、「三家」だけではなく、叡慮を奉じて将軍後見職・政事総裁職も上京する中、「其職にも無之外臣共、矢張叡慮を奉し滞京其間ニ周旋仕候ては、宿昔之御疑念も不被為晴姿」となり、「真実之御合体」を疎外する行為だと見なしていたのである。ここに、文久二年時における「列藩」の自己認識と存在意義が、しっかりと明示されている。

さてここで、慶勝に期待された「国事政務方」について触れておこう。これに関しては、粟田宮（朝彦親王）が、「尾の老侯（慶勝）は、前年破攘の建言ありて、叡慮にも恊（協）ひたれは、当今は推撰も在らせらるへし、定めて幕府外国の事務にも関せらるへし(24)」と述べたように、「破攘」「外国」に関することであった。もとより、文字通りの「事務」折衝というレベルではなく、「征夷」大将軍を補佐する役割であったことは言うまでもない。

その「征夷」大将軍に関して、慶勝は、文久三年三月七日に参内した将軍家茂へ、孝明天皇から「征夷之任是迄之通タルヘキ旨御直勅」があったことを是として、「醜夷応接」の際、中間にいかなる雑説があろうともすべて無視して、将軍（幕府）に「全権ヲ御委、始終之成功ヲ御責被下候様仕度」ことを前関白近衛忠熙に歎願していった。(25) 慶勝ほか「三家」は、将軍が委任された「征夷」の職掌を支える存在として、朝幕間で重要な位置を占めたわけである。実際、文久三年正月に入京した慶勝は、将軍後見職一橋慶喜の東下に伴い、将軍の「政事向万端輔翼」を仰せ付けられ（四月二十日）、(26) 京都守護職となった実弟の会津藩主松平容保からは、将軍不在中の京都の「将軍様御目代」（六月二十二日）(27) を要請されている。同じく水戸慶篤も、朝廷から将軍「目代」として東下し、攘夷を沙汰することが命じられた。こうしたことから、主に朝幕間の周旋を与り、時に御所諸門の警衛等を期待されていた「列藩」とは異なり、(28)「三家」は将軍権力の一部を委譲されうる存在であったことが明瞭である。

ただし、萩藩士が文久三年三月二十二日に、「将軍御帰府候而は、神州腹心之京都空虚に相成、御備は決而相立不申候、……尾紀水三家之内滞京候共、万端之号令将軍家御同様には決而行届兼可申」(29) と建議し、攘夷実行のために将軍東帰に反対していたように、「三家」といえども征夷大将軍とは似て非なるものと、「列藩」士たちが見ていたことも厳然たる事実であった。そして、以下に見るように、「三家」の慶勝もそれを十分に自覚し、(30) 朝幕融和のために将軍の長期滞京を強く主張することになるのである。

二　徳川慶勝の「公武合体」論

第一節では、「三家」徳川慶勝に対する朝廷、および一部の「列藩」からの期待に言及した。(31) 本節では、慶勝自身の国内および対外意見を見ていこう。これに関しては、文久二年（一八六二）十一月二十七日の勅使三条実美・副使姉小路公知がもたらした攘夷の勅書を受けた、慶勝の建議書（同月二十八日付）からうかがうことができる。(32) 周知の建議書ではあるが、重要な議論なので、本稿でも要点をまとめておきたい。

まず、重要な点は、攘夷の叡慮を遵奉することは当然ながら、「勅詔に付御随従」というのみでは「御請と申候迄」で、「（徳川の）御威勢勃興人気一新」には至りがたいとして、何事も先手を打つべきであると主張していることである。慶勝は、尊王攘夷論者ではあったが、あくまでも幕府の立場に立って議論を組み立てていることは留意すべきである。そして、攘夷を実行するうえでは、朝幕の「御懸隔」は憂慮すべきで、将軍が上洛し、在京諸侯とも相談のうえ、攘夷の叡慮を遵奉する必要性を提起した。在京諸侯（「列藩」など）との合議は否定していなかったが、上洛後の奏聞書案として、「帝坐御守衛の儀は、拙臣（家茂）自ら相勤申度、左も候半には、諸藩の儀者寄々程能勅諭を以帰国を被命候様仕度、至願此事に止申候旨」を明示していたことからすれば、慶勝は諸藩（「列藩」）の長期滞京と京都守衛に対して、消極的な見解を持っていたことが明らかである。(33) 反対に、大奥の移転も射程に据えた将軍の長期滞京（・滞坂）を主張し、江戸を中心とした幕府政治のあり方に根本的な矯正を迫っていった。もとより、将軍のためを思っての意見である。

また、京都守衛に関して慶勝は、早くも嘉永期段階で、「帝都之御守衛御手薄ニ付、三藩《（御三家）》之内よりニ而も被仰付候様との事ニ付、……下官《（慶勝）》儀ハ第一帝都之御根本を守護仕、其余之侯伯を指揮都督いたし候様相成候得ハ、三家之威光も相立、一入難有仕合奉存候」(34) と、実父松平義建（高須松平家前当主）宛と思われる書翰（嘉永七年〈一八五四〉二月頃）で意思表明していた。これを踏まえると、京都は徳川将軍とその一族が中心となり、「其余之侯伯」（＝譜代諸侯ほか）を指揮して警衛に当たるべきだと、慶勝が認識していたことは疑いない。

一方、「列藩」に対しては、京都から退去し、国許で武備充実・富国強兵に尽力することに、その役割と存在意義を見出していた。だからこそ慶勝は、「列藩」の財政負担を考慮して、ペリー来航直後から、参勤交代制緩和に結びつく江戸の人口減少論を、叔父水戸斉昭と意見交換するなどしていたのである(35)。「列藩」に対する意識と、徳川一族が京都および朝廷上層部を独占しようとする発想は、将軍後見職一橋慶喜も同じく持っていたことは、周知の通りである(36)。

そして慶勝は、将軍の長期滞京(・滞坂)を前提として、以下のように、徳川一門および親徳川諸侯を江戸・大坂・京都に配する構想を抱いていた。すなわち、江戸＝水戸慶篤・田安寿千代、大坂＝一橋慶喜で、京都は「以叡慮、京地親兵惣宰職」に尾張茂徳(紀州茂承と交代で詰める)・松平容保・細川慶順・上杉斉憲を割り当て、慶勝自身は伊勢神宮と尾張国を担当する「愚案」を示していた(37)。細川・上杉両者は、本来なら「列藩」に相当するが、細川慶順は、池田慶徳とともに「公武合体」のために、諸侯は帰国すべきだと建議していたし(38)(名を連ねていたのは、慶順の名代である弟の細川護美)、上杉も諸侯を政策決定過程に介入させず、朝幕の結合こそが公武一和の基本として、諸侯は異国に対峙できる武備充実を図ることと認識していた(39)。このように、慶勝は考え方を同じくする諸侯の在京は、大きな問題にしていないことがわかる。

慶勝の意を受け、江戸・名古屋・京都で周旋活動を展開した尾張藩奥儒者の水野彦三郎の関係文書の中に(40)、「公武御一和之基礎」(筆蹟は水野のもの)という史料があり、「公武一和」の必要条件が挙げられている。そこには「会藩ハ洛中、熊本・米沢ハ洛外守衛」と記載されているので、前述の慶勝案との関連性が想起される。また、水野の「公武御一和之基礎」には、「三郎(島津久光)ハ本藩ゟ封を割キ、官ゟ侍従等被命位階御中立、京師要害之海港御委任可相成哉之事又ハ紀伊・淡路・対馬等之援兵可被仰付哉、何れも軍艦を以防禦之事」、「大藩二三、小藩四五、京師江交代御守護

事　但会藩ハ当分定住」とも記載されている。「大藩」「小藩」が交代で京都守護にあたることだけではなく、島津久光への優遇と期待が注目される。この時期、慶勝も久光への期待を持っていたので[41]、本案は必ずしも水野の個人的見解だけとは限るまい。慶勝と水野との関係性を踏まえれば、「公武御一和之基礎」は、京都を実見した慶勝の意向が少なからず反映された案と位置づけられるのではないか。それだけ、京都における「列藩」の影響力は小さくなかったと見なせよう。

しかし、慶勝は「三家」と「列藩」との立場の違いは十分に意識し[42]、本来京都・禁裏の守衛は、「列藩」ではなく、徳川将軍とその一族が中枢を担うべきものと認識していた。そのため、次節で述べるように、「列藩」も含めた諸藩から提供された「御親兵」の設置には消極的で、朝廷内の三条実美ほか設置論者と意見を異にすることとなる。

三　「御親兵」設置をめぐる徳川慶勝の立場

「御親兵」（以下、カッコを取って表記する）の設置は、文久二年（一八六二）十月に、薩長土の「列藩」士によって朝廷へと建議され、同年十一月二十七日、勅使三条実美が将軍家茂にもたらした勅書の中で、攘夷とともに幕府に要請されていたものであった。

これに対して一橋慶喜や松平慶永は、文久三年二月末に「御親兵之事、近畿諸大名半年代相成、守護職にて差配仕候様有之度[43]」との意向を示した。これは、薩長土が求める「列藩」からの御親兵調達ではなく、「近畿諸大名」を京都守護職の配下に組み込んで、京都守衛は家門・幕府が実権を持ち続けるという従来通りのシステムを運用したあり方であった[44]。京都守護職の会津藩（松平容保）も、「其身ヲ以テ親兵」とする立場から、「列藩」の動きに反発していた。[45]

朝廷内でも、左大臣一条忠香・右大臣二条斉敬・内大臣徳大寺公純・大納言近衛忠房・大納言一条実良は、「列藩」の求める御親兵の設置に積極的ではなく、京都守護職の存在を踏まえつつ、徳川慶勝・島津久光に依存しようとする姿勢が強かった。[46] しかし、新設された国事寄人に列する権大納言正親町実徳・左近衛権少将正親町公董・修理権大夫壬生基修・侍従中山忠光・侍従四条隆謌・右馬頭錦小路頼徳・主水正澤宣嘉は、御親兵の設置推進論者で、議奏兼国事御用掛の三条実美らと同様、急進的攘夷論も主張していた。彼らは、大名の「外様普代ノ弁別」なく、「大藩」五人、「小藩」一人という割合で「武勇卓絶忠誠ノ士」を朝廷に「貢献」させて、「朝廷ノ御旗本」とするべきとし、幕府から反対が出れば、幕府の旗本も廃止すべしと言う暴論を主張していた。[47] ここで無視できないのは、国事寄人の意見は一過性の議論ではあったものの、大名の類別・由緒、将軍家との親疎関係等を全く無視して、石高の大小に応じて御親兵を差し出させる案であったことで、天皇の下に、大名を石高によって序列化し、「藩屏」として一律に位置づけようとする指向性を有していた点である。従来までの幕藩関係に朝廷が介入することで、大名の位置づけが変容していく過渡的な状況を示していよう。もっとも、これまでの幕府の軍役規定や参勤交代の行列人数なども、石高を基準としていた。しかし、それは大名の由緒・類別の存在を前提とした上でのことである。朝廷への御親兵差し出しは、「三家」「家門」「列藩」「外様」「譜代」等の区別は全く考慮されず、石高のみに依拠していた点に注目したい。

結局、この問題は、議奏・武家伝奏が、御親兵を「六府《六衛府》或瀧口等被准古制、禁中御守衛ト被遊条可然」と指摘していたことなどから、御親兵の名目を「御守衛」（御守衛兵）とすることで朝幕が妥協し、三月十八日、幕府は禁裏御所御守衛のため、一〇万石以上の大名へ、一万石につき一人の割合で人数を差し出すようにと命じていった。

差し出された御守衛兵は、天皇の攘夷祈願行幸や天覧練兵の際に天皇・廷臣の警備を担当するとともに、御所内郭門の守衛に任ぜられた(48)。御親兵設置論者であった三条実美は、京都御守衛御用掛となり、ほかに三条の同志である国事参政の豊岡随資・東久世通禧、国事寄人の正親町実徳も御守衛兵の取り締まりに関与し(49)、本来学問・儀礼に従事していた公家が、政治に関わるだけではなく、武家の役割である軍事にまで介入する事態となったのである(50)。

この御親兵（御守衛兵）について、徳川慶勝は批判的な立場で朝幕間を周旋していた。前述した奥儒者水野彦三郎の関係文書(51)によると、慶勝は、すでに幕命発令後であるにも拘わらず、水野らに命じ、中川宮朝彦親王ら朝廷上層部の了解を取り付けながら、三条実美に働きかけて、御守衛兵の取り立てを延期するようにと運動していた(52)。関連部分を以下に示そう(53)。

（端裏書）「三月晦日、田子（田宮篤輝）与同道ニて宮（中川宮）へ拝謁、御同意相伺候上、同日余（水野）一人ニて三条家へ差出候書付、三条家ニて明朝可答与云、依而（四月）朔日出候処、未夕調中ニ付、自是沙汰可致与被申」

一、公武御一和ニ相成、諸藩より御守衛兵を被召候御制度御延引被遊、御新増之内を以無禄之官人江賜俸、御守衛ニ被充候事、

右御許容相成候ハヽ、御賄料并堂上方江御加増、無禄之官人江賜俸之為、十五万石俵御新増ニ相成候事

（奥書）「右之段御採用被成下候ハヽ、難有、左も無之候而ハ周旋も不行届次第ニ付、在京之詮も無之、尾国疲弊のミ相成、勤王之志有之候而も国力不足ニてハ御用ニ不相立間、早々御暇被下候様奉願度、両様之内何れ共御沙汰被下候様ニ口上申渡候事」

ここに示した端裏書と奥書は、一つ書きの部分の文字の大きさと異なっていることなどから（筆蹟は同じで水野彦三郎のもの）、明治期の尾張家維新史編纂に関わって書き加えられた可能性もあるが、当時の背景を知るうえでは参考

となろう[54]。一つ書きの部分が、水野彦三郎が三条家に示した書付案（一次史料）である。これによれば、慶勝は京都（禁裏）守衛に熱心であったことは疑いないが、諸藩から提供された御守衛兵による警衛には消極的であったことが明らかである。慶勝にとっては、御守衛兵に名目が改まったとしても、諸藩士が守衛することに基本的に反対で、それは「公武御一和ニ相成」状態であればなおさらであった。この「公武御一和」とは、この時期に限定すれば、幕府によって将軍家茂の東帰が奏請されるも、慶勝の反対建議等もあり、三月二十二日に将軍滞京の勅命が出されて、東帰が延期になった状態を指す。すなわち、朝幕の融和が維持されている状態であり、慶勝は「公武」間に諸藩の介入を認めない発想で運動していたことがわかる。むしろ、禁裏守衛は、幕府が提供する御加増米（分賜米）を元手に、「無禄之官人」（＝地下官人、そのうち滝口、内舎人・近衛府の多くは無禄の官人であった）たちに俸禄を与えて、警備を担当させるべきであると主張していた[55]。そして、もしそれが実現できないのであれば、「周旋も不行届」で「尾国疲弊」に陥るので、慶勝は御暇・帰国することも辞さない構えであったのである。

　こうした慶勝の議論は、後述のように幕府内では支持を得られなかったが、朝廷の外様勤番堂上と連携して運動を展開していた点に特徴があった。この外様勤番堂上の「外様」とは、摂家を除いた公卿・殿上人の家の区別のことであり、外様のほかに内々があった[56]。家格の区別はなかったというが[57]、「堂上に内々外様の区別ありて、親疎おの〳〵異なり。内々は近習の如くにて、御前に祇候するなり。外様は番所のみに祇候せり[58]」ともある。ここではその是非は問わないが、注目すべきは、文久三年三月中に竹屋光有・高松保実らの外様勤番堂上六八人が、「攘夷拒絶」「公武御和合」に関する上書を議奏および関白らに提出していたことである[59]。これに関する史料は尾張家側にもあり、それによると彼らは以下のようにも主張していた[60]。

　右蜂起人保実同志如茲、仍関白家（鷹司輔煕）・前関白家（近衛忠煕）・中川宮等江も及同歎、別段ニ近来　朝政御規則不相立、万端ニ御

不取締方深歎息之旨申立、役人不任撰ヲ急度打込候、参政・寄人抔無之節ハ方却而朝廷御規則も宜方ニ令察候ニ付、早々被改革候様申張ル事、

一、御親兵一名守衛ハ人数東西烏合之衆ニ付、却而御不為ニ相成候半哉、暫時御延引被　仰出候方ニも可有御座候、

外様勤番の者たちは、国事参政・国事寄人らの急進的動向に批判的で、しかも御親兵（御守衛兵）を「烏合之衆」と見なしていた。慶勝および尾張藩士は、彼らと連携して諸藩差し出しの御守衛兵を延期させようと周旋を繰り広げていたのである[61]。あくまでも諸藩士による警衛よりも、古代以来御所警護を掌ってきた官人を登用すべしとの案を尾張藩は提起していた。前記した「公武御一和之基礎[62]」には、「無禄之官人江俸を賜り御守衛兵ニ被充候ハヽ、文武師範役弐十人程も附属可被仰付哉之事」と記載されているので、無禄の官人に俸禄を与え御守衛兵とすることは、尾張藩にとって朝幕融和の必要条件であった。ここに示された文武師範役の詳細は不明であるが、幕府からの附属と考えられようか。いずれにしても、朝幕融和のためには朝廷側の意識改革も要求していたことになろう。

しかし結局、慶勝・尾張藩と外様勤番堂上の周旋は、実現を見なかった。薩摩藩士本田弥右衛門による中山中左衛門・大久保一蔵宛書翰（四月二日付）にも、外様勤番堂上による上記の活動が伝えられ、「参政・寄人等之儀不服、御取止之事申出候賦之処、尾州之一条ニ而後楯空しく相成故歟、……今日迄茂寂として不相聞得[63]」と、頓挫した旨が報じられている。外様勤番堂上たちは、朝廷の秩序を乱しかねない国事参政・国事寄人の廃止を企図して、彼らの主張する御親兵設置に反対していたが、「尾州之一条」もあって実現しなかったという。

この「尾州之一条」とは、尾張藩の事情を指すが、慶勝の主張が幕府内で採用されなかったことなどを理由に、慶勝が御暇願いを出していたことを指していると思われる。朝幕間における尾張藩の立場については、以下の史料が当

時の状況を物語る[64]。

「（端裏書）四月朔日、一橋君より中宮（中川宮）へ極密之御書翰夕刻来候付、田子（田宮）与余（水野）之両人之内可罷出旨被仰越、余参殿之処、此御書付内見被仰付、尾州周旋中ニ付一両日見合候様御返書被遣候趣ニ付、乾山侯（成瀬正肥）を以橋君江可申旨御沙汰也」

然ハ過刻奉伺候御守衛兵之儀、尾州ニて異存御座候ニ付、御見合ニも可相成哉之段、尚得与勘考仕候処、可相成ハ一昨日申上候処ニて御治定ニ相願候へハ、大樹帰京之後安心仕候筋ニ付、猶勘考奉願度候、尤尾州之異存ハ何与歟申談候ハヽ、必強而不承知之義ハ有之間敷与奉存候、否思召之程貴答ニ被仰下候様奉願候、

「端裏書」によると、一橋慶喜から中川宮朝彦親王へ極密の書状が届いたため、宮から呼び出しを受けた水野が出向いたところ、水野は宮宛の慶喜書状を見せられたという。中川宮は、慶勝が御守衛兵に批判的であることを慶喜に伝えたようで、引用書状はその返事である。中川宮は慶勝が御守衛兵に「異存」があるため、取り立てを見合わせるべきかどうか、慶喜に問い合わせた。それに対し慶喜は、「大樹帰京之後」のことを踏まえると、「一昨日申上候処」に決定して欲しいと願っている。恐らく一昨日の内容とは御守衛兵採用の件であろう。慶喜は将軍東帰を視野に入れて、御守衛兵の取り立てに同意していた模様である。

折しもこの時期は、前年文久二年八月に発生した生麦事件の処分を求めて、英国艦隊が横浜港に入港したことから、攘夷実行のための将軍の早期退京・帰府問題が重要な政治課題となっていた。これに関して、急進的攘夷派の三条実美は、早々に将軍が帰府して、攘夷を実行すべしと主張していたが、対する慶勝は、朝幕一和の観点から将軍の長期滞京を主張し、帰府に反対していた[65]。

中川宮に宛てた慶喜の書状については、次のように三月三十日付の同内容のものもあるので、参考までに引用しよう[66]。

過刻伺奉候十五万俵之儀、御守衛御止メニ相成不申候テハ板倉事承知致間敷ト之御沙汰、夫トナク密々承合候処、右御守衛之儀ハ素ヨリ同意ニ有之由候間、御親兵貢献之儀ハ却テ御為不宜ト申見込、此儀ハ一同同意之事ニ候、御守衛御止メニ相成不申候ハ、、十五万俵之儀不申出ト尾藩へ申聞候ト申ニハ無之、全ク行違之事ニ御座候、

この書状では、おもに老中板倉勝静の動向が話題となっている。「十五万俵」とは、幕府による朝廷への一五万俵献上のことを指す。一五万俵の献上は、御守衛兵の採用を中止しなければ、板倉は承知しないと中川宮は思っていたようで、これに対し慶喜が、内々に板倉に確かめたところ、御守衛兵については同意、御親兵の貢献は不同意とのことで、この件は幕府一同共通認識である、したがって御守衛兵採用を止めなければ、一五万俵を献上しないと尾張藩へ話したわけではなく、全くの誤解である、と慶喜は述べている。

奥田晴樹氏は、この書状を取りあげ「御守衛御止メ」の部分を、「幕府による禁裏守衛案」を取り下げることとして解釈されているが(67)、この「御守衛」はそうではなく、先に引用した四月朔日付の慶喜の書状を踏まえると、御守衛兵そのものを指していると思われる。幕府は、朝廷直属の意味合いが強い御親兵には反対だが、御守衛兵であれば許容できるのである。板倉勝静は、将軍の東帰に批判的であったので、慶勝と連携しているように見られていたのであろうが(68)、慶喜によればそれは誤解とのことであった。

一五万俵貢献と御守衛兵登用とが、交換条件であったのかどうかは、前掲「公武御一和」に記載された後年の水野彦三郎の解説によると、以下の通りである。

右之通御守衛兵ヲ廃シ、御増貢之幕議ニ付、老公《慶勝》於ハ右周旋之処、一橋公中道ニて其説ヲ変シ、御守衛兵御見合之儀ハ尾州之申立ノ如ク中川宮へ御内報相成候ニ付、御同宮より御内通有之、但橋公も御守衛兵ノ害ハ承知候へ

共、寄人辺ノ不承知ナルヲ以テ、自己ノ禍ヲ避ル為メ変心也、

すなわち、幕府は御守衛兵を廃止すれば一五万俵を朝廷に増献すると決議したようで、慶勝はその中心となって周旋していた。しかし、慶喜の変説により頓挫したという。しかも、慶喜も三条および国事寄人らが主張する御守衛兵に、必ずしも賛成ではなかったが、保身のために御守衛兵取り立てに同意して、慶勝が御守衛兵に反対し、あたかも幕府の意思不統一の元凶であるかのように仕立て上げたというのである。四月朔日付の慶喜の書状を見る限り、尾張藩が御守衛兵に批判的なことを中川宮に知らせたのは、慶喜であったかどうかはなお検討を要するが、尾張藩がそのように認識していたのは興味深い。

こうした中で、水野彦三郎は慶勝の意を受け、四月二日に三条家を訪問し、「御賄料并御守衛兵之儀、強而異存申立候筋ニ者決而無之」と述べるとともに、「朝廷之命を御家ニて支候姿ニ嫌疑も可生」ことを遺憾とするのである。慶勝は、「御一和之道被為整、永世御安全之御見込被為在候ハ、安堵仕候」[69]とあるように、朝幕の「御一和」(将軍の長期滞京)の実現を条件として、やむを得ず御守衛兵の採用に応じており、妥協の余地が全くなかったわけではなかった。

ただし、当時の状況を見ると、将軍の早期東帰と御守衛兵の取り立てとは、密接に関連していたとみたほうが自然である。三月十八日に発令された御守衛兵差し出しの幕命も、翌日将軍が慶喜らを随えて参内し、東帰の許しを奏請しているので、その前提であったことが看取できよう。前述した四月朔日付の書状において、御守衛兵が採用されたら「大樹帰京之後安心」と慶喜が述べる通りなのである。したがって、将軍東帰論者の三条および慶喜・幕閣は御守衛兵の採用に同意し、徳川将軍こそが禁裏守衛を担当すべきとする慶勝や京都守護職の松平容保は、御守衛兵の取り立てに消極的であったとする構図が、改めて確認できるのである。

なお、幕府から朝廷への一五万俵増献については、六月十六日に将軍家茂から年々取り計らう旨朝廷へ申し出があり、七月十九日に朝廷は一五万俵の配分額を決定した[70]。朝廷は、一五万俵とともに諸藩からの御守衛兵も獲得した。幕藩関係の変容と併せて、朝幕関係のそれも著しい。そして、議論の経過の詳細は不明であるものの、尾張藩からも御守衛兵が選抜され、規定人数である六一名は七月七日に名古屋を出立するのであった[71]。

おわりに

以上のように、文久二年（一八六二）～三年における「列藩」「三家」の役割の違いを踏まえつつ、尾張家前当主の徳川慶勝の動向を跡付けてきた。なかでも、御親兵（御守衛兵）設置に対する慶勝の活動を明らかにしながら、慶勝の「公武合体」運動の実態や、幕藩関係が変容していく様相を見てきた。以下、本稿のまとめと展望を示したい。

①文久期に入り、国政（中央政局）における諸藩の影響力が増してきたとはいえ、将軍家との由緒・親疎関係等に応じて、本来果たすべき諸藩の役割は異なっていた。「三家」は、「征夷」大将軍を補佐して、攘夷実行を代行しうる家柄で、尾張慶勝自身もその役割を自任していた。一方、「列藩」（国持大名）は、公卿との縁戚関係を活かして朝廷に接近し、天皇の「藩屏」という意識を持ちつつ、朝廷の意向を幕府に督促する周旋活動を担い、朝幕融和に与った。ただし、「列藩」が京都に長らく留まることは、「三家」ほか徳川家門にとっては、「公武合体」の阻害行為であり、むしろ攘夷戦争を想定して、「列藩」は帰国のうえ富国強兵・武備充実に努めることを期待されていた。「列藩」の中でも親徳川的大名は、これを自身の責務と考えていた。

②しかし、朝廷権威の伸張を求める朝廷内の急進的攘夷論者は、一部の「列藩」を抱き込み、諸藩から兵を貢献さ

せて、それを御親兵として編成する構想を抱いていた。結局、御親兵は禁裏守衛を担当する御守衛兵と名目を変え、諸藩から貢献されることとなったが、看過できないのは、「三家」「家門」「列藩」「外様」「譜代」の別なく、石高一〇万石以上の諸藩から兵を貢献させたことであった。これにより、大名の類別・性格とは関係なく、大名をして天皇の「藩屏」としての意識を植え付けることにつながり、幕藩関係に影響を与えないわけにはいかなかった。

③徳川慶勝とその家臣たちは、徳川勢力が禁裏守衛を独占するべきとする発想から、諸藩から御守衛兵を登用することに消極的で、登用の延期を求めて周旋活動を繰り広げていた。慶勝は、朝廷の外様勤番堂上と連携して活動するが、一橋慶喜ほかの在京幕閣は、将軍の早期退京と引き替えに、御守衛兵採用に賛意を表明する。その結果、京都・朝廷における諸藩の影響力はますます大きくなり、朝藩関係の強化が促進されることとなった。

④朝廷上層部は、もともと徳川将軍とその一族に京都守衛を期待する傾向があった。しかし、「列藩」ほか諸藩の影響力の増大と政治実績の蓄積等によって、朝廷は諸藩への信頼をますます高めていく。とりわけ「列藩」の当主よりも、前当主（隠居）やその実父たちが天皇の信頼を獲得して、天皇と直結する場合がしばしば見られた。天皇の個人的嗜好もあって、朝藩関係が再構築され、天皇の信任厚い諸侯は、中央政局に重きをなしていった。彼らはのちに「賢侯」と称される。こうして、幕末期の諸藩は、将軍家との親疎関係を超越して、天皇と直結した「賢侯」ネットワークを軸としながら再編されていく。

かかる傾向の中で、徳川慶勝はどのように位置づけられるのであろうか。慶勝は「三家」の隠居、かつ早くから攘夷論を主張していたため、水戸斉昭とともに朝廷上層部からの厚い期待を受けていた。ただ、文久後半以降、京都政局から距離を保とうとする自身の政治姿勢と、「賢侯」ネットワークとは一線を画していたこともあって、慶勝は「三家」としての存在感を持ちつつも、常に中央政局の中枢にいたわけではなかった。徳川将軍の武威発揚と存在意義を示すため、幕末期を通じて攘夷論を一貫して主張し続け（慶勝が攘夷論者であったのは、攘夷が朝廷の意向であったからというわけではなく、徳川宗家が持っている征夷大将軍職の武威を維持するためであった）、水戸斉昭の血縁者であったこともあり、同じ「三家」の水戸藩の動向に気を配っていた。斉昭子弟の因州・備前藩主らとは、幕末期を通じて同志的関係を維持しており、一橋慶喜と並んで水戸血統の中心的存在であった。ただし、慶勝と慶喜とは、中央政局における立場の違い等から、必ずしも協調・連携関係にあったわけではなく、そのことが徳川勢力の結束力を弱めることにもつながったと見なすこともできる。

註

（1）原口清「近代天皇制成立の政治的背景」（遠山茂樹編『近代天皇制の成立』岩波書店、一九八七年。のち『原口清著作集1　幕末中央政局の動向』岩田書院、二〇〇七年所収）、佐々木克「「公武合体」をめぐる朝幕藩関係」（田中彰編『日本の近世　第18巻　近代国家への志向』中央公論社、一九九四年）など。

（2）青山忠正『日本近世の歴史6　明治維新』（吉川弘文館、二〇一二年）五九～六一頁。

（3）「九条家文書」（『大日本古文書　幕末外国関係文書』二十一、東京帝国大学、一九三一年、一八頁）、青山忠正『明治維新の言語と史料』（清文堂出版、二〇〇六年）一〇頁参照。

（4）引用中の「外様」は、江戸城中での殿席が柳間席であった大名のことである。「譜代」は、古来譜代の席とされる帝鑑間に控えた大名、取立譜代の席とされる雁間・菊間縁頬に詰めた大名を指す。青山氏は、前掲註（3）著書で、「列藩」を「四位侍従以上の「十八国主」にあたる外様国持ちクラス大名を主に指していたはず」（一〇頁）とするが、史料的に見ると、国持大名＝外様大名というわけではないのである。これらに関しては、松尾美恵子「大名の殿席と家格」

（徳川林政史研究所『研究紀要』昭和五十五年度、一九八一年）、同「近世大名制の成立」（『学習院史学』三三、一九九五年）を参照。

（5）文久期における尾張藩および徳川慶勝の活動に関しては、拙稿A「文久二・三年の尾張藩と中央政局」（家近良樹編『もうひとつの明治維新』有志舎、二〇〇六年）、羽賀祥二「文久期の尾張藩」（羽賀祥二・名古屋市蓬左文庫編『名古屋と明治維新』風媒社、二〇一八年）、拙稿B「文久・元治期における徳川慶勝の動向と政治的立場」（徳川林政史研究所『研究紀要』五三〈『金鯱叢書』第四六輯〉、二〇一九年）などがある。特にこれまでの拙稿は、本稿と関連する部分もあるので併せて参照されたい。

（6）「昭徳院殿御実紀」文久二年閏八月二十二日条（『続徳川実紀』第四篇、吉川弘文館、一九九九年新装版、三七〇頁）。参勤交代制緩和をめぐる諸藩の対応については、岸本覚「安政・文久期の政治改革と諸藩」（『講座明治維新2　幕末政治と社会変動』有志舎、二〇一一年）を参照。

（7）野宮定功「国事私記」（「大日本維新史料稿本」文久二年十月十五日条、東京大学史料編纂所維新史料綱要データベース）。

（8）日本史籍協会編『官武通紀』一（東京大学出版会、一九七六年復刻）四〇八～四〇九頁。

（9）『贈従一位池田慶徳公御伝記』二（鳥取県立博物館編集・発行、一九八八年）二一三～二一四頁。

（10）「毛利敬親事蹟」（『孝明天皇紀』第四、平安神宮、一九六八年）五四頁。

（11）文久期における鳥取藩および池田慶徳の政治活動としては、笹部昌利「攘夷と自己正当化」（『歴史評論』五八九、一九九九年）がある。

（12）前掲『贈従一位池田慶徳公御伝記』二、一六九頁。

(13) 同前、二〇九～二一一、二一六～二一七、二二八、二三三～二三五頁。鹿児島県維新史料編さん所編『鹿児島県史料 忠義公史料』第二巻（鹿児島県、一九七五年）二四九～二五〇頁。尾張藩の場合は、すでに九月十四日に安政期の大老井伊直弼と連携していた付家老竹腰正諟が罷免、同じく付家老の成瀬正肥は尊攘論を唱え、九月から十月にかけて田宮篤輝（如雲）ら慶勝を支持する攘夷派の謹慎が解除され、再出仕していたことを慶徳は確認して、「最早尾藩之儀は万々安心致居候」（前掲『贈従一位池田慶徳公御伝記』二、二二八頁）としている。

(14) 『水戸藩史料』下編（吉川弘文館、一九一五年）二四二～二四三頁。大内地山『武田耕雲斎詳伝』上巻（マツノ書店、二〇〇八年復刻）三八二～三八六頁。「投筆餘編」（細川家編纂所編『改訂肥後藩国事史料』巻三、国書刊行会、一九七三年）四一四～四一五頁。

(15) 兼重譲蔵「世子奉勅東下記」（『史籍雑纂』第四、国書刊行会、一九一二年）一二三、一七四、一八一頁。

(16) 同前、一七九頁。

(17) 「昭徳院殿御実紀」文久二年十二月朔日条（前掲『続徳川実紀』第四篇）四五一頁。

(18) 前掲「世子奉勅東下記」一四三頁。

(19) 同前、一三九、一四五、一四九頁。

(20) 「昭徳院殿御実紀」文久二年十二月十八日条（前掲『続徳川実紀』第四篇）四七九頁。

(21) 以上の経緯については、前掲拙稿Aを参照。

(22) 「内密 京都ヨリ御国へ御用状」（前掲『改訂肥後藩国事史料』巻三）二三八頁。

(23) 「三条家文書」（一七五―一、国立国会図書館憲政資料室所蔵）。前掲『贈従一位池田慶徳公御伝記』二、二五六～二五七頁。「子爵長岡家文書」（前掲『改訂肥後藩国事史料』巻三）五四六～五四八頁。前掲『鹿児島県史料 忠義公史料』第二巻、二六七〜二六八頁。

(24) 前掲「世子奉勅東下記」一三八頁。

(25) 日本史籍協会編『近衛家書類』一(東京大学出版会、一九八七年)四五八〜四五九頁。

(26) 「松室禮重手録」(前掲『孝明天皇紀』第四)六〇五〜六〇六頁。

(27) 山川浩編述『京都守護職始末』巻之上(マツノ書店、二〇〇四年復刻)一三八〜一三九頁。北原雅長輯述『七年史』上巻、癸亥記二(臨川書店、一九七二年復刻)九二頁。

(28) 御所諸門警備問題と国政主導権掌握をめぐる問題を検討した研究に、家近良樹「幕末最終段階における御所諸門の警備問題について」(『大阪経済大論集』四四―三、一九九三年。のち同『幕末政治と倒幕運動』吉川弘文館、一九九五年所収)がある。

(29) 前掲「世子奉勅東下記」一九八頁。日本史籍協会編『木戸孝允文書』一(東京大学出版会、一九七一年復刻)三〇一〜三〇四頁。

(30) 前掲「世子奉勅東下記」文久三年三月十九日条には、「尾州・水戸より、将軍滞京の事を頻りに周旋する由を聞く」(一九七頁)とある。

(31) 慶勝に対する朝廷の期待に関しては、前掲拙稿Bも参照のこと。実際に国事御用掛の中山忠能は、文久三年六月、慶勝の退京・帰国の報を得ると、世上色々噂があるが、慶勝を京に留めておく方が「御為」と述べ、実際に帰国したことを知って「何故御暇済ニ候哉、最早徳家ハ真実御捨ニ候哉、実ニ御捨之事ニ候ハヽ、尚更御依頼之大名ヲ急度被定候ハネハ成不申」(「忠能卿記」、前掲『孝明天皇紀』第四、七一八頁)と指摘し、歎息している。ここから、慶勝が朝廷と徳川将軍家との結合のうえで、(特に朝廷にとっては)最も重要な人物の一人であったことがわかる。また、この指摘からは、朝廷が頼りにしたのは、徳川将軍家とその一族を自明の前提としたわけではなく、「列藩」など他の大名家が、徳川家に代わって征夷大将軍に任じられる可能性もあったことをうかがわせる。

(32) 小笠原壱岐守長行編纂会編『小笠原壱岐守長行』（土筆社、一九八四年復刻）一四四〜一四八頁。以下、特に註記がない場合は同史料からの引用である。

(33) なお、これまで発表した拙稿では、引用文言中の「拙臣」を慶勝と解釈して立論していたが、本文のように将軍家茂のことを指す。ここで修正しておきたい。

(34) 「留記」二(旧蓬左一二六―九九、徳川林政史研究所所蔵)。

(35) 「徳川慶恕手翰并来状留」三(旧蓬左一二六―九八、同右所蔵)。

(36) 原口清氏は、公武合体の形態として、大きく二つあることを指摘している。一つは、朝幕少数首脳の直接的結合に限定して、旧来の伝統的身分秩序と寡頭専制体制を温存していくあり方、もう一つは、幕政・朝政の改革と身分制秩序の一定度の改革を求めながら、雄藩諸侯を意思決定に参加させるあり方である。前者は一橋慶喜の路線、後者は松平慶永・島津久光ほか有力諸侯の路線としている(註(1)前掲書、一八頁ほか)。有力諸侯(「列藩」)の政治参加を否定し、京都政局から排除しようとする姿勢は、水戸学の大義名分論なども関係するのか、水戸斉昭とその血縁者(慶喜・慶勝・慶徳ら)に共通する見解でもあった。慶勝の実弟尾張茂徳も、「列藩」の国政参加については批判的であった(愛知県史編さん委員会編『愛知県史』資料編21 近世7・領主1、愛知県、二〇一四年、八五九〜八六〇頁)。茂徳の意見については、羽賀前掲註(5)が取り上げている。

(37) 「文公御書状写」一(旧蓬左二六―一一〇・一、徳川林政史研究所所蔵)。田安寿千代は文久三年正月に家督を継いでいるので、文久三年初頭の構想と思われる。なお、本史料は、田宮篤輝(如雲)宛の慶勝書状を筆写したものである。

(38)　前掲註(23)。
(39)　友田昌宏「文久三年京都政局と米沢藩の動向」(家近編前掲註(5)所収)参照。
(40)　「公武御一和」32(二七―九七、名古屋市蓬左文庫所蔵)。本史料は、水野彦三郎に関わる書翰・来翰・建議案などの一次史料をまとめたもので、文久三年から明治二年の「書翰集」とともに、明治期における尾張家維新史編纂事業との関わりで集積されたものと考えられる。「書翰集」の位置づけについては、木村慎平「『幕末維新書翰集』と水野彦三郎」(『蓬左』九三、二〇一六年)を参照。
(41)　前掲拙稿B。
(42)　例えば、元治元年(一八六四)四月、慶勝は朝廷から正二位昇叙の御沙汰を受けるが、これまで宸襟を悩ましてきたのは、「(将軍)輔佐之力乏敷」ことが原因とみて、「列藩御賞」とは異なり、「御親藩之身ニ取候而ハ不当之御恩賞を貪候筋ニて、輸音負乗之責難遁」として、辞退することを朝廷に執達するよう幕府に依頼した(「文久三年書翰集」16、二七―一〇七、名古屋市蓬左文庫所蔵)。「列藩」とは異なり、「親藩」(「三家」)だからこそ、不当の恩賞は受けられないという立場を堅持していたのである。なお、「輸音」とは実際を超えた不相応な名声のこと、「負乗」は小人が出世することの意である。しかし、将軍の意向により正二位推任叙がなされたことを老中から聞かされた慶勝は、昇叙を受諾した。この経緯については、淺井良亮「元治元年四月の一斉推任叙―逸脱と弥縫の連鎖―」(朝幕研究会編『論集　近世の天皇と朝廷』岩田書院、二〇一九年)を参照のこと。
(43)　日本史籍協会編『伊達宗城在京日記』(東京大学出版会、一九七二年復刻)一四〇頁。
(44)　京都守衛のあり方については、針谷武志「安政―文久期の京都・大坂湾警衛問題について」(明治維新史学会編『明治維新と西洋国際社会』吉川弘文館、一九九九年)を参照のこと。

(45) 日本史籍協会編『会津藩庁記録』三（東京大学出版会、一九六九年復刻）四二九頁。
(46) 「璞記抄」（前掲『孝明天皇紀』第四）四〇五～四〇六頁。五摂家ほか朝廷上層部による慶勝・久光への期待は、前掲拙稿Bを参照。
(47) 「久邇宮国事文書写」（前掲『孝明天皇紀』第四）四一〇～四一二頁。
(48) 野村晋平「幕末の御親兵」（『日本歴史』八二八、二〇一七年）。
(49) 同右。
(50) 刑部芳則『公家たちの幕末維新』（中公新書、二〇一八年）一三一頁。
(51) 前掲註(40)。
(52) 実際、幕命が下っても、諸藩からの御守衛兵差し出しは進まず、四月十七日に備前藩が三一人を提供したのが最初であった（渋沢栄一『徳川慶喜公伝』二、東洋文庫、平凡社、一九六七年、一九九頁）。
(53) 前掲「公武御一和」36。
(54) 徳川慶勝の在京日記三月二十日条には、「中川宮より桂園（田宮篤輝のこと）呼ニ被下、午後罷出、夫〻三条江相越候筈」（「西上記」、旧蓬左一二六―五一、徳川林政史研究所所蔵）と記載されており、端裏書にある月日・状況とは必ずしも一致しないが、記載された人物から端裏書に書かれたような状況もあったと推察できる。
(55) この御加増米の割振案（四月朔日付）も、前掲「公武御一和」38に記載されている。御加増米（分賜米）については、尾脇秀和「幕末期朝廷献納金穀と地下官人」（『明治維新史研究』一三、二〇一六年）を参照されたい。
(56) 弘化四年十二月段階で、内々六七家、外様六五家であった（『孝明天皇紀』第一、平安神宮、一九六七年、四七七～四七八頁）。内々・外様に関しては、李元雨『幕末の公家社会』（吉川弘文館、二〇〇五年）も参照。

(57) 下橋敬長『幕末の宮廷』(東洋文庫、平凡社、一九七九年)二七五頁。
(58) 勢多章甫「思ひの儘の記」(『日本随筆大成』第一期13、吉川弘文館、一九七五年)三六頁。
(59) 前掲『孝明天皇紀』第四、五二五~五二九頁。
(60) 前掲「公武御一和」29。
(61) 同右史料には、水野彦三郎宛ての高松保実書翰も含まれている。また、前掲「西上記」には、高松のもとに尾張藩士の長谷川惣蔵・澤田庫之進・水野彦三郎が出向いた記事(三月二十日条)も見出せる。
(62) 前掲註(40)。
(63) 鹿児島県歴史史料センター黎明館編『鹿児島県史料　玉里島津家史料』二(鹿児島県、一九九三年)二三〇頁。この件は、町田明広『幕末文久期の国家戦略と薩摩藩』(岩田書院、二〇一〇年)一六〇頁でも指摘されている。
(64) 前掲「公武御一和」37。
(65) 前掲拙稿B。
(66) 「久邇宮文書」(前掲『孝明天皇紀』第四)七一六頁。
(67) 奥田晴樹「幕末の禁裏御料と山城一国増献問題」(立正大学『文学部論叢』一三四、二〇一二年、のち同『明治維新と府県制度の成立』角川文化振興財団、二〇一八年所収)。
(68) 前掲拙稿B。
(69) 前掲「公武御一和」39。
(70) 「長橋局記」(前掲『孝明天皇紀』第四)七一一~七一二頁。尾脇前掲註(55)、奥田前掲註(67)参照。
(71) 「文久三年雑記録」坤(二七―五六、名古屋市蓬左文庫所蔵)。

Ⅱ　幕府制度の諸相

関東における代官所の機能
―支配領域を越えて―

堀　亮一

はじめに

幕藩制の問題を考える上で、幕府が幕府領の他、私領・寺社領にどのように関与していたかという問題は重要である。それは、徳川政権が全国を統治していた過程を見る事で当時の支配体制が明らかになるからである。

ところで、幕府勘定所は大きく公事方と勘定方に分かれるが、この内、公事方は幕府領内の訴訟を受理するだけでなく、関東における私領間の訴訟も取り扱った(1)。関東において支配の異なる村々で発生した訴訟は、幕府の勘定所が取り扱う事が多かった。このように勘定所が私領間に影響力を持つ中で、代官所の機能は、担当する支配地域の他、特に非領国地帯においては大きな意味を持っていたと考えられる(2)。

本稿では以上の点について、近世中期における関東の諸地域を対象として指摘していきたい。今回主に取り上げる「公令抜記」は、武蔵国多摩郡上布田《かみふだ》村(宿)名主であった原惣兵衛が、自分の家のために法令・布達類を集成した一冊である(3)。上布田村(宿)(加宿の小島分村を含む)は、国領《こくりょう》・上石原・下石原・下布田とともに甲州道中の相の宿である布田五宿を構成しており、上布田宿は幕府領であった。

「公令抜記」は、前記の通り上布田村の名主原惣兵衛が、宝暦四年（一七五四）から寛政七年（一七九五）四月までのおよそ四十二年間の法令・布達類を集めて文化四年（一八〇七）に完成させたもので、全三二一の法令・布達が収録されている。その内容は、幕府による『御触書集成』、また明治初期に編まれた『徳川禁令考』にも収録されていて、これまでの諸研究で取り上げられているものも多い。しかし、「公令抜記」は宿場のわりに人馬触れが少なく、原惣兵衛が自家の名主としての職務に必要な触れとして認識したものを取捨選択を行った上で編集したものと考えられ、これらは幕府領でありかつ布田五宿を構成する村の名主の視点から重要なものとして選別されたものであった。

また、寛政五年十二月に、代官伊奈友之助支配の下布田宿名主市左衛門、下石原宿名主善右衛門が「郡中取締役」に任命され、寛政十年に幕府領・私領の区別無く「取締役」が任命されているが、この時、上石原宿名主吉左衛門と、上布田宿の原惣兵衛が「取締役」に任命されている(4)。この原家で作成された「公令抜記」をもとに検討する事は、幕府勘定所の先端として「取締役」を勤め、また道中奉行の先端として甲州道中の宿場役を勤めていた家を検討するという事でも意義があるものと考える。

一　「公令抜記」に見る代官所の機能

この「公令抜記」からは、幕府代官が、幕府勘定所の命を受けて果たしていた幕府領（以下御料とする）・私領の区別無く行った職務・役割を抽出する事が出来る。これらを詳解する事によって、宝暦期～寛政期における代官所の御料・私領・寺社領への介入と、代官所の管轄地域に止まらない近隣に及ぼした影響を見ていく（以下、事例の中で付した〔番号〕は、『調布市史研究資料XIII 公令抜記』の中で触れに付された番号に対応している）。

1　日光社参・朝鮮通信使

享保十二年（一七二七）十一月に、来たる享保十三年の日光社参についての老中奉書が代官伊奈氏に出された。それによると、関八州から江戸・日光・岩槻・古河・宇都宮への寄人馬は、前々から除けられている分と、御供の面々の知行所分は除いて、御料・私領から差し出させる事が申し付けられている。(5) 享保期に代官によって行われた人馬供給は、その後に踏襲されていた。

「公例抜記」では日光社参に関するものは確認出来ないが、日光社参と同様な形で国役を梃子にした代官の私領への介入が行われた。享保期には朝鮮通信使来聘のため国役金が徴収され、東海道諸国を中心に一六か国に国役金が賦課された。(6) また例えば延享四年（一七四七）の朝鮮通信使来朝に当たって相模国においては、宿々賄代官の堀江清次郎、人馬割代官蓑笠之助・佐々新十郎、宿々賄代官木村雲八・柴村藤右衛門（藤沢宿御賄所）が立っている。(7)

「公例抜記」では、この後宝暦年間に行われた朝鮮人通信使の来朝の時には、延享年間の事例を確認している。ここでは、代官所が領地の区別の無い内容の触れを出している一例として、次の文書を上げる。

〔史料1〕〔三三〕

来未年朝鮮人来朝ニ付、延享年中御賄御用ニ付相納候鶏・野菜之類代銀、或者其品ニ而納候村方者別紙之趣認訳ケ無相違可被差出候、尤最寄御私領所之分先年御料所組合ニ而差出候村者、誰様御知行所何村ゟ何之品相納候歟、又者代銀ニ而納候ハヽ、其趣御私領村々江不聞合、御料所組合村々ニ而相知候ハヽ、御私領村名計成共先書付早々可被差出候、尤此廻状村下ニ致印形順能相廻し、留り村ゟ役所江可被相返候、差急候儀ニ付早速可被書出候、已上

午九月朔日　　伊奈半左衛門内
志村太兵衛
石母斉兵衛

これは宝暦十二年（一七六二）九月朔日に伊奈半左衛門の家来より出されたもので、来年（宝暦十三年）の朝鮮人（朝鮮通信使）来朝のための触れである。それによると、延享年中の御賄御用で鶏・野菜の代銀や現物で納めた村にその内容を差し出させている。その際、最寄りの私領の分で前回は御料所組合（御料で作られた組合）で差し出した場合は、その旨を差し出すようにしている。またそれが私領の村にはわからず御料所組合の村々で知っていたならば、私領の村名だけまず書付を差し出すようにしている〔三三二〕。

なお「公令抜記」には、この時に提出させた同日附の雛型が載っているが、御料で最寄りの私領所組合で納めた場合はその旨を、あるいは代銀で納めた場合にはその旨を書付にして提出する事にしている。また、延享時には伊奈支配所ではない代官所の掛りで納めたのであれば、そのわけも認めて差し出す事としている〔三三二〕。

2　河川管理

代官は、御料・私領・寺社領の区別の無い行政を行っていた事が確認出来る。まず、代官所は河川に関する統一的な管理を求められている時には、御料・私領・寺社領に関係なく触れを出している。川・海は、支配違いの領地であっても代官所の管轄となっていた。江戸時代には、治水は堤川除（あるいは川除）と呼ばれ、代官にとって重要な任務の一つとされた。近世の治水史上、享保の改革における国役普請法の制定と勘定所普請役の新設は、きわめて重要な政策であった。享保五年（一七二〇）幕府は国役普請法を定めて、これまで大名や領主によって負担されていた河川工事について、一定の被害額以上のものについては幕府もその一部を負担する事にした。同九年にはその対象となる河川とその河川にかかる費用負担の国を指定し、あわせて施行細則も制定している。また同年、勘定所に普請役を新設した。その人数は当初は紀州藩の技術者を中心に一二人であったが、後には一〇〇人を越えた(8)。

こうした背景の下、宝暦十一年（一七六一）七月五日に伊奈半左衛門役所から、武州玉川通北縁の拝島村より村田迄の御料・私領・寺社領に、触れが出されている〔一二三〕。それは、武州多摩郡の村々の内より伐り出した槻木二〇本が、多摩川を通り品川辺りの海上を通って江戸に着く予定であるが、これは三河国の矢矧橋を掛け直すための材木で江戸廻しとしたので、浦付きの村々及び川通りの村々は粗末にしないように、という勘定所よりの申し出を受けたものであった。

安永元年（一七七二）二月に江戸で大火（目黒行人坂火事）が起きた際、在々より売買のために諸材木、竹その他で筏を組み江戸表に乗り入れる分については、猿江橋場・関宿番所で筏運上を取り立てるつもりなので、代官所・預り所の村々はもちろん、最寄りの私領・寺社領の村々でもこの運上金を差し出すかどうかについて糺され、取り決めが伊奈半左衛門役所より同年六月に触れとして出された。この触れは最寄りの御料・私領・寺社領の村々で申し合わせて廻状とした〔八七〕。

翌安永二年三月には、諸家の普請入用の材木を請け負い、あるいは相対にて買い取り、村々へ対談の上で川下げにしたりまたは陸附けしていたところ、差し障りがあるのでこれを禁止する旨が、関八州の御料・私領の村々へ洩れないように最寄りの代官より触れるようにしている〔九三〕。

こうした事例は、この後も武州多摩郡で確認される。

3 治安・犯罪

また、代官は治安維持にも大きく関わっていた。宝暦十三年(一七六三)二月十四日に甲州道中の高井戸宿より上諏訪までの宿々の問屋・年寄中に出した触れによると、近来、五街道宿々の内で数度出火があり、怪しい者をみつけたら召し捕え、最寄りの領主役所へ引き渡し、その所の奉行所あるいは代官陣屋、または宿送りで道中奉行安藤惟要(弾正)・池田政倫(筑後)まで注進する事としている〔三五〕。これを受けて十一月二十七日にも同じ主旨の触れが出されているが、ここではその所の奉行所あるいは代官陣屋、または領主役所へ引き渡す事としている〔三七〕。

この他、明和五年(一七六八)九月に、近年捉飼場近くの村々で四季打鉄砲が多いのでこれに紛れて鉄砲を所持する者及び殺生人等があり、もし許可なく鉄砲を所持する者や鳥の殺生人がいたら捕え、御料の他私領・寺社領ともその最寄りの代官へ訴える事としている〔六八〕[9]。

また、当時の治安維持の上で大きな問題となっていたのが、一揆及び浪人の問題であった。明和五年十一月、武州那賀郡内の村々へ近年「浪人体之者」が参り合力を乞い、ねだりがましい儀を申す者が多く、こうした者を召し捕えたら直ちに月番の公事方の勘定奉行へ召し連れる事としている。この触れは関八州及び伊豆国の村々へ出され、私領の村方へは最寄りの代官より洩らさず通すようにしている〔六九〕。なおこの年は全国各地で打ち壊し・一揆が起きており、翌年幕府は一揆鎮圧のため最寄りの領主に出兵を命じている。

安永七年(一七七八)十月、近来、穢多・非人の風俗が悪く、百姓町人へ対して法外の働きをしたり百姓町人体に扮する等の問題を起こしたりしたため、これ迄もこれに対処して来たが、今後は御料は代官より手代・足軽を差し遣わして召し捕え、勘定奉行へ報告する事としている。私領においてもこれに準じたが、もし「用捨」する場所があったら最寄りの代官より手代・足軽を差し遣わし召し捕える事とした。そして、もしそのような事があったらその地頭は

「不念」であるとしている〔一五四〕。この月には、全国に穢多・非人の取締りが命じられている。

天明三年（一七八三）勘定所より達しがあり、十一月には、以下のような触れが出されている。在方において徒党の儀を申し勧め、加わらない者の居宅を焼いたり又は打ち毀す等と申し威し、張紙等をする事があったら搦め取り、もし手に及ばないのであれば、住んでいる所や名前等を聞き糺し、他の支配、他の村、御料・私領等の差別無く認め、代官所又は支配違いの代官所であっても最寄りの代官所に差し出す事としている〔一九〇〕。この年も全国各地で打ち壊しが起きている。

寛政六年（一七九四）九月には、博奕賭勝負の儀は前々から禁止しているが今以て止まないので、博奕又は紛らわしい賭勝負をした者は召し捕らえ、たとえ御料所の者であってもその代官に懸け合いの上、差図次第直ちに取り締まる事としている。また、他領の引き合わせはもちろん、その領主へ懸け合いの上相互に取り締まるようにしている。もっとも、小給の面々や陣屋も無く家来等も置かない所、及び寺社領の分は、村役人より最寄りの奉行所か代官に申し出て咎も自由に行ってよいとしている〔三一六〕。このように、寛政期には博奕や賭勝負は代官の指図によることが出来た。また同六年には、博奕の勝負や紛らわしい勝負を行った者を召し捕える場合、寺社領の場合は村役人から最寄りの奉行所か代官所に申し出る事、としている事例も確認出来る。

4　産業

この他、代官は産業統制でも登場する。「公令抜記」では、蚕種及び朝鮮人参などの統制を行う中で代官が私領に向けても触れを出している事が記されている。

安永二年（一七七三）十月、蚕種について、奥州福島領本場村で仕出す蚕種を「進上種」と唱え、近年出来の悪い蚕種を「福島種」と唱え商売をする種商人がいるので、似た銘などを無くすため本場村より仕出した蚕種へ改印を申し付け、この改印鑑は銘々代官へ渡しておくので、望む者は代官から印鑑を請け取り引き合わせるよう御料の村々へ申し渡す事、また私領へは最寄りの代官より申し通す事とした〔九八〕。この月には、奥州福島領の蚕種の改印制が実施されている（天明三年（一七八三）十二月に止めている）。

安永五年閏十二月、前沢藤十郎代官所の上野国緑埜郡浄法寺（村）彦右衛門、松平忠左衛門知行所の同国同郡緑埜村万右衛門の仲間一同は、武蔵・相模・上野・下野・甲斐・信濃六か国で蚕種の売買をし、種荷物を道中継送りにした時の駄賃を御定の三割増しで払う旨などを願い出た。これに伴い、この六か国の種商人で差し障りが無い者は年々運上永を差し出すよう心得、その惣代が伊奈半左衛門方に差し出す旨が勘定奉行安藤惟要（弾正）より武蔵国多摩郡御料・私領・寺社領村々に触れが出されている〔一二二三〕。

天明七年十一月、朝鮮種人参については近来紛らわしい売り捌きがあるので人参極印・製方とも改め、またこれまでに人参を買い請け所持している者は来年正月晦日迄に伊奈摂津守役所に差し出し増極印を請ける事としている。これは寺社領へは最寄りの代官より触れる事としている〔一二三五〕。なお幕府は、宝暦十三年（一七六三）に広東人参の売買を禁じ、江戸神田に朝鮮人参座を設置したが、天明七年十一月に人参座を廃止している(10)。

天明七年十二月には、先達て触れを出した酒造高の三分一酒造については、私領の分で糺し方に万一不行届があったら最寄りの代官所より心付けるように申し付けている〔一二三八〕。

天明八年三月朔日に、米穀の〆売や酒の隠造増造に対する徒党については、小勢の内に召し捕え、時宜に寄っては切り捨てても苦しくないとし、明和六年に触れた通り、御料所及び小給所等で陣屋先の人数が少ない時は最寄りの大名から人数を差し出させる事としており、この他、同八年正月に出された書付の内容は、私領・寺社領の村々へは最寄りの御料所から申し通す事としている〔二四三〕。天明八年三月には、幕府は全国の酒造米高・株高を調査している。

5　地誌御用

最後に地誌御用に関する事例を取り上げる。寛政六年（一七九四）二月に、代官伊奈友之助から、武蔵国御府外の豊島郡・荏原郡・多摩郡・葛飾郡の村々の「地理山々紀」（地誌御用）のため触れが出ている。これは最寄りの私領にも通達しているが、私領村々で調達する竹木は最寄りの代官に申し立て、その竹木代は伊奈の役所から渡す事としている。寺社領はその向きから申し渡し、洩れなどが無いように私領・寺社領とも請印をさせて伊奈役所に返す事としている〔三二四〕。同史料は、白井哲哉氏によって、古川古松軒による『四神地名録』編纂に伴う廻村調査を知らせる先触として取り上げられており、私領・寺社領ともに代官所の廻状へ請印させる事を求めた点に改革組合村における触回達方式との共通性が指摘されている[11]。この指摘は重要であり、文政十年（一八二七）に結成された改革組合村の素地はすでにそれ以前から形成されており、改革組合村ではこれを活用したにすぎなかった事を示すものである[12]。

以上、1～5項に共通するのは、いずれも、徳川政権が領地の区別なく対応する必要性があり、なおかつそれに対応する体制があった事案について出された触れであるという点である。街道や鷹場に関しては一元的な支配が可能な事案であり、その指示を領地の区別無く浸透させるに当たって、幕府勘定所の出先機関として代官所が活用されていたのである。

二　「公令抜記」に見る御料・私領・寺社領

前節一で見て来たように、代官所が機能する事が出来た背景には、御料・私領・寺社領の区別を解消した幕府による行政区分がこの時期には成立していた事が上げられる。これは、全ての事案に対して取られたものではなく、特定の事案に限られたものであったと考えられるが、こうした事例が確認されるという事は、幕府勘定所を中心とした領地に関係ない行政が存在していた事を示すものである。ここでは「公令抜記」から確認される御料・私領・寺社領の枠を越えた触れを取り上げる。

1　治安・犯罪

当時、治安維持に対しては、勘定所の公事方が担当となり関八州・国単位で取締りを行っている事が確認出来る。この他、領地に関係無い問題として貨幣に関する犯罪についても触れが廻っている。

明和八年(一七七一)十二月に、水帳又は宗門帳を持参させる旨の対馬守役所の「似セ差紙」を持って飛脚賃銭を騙し取る事件が起き、勘定所から御料・私領村々に宛て触れが出された事を受けて、伊奈半左衛門役所が請書を仕立てさせている〔八〇〕。

これは、個別の事件に対してその事件の持つ意味を重視した勘定所が御料・私領・寺社領の区別無く出したもので、安永期に国を越えて広範囲に浪人についての触れが出されている。安永三年(一七七四)十月、関八州・伊豆国・甲斐国は勘定奉行の公事方に浪人を召し出させており、その他の国については御料は代官、私領は領主・地頭に召し出させるよう、御料・私領・寺社領などに洩らさず触れを出している〔一〇六〕。このように、浪人の取締りに際しては「関八州・伊豆国・甲斐国」を重点に置いて直接勘定奉行が取り締っている。この月には、幕府は穢多・非人に浪人捕縛を命じている。

安永期にはこの他にも御料・私領・寺社領の区別の無い触れが確認出来る。安永六年三月に、富突や賭け事禁止については寺社領にも届ける事としている。富突などと名付け博奕がましい事については、前々から触れを出しているが、福引・福富その他の名目を付けて富突興行を行っていたら(13)、寺社領がある寺社等にも洩らさないように触れを出している〔一三四〕。安永八年十二月、鷹場で重要な役割を果たしていた餌差の横暴について、武蔵国の御料・私領・寺社領に向けて触れが出されている。ここでは、餌差共が村々を廻る際、「品々ねたりケ間敷儀申掛ケ」る行為などを禁止している〔一六〇〕。

2　産業

産業に関しても、御料・私領・寺社領に対して統一的に触れが出されている。「公令抜記」で確認出来るものは、朝鮮人参、南蛮渡来の薬、和製の砂糖などである(14)。

朝鮮人参の場合、明和期に御料・私領・寺社領で品種に関する触れが出ており、人参座も登場する。この触れは、明和四年（一七六七）七月に出されたもので、朝鮮人参の内、上・並両品にこの度一根ごとに極印を押し、定め直段をもって渡すなど朝鮮人参の取引に関する内容で、奉行支配の所は奉行より、御料は代官より、私領は領主・地頭より寺社領ともに洩らさず触れる事としている〔五六〕。また、明和八年十二月には、江戸浅草材木町藤七・吉兵衛に、伊賀・伊勢・志摩・尾張・丹波・丹後・但馬・美濃・近江・若狭・武蔵に対して、朝鮮人参を相対直段で売り広めるように申し渡し、この国々の中で「人参売弘元会所」を決め「御免朝鮮種人参弘所」という看板を掛ける事などを、御料は代官より、奉行支配の所は奉行より、私領は領主・地頭より寺社領とも城下及び在町に洩らさず触れる事としている〔八五〕。

南蛮渡来の薬については、寛政二年（一七九〇）九月二十九日の右近役所からの触れで、唐蛮より取り寄せた薬種の植え殖やしは、江戸・京・大坂・駿河・長崎の御薬園の他に、諸国の代官陣屋内でも仰せ付けている。唐蛮からの薬種を諸国の代官陣屋でも殖やしている点が注目されるが、これらの薬園では薬種苗と植え方や製し方を示したものを希望の者に渡し、領主でも領分の百姓などで殖やさせたいという者には下されるとしている〔二八六〕。

和製の砂糖仕立て方[15]については、寛政五年五月に江戸本石町菓子屋山城への申し渡しが載っている。山城は、和製砂糖の仕立て方をかねがね心掛けており、上総・安房辺りへこれまで甘蔗を植え付けて来たが、武蔵・相模・安房・上総・下総辺りは甘藷の成長に良い土地柄で、江戸表に送付するのにも良い所なので、村と相対で植付けを行って良いと仰せ付けられている。このため製法についても、希望者は山城から伝法を受けるよう、代官支配所はもちろん私領の村にも銘々代官所の最寄り限り申し渡すようにとしている。そして、この内容を申し渡した村については、御料・私領とも村名を認めて勘定所に届ける事としている。このように勘定所は山城を通じて、武蔵・相模・安房・上総・下総辺りに御料・私領の区別無く甘藷を作る人を募集している〔三〇八〕。

こうした朝鮮人参や南蛮渡来の薬、和製の砂糖の仕立て方は国産化を意識した産業に関するものだが、もっと切実な触れが天明六年（一七八六）八月十日のものである。これは、武州多摩郡荏原郡の御料・私領・寺社領村々の名主に宛てたもので、苅大豆が出回らない中、今回洪水のため特に払底し御馬飼料に差し支えたため、飼葉請負人の商人が在地を廻り買い上げるので早速売り渡す事としている〔二一〇〕。

3 その他

天明四年（一七八四）に仙台藩は領分に限り仙台通宝の鋳造が許可されたが、天明五年十一月に心得違いをして仙台藩領の外で仙台通宝を通用させている者がいたら、御料は代官陣屋に、私領は公事方の勘定奉行の月番宅に訴え出る事としている〔二〇一〕。貨幣についてはこの他、天明八年五月には、弐朱判の吹き方を止め丁銀の吹き方を仰せ付けたが、弐朱判は永代通用する旨を寺社領にも洩らさないように触れる事としている〔二四六〕。これは、天明八年四月に南鐐二朱銀鋳造を停止して丁銀を鋳した事を受けたものである。この年は、三月に老中松平定信が将軍補佐となり、八月には代官所の手代の綱紀粛正が命じられた年でもあった。

寛政期には質素倹約は風俗取締りの中で徹底されるようになるが、御料と私領との連携を求めている。寛政二年（一七九〇）十月、代官の伊奈右近役所へ勘定所より達しがあり、最寄りの私領の村々へも申し通すようにとしている。その内容は、御用のため諸役人やその他手代・家来等が来たり、または検見等で止宿したりする際には木銭・米銭を払い一汁一菜の他は差し出さないようにという事の徹底であった〔二八七〕。

さらに天明六年には、公儀触れとして村々を廻って公儀の人馬を手配している。同年四月に、川船方の立会御用のため関東筋の川附や海辺附の村々の船改めを行うので、細工頭・御小人目付・川舟方元〆手代・同手代のために人馬を用意するように、品川宿六郷川通りの羽田、川崎の川通りや川辺の御料・私領・寺社領村々に触れが出ている〔二〇八〕。これは、関東筋の川々の諸通船で御府内川筋へ乗り入れる分は、川船改役所から極印を請けて通船するべきところ、これが守られていない事によるもので、細工頭らが御用取調べを行う旨が、前年十月に武蔵・相模・伊豆・駿河・安房・上総・下総・常陸・上野・下野国の御料・私領・寺社領ともに洩らさず触れが出されており、これを受けたものであった〔二〇六〕。また同六年九月には伊奈半左衛門役所より、出水による関東筋の川々の御普請見分のため御朱印人馬を宿々村々より差し出すが、私領村々へはその賃銭は最寄りの御料から返すとしている〔二一四〕。

4　寺社領への関与

最後に寺社領への関与に関する事例を取り上げる。まず、天明二年(一七八二)二月に、これまで寺院の出訴は本寺触頭の添簡を付けて奉行所に訴え出、また社人の出訴は添簡無しで行っていたが、これからは、地頭・触頭の両方の添簡を付ける事、社人は代官・領主・地頭の添簡を付ける事、代官・領主・地頭もその旨を心得る事とし、万石以下にも洩らさず触れる事としている〔一七五〕。

また、御免勧化の内、神社による場合、寺領(万石以下の知行所を含む時もある)からの勧化金の取り集めは、代官の他、領主が行っていたが、「公令抜記」では、次の三点の触れが収められている。

宝暦四年(一七五四)閏二月に、松平家四代親忠が創建、家光が東照大権現をあわせて祀る事とした三州額田郡岡崎伊賀八幡宮の神主柴田式部より申し出があり、社頭が大破したため修復助成として、七か国及び御府内の武家方・寺社方・町方に御免勧化を行う旨の触れが出された。この際、(御府内の)武家方・寺社方・町方、その他へ柴田式部が廻るので、御料は代官に、私領は領主に勧化物を取り集める事、万石以下と寺社領は最寄りの代官に取り集めた上でその国々の神主が廻って請け取る事としている〔四〕。

安永八年(一七七九)十二月には、紀州熊野本宮十二宮、その他諸末社殿門等が焼失したので、金一〇〇〇両が幕府から下し置かれた上、「諸国取集勧化」を仰せ付けられた。この際に、御料は代官へ、私領は領主・地頭へ、寺社領の者は近辺の代官・領主・地頭へ取り集め置く事となっている〔一六四〕。同様の触れは天明二年十一月にも出されている〔一八五〕。

寛政元年（一七八九）に江州多賀別当高勝院権僧正が諸国勧化を行っている。この時は諸堂が先年焼失し、再建助成として寄附銀を幕府から下された上で三か年の御免勧化が行われた。ここでも、御料は代官へ、奉行がいる所はその奉行へ、支配のいる面々はその支配へ、私領は領主・地頭へ、そして寺社領は最寄りの代官・領主・地頭へ勧化物を取り集める事としている〔二六八〕。

さらに明和期に関八州の寺社領で行われた鉄砲改めでは、責任者がいない場合には近隣の代官又は領主に書付を差し出す事としている。明和七年（一七七〇）五月に、関八州の御朱印地・除地で寺社領鉄砲所持の分の書付を差し出す際に、当地に触頭が無く本寺の無い寺院と神主・社人等は、最寄りの奉行所・代官・領主・地頭に書付を差し出す事としている〔七四〕。同様の触れは明和八年八月〔八九〕、明和八年九月〔九〇〕にも出されている。

これらの事例からは、天明二年には寺社の訴えについては寺社側が単独では行わないように統制されており、鉄砲改めでも責任者がいない場合は近隣の代官又は領主に書付を出させる事、また神社の場合ではあるが、御免勧化の取り集めでも近隣の関与が行われた事が確認出来る。

三　下野国都賀郡における「日記」

ここまで、「公令抜記」をもとに取り上げてきたが、これはあくまで南関東である武州多摩郡における事例なので、以下では当該期における北関東の事例についても目を向けてみる。ここでは、天明期における状況について示すために、下野国都賀郡嘉右衛門新田の名主嘉右衛門が残した「日記」を取り上げる(16)。名主嘉右衛門は高家畠山氏の大庄屋的存在であり、畠山陣屋は嘉右衛門の屋敷内にあった。

天明四年(一七八四)九月には、朝鮮種人参御用に事寄せて品々取扱いが紛らわしい者が廻村したらそこに留め置き、江戸最寄り分は公事方勘定奉行月番宅に、遠国分は最寄りの代官陣屋に訴え出る旨の御用村触れが、久世広民ら勘定奉行四名から、武州橘樹郡、総州岡田郡、野州都賀郡・塩谷郡・河内郡・芳賀郡・那須郡、常州新治郡、上州山田郡、奥州白川郡、甲州郡内領の人参の作人がいる村々の御料・私領・寺社領に出されている。

また天明五年十月に公儀より、関東筋川々の諸船で御府内の川筋に乗り込む分で、船改役所の極印を請けない通船の取締りについて、武蔵・相模・伊豆・駿河・安房・上総・下総・常陸・上野・下野国の御料・私領・寺社領に触れが出されている。

こうした政策の他、一揆や悪党の取締りに幕府代官は動いている。天明三年十一月に、上野・信濃辺りの百姓が騒ぎ立てているため、在方取締方は、御料所はそれぞれの支配代官に勘定奉行から申し渡しがあったが、上野・下野・武蔵・信濃・常陸五か国については、私領であってもこれに准じた取り扱いにするとしている。すなわち、徒党の中で頭取か重立と見受けられる者はもちろん、家へ火を掛けたり打ち壊しをしようとする者は搦め取り、もし手に及ばないようであれば住んでいる所や名前などを聞き、他支配・領地の差別無く支配代官や支配違いの代官所に最寄り次第差し出す事としている。

また、勘定奉行桑原伊予守(盛員)の下知により、伊奈半左衛門内青木文十郎・土屋宗助は下野国の悪党を召し捕るため出役している。この際、偽物の手先や「放し囚人」と称して村に来る者に対する処置を知らせる御用廻状が、天明三年二月に都賀郡に廻っている。これは、都賀郡の御料・私領・寺社領に順達され、日光道中小山宿問屋に返す事としている。

このように北関東においても、「公令抜記」と同様の触れを確認する事が出来るが、ここでこれ以降の関東の取り締まりに通じる部分を上げる。

〔史料2〕

一、伊奈半左衛門様御内土屋宗助殿、田中藤馬殿出役被成、結城町ニ御旅宿被成候而盗賊被召取、右御両人手先被仰付候而小山宿翁介幸介、右幸介此辺盗賊被尋候処下新井村無宿壱人被召取、村方江一宿御預ケニ相成候ニ付、村中不残番申付、右幸介儀ハ新宅万吉方ニ旅宿致翌日正六ツ時当宅引立小山宿迄人足を以送り遣相違なく相済申候、其節之諸掛り左之通

一百文　水油弐合

一百五拾文　らうそく六丁

一五拾文　右盗賊賄方

〆

其節小山宿迄送り之者、名主代彦兵衛・弥兵衛・茂七、宇右衛門代市左衛門・清右衛門共四人差遣申候、

天明五巳四月九日十日

これは、天明五年四月に伊奈半左衛門内の土屋宗助・田中藤馬が出役し結城町に旅宿し盗賊を召し捕ったので、手先として小山宿翁介・幸介が仰せ付けられ、幸介にこの辺りの盗賊について尋ねたところ、下新井村無宿一名が召し

捕らえられたというものである。この時は、勘定奉行久世丹後守広民の下知により下野国筋の悪党の召し捕えのため出役しているが、偽物の手先に注意する旨の御用廻状が野州都賀郡の御料・私領・寺社領の村々に出されている。(17)

以前筆者は、改革組合村の編成に当たって「国役」等を足掛かりとして、勘定奉行所支配の展開を明らかにした事がある。(18) この過程で、文化二年(一八〇五)に関東取締出役が設定される以前においても領地の区別無く幕府代官は活動しており、一連の動向はこの状況に沿ったものである。また土屋宗助らの動きは、後の関東取締出役と行動の形態が類似していて、北関東ではすでに天明年間に代官の家来が治安取締りのため廻村しており、関東取締出役と同様の活動をしていた事を見出す事が出来る。

近年、児玉憲治氏によって、文化二年に老中書付による百姓「風俗」取締りの方針に基づき、勘定奉行石川忠房の役宅に関東取締出役が呼び出され、その手附・手代に取締り方が命じられた文書が取り上げられた。(19) これは児玉氏も指摘するように画期的なものではなく、その背景には、「公令抜記」作成時にはすでに原惣兵衛にも触れを通して認識されていたであろう。幕府勘定所支配下における御料・私領に関係無い代官及び代官所の形態があったのである。またその実態はともかくとして、法令の上では、一揆などの際には代官役所に捕縛まで職務として与えられていたのである。

おわりに

幕府勘定所は幕藩関係においても大きな役割を担っていた。本稿では幕府勘定所を通した代官所による触れを検討したが、その影響力が幕府領を越えるものである事を確認する事が出来た。また、近世を通じて勘定奉行の下、徳川政権の地方支配の拠点は代官陣屋であり、勘定所支配下の役人として代官が着任したが、代官及び代官所の動向の中からはその管轄地域を越えるものも見る事が出来た。

元禄期までには近世前期の土豪的な代官が廃止され、代官の在地性が否定された。その時点で、代官所は幕府領を中心とした地域の調整機関となり、代官は代官所に拠点を置きその支配所を治める幕府勘定所の役人となり、代官所と代官との在地的なつながりは分離した。このため、代官所と代官はその役割を分けて考える必要があると考える。

その過程で、幕府代官の新たな職務として饗応役が上げられる。これは、代官の役職に変化が生じ、幕府の公的行事に活用されたものである。江戸幕府は、貴人の江戸参向の際に御馳走人を任命して応接に当たらせた。これは大名に賦課される公儀役の一つである。平井誠二氏は、安永九年（一七八〇）八月、天明元年（一七八一）九月の二度に亙る経費節減命令、及び寛政三年（一七九一）の幕府の賄向き改正に伴う御馳走人の職務変更に論及しており、以後奥向きは代官が引き受け、供の者への応対は勘定方が引き受け、御馳走人の職務は、勅使・院使の警護と殿中での掛け引きと上使等との応対だけとなったとしている[20]。また池内敏氏は、対馬から江戸に到る道中各所で朝鮮通信使の接待に当たる大名のうち、一〇万石以上は「自分馳走大名」で一切の費用を大名自身が負担したのに対して、一〇万石未満の「御馳走人大名」には幕府から賄代官が付けられ、負担費用の多くは国役銀で賄われたとした[21]。

本稿では、代官の在地性を否定された時代を対象にして、主に「公令抜記」をもとに、徳川政権下の勘定所支配を、勘定所・代官及び代官所による触れから検討した。幕府勘定所は享保期に再編され、上方・関東方から公事方・勝手方となったが、その一方で上方では行政に応えられるだけの体制が出来ていた、という指摘がある[22]。この中で、関東において享保期以降には徳川政権による「公儀」として広域的な政策を行う際には、幕府代官及び代官陣屋は幕府勘定所の拠点として機能していたのである。

註

（1）その一例として、明和八年（一七七一）六月に下野国都賀郡で起きた用水争論の際に作成された済口証文が上げられる。相手方の新波村は大名領（古河藩）で白鳥村とは支配が異なったが、幕府勘定奉行所ではこのような訴訟も取り扱った。訴えを受けた奉行所では、双方に話し合いで和解するよう指示し、双方の支配役人（古河藩役人と幕府代官手代）を立ち合わせている（『栃木市史』通史編、一九八八年、『藤岡市史』通史編後編、二〇〇四年）。

（2）代官研究については、村上直氏をはじめ諸氏によって研究が進められて来たが、ここでは近年の研究として西沢淳男『代官の日常生活』（講談社、二〇〇四年。後に、角川ソフィア文庫、二〇一五年）を、また西沢淳男『江戸幕府代官履歴辞典』（岩田書院、二〇〇一年）、村上直・和泉清司・佐藤孝之・西沢淳男編『徳川幕府全代官人名辞典』（東京堂出版、二〇一五年）を上げておく。

（3）調布市史編修委員会編『調布市史研究資料XIII 公令抜記』（調布市、一九九四年）。

（4）小松修「寛政期の「取締役」制について」（多摩川流域史研究会編『近世多摩川流域の史的研究（第二次研究報告）』、一九九四年）。

（5）大友一雄「日光社参と国役―享保13年社参を中心に―」（『関東近世史研究』一八、一九八五年）。

（6）『日本財政経済史料』巻二。

（7）小澤昭子「朝鮮通信使と神奈川―延享年中・宝暦年中の通信使来日と神奈川のかかわり―」（『神奈川県立公文書館紀要』六、二〇〇八年）。

（8）西田真樹「川除と国役普請」（『講座　日本技術の社会史　第六巻　土木』（日本評論社、一九八四年）。

（9）鷹場研究については村上直・根崎光男『鷹場史料の読み方・調べ方』（雄山閣出版、一九八五年）をはじめ厚い研究蓄積があるが、近年の研究成果として山崎久登『江戸鷹場制度の研究』（吉川弘文館、二〇一七年）を上げておく。

（10）享保期のこの問題については大石学『享保改革の地域政策』（吉川弘文館、一九九六年）を参照。

（11）白井哲哉「「地理糺し」と寛政改革―勘定所の活動を中心に―」（藤田覚編『幕藩制改革の展開』山川出版社、二〇〇一年）。

（12）改革組合村については、森安彦『幕藩制国家の基礎構造』（吉川弘文館、一九八一年）をはじめ様々な視点から研究が進められているが、近年は坂本達彦氏による「改革組合村大惣代と地域社会―親分子分制を手がかりに―」（『関東近世史研究』八二、二〇一八年）などのまとまった論考がある。

（13）幕府は特定の寺社の経営を助成するため「御免富」として許可制を取っており、天保十三年（一八四二）に全国的に禁止した後も地方では違法に興行が行われた（滝口正哉『江戸の社会と御免富―富くじ・寺社・庶民―』岩田書院、二〇〇九年）。

（14）宝暦・天明期の動向については、中井信彦『転換期幕藩制の研究―宝暦・天明期の経済政策と商品流通―』（塙書房、一九七一年）がある。

（15）同様に和製砂糖として甘蔗砂糖の製糖法に成功した者として武蔵国橘樹郡大師河原村名主の池上幸豊がいるが、その事業については落合功『国益思想の源流』（同成社、二〇一六年）を参照。

（16）同日記は、須藤敏夫「岡田嘉右衛門家代々日記（一）（二）」（『栃木史学』九・一〇、一九九五・九六年）に翻刻されている。

（17）なお、勘定奉行久世広民は、伊奈忠尊が改易となるとその後を受けて兼任関東郡代となるが、これは久世及び後任の中川忠英個人の能力による所が大きかったと考えられる。

(18) 拙稿「幕府勘定所支配と寺社―特に「改革組合村」との関係を中心に―」(『関東近世史研究』五九、二〇〇五年)。

(19) 児玉憲治「近世後期における関東取締行政の展開―化政・天保期を中心に―」(『関東近世史研究』八〇、二〇一七年)。また坂本達彦氏が同報告に対するコメントでも述べているが(坂本達彦「児玉報告コメント」『関東近世史研究』同号)、吉岡孝氏によって、すでに寛政五年(一七九三)十月に博打について代官の手附・手代による支配所外への踏み込みが、また六年以降も代官の手附・手代が大名領で博奕犯を捕縛している事例が取り上げられている(吉岡孝「関東取締出役成立についての再検討」『日本歴史』六三一、二〇〇〇年)。この他、関東取締出役の研究については森前掲註(12)『幕藩制国家の基礎構造』の他、安齋信人氏・岩橋清美氏・川田純之氏・藤井明広氏・吉岡孝氏・米崎清実氏の他様々な諸研究があるが、ここでは関東取締出役研究会編『関東取締出役―シンポジウムの記録―』(岩田書院、二〇〇五年)を上げておく。

(20) 平井誠二「江戸時代における年頭勅使の関東下向」(『大倉山論集』二三、一九八八年)。寛政三年の幕府の賄向き改正に伴い、御馳走人への「御取替金」が導入された。

(21) 池内敏「近世中期の朝鮮通信使」(『地域史研究』二一―一、尼崎市立地域研究史料館、一九九一年)。

(22) シンポジウム「近世の地域編成と国家」の討論での竹内誠氏によるコメント(関東近世史研究会編『近世の地域編成と国家―関東と畿内の比較から―』岩田書院、一九九七年)。

幕府役人の任用形態に関する一考察
―小伝馬町牢屋敷役人を事例に―

田原　昇

はじめに

牢屋敷とは、評定所・三奉行所・火付盗賊改などが取調中の重罪未決囚を収容していた江戸幕府最大の行刑施設である(1)。また、既決囚に対して、打首・敲・入墨など刑罰を執行する場（刑場）でもあった。江戸小伝馬町にあったことから小伝馬町牢屋敷と称された、現在の拘置所に相当する施設である(2)。

これまで牢屋敷の研究では、主に、牢内の様子を取りあげることが多かった。牢屋敷には幕府にとっての重要未決囚が収容されるなど、著名人が囚人となる場合が多く、かれらに対する興味や研究がそのまま牢内の様子を紹介することとなり、様々な牢内慣習を知らしめる結果となった(3)。また、幕府による治安維持の様相から、江戸時代の社会制度について検討しようという視点から、牢屋敷における囚人の取扱いに目が向けられる場合も多かった(4)。

ところが牢屋敷には、頭支配である囚獄以下一〇〇人前後の役人（牢屋同心・牢屋下男）がいて、牢屋敷運営に当たっていたことは、あまり知られていない(5)。牢屋敷における囚人の取扱いなど刑罰の側面に研究の興味が向く傾向にあり、牢屋敷の運営を担っていたこれら役人についてはそれほど注目されてこなかった(6)。特に、かれらが、いかに任用され何を職務としていたのか、牢屋敷役人の制度について明らかにされてこなかった。

そこで本稿では、牢屋敷運営の実務を担っていた諸役人の実態にせまるため、その任用（「御抱入」）を中心に検討したい。特に、牢屋同心は諸組同心の一つながら、「腰にこそ両刀を帯しもすれ武士の行ひを知るものなく、いはゞ刀掛け同様の人物のみ」と巷説にて取り沙汰され、牢屋下男は「一季抱のもの」として「諸役大概順」で末尾に記される幕府諸役人の中で最低の格式にあった。とはいえ、牢屋同心・牢屋下男は、紛れもなく御家人で幕府役人の一端を担う存在であった(7)。合わせて、こうした牢屋敷役人とその他役人との関係についても取り上げ、幕府の役人任用に関する見解についても考察し、幕府役人（御家人）身分の多様性についても一考したい。

一　牢屋敷の成立と囚獄石出帯刀

牢屋敷の頭支配を囚獄といい、石出帯刀家が世襲していたが、ここでは、牢屋敷役人の検討に先立って、牢屋敷や囚獄の成立と石出家による囚獄就任の事情について確認し、合わせて、牢屋敷の機能を紹介したい。

1　囚獄石出帯刀家

牢屋敷の起源は、石出帯刀家による囚獄就任よりも古い。享保十年（一七二五）八月、石出勘助(8)が幕府に提出した覚に「牢屋初而御建被成候ハ、天正年中常磐橋の外只今奈良屋市右衛門并後藤屋敷に牢出来、其以後慶長年中牢屋此所江引ケ申候」とあるとおり、天正年中、町年寄奈良屋市右衛門と金座後藤庄三郎両名の屋敷内に設けられたのが初めのようである(9)。このことは「明良帯録」にも「昔ハ三年寄・町与力組合持也、今ハ左にあらす、帯刀氏か世職たり」

とあり(10)、町年寄が町与力と共同管理していた様子がうかがえる。

それでは石出家が牢屋敷の管理人である囚獄となった経緯はというと、実は判然としない部分が多い。享保十年九月、先述の覚に続いて石出勘助・石出佐兵衛(11)が幕府に提出した由緒書には、つぎのように記されている(12)。

〔史料1〕

由緒書

一先祖本多図書常政天正之頃より於三州
権現様江御奉公仕候、此節ハ大御番組ニ而御座候由承伝候、此時星地と申苗字可名乗之由御直ニ被為仰出候由、
然ル処石出者在名ニ而御座候付御願申上苗字相改候哉其段聢与相知不申候、其後大坂江御供仕候処関東ニ盗賊
乱妨多ク有之ニ付罷下リ鎮可申旨蒙上意被下候、自是囚獄ニ罷成候由申伝御代々只々壱役儀相勤来候、以上

享保十年巳九月　石出勘助
石出左兵衛

（傍線引用者、以下同）

このように、石出家は、元来、三河国の出で「大御番組」にあって徳川家康に仕えていた。その後、大坂冬の陣の際（慶長十九年〔一六一四〕）、関東において盗賊などの「鎮」を仰せ付けられ、囚獄として「御代々只々壱役儀相勤来」こととなったという(13)。このことは、覚にも「慶長年中牢屋此所江引ケ申候」と記されている。

では、囚獄が石出家の世襲と定まった理由は何か。昭和六年（一九三一）『同方会誌』に石出帯刀氏が、つぎのような談話を寄せている(14)。

〔史料2〕

私の祖先が牢獄奉行を命ぜられてから、私で七代になります。牢獄奉行としては七代でありますが、石出家とし

ては十二代になります。初代石出帯刀は本国尾張、生国三河で、家康公に随従して江戸へ参り、旗本で七百石を食んで居りましたが、六代石出帯刀が初めて牢屋奉行を命ぜられたのであります。それは此の帯刀が聖堂で諸先生に就いて漢学を修め、経書や歴史・子類の講義を聴いてゐるうちに、韓非子を愛読し、又商鞅が法を設けたとかいつたやうな、法律制度のことを大層好みました。従つて支那歴代の刑罰のことを能く調べて居るといふので、牢屋奉行が適当だらうといふことなな《ママ》つたのであります。

この談話によると「六代石出帯刀が初めて牢屋奉行を命ぜられた」理由として、「聖堂で諸先生に就いて漢学を修め」、「従つて支那歴代の刑罰のことを能く調べて居るといふので、牢屋奉行が適当だらうといふことなな《ママ》つた」とある。代数など、史実との齟齬も見られるが、初期の囚獄の中に「支那歴代の刑罰」に精通した者がいたことで、牢屋敷の管理が石出家の世職として「代々只々壱役儀」と定まったことは間違いないようである(15)。

こうして石出帯刀家は、慶長年間には小伝馬町の牢屋敷を管理し、囚獄として囚人の取扱いに携わっていたことは間違いないようである。その身分は、町奉行支配の役人で、三〇〇俵一〇人扶持、上下役、抱席、牢屋敷内に約三八〇坪の役宅を拝領していた。

囚獄の身分については、旧幕の懐旧談において多くの言及がなされている。様々な旧幕組織が懐旧される中、江戸市中の真っ直中にあって囚人を管理していた囚獄についても多くの談話が寄せられた(16)。

例えば、明治二十五年(一八九二)には、早くも『朝野新聞』に「徳川制度」の一話として「囚獄の事」が掲載されている。その中で囚獄はつぎのように記されている(17)。

〔史料3〕

(前略)囚獄は与力の格式にて町奉行の支配に属し、役高三百俵なり。不祥のお役とて登城を許されず。また登城せしむ必要もなし。天下の御家人はこれを不祥と称して交際を容さず。また交際を求めむ必要もなし。汚れたりと雖も一小天地に唯我独尊を謡ひつゝ、日々死刑または赦免の立会、月六回の牢廻りを勤むるの外に、臨時の御用とては降りもせず湧きもせず。囚獄は代々石出帯刀これを勤む。石出家の祖先は御徒目付なりしを三代将軍の抜擢を受けて時の帯刀囚獄を承りし以来世を襲ぬること十七代に及びつ。その間一廉の御役に立つべき帯刀のなきにしもあらざれなれど、先祖代々穢れたる家に生れては駿馬も徒らに槽櫪の間に死し、ひとたびも覊れし浮世にたつこと叶はず、実に三代将軍の抜擢は永くこの家の有りがた迷惑となれるなり。（後略）

このように、明治初年に新聞に掲載された囚獄ひいては牢屋敷のイメージは、「不祥のお役とて登城を許されず」、「不祥と称して交際を容さず」、「先祖代々穢れたる家」というように、囚獄への忌避感にあふれる記述となってしまっている。こうした意識は、戦後になっても残り、例えば、平松義郎氏は牢屋敷を「既決未決の主人を収容し、刑罰を執行する場所であった牢屋は、不浄と見られ、「この世地獄」と俗称せられていた」と総括している。(18)

たしかに、幕府における囚獄の格式は低い。例えば「役職武鑑」においても、江戸在住の頭支配中最下位に記載されている。(19)とはいえ「不祥のお役とて登城も許されず」という点には疑問がある。だいたい、牢屋敷は町奉行所の管下にあり、囚獄は町奉行所組与力と同格の上下役であり、御目見以下である。(20)当然「登城を許されず。また登城せしむ必要もな」い。またその出自をみれば、かつては「大御番組ニ而御座候」家柄であり、(21)実際、「明良帯録」にも「両番筋の物にて向地正敷物也」と記されている。(22)

さらに、つぎの史料から囚獄の具体的な役目について確認するとともに、その格式について確認したい。(23)

〔史料4〕

（万延元年）
申十一月十五日、芥川新左衛門を以御渡、同十六日鯖付致、同人を以返上、

拙者儀何之存寄無御座候、

申十一月　因幡守

（封題）
「囚獄」

石出帯刀実子惣領柳之丞見習願之儀奉伺候書付

池田播磨守

石谷因幡守

囚獄石出帯刀実子惣領柳之丞儀、当申七歳ニ相成候ニ付、評定所式日立会并内寄合其外牢屋敷御用向共見習御奉公為相勤申度旨、帯刀相願申候、願之通可申付候哉、此段奉伺候、以上

申十一月

池田播磨守

石谷因幡守

（中略）

（封題）
「類例書」

一、寛政四子年石出帯刀儀、父跡式被下置、幼年ニ付頃立候迄、願之通御小姓組酒井因幡守組勘ヶ由弟守山金之丞儀、看抱被仰付勤候内十人扶持被下置相勤罷在候処、同六寅年同人病死仕候ニ付、尚又小普請組南部主税支配武左衛門弟神谷弁之助江願之通看抱被仰付、前同様勤候内十人扶持被下置候、

一、評定所番見習之もの最初無足ニ而被仰付、後日五人扶持被下置候、

一、御貝役見習之もの江五人扶持又者三人扶持被下置候、

一、御太鼓役見習之もの江三人扶持被下置候

（後略）

この史料は、九代囚獄石出帯刀が七歳となった実子惣領柳之丞（後の十代直胤）を見習として囚獄の役目に同道するため、両町奉行に願い出た際の願書である。「評定所式日立会并内寄合其外牢屋敷御用向共見習御奉公為相勤申度」とあるとおり、その見習勤務として「評定所式日立会」「内寄合」「牢屋敷御用」が列記されている。評定所式日は三奉行が列座し、内寄合は南北町奉行が列座して協議を行う場であり、そこに囚獄および見習も詰めていたというのである。また、囚獄見習にともなう扶持方支給の類例として、評定所番・御貝役・御太鼓役を列記している(24)。いずれも囚獄と同じく御目見以下、上下役である。

このように囚獄石出帯刀は、町奉行所機能の一端として幕府職制上に位置づけられ、当時、いたずらに忌避されていたわけではない様子がうかがえる。

2　囚獄石出家の縁組・養子と「看抱」

また、史料3に「不祥と称して交際を容さず」と述べられており、同史料後半には「されば縁組の事も武家に求め難くて代々村名主なんど、取結びしとなん」との境遇に陥ったとの説が記載されているが(25)、この点についても疑わしい。

例えば、史料1の石出勘助は、四代師深の姉婿で、八重姫様（養仙院）御用人宿屋源左衛門の甥である。八代常救の婿養子となった九代柳之丞は、小普請組渡辺房次郎の弟である(26)。

さらに史料4中の類例書において、父常全（七代）の跡式を継いだ八代常救が「幼年ニ付頃立候迄」、小姓組守山

勘ヶ由の弟金之丞を看抱とし、金之丞の病死後に小普請組神谷武左衛門の弟弁之助を看抱としている。看抱とは、幼少の跡継を後見し職務を代行する一種の中継相続人である。石出勘助の事例からもわかるとおり、看抱は通例縁者が勤めることを考えると、この両人も親族であると考えられる(27)。

こうしてみると、囚獄の養子や縁組の相手先は、上下格の世職に相応しいもので、決して「縁組の事も武家に求め難くて」といった家柄ではなかった。しかも世職として幕府から看抱(中継相続人)を許される家柄でもあった。いずれにしても、囚獄石出帯刀、ひいては牢屋敷は、「不祥」といった忌避感はさておき、幕府職制上の頭支配として幕府機構の末端を形成する存在であったのである。

二　牢屋同心の「御抱入」と「御抱替」

囚獄石出帯刀は世職であり、その任用は家の相続と不可分であった。これに対して、その配下にあった牢屋同心や牢屋下男は抱席の御家人であり、相続が許されていないことに、その任用の特徴がある。

かれらが管理する牢屋敷は、その名のとおり約二六〇〇坪にわたる敷地内のほとんどを牢舎が占めていた。そのうち、最大の牢舎を惣牢といい、有宿者を収容する大牢、無宿者を収容する二間牢、御家人・陪臣・社人・僧侶・女囚などを収容する揚屋とに区切られていた。また、旗本など身分の高い者を収容する揚座敷、比較的軽罪の百姓を収容する百姓牢があった(28)。これら多様な牢舎を必要とした理由は、囚人の取扱いが、身分や性別、罪状によって異なっていたからである。しかも、牢屋敷は、常時三〇〇～四〇〇人以上の囚人を収容し、牢内はいつも過密状態であったという。

こうした牢屋敷を管理・運営していた実務の主体が、合わせて一〇〇人前後の牢屋同心、牢屋下男であった(29)。かれらは、囚人の管理はもちろん、囚人の取調や刑罰の執行などにあたり、非常に多忙であった。囚人の取締りに加え、町奉行所から派遣された与力・同心とともに穿鑿所において囚人の取調べにあたり、刑場では刑罰の執行にも携わっていた。よって、平常から人手不足であった。

それでは、そうした牢屋同心・牢屋下男の任用、抱入（就任）や抱替（転役）はどのようなものであったのか。次項以降で確認し、合わせて、牢屋敷小役人の地位について明らかにしたい(30)。

1　牢屋同心に関する俗説と実態

幕府の「諸役大概順」に牢屋同心という記載は基本的にはない。というのも、先手組や五番方、町奉行などの同心と一括りに「諸組同心」として所載されているからである(31)。事実、幕府の文書記録では他の幕府役人と差別なく処理されている。にもかかわらず、牢屋同心は、一方では忌避感に彩られた俗説の中で語られがちである。

そこでまずは、牢屋同心の出自に関する俗説について、囚獄と同じく『朝野新聞』「徳川制度」の一話「囚獄の事」から確認したい。「徳川制度」の中で囚獄に続いて牢屋同心はつぎのように記されている(32)。

〔史料5〕

この頃の習はしとてこの同心株も売買の数に漏れざりけり。されども他の同心ならば十両取りの株にて二百五十両前後の相場ありしに引換へ、これは同じく十両取りてわずかに三十両の相場を超えず。もつとも他の同心株の相場好かりしは拝領地面あるにもよるべけれど、牢屋同心に取分けて望人《のぞみて》なかりしを見るべし。誠やこの株を買求めて牢屋敷に勤むるもの、身元を調ぶるに孰れ湯屋の三助、羅宇のすげ替等の類ならぬはなし。腰にこそ両刀を帯しもすれ武士の行ひを知るものなく、いはゞ刀掛け同様の人物のみ。

このように、「同心株」(御家人株)の売買において、同じ俸禄(「十両取り」)の株ならば、その他同心が二五〇両前後に対して牢屋同心がわずか三〇両と相場が低かったとしている。その理由は「拝領地面」の有無にもよるが、牢屋同心に取り分けて「望人」(望み手)がいなかったためであるという。そのため、この株を求めて牢屋同心となった者の「身元」はといえば、「湯屋の三助、羅宇のすげ替等の類」ばかりであり、結果「腰にこそ両刀を帯しもすれ武士の行ひを知るものなく、いはゞ刀掛け同様の人物のみ」であったという。

この記述によれば、御家人株売買といった慣習を通じて任用された牢屋同心の出自は、「武士」以外の庶民からが多く、武家慣行に無知な「いはゞ刀掛け同様の人物のみ」であったという、ある種の忌避感をもって綴られている。一方「腰にこそ両刀を帯しもすれ」とあり、牢屋同心が両刀を帯び「武士」の体面を保っていた点は認めている。だいたい、牢屋敷は、「武士の行ひを知るものなく」といった人物が勤務できる施設であったのであろうか。延享四年(一七四七)四月小普請組の入人に関する一件から確認してみたい[33]。

〔史料6〕

組与力同心并牢番同心御抱入之儀ニ付奉願候書付

町奉行

諸組与力・同心其外軽キもの御抱入之儀ニ付、先達而御渡被遊候御書付之趣、奉承知候、私共組与力同心之儀、番所又ハ評定所等へ罷出公事訴訟等之取扱、御検使・捕者等ニ差遣し、或ハ詮義御用等懸り、吟味口書仕、其外品々役儀等申付候故、不案内ニ而は御用難相勤御座候、然所此度御書付之趣ニ付、病死又ハ御暇差免候跡ニ、向後小普請より御入人ニ罷成候而者、勤馴候内ハ御用ニ相立不申、其内除キ置候様仕候而ハ、人数少ニ御座候故、殊之外差支ニ相成候、組屋敷ニ而育候者ともハ、若年之節より見習等仕候故、番代御抱入ニ申付候而も、早速御用ニ相立申儀ニ御座候間、私とも組与力・同心之儀ハ、何卒只今之通、私共吟味仕御抱入ニ仕度奉存候、且又、牢番同心之儀も、囚人取扱・吟味もの・拷問等仕候節ハ、殊之外勤方差略御座候所、小普請より御入人ニ罷成不案内之ものニ而ハ、勤馴候迄之内、御用ニ相立不申除置候而ハ、是又人数少ニ御座候故、差支申候間、唯今迄之通、囚獄石出帯刀方ニ而吟味仕御抱入申付候様仕度奉存候、右之通奉願候、以上

卯四月

能勢肥後守

馬場讃岐守

御附札

只今迄之通、可被心得候、若外へ役出等いたし候明跡之義ハ、其節可被伺候、

右延享四年卯四月八日、堀田相模守殿より翌九日御附札被成御渡候、

寛政三亥三月十七日丹波守殿筑後守へ御渡

町奉行へ

諸組与力・同心其外御抱入之儀ニ付、延享四卯年、向々江相達候節、其方共組与力・同心并牢番同心之儀ハ、仕来之通致度旨被申聞、願之通被心得、尤外之役出等ニ存候明跡之儀ハ、其節可被相伺旨相達候得共、以来ハ延享四年并去々酉年向々江相達之通可被心得候、

小普請組（御家人の非役待命の場所）からの編入者（「御入人」）受入の要請が、延享四年四月に町奉行所へ通達される。

これに対して能勢肥後守(頼一)・馬場讃岐守(尚繁)の両町奉行は、「私とも組与力・同心之儀ハ、何卒只今之通、私共吟味仕御抱入ニ仕度奉存候」として、町奉行所与力・同心への小普請組編入を辞退する意向を示す。また、牢屋同心(「牢番同心」)についても、「囚人取扱・吟味もの・拷問等仕候節ハ、殊之外勤方差略御座候」として、様々な職務があり格別に適切な配慮(「差略」)が必要である点を強調。小普請組からの「御入人」(編入者)が牢屋同心になった場合、「不案内之もの」でもあり、勤務に馴れるまでは「御用ニ相立不申」として、やはりこの要請の辞退を願っている。

結局、老中堀田相模守(正亮)は「只今迄之通、可被心得候」と通知して、今回の小普請組入人要請を取り下げている。こうした要請は延享四年以降も、寛政元年(一七八九)・同三年と通達されているが、牢屋同心が他の役職へ「役出」した明跡(欠員)を除き、小普請組からの御入人辞退が許され続けていく。

このことは、つぎの史料からも確認できる。[34]

〔史料7〕

嘉永二年

酉十一月二十五日慈右衛門を以御渡

(封題)「対馬守殿　　遠山左衛門尉」

囚獄同心御仕置ニ相成、明跡御抱入之儀、石出帯刀伺書・例書并其年番方今般改而伺有無調書、其外書類為御相談遣之、則一覧いたし候処、被遣候四例之外ニも、拙者其御役所勤役中天保十二丑年中、別紙之通手限ニ而申付候例有之、且往古より小普請又者諸組より御入人相成候儀、一切無之、其説之同組同心倅共之内、見立「相」立相伺、手限りニ而申付候趣ニ付、今般之儀も手限ニ而申付候様、帯刀江御申渡可然存候、依之書類返却いたし候、

西十月

嘉永二年（一八四九）十一月二十五日、北町奉行（井戸）対馬守（覚弘）からの「御相談」に対して、南町奉行遠山左衛門尉（景元）からの回答が提出される。すなわち、この度の牢屋同心（「囚獄同心」）の御仕置にともなう欠員補充（「明跡御抱入」）の方法に関する相談である。遠山は、井戸から添付されていた諸書類を一覧し、これまでも「手限り」（部局内権限）で明跡を申し付けてきている上、往古より「小普請又者諸組より」の御入人も「一切無之」ことから、この度の明跡も石出帯刀の「手限り」で抱入しても「可然」と返答している。

以上から、牢屋同心には様々な職務があり、格別に「勤方差略」が必要なため、小普請組からの「御入人」が牢屋同心になった場合、「不案内之もの」でもあり、勤務に馴れるまでは「御用ニ相立不申」ような役職であったことがわかる。このため、町奉行や囚獄は、小普請組「御入人」が再三要請されても、「手限り」人事を貫徹していくのである。決して「いはゞ刀掛け同様の人物」が勤務できるような職務内容ではなく、また「望人なかりし」どころか、小普請組その他からの編入が要請される役職であったのである。

これらのことは、つぎの一件からもうかがえる。慶応元年（一八六五）十二月に牢屋敷の揚屋二ヶ所を建て増し人手不足となった囚獄は、一五人の増人（員数外増員）を計画し、当座相応の者一三人を書き上げて願い出ている（表1）[35]。これら一三人は「是迄出精相勤殊ニ人物茂宜相応之者ニ茂御座候間、牢屋同心被仰付候様仕度」として選ばれた者たちであった[36]。その雑多な元職からも、牢屋同心は「湯屋の三助」などが一朝一夕に勤められるわけではない、諸役所から編入を望まれた役職であった様子が垣間見えよう。もっとも、同心株により「湯屋の三助、羅宇のすげ替等の類」が庶民から御抱入となる余地があったことも否めまい。

表1　慶応元年 牢屋同心増人一覧

No.	名前	年齢	前職	禄高(本高)*1	俵ニ直し*2
1	久米此右衛門	48	表坊主組頭	現米5石3人扶持	14.10
2	山崎政太郎	41	中間	金2両1人半扶持	7.00
3	上野房次郎	19	表坊主	現米5石2人扶持	14.10
4	高橋銭二郎	49	物頭同心	現米4石1人半扶持	11.15
5	岩崎繁太郎	21	小人使之者	現米4石1人半扶持	11.15
6	上野祐次郎	30	新番同心	現米4石1人半扶持 (金3両1人半扶持)	11.15
7	上羽総次郎	37	台所人	現米8石2人扶持 (金2両2分1人半扶持)	22.30
8	古屋時郎	21	賄新組	金2両1人半扶持	7.00
9	小山岩吉	21	新番同心	現米4石1人半扶持 (金2両1人半扶持)	11.15
10	深見嘉六	54	新番手附	現米10石2人扶持 (金2両1人半扶持)	28.20
11	兵藤勝三郎	21	奥六尺助	金3両1人半扶持 (現米2石)	10.00
12	竹川忠右衛門	37	賄新組	現米2石1人半扶持	5.25
13	金子定次郎	19	奥六尺助	金3両1人半扶持 (現米2石1人半扶持)	10.00

本表は、国立公文書館所蔵「内閣文庫」多39016「(牢屋同心増人ニ付申渡候書付下書)」・多36835B「(元表坊主上野房次郎外十名之儀牢屋同心被仰付候様仕度段申候書付)」より作成。
＊1　前職勤務中の本高に足高を加えたもの。足高受給者は(　)内に本高を記した。
＊2　前職禄高に対する幕府の試算。

2　牢屋同心の「抱入」

それでは御入人（部外編入）や増人（臨時増員）ではなく、「明跡」（正規欠員）への補充としての牢屋同心御抱入はどのような状況だったのか、表2から確認したい。この表は町奉行所に残された牢屋敷に関する記録から、明跡理由と跡式に御抱入となった人物とが判然とする事例二五人をまとめたものである。(37)

まず明跡の理由であるが、出奔（二例）・重・軽追放（三例）・中追放（一四例）・病死など（二例）・御抱替（一例）・遠島など（二例）・召放（一例）となっていて、史料7で取り上げたような「御仕置」（懲戒）によるものが多くを占めている。これは牢屋同心に関して明跡理由や跡式（欠員）御抱入の人物が明記される契機が、懲戒や病死といった非常時に偏るためで、本表を利用する際の留意点とはなる。

では、御抱入となった人物の出自（父兄との続柄）であるが、実子＋倅（一五人）・弟（一人）・養子（九人）となる（表2－1参照）。養実を問わなければ、牢屋同心の子弟が御抱入となっており、しかも養子九人の実方はすべて牢屋同心であり、牢屋同心の明跡補充がすべて牢屋同心の身寄りで相互になされていることがうかがえる。中でも、安藤秀太郎（No.6）・安藤卯之助（No.19）の父安藤郡次（郎）（B）や、斎藤忠五郎（No.7）・斎藤留蔵（No.12）の父斎藤又市（郎）（C）は、それぞれ悴二人を他人の明跡に送り込んでいるのである（表2－2参照）。これは、史料7で小普請組から町奉行所組同心への御入人を断る理由の一つに「組屋敷ニ而育候者ともハ、若年之節より見習等仕候」とあげているのと同じ理由からと考えられる。牢屋同心についても、組屋敷で育ち若年より見習を勤めたものが望まれたのであろう。(38)

もっとも不自然な養子も確認できる。佐々木順次の養子佐々木庄八郎（No.4）が文政七年（一八二四）に御抱入となった十九年後、実子佐々木亀之助（No.9）が天保十四年（一八四三）に御抱入となり、その十一年後の嘉永七年（一八五四）に養子佐々木金次郎（No.23）が御抱入となっている。二十五年もの間を空けて二人の養子が牢屋同心に御抱入となってい

前職者の姓名	明跡の理由	文書の種類	史料
辺丈右衛門	出奔	手続書	牢屋敷
木清左衛門	中追放	例書	七十冊
村栄三郎	病死	例書	牢屋敷
崎儀兵衛	(軽)追放	例書	牢屋敷
川勇三郎	永預	例書	牢屋敷
十畑良助	町奉行御組江御抱替	例書	牢屋敷
井利兵衛	遠島	例書	牢屋敷
井銅平	遠島	例書	牢屋敷
藤由四郎	重追放	例書	牢屋敷
子清助	重追放	例書	牢屋敷
本清三郎	出奔	伺・届、例書	牢屋敷、七十冊
原丈右衛門	中追放	例書	牢屋敷、七十冊
野宇三郎	中追放	伺・届、例書	牢屋敷、七十冊
本弓五郎	中追放	伺・届、例書	牢屋敷、七十冊
中泰助	中追放	伺・届、例書	牢屋敷、七十冊
久保弥左衛門	中追放	伺・届、例書	牢屋敷、七十冊
谷勝蔵	中追放	伺・届、例書	牢屋敷、七十冊
井徳三郎	中追放	伺・届、例書	牢屋敷、七十冊
藤平次郎	召放	伺・届	牢屋敷
沢安太郎	中追放	伺・届	七十冊
藤万平	中追放	伺・届	七十冊
谷周三郎	中追放	伺・届	七十冊
山改三郎	中追放	伺・届	七十冊
原鉄次郎	中追放	伺・届	七十冊
本鎌左衛門	中追放	伺・届	七十冊

表2-2　子息を複数「御抱入」させている父親と「御抱入」の間隔

姓名		子息「御抱入」の時期
A	佐々木順次	4養子・文政7年(1824)→9実子・天保14年(1843)→23養子・嘉永7年(1854)
B	安藤郡次(郎)	6倅・天保12年(1841)→19倅・嘉永2年(1849)
C	斉藤又市(郎)	7倅・天保14年(1843)→12倅・弘化3年(1846)
D	木村与一郎	10実子・天保14年(1843)→14養子・嘉永2年(1849)

表2　牢屋同心の御抱入

No.	姓名	年齢	父兄の役職・姓名	続柄	「御抱入」前の状況	御届提出
1	土川藤蔵		土川吉左衛門	養子		天明8年
2	秋本為蔵		秋本吉右衛門	倅	無足見習	文化2年
3	土川徳兵衛		土川藤蔵	養子		文政7年
4	佐々木庄八郎		A 佐々木順次	養子		文政7年
5	斉藤又右衛門		斉藤金右衛門	弟		文政7年
6	安藤秀太郎		B 鍵役・安藤郡次	倅	無足見習	天保12年
7	斉藤忠五郎		C 増鍵役・斉藤又市	倅	無足見習	天保14年
8	高松光之助		鍵役・高松清次郎	実子		天保14年
9	佐々木亀之助		A 増鍵役・佐々木順次	実子		天保14年
10	木村万之助		D 賄役・木村与一郎	実子		天保14年
11	石居小一郎		増鍵役・石居喜兵衛	実子	無足見習	弘化3年
12	斉藤留蔵		C 鍵役・斉藤又市郎	倅	無足見習	弘化3年
13	宮内亀太郎	20	打役・宮内源次郎	倅	無足見習	嘉永2年
14	木村作十郎	34	D 賄役・木村与一郎	養子	無足見習	嘉永2年
15	高木喜十郎	36	賄役・高木三之助	養子	無足見習	嘉永2年
16	彦根栄助	18	増鍵役・彦根国次郎	養子	無足見習	嘉永2年
17	土川沢平	20	増鍵役・土川金之助	養子	無足見習	嘉永2年
18	林国三郎	18	世話役・林幸八	実子	無足見習	嘉永2年
19	安藤卯之助		B 安藤郡次郎	倅		嘉永2年
20	河原林彦太郎	17	打役・河原林庄五郎	実子	無足見習	嘉永7年
21	三上皆次郎	18	世話役・三上啓三郎	実子		嘉永7年
22	永田健蔵	17	小頭役・永田政吉	実子		嘉永7年
23	佐々木金次郎	28	A 鍵役・佐々木順次	養子		嘉永7年
24	中安文次郎	17	打役・中安勇蔵	養子		嘉永7年
25	石川賢次郎	16	増鍵役・石川市郎兵衛	実子		嘉永7年

「七十冊物類集」四十一（旧幕府引継書810-21）、「牢屋敷」（旧幕府引継書810-37）より作成。

表2－1　続柄の内訳

続柄	人
実子	9
養子	9
倅	6
弟	1
合計	25

る背景には、もちろん、何らかの事情があり得るが、あるいは史料5で取り上げたような雑多な身分の者が牢屋同心に御抱入となった証左かもしれない。

3　牢屋同心の「御抱替」

つぎに、安藤秀太郎（№6）が跡式を継いだ五十畑良助の明跡理由である「町奉行御組江御抱替」について、くわしく検討したい。[39] 御抱替とは、本来は一代抱である抱席御家人が、現職と抱替先の頭支配双方が了解する中で、抱先を替えることをいう。[40] 五十畑良助の抱替に関する史料をあげる。

〔史料8〕

（封題）「例書」

石出帯刀

私組同心
鍵役安藤郡次倅
無足見習
安藤秀太郎

右者、私元組同心五十畑良助、町奉行御組江御抱替被仰付候明跡江、手限ニ而御抱入申付候様仕度、天保十二丑年十一月十七日奉伺候処、伺之通申付候様左衛門尉殿被仰渡候、

（例四人分略）

右之通御座候、以上

午《弘化三年》二月　　　　石出帯刀

このように五十畑は町奉行所組同心（三〇俵二人扶持）への御抱替となり、天保十二年（一八四一）十一月十七日、その明跡に、牢屋同心鍵役安藤郡次悴で無足見習の安藤秀太郎が石出帯刀の手限りで御抱入となることが、町奉行から仰せ渡されている。この抱替により五十畑は、二〇俵二人扶持の役職から三〇俵二人扶持の役職となり、事実上の加増を果たしているのである。

しかも五十畑良助は、御抱替から一年足らずの天保十三年三月に再度御抱替となる。(41)

〔史料9〕

（封題）「町奉行江」

越前守殿御直御渡

天保十三年寅三月八日

鳥居甲斐守殿組与力　蜂屋新五郎

右御先手大井隠岐守組与力明跡江可被申渡候、場所並高ニ被成下候間、其段も可被申渡候、尤御先手可被談候、

同人組同心　中山伴五郎

右大御番頭小笠原若狭守同心明跡江

同　中林定四郎

右大御番頭九鬼式部少輔同心明跡江

同　五十畑良助

右大御番頭井上遠江守同心明跡江

右之通可被申渡候、尤大御番頭可被談候、
　　月日

このように五十畑は、町奉行所組同心から大御番頭同心（三〇俵二人扶持）の明跡へと御抱替となったのである。今回の御抱替にいかなる利点があるかは、俸禄的な加増があるわけでもなく判然とはしない。あるいは史料5にあるとおり、町奉行所組同心と大御番頭同心とでは、同じ俸禄ながらその同心株の相場に差があるなど、別段の利点が存在するのかもしれない。いずれにしても、牢屋同心が「武士の行ひを知るものなく」、「いはゞ刀掛け同様の人物」などから構成されているのではなく、その他役職に受け入れられ、御抱替を果たせる場所である点は間違いないのである。

以上、牢屋同心は「望《のぞみ》人《て》なかりし」といった場所ではなく、例えば小普請組からの御入人（編入）を要請されるような場所でもあり、また、その役目は「勤方差略御座候」といった場所でもあった。よって、「湯屋の三助、羅宇のすげ替等の類」が一朝一夕に勤められるわけではなく、このことは、牢屋同心の明跡に身寄りの者が多く御抱入となっていることからもわかる。ただし、不自然な養子も確認でき、「湯屋の三助」などが御抱入となる余地がなかったわけではない。また、牢屋同心には町奉行所組同心、さらには大御番頭同心へと御抱替していく昇路が存在し、幕府の役職階梯へと連なっていた様子がうかがえるのである。

三　牢屋下男の「御抱入」

先述のとおり、牢屋下男の幕府職制内での格式は低い。その俸禄は幕府役人の中でも最低の給金一両二分一人扶持

であり、諸役大概順においても最末尾に記載されている。(42)

しかし裏を返せば、牢屋下男は、幕府の諸役大概順に記載されている以上、紛れもなく幕府役人であり御家人の一端にある者であった。事実、「徳川制度」でも、囚獄以下の牢屋敷役人を浅草溜・品川溜の預り人と対比して、「溜は彼の伝馬町の牢獄の如く官吏の直轄するものに非ず。即ち浅草溜は非人頭善七、品川溜は松右衛門これを支配す」と述べ(43)、牢屋敷役人が「官吏」、すなわち幕府役人であることを明記している。

このように、牢屋下男は、幕府の役職に関する記録では、紛れもなく幕府役人として記載され、幕府の役職階梯に位置づけられていることがわかる。

そこで本節では、牢屋同心に続けて牢屋下男の実態について、特に任用、抱入（就任）を中心に明らかにする。

1　牢屋下男とその他の詰人との比較

牢屋敷には、牢屋下男（張番ともいう）とともに勤務し、雑事を果たす者として「穢多・非人・猿曳等」が詰めていたという。これらの者たちの勤務体系の違いから、幕府役職上における牢屋下男の位置づけが明らかとなる。(44)

〔史料10〕

天保十四年

卯十一月十二日鍵役彦根国次郎持参候

一牢屋下男三十八人有之、一人ニ付金一両二分一人扶持宛被下置候、右下男昼夜御用使并囚人共食事・病人服薬等持運、夜半者両人ツヽ、半夜代り不寝番いたし、時半ニ拍子木を打、牢鞘内外相廻り、牢番同心差図を受相勤申候、穢多・非人・猿曳等、牢屋敷江相詰、囚人食事其外不寝番等致候儀無御座候、

右之通御座候、以上
卯十一月　　　　　　　牢屋敷
（後略）

この史料は、牢屋敷で入り混じって雑務を勤める者たちの違いを取りまとめ、町奉行所へ提出した書付である。まず牢屋下男は「一人ニ付金一両二分一人扶持宛被下置」として、幕府から俸禄を下されていると記されている。さらに昼夜にわたって御用使いを勤め、囚人の食事や病人への服薬の持ち運びを担い、夜半には両人ずつ半夜交代で不寝番をするという。何より「牢番同心差図を受相勤」め、「牢番同心」（牢屋同心）の指揮下にあった旨が特記されている。対して「穢多・非人・猿曳等」は、牢屋敷へ「相詰」（出仕する）者ではあるが「囚人食事其外不寝番等致候儀無御座候」者であったという。

すなわち牢屋下男は、幕府から俸禄を下付され牢屋同心から「差図」を受ける、紛れもなく幕府役人（御家人）であったのである。

2　牢屋下男の「抱入」にともなう諸問題

とはいえ、諸組同心の一つである牢屋同心と、諸役大概順において最後尾に記載される牢屋下男とでは、同じ抱席御家人ながら、その格式には大きな開きがある。例えば表1・2、あるいは史料8・9からもわかるとおり、牢屋同心の幕府文書上における表記は〈名字＋通称〉である。対して牢屋下男は、後述する史料12からもわかるとおり、文書上での表記は「市助」「善吉」など〈通称のみ〉である。このことは牢屋下男の御抱入の差ともなって表れる。(45)

〔史料11〕

「（袖裏）
山口駿河守」

牢屋同心増人之儀ニ付、去ル廿六日別紙之通、周防守殿御書取を以被仰渡候ニ付、承付返上致し候処、右御書取之内、右同心増人御雇五人之者者、勤中場所並高之通被下候儀ニ候哉、且牢屋下男之儀、壱ヶ年御給金壱両弐分壱人扶持宛被下候得共、全人宿共より差出候一季抱之ものニ而、牢屋同心与者格別身分も致相違、右次三男之内より抱入候儀者差支候間、御書取御引替ニ者相成申間敷哉、此段無急度御引合および候事、

（慶応元年）
十二月廿九日

この史料は、表1で取り上げた牢屋同心増人（増員）の件に関連する書付である。[46] 増人二〇人のうち「当時相応之者無御座候間」、まずは一五人増員し、「其余ハ牢屋同心倅厄介之内より五人当分御雇ニ申付」るようにとの仰渡を受けた南町奉行山口駿河守（直毅）は、重ねて老中（松平）周防守（康直）らに対して、この増人の内「御雇」（人数借用）の五人は、勤務中は他の牢屋同心並の役高を下されるのかを照会している。[47]

合わせて、牢屋下男に関しても「壱ヶ年御給金壱両弐分壱人扶持宛被下候」者たちとはいえ、全く「人宿共より差出」された「一季抱之もの」であって、牢屋同心とは「格別身分も致相違」者たちであるという。にもかかわらず、この度の牢屋敷揚屋二ヶ所の建て増しにより人手不足となったとはいえ、牢屋下男を彼らの「次三男之内より抱入候儀者差支候」と懸念し、今回の仰渡を改めて欲しい旨を照会しているのである。

このように牢屋下男は、抱席御家人の一端に連なるとはいえ、人宿からの差出人からなる一季抱えのいわば武家奉公人であるというのである。なので、牢屋同心のように牢屋下男をその次三男から補充する方針について、何らかの支障が生じる可能性を懸念しているのである。

事実、牢屋下男と庶民との関係は日常的に深かったようである。つぎの史料はその証左である。[48]

〔史料12〕

文政九戌年御渡

町奉行　榊原主計頭伺

一大伝馬塩町五人組持店市助事万吉儀、牢屋下男相勤候節、不届之取計いたし候一件、

元牢屋下男ニて
当時大伝馬塩町
五人組持店
市助事
万　吉

右之もの儀、先達て市助と申、牢屋下男相勤候節、惣兵衛と名前を申偽、店借受女房たけを差置、其上知ル人清次郎儀吉五郎を同道いたし参、及口論候町火消人足共多人数入牢いたし候処、右之内ニは病身之ものも有之候ニ付、労り貰度、右ニ付、下男一統え清次郎外壱人并甚五郎外弐人より相贈候由ニて、為酒代金弐両弐分差出候を、右之内壱分引取、其余は配分いたし遣、又は賄所相勤候傍輩善吉え相贈候金子をも取次遣、剰下男之身分ニて、伝兵衛店借受下駄商売いたし候始末、旁不届ニ付、江戸拾里四方追放、

（後略）

これによると、以下のようである。大伝馬塩町に持店万吉という者がいた。この者は元牢屋下男市助で、勤務中に惣兵衛と偽名して伝兵衛店を借り受け、女房たけをめとり下駄商売をしていたという。合わせて、知人の清次郎・他の依頼によって、口論の末入牢した町火消人足のため牢内での便宜を図り、清次郎らと金子を授受して「下男一統」

や「傍輩善吉」らと金子の分配をしたという。この牢屋下男勤役中の金子不正配分と偽名による下駄商売によって江戸十里四方追放となっている。

この史料で注目すべきは、元牢屋下男市助こと万吉が、その退任後に大伝馬塩町の五人組に加わり、持店として生活していた点である。本来その身一代にわたり御抱入となる抱席御家人とは異なる、まさに「人宿差出」の「一季抱之もの」であったのである。加えて、この金子不正分配の一件から鑑みて、万吉が牢屋下男市助として勤中に惣兵衛と偽名して下駄商売をしている事実を清兵衛らは察していて、この点が両者の接点となったのではなかろうか。いずれにしても、牢屋下男と庶民との関係が日常的に深かったことがうかがえるのである。

おわりに

以上、牢屋敷運営の実務を担っていた諸役人の実態にせまるため、その任用（「御抱入」）を中心に俗説と実態との対比から検討し、併せて、牢屋敷役人とその他役職との編出入（御入人・御抱替）についても取り上げ、幕府の役人任用に関する見解についても考察し、幕府役人（御家人）身分の多様性についても一考した（表3参照）。

まとめると、囚獄の養子や縁組の相手先は、上下格の世職に相応しいもので、決して「縁組の事も武家に求め難くて」といった家柄ではなかった。しかも世職として幕府から看抱（中継相続人）を許される家柄でもあった。いずれにしても、囚獄石出帯刀、ひいては牢屋敷は、「不祥」といった忌避感はさておき、幕府職制上の頭支配として幕府機構の末端を形成する世職で、その配下役人に関して「手限り」で人事を行える存在であったのである。これに対して、その配下にあった牢屋同心や牢屋下男は抱席の御家人であり、相続が許されていないことに、その任用の特徴が

表３　牢屋同心・牢屋下男の任用関係

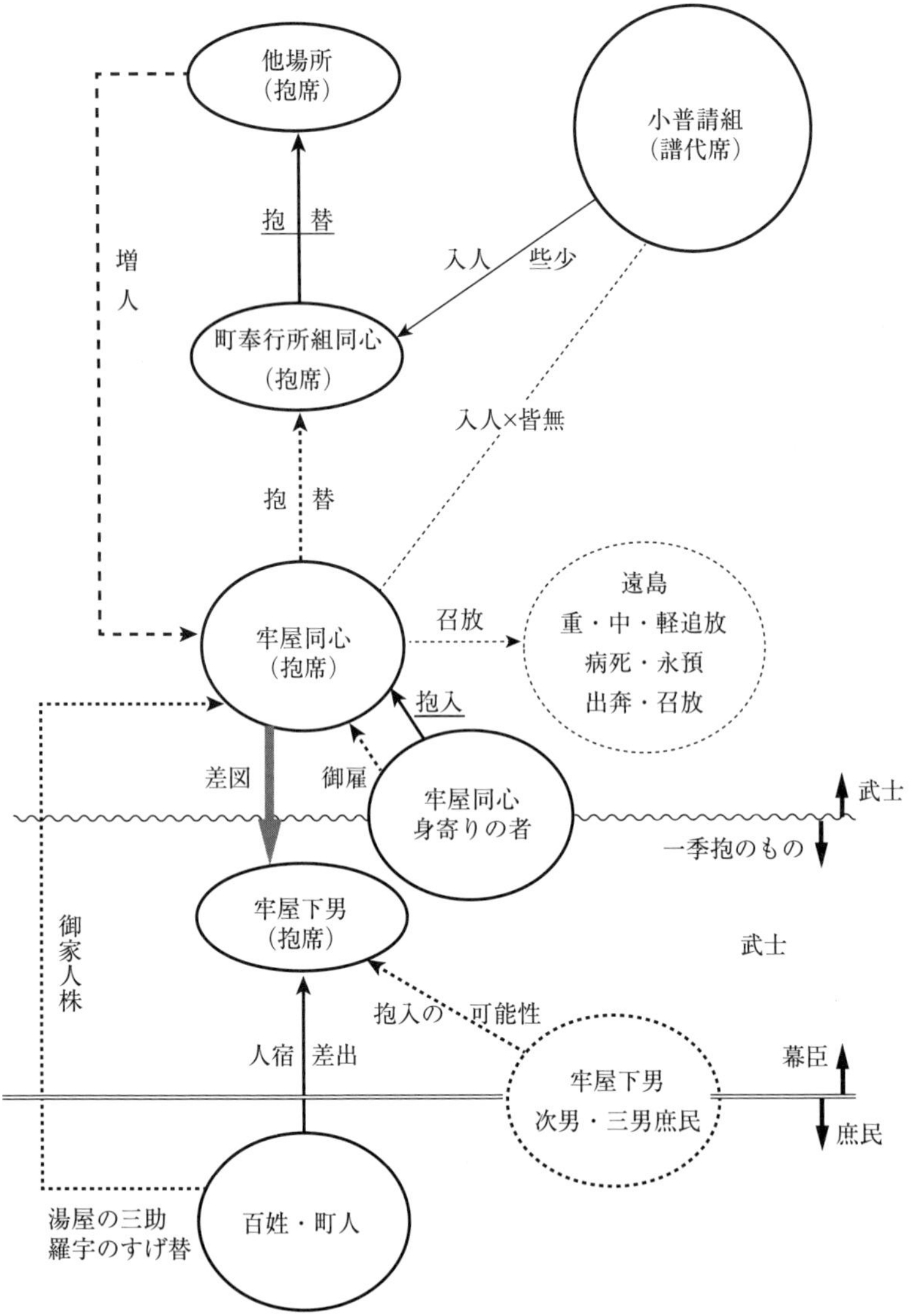

あった。

牢屋同心は、「望人なかりし」といった場所ではなく、例えば小普請組からの御入人（編入）を要請されるような場所でもあり、また、その役目は「勤方差略御座候」といった場所でもあった。よって、「湯屋の三助、羅宇のすげ替等の類」が一朝一夕に勤められるわけではなく、このことは、牢屋同心の明跡に身寄りの者が多く御抱入となっていることからもわかる。ただし、不自然な養子も確認でき、「湯屋の三助」などが御抱入となる余地がなかったわけではない。また、牢屋同心には町奉行所組同心、さらには大御番頭同心へと御抱替していく昇路が存在し、幕府の役職階梯へと連なっていた様子がうかがえた。

牢屋下男は、幕府から俸禄を下付され牢屋同心から「差図」を受ける、紛れもなく幕府役人（御家人）であった。とはいえ、諸組同心の一つである牢屋同心と諸役大概順において最後尾に記載される牢屋下男とでは、同じ抱席御家人ながら、その格式には大きな開きがある。例えば牢屋同心の幕府文書上〈名字＋通称〉で表記されるのに対して、牢屋下男は〈通称のみ〉で表記される。このことは牢屋下男の御抱入の差ともなって表れる。すなわち、牢屋下男は、抱席御家人の一端に連なるとはいえ、全く「人宿差出」からなる「一季抱のもの」であった。

いずれにしても、囚獄以下、牢屋敷役人が、歴とした幕府役人であることは間違いなく、世職である囚獄はともかく、牢屋同心にしても牢屋下男にしても、その任用には一定度の規定があり、俗説にある忌避感をともなうような任用が行われていたわけではないことがわかった。ともすれば「不祥」という忌避感をもって語られてきた牢屋敷役人たちも、牢屋同心の御抱替に関する事例や、牢屋同心から牢屋下男への「差図」などからもわかるとおり、彼らが紛れもなく幕制における役職階梯・指揮系統の一端に連なっていたことは明らかなのである。

今後の課題として、以上のような一役所の御家人役から見た幕府役職階梯・指揮系統に関して、幕府職制全体からの視野に立って検討し、その他の幕府御家人の人事のあり方についてもまた追及していきたい。

註

（1）幕府の牢屋は、この他、関東郡代支配の本所牢屋敷をはじめ、各代官所や京都・大坂町奉行所などにもあり、各地域の中・軽罪人を取り扱っていた。石井良助『江戸の刑罰』（中公新書、一九六四年）九四～九五頁等参照。

（2）これに対して、石川島人足寄場や遠島先の島々（八丈島・三宅島など）が、矯正を目的とした拘禁施設という点で、現在の刑務所に相当すると考えられている。また、溜は、本来、重病の囚人を収監する施設ではあったが、年少の流人を成人するまで収容したり、再犯の恐がある追放人を釈放しないで、「溜預」と称して収監するなど、懲役刑を科す施設の一つでもあった。よって、人足寄場には「放免」、遠島・「溜預」には「赦免」など、釈放の可能性があった。平松義郎『江戸の罪と罰』（平凡社選書、一九八八年）一六九～二二七頁、高橋敏『博徒の幕末維新』（ちくま新書、二〇〇四年）二三一～二八頁参照。

（3）例えば、渡辺崋山は、蕃社の獄で入牢し、牢内で牢名主を勤めている。また、吉田松陰は、安政の大獄で入牢し、牢屋敷内の刑場で打首となっている。また、かれらが牢内の様子を書状や著作として残したことで、囚人の生活をはじめ、牢内の様子が判然とすることもまた事実である。石井前掲註（1）一〇三～一〇四頁、南和男「町奉行―享保期以降を中心として―」（西山松之助編『江戸町人の研究』第四巻、吉川弘文館、一九七五年）一三七頁参照。

（4）例えば、幕府が改革組合村を結成し、関東の村々に囚人の取扱いを、暫時、委任した理由の一つとして、社会経済の進展によって犯罪人＝囚人が増加した結果、牢屋敷の収容人員が超過したことをあげるなど、関東農村の治安対策の変化を牢屋敷のあり方から捉えようとする向きもある。森安彦『幕藩制国家の基礎構造』（吉川弘文館、一九八一年）、坂本達彦「圏の運営をめぐる改革組合村の動向」（『群馬歴史民俗』二四、二〇〇三年）など参照。

（5）囚獄は牢屋敷の管轄者で家職として代々石出帯刀家が世襲した。町奉行支配で三〇〇俵一〇人扶持、上下役、定員一人。牢屋奉行は俗称である。その配下として、牢屋同心（二〇俵二人扶持、抱席、定員五八人。役掛は鍵役・数役・打役・小頭など）と牢屋下男（金一両二分一人扶持（味噌代一日四文）、抱席、定員三八人）がいた。

（6）例えば、牢屋敷役人に関する研究としては石出猛史氏による諸論文がある。石出氏は①「江戸幕府伝馬町牢屋奉行石出帯刀」全四回（『刑政』一〇一―一～四、矯正協会、一九九〇年）において、歴代囚獄の事蹟について詳細に研究し、②「小伝馬町牢屋鋪」上・下（石出聡史氏との共著、『刑政』一〇六―八～九、矯正協会、一九九五年）では、牢屋敷の様子を明らかにしている。しかし、牢屋同心については、③「「牢屋の同心」雑記」（『刑政』一〇二―九、矯正協会、一九九一年）で、いくつかの小話に触れるのみで、牢屋下男については、検討していない。

（7）囚獄・牢屋同心・牢屋下男はいずれも「大概順」において「御目見以下小役人」に位置づけられている幕府役人の一つである。「天保年間諸役大概順」（深井雅海『図解・江戸城を読む』原書房、一九九七年）二九五頁参照。

（8）勘助は四代石出帯刀（師深）の姉婿。幼少であった五代石出帯刀（佐兵衛）の看抱（後見人）を勤めていた。「（石出帯刀家）由緒書」（内閣文庫所蔵史籍叢刊第四巻『蠹餘一得』（二）「牢屋」、汲古書院、一九八一年）、石出前掲註（6）①参照。なお、本稿における歴代囚獄の略歴・代数などは、主に「（石出帯刀家）由緒書」に拠った。

（9）この覚は、「牢屋敷年歴之儀」について享保十年八月に石出勘助が幕府に提出した書付である。同文のものが囚獄に関する諸記録の中に散見するが、ここでは「視聴草」続二集之八および「蠹餘一得」三集巻三所収のものを適宜参照した。内閣文庫所蔵史籍叢刊特刊第二『視聴草』第十巻（汲古書院、一九八五年）二五八頁、内閣文庫所蔵史籍叢刊第四巻『蠹餘一得』（二）（汲古書院、一九八一年）四五二頁。

(10)「明良帯録」世職編「囚獄」(『改定史籍集覧』第十一冊、臨川書店、一九八四年復刻版)参照。

(11)石出佐兵衛については前掲註(8)参照。

(12)この由緒書も覚と同様に諸書に散見するが、やはり前掲註(9)の二書に拠った。『蠹餘一得』(二)四五四～四五五頁、『視聴草』第十巻、二六〇頁。

(13)『東照宮御実記付録』巻十九にも、「江戸へうつらせ給ひしころ」のこととして、家康に直訴した「處士何某」を「囚人の事つかさどる石出帯刀が屋敷のうちにいましめ置」いたことが記されている。

(14)旧幕府牢獄奉行石出帯刀談「伝馬町の牢獄」(『同方会誌』五六、一九三一年)。なお、談話者の石出氏は当時九十一歳で、旧幕最後の囚獄の子息である。安政の大獄の時分から、父の命で「見習とも役人とも何とも付かずに」囚獄の業務に携わっていたため、その談話は、多くの裏話に富んでいる。ただし、その談話には、史実との齟齬も多い。

(15)例えば、三代石出帯刀(吉深・常軒、元和頃生～元禄二年没)は、連歌や神道に優れ、特に源氏物語研究など国学者として知られていた。石出前掲註(6)①第二回・三回参照。

(16)本文「徳川制度」以外の懐旧談としては、「旧事諮問録」第三回司法の事(評定所)(進士慶幹校注『旧事諮問録―江戸幕府役人の証言―』上、岩波書店、一九八六年)、(旧幕府町奉行所与力)佐久間長敬著・南和男校注『江戸町奉行事蹟問答』(東洋書林、一九六七年)、旧幕府牢獄奉行石出帯刀談「伝馬町の牢獄」(前掲註(14))などがある。

(17)「徳川制度」囚獄の事・牢屋敷役人(『朝野新聞』、石井良助編『江戸町方の制度』新人物往来社、一九六八年、として刊行)。

(18)平松義郎『近世刑事訴訟法の研究』(創文社、一九六〇年)九二六頁。なお同氏は、牢屋敷を不浄とする考えを刑務協会編『日本近世行刑史稿』上(一九四三年)から得たと注釈している。

(19)　例えば「天保武鑑」（天保十二年刊）では「遠国御役人衆之部」の手前、「公人朝夕人」のつぎに「囚獄　三百俵　てんま丁　石出帯刀」と所載されている。深井雅海・藤實久美子編『江戸幕府役職武鑑編年集成』二六（東洋書林、一九九八年）参照。

(20)　前掲註（5）参照。

(21)　前掲註（12）同史料。

(22)　前掲註（10）同史料。

(23)　国立国会図書館所蔵「旧幕府引継書」八一〇-二一『七十冊物類集』四十一「石出帯刀并組同心・医師・山田朝右衛門之部」。

(24)　この三役はいずれも御目見以下、上下役で、評定所番は勘定奉行支配、一〇〇俵高、譜代席。御貝役は御目付支配、一〇〇俵高、抱席。御太鼓は御目付支配、一〇〇俵高、譜代席である。「天保年間諸役大概順」（深井前掲註（7）同書）、大石学編『江戸幕府大事典』（吉川弘文館、二〇〇九年）、『古事類苑』官位部三（吉川弘文館、一九七八年）参照。

(25)　前掲註（17）史料。

(26)　前掲註（8）参照。

(27)　他に四代師深の看抱として飯島勘太夫がいる。勘太夫は三代吉深内室の従弟でやはり縁者である。なお勘太夫は後に囚獄を襲職して石出帯刀（吉重）を名乗るが代数には入らない。前掲註（8）参照。なお、看抱については、守屋浩光「会津藩における「看抱」について―幕藩制における「後見政治」の一形態―」（『大阪経済法科大学法学論集』四二、一九九八年）参照。

(28)　南前掲註（3）一三三〜一三四頁、笠間良彦『図説・江戸町奉行所事典』（柏書房、一九九一年）一五四〜一五九頁、石出前掲註(6)②下、五二〜五六頁参照。

(29) 前掲註(5)参照。

(30) 幕府御家人の抱入や暇、抱替といった任用制については、主につぎの論文を参照した。田原昇①「江戸幕府御家人の抱入と暇—町奉行所組同心を事例に—」(『日本歴史』六七七、二〇〇四年)、同②「江戸城内の運営と「五役」—「新古改撰誌記」より—」(『東京都江戸東京博物館研究報告』一二、二〇〇六年)、同③「江戸幕府「五役」の人員補充—部屋住御雇と公儀人足を事例に—」(『東京都江戸東京博物館研究報告』一四、二〇〇八年)、同④「大番頭御預同心の場所替一件に関する資料」(『東京都江戸東京博物館紀要』二、二〇一二年)。

(31) 例えば前掲註(7)史料参照。

(32) 前掲註(17)史料。

(33) 国立公文書館所蔵「内閣文庫」一八一-一一七「尹台秘録」巻九「組与力・同心身分之部」。

(34) 国立国会図書館所蔵「旧幕府引継書」八一〇-三七『牢屋敷』二「同人組同心・牢屋下男諸願并出奔跡・御仕置跡等江御抱入願」。

(35) 国立公文書館所蔵「内閣文庫」多三九〇一六「(牢屋同心増人ニ付申渡候書付下書)」。

(36) 国立公文書館所蔵「内閣文庫」多三六八三五B「(元表坊主上野房次郎外十名之儀牢屋同心被仰付候様仕度段申上候書付)」。

(37) 国立国会図書館所蔵「旧幕府引継書」八一〇-二一「七十冊物類集」四十一、同所蔵「旧幕府引継書」八一〇-三七「牢屋敷」より作成。

(38) くわしくは田原前掲註(30)①参照。

(39)　くわしくは田原前掲註(30)④参照。

(40)　国立国会図書館所蔵「旧幕府引継書」八一〇-三七『牢屋敷』二「同人組同心・牢屋下男諸願并出奔跡・御仕置跡等江御抱入願」。

(41)　国立国会図書館所蔵「旧幕府引継書」八一〇-三一「組与力同心諸願御暇御抱入并組替御入人」四。

(42)　はじめに、および前掲註(7)史料参照。

(43)　前掲註(17)史料「徳川制度」囚獄の事・溜の役人。

(44)　国立国会図書館所蔵「旧幕府引継書」八一〇-三七『牢屋敷』二「同人組同心・牢屋下男諸願并出奔跡・御仕置跡等江御抱入願」。

(45)　国立公文書館所蔵「内閣文庫」多二九三四五「(牢屋同心増人ニ付御雇之者勤中場所並高之通被下候哉問合候書付)」。

(46)　前掲註(35)(36)参照。

(47)　幕府による「御雇」人員に関しては、田原前掲註(30)③を参照。

(48)　「御仕置例類集　続類集　弐拾三之帳　侍出家社人御用達町人小もの等之部」一〇〇〇(石井良助編『御仕置例類集』(第九冊)続類集三、名著出版、一九七三年)。

大奥御年寄の養子縁組
―綱吉政権期の御年寄松枝をめぐって―

福留　真紀

はじめに

本稿は、江戸城大奥の御年寄の養子縁組の実態について、解き明かそうというものである。

大奥女中に対しては、切米・扶持という通常の知行の上に、合力金と、薪・炭・湯之木・油・五菜銀が支給されていた。女性でなければならない役職があったからこそであり、男性の知行取と同じく養子を取り、家を創設することが認められていた。脇田修氏は、幕藩体制と女性の地位について論ずる中で、このことについて、知行が個人に与えられたものであるとともに家禄として伝えられたからだとし、その限りにおいては男性との差はなかったと、指摘している(1)。

ただし、その実態については、鳥取藩(2)・萩藩(3)・徳島藩(4)などの藩の奥における研究が主であり、柳谷慶子氏(5)・福田千鶴氏(6)が、これらの成果をふまえ、総合的な研究を行っている。

福田氏は、萩藩（毛利家）が、元文六年（一七四一）二月に、女中の跡目相続を子・兄弟であっても以後は一切認めない旨の法令を出したことと、徳島藩（蜂須賀家）が、奥女中の老後を保証し、勤功次第で家臣の「家」を創設できるという慣行を、延享元年（一七四四）に改編し、養子は、小姓以上の奥女中の地位のみに基づく「勤功」とし、長年の勤務功績のある者には生涯手当てを支給する、としたことに共通性を見出している。つまり、継続的に俸禄を与え続けなければならない「家」を創出するより、一代限りとなる生涯扶持を支給し、藩の経済的負担の軽減化をねらった、というわけである。

一方、大奥女中については、具体的な事例分析に乏しく、長野ひろ子氏が、『徳川実紀』より、大奥女中の俸禄が一代限りで終わらなかった三人の事例（①近江・②岡野・③高野）を示しているのが主なものだろう。(7) それぞれに『寛政重修諸家譜』の記事で補い、具体的に整理すると、以下の通りである。

①近江(8)

黒田筑前守の家臣能勢頼資の妻で、頼資が死去した後に大奥へ入り、老女近江となる。のち、兄頼隆の三男頼澄を養子とする。寛文十年（一六七〇）正月二十七日に死去し、同年五月二十五日に、俸禄五〇〇俵一〇人扶持のうち、二〇〇俵は頼澄へ、扶持を五人ずつ、近江の実子である普請奉行能勢頼宗の妻と、寄合松平清直の後妻に与えられた。なお頼宗（延宝六年〈一六七八〉十一月十五日に死去）の妻は、延宝七年に大奥に召されて老女を務め、名を尾上とあらためた。

②岡野(9)

寛永十一年（一六三四）十二月に法印に叙せられた坂宗説の妹。大奥に入り老女岡野となり、三〇〇俵を賜る。延宝四年七月十二日に、岡野の末期の希望により、宗説の嫡男宗純に二〇〇俵加増される。また、宗純の妹は、岡野の養女となり、高家まで務めた大友義孝に嫁いでいる。宗純の娘の一人も大奥に仕えた。『徳川実紀』には、「市井の賜地」が岡野の弟坂宗真に与えられた、とある。

③高野(10)

松平相模守家臣中村政利の子利和は、政利の妹で大奥の侍女高野に養われた。高野は六代将軍徳川家宣の正室天英院に仕え、その後本丸に移り、中年寄となる。正徳五年（一七一五）に死去した後、八月二十九日に、高野の俸禄三五石が新番士を務めていた利和に与えられ、あわせて三五〇俵となった。

本稿で具体的な分析の対象とするのは、五代将軍徳川綱吉政権期に、大奥御年寄を務めた松枝である。この人物については、石田俊氏の分析により、少なくとも元禄九年（一六九六）から宝永元年（一七〇四）まで職務を務めていたことが確認できる。(11)

まずは、松枝とはどのような人物であるのか、見ていくことにしたい。

「重朗日記抜粋」元禄十一年六月九日条は、松枝の嫡男酒井忠平（主膳）の死去についての記事である。その中で、松枝については、次のように記されている。(12)(13)

　主膳ノ母儀ハ故越中守松平定綱主ノ落胤ノ御息女ナリ、京都ニ在テ成長ノ後ニ、故甲斐守忠辰ニ嫁シテ忠平ヲ生リ《ママ》、忠辰卒シテ後、公方家ヘ召出サレ松枝ト号シテ女中ノ老トナル、拾遺君ノ御外姑ナリト雖、定綱主御存生ノ時ニ親子ノ名謁ナクシテ近年露顕スルニ依テ忠平ノ忌服ヲ拾遺君ニハ受タマハスト云云、

つまり松枝は、桑名藩主松平定綱の「落胤ノ御息女」であり、京都で成長し、親子の名乗りは定綱の生前は行われておらず、その関係が近年明らかになったという。これらの事情については、『寛政重修諸家譜』、「松平家譜（伊勢桑名）」ともに記されていない。定綱は、家康の異父弟である（母は伝通院）松平定勝の三男であるので、いわば「権現様」に繋がる血筋の家柄である。松枝の母については、「某」としか記されておらずよくわからない。夫である忠辰（忠正）が死去した後、将軍家へ召し出され、松枝という名で「女中の老」、つまりは初めから大奥の実質上のトップ(14)(15)(16)(17)

［略系図］　松枝と酒井忠術の関係

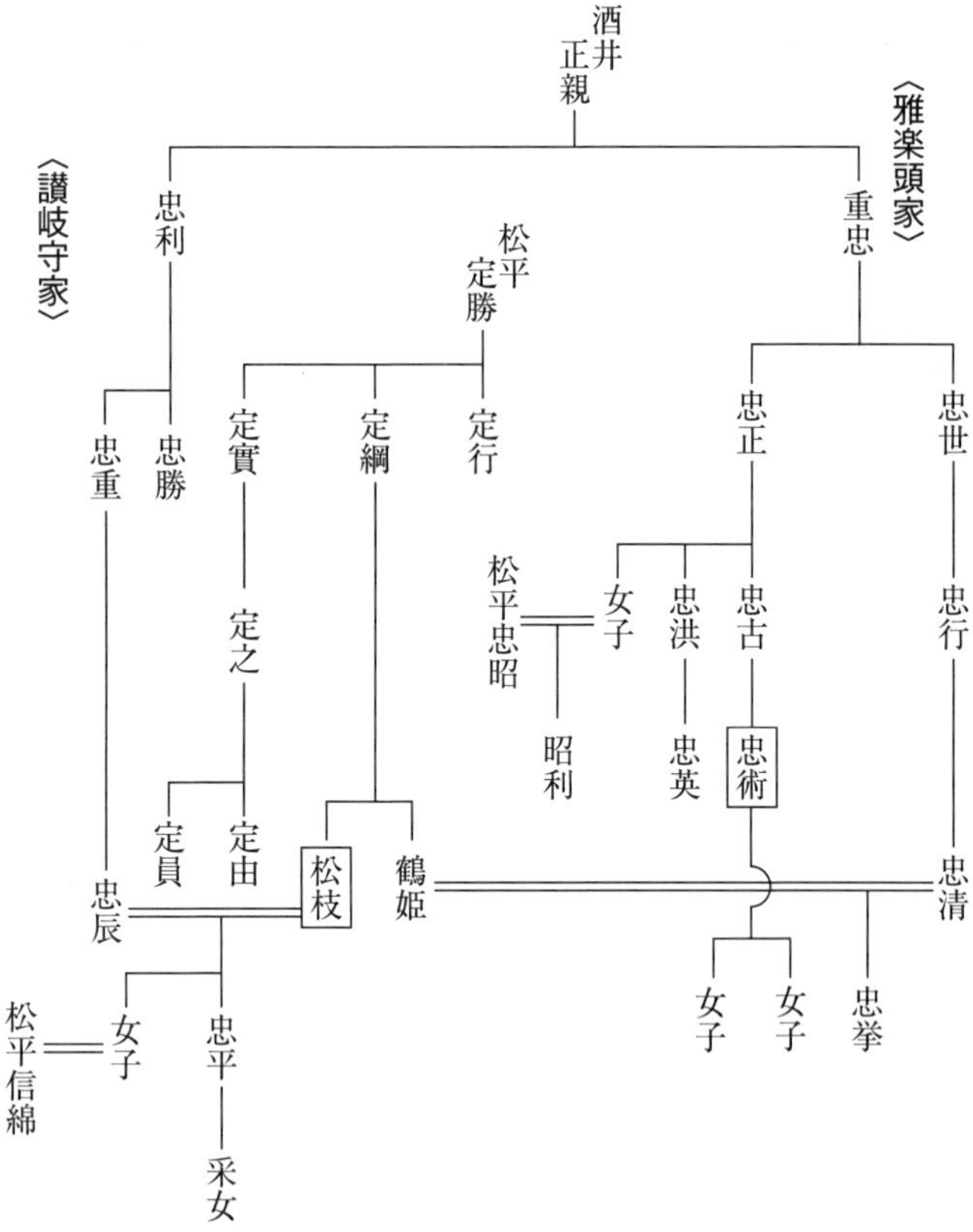

（『寛政重修諸家譜』より作成）

である御年寄となったということは、京都育ちであったことが、影響したのかもしれない。大奥御年寄に望まれる教養を身に着けていた女性だったことがうかがえよう[18]。

なお松枝は、史料により「松江」「松え」「松ゑ」とも表記されている。本稿では、煩雑になることを避けるため、引用した史料の中ではそのままに、本文中では、『寛政重修諸家譜』の表記である「松枝」に統一する。また、松枝とその養子となる酒井忠術をめぐる人々の関係を示す略系図を作成した。適宜、参照されたい。

一　大奥女中松枝、養子を取る

松枝が養子を取ることを願い出たのは、先に示したように、嫡男の忠平が元禄十一年（一六九八）六月九日に三十四歳で亡くなったことに続き、同年七月十八日に家督を継いだ孫の采女が、翌十二年四月二十五日に三歳で死去したことがきっかけであった。[19]

松枝は、養子を取るために、当時の酒井家一門の長である酒井雅楽頭家の当主忠挙に働きかけた。[20] 忠挙が、同十二年六月三日に老中阿部正武に宛てた書状がある。[21]

（前略）今度、同氏采女死去仕、幼少故跡致断絶候、是者、同氏甲斐守孫主膳子ニ而御座候、采女祖母松え義、此度、養子之義可奉願由申候、前々、女中老衆養子、願之通被仰付候義、数多御座候、扨又、右養子ニ者、私家来同姓頼母と申候而、私在所ニ家老役申付罷有候、此者ゟ外筋目之者無御座候由ニ而、此者ヲ可奉願候由承及候、此者同姓伊勢守従弟ニ而御座候、私共、やいとこニ而御座候、何とそ願之通、被仰付候様ニ、私共茂念願ニ奉存候、一両日中ニ、松え、御用番村越伊豫守殿ヲ以、秋元但馬守殿迄奉願候筈ニ御座候、内々御聞被置可被下候、勿論采女跡目ニ而者無御座候、松え自分ニ養子ヲ奉願候義御座候、松え茂厄介茂御座候而、行当難義仕候様子ニ御座候、宜様ニ御了簡奉頼候、一両日中於殿中、貴顔可申上候得共、其内願候義、御聞被成候義茂可有御座旨、如此御座候、以上

六月三日　　　　　　　　　　酒井雅楽頭

阿豊後守様

（追伸略）

ここで養子候補として、具体的に名が挙がったのが、酒井忠術（頼母）である。忠術は、忠挙の在所、つまり前橋で家老を務めており、彼よりほかに筋目の者はいないとのことで、忠挙らとの関係を説明している。「同姓伊勢守」とは、酒井忠英のことである。なお、忠挙の母鶴姫は松枝の姉にあたる。

それでは、酒井忠術とは、どのような人物なのだろうか。

「集書」には、忠術の雅楽頭家家老就任について、以下のように記されている。(22)

松平左忠・酒井頼母御家老被仰付候事

元禄十丑年五月廿五日

一、松平左忠・酒井頼母江新知千石宛被下置、年寄役被仰付、左忠ニ源兵衛跡組、頼母ニ勘兵衛跡組被遊御預候、左忠者一両年も在江戸可仕候、頼母者早速引越月番も可相勤候由、被仰付候、（後略）

忠術は、元禄十年五月二十五日に、松平定員（左忠）とともに、一〇〇〇石を与えられ、定員は江戸、忠術は前橋で家老を務めることになった。なお定員は、松平定綱の弟定實の孫であり、こちらも松枝の親族である。酒井忠挙の父忠清の時代に、親戚筋であるということから、雅楽頭家から合力金を与えられ、江戸中屋敷にて、客分になっていたとのこと。(23)一方、忠術は、忠挙の時代に客分となっていた。忠術は、忠古の嫡男であったが、小姓まで務めた忠古が、病を得て職を辞し、丹羽光重（忠古の母方の伯父）の所領陸奥国二本松に居住したことから、雅楽頭家の客分になったのだと考えられる。(24)

そもそも客分とはどのような立場なのか、同年六月一日に、酒井忠挙が、松平定員の父定之に宛てた書状にそれを見ることができる。一部を引用する。(25)

左忠義、今度役儀・組共ニ申付、新知千石下置候、兼而ハ公儀江も何とそ出度存候得共、似合敷儀も無之、不能其儀候キ、其身茂次第ニ年寄候得者、何分ニも我等方尓て可勤之由申候、気毒ニ存候、猶左忠可申候、

一門の長が、親族の嫡男ではない、自らの家を相続できない者を預かり、身の振り方を探すような役割を果たしていたことがうかがえる。定員・忠術両名の場合は、預かり先の雅楽頭家の家老に任命されることになったが、本来であれば、幕臣になることが望みだったのだろう。(26)なお松枝の養子の話は、まず定員のもとに行き、彼が辞退したため、忠術とされたという。(27)

先に掲げた元禄十二年六月三日付の忠挙から老中の阿部へ宛てた書状の内容に戻ろう。忠挙が、以前から、大奥御年寄の養子(「女中老衆養子」)は、願い出の通り許可されることが、数多くあったとし、この養子が、あくまでも采女の跡目ではなく、松枝の養子であり、「松え茂厄介茂御座候而、行当難義仕候様子」であると述べている。これはどういうことなのだろうか。

この意味するところを明らかにするために、荻生徂徠『政談』の「女中の跡目の事」(28)を見ていくことにしたい。

女中の跡目立てらるる事いわれなき事也。これも聟養子という事あるより混じて出来たる也。されども母ある事を知りて、父ある事を知らぬは禽獣にて、田舎にて百姓の家に生れたる父なし子を、釜譜代といいて殊の外いやしむる事にする事なるに、かくの如く恥辱とするわざをして御旗本に列するようやあるべき。慈母といいて、子なき女の母分にする事は古よりある事也。右の女中の親類続きある人を、御旗本にて本より禄ある人の内にてさがして、その人の母分にして、法事等もその家にて取行わせ然るべき事也。その女の苗字を名のらせて、跡目と号する事はあるまじき事也。

徂徠は、女中が跡目を立てることを、根拠がないことだと批判している。そもそもこれは、婿養子を取ることと混

乱してできたものであり、「慈母」として、子供のない女性を母に代わって子供を育てる者とするのはよく、女中の親類で、旗本でもとから禄のあるものから探して、その人の母分として、法事などもその家で行うべきだとしている。

これについて、福田千鶴氏は、「享保期(一七一六〜三六)には奥向女中の名跡立てが顕著となり、そのことが幕府においては新規の旗本取り立てという社会問題になっていたことや、名跡立てを必要とする背景には奥向で一生奉公を遂げた奥向女中の没後にその供養の担い手をどうするのかという社会問題があり、その救済措置としての側面があったこと等がわかる」と分析している(29)。

松枝の場合はどうだろうか。松枝の「厄介」「行当難義」というのは、没後に供養してくれるものがいないことを意味しているのではないか。そのために、断絶した松枝の嫁ぎ先の酒井甲斐守家の跡ではなく(30)、松枝個人の養子だと述べているのではないだろうか。後年、徂徠に批判されることになる形態そのものと捉えられる。

松枝が忠術を養子とすることは、認められた。

元禄十二年六月十一日、忠術は、幕府の命により前橋から江戸に到着する。同十三日忠術は登城し、松枝の養子になり、三〇〇俵を与えられ、小姓組番士となった。加えて、亡き采女の屋敷を賜るとのことが、老中列座の上、申し渡されている。翌十四日、雅楽頭家より合力米二〇〇俵が忠術に下され、加えて松枝にも白銀五〇枚が与えられた。雅楽頭家時代には、家老として一〇〇〇石取だったのが、幕臣になったことにより、俸禄がこれまでの三分の一以下になってしまったことへの援助の意味もあったのだろうか。雅楽頭家の当主忠挙の配慮が見て取れる。忠術は、同二十六日に拝領屋敷へ引っ越した(31)。

二　大奥女中松枝と養子酒井忠術

ここからは、姫路市立城郭研究室所蔵酒井家文書の中にある、留守居松平昭利から酒井忠挙に宛てた書状を分析し、大奥女中松枝と養子酒井忠術の関係を明らかにしたい。昭利は、留守居で大奥関係の役職であるばかりでなく、忠術の従弟に当るため、松枝と忠術について、忠挙とやり取りをしていると考えられる。(32)

まず、元禄十五年（一七〇二）閏八月三日付の書状を見てみたい。

一、頼母妻、松下次郎殿参着、首尾能同道、松え殿、兼而御苦労被思召候処、御安堵之御事ニて、息之義、拙者ニも被頼置痛間敷笑止候段、此義御座候、おいよ儀、一昨日ゟ、御城江御引取、富太郎両人共、松ゑ殿被成御養育千万御世話存候、然共兄弟共生立能、富太郎義、智恵付、万勝候様相見、御所中ニ而逢馳走、右衛門佐殿初、懇御座候、おいよハ高瀬殿抔御暇之御方ニて生立被申候例茂御座候、其上右之通、富太郎もてなし御座候故、被引取候茂、穏便、部屋之外江ハ一切御出有之間敷、拙者共不存分候様、松ゑ殿へ御内意御座候、成程機嫌ハ能様承候、頼母屋敷替候義、随分心懸罷有候、

松枝が、忠術のことで以前から苦労をしていたが、ようやく落ち着き、昭利も頼られていたので、様々心配りをしていたこと、おいよ・富太郎という二人の子供を大奥に引き取り、養育することになったこと、忠術の屋敷替えを松枝が気にかけていることが記されている。冒頭に「頼母妻」とあるが、『寛政重修諸家譜』には記載がない。おいよは、一昨日から江戸城へ引き取られ、富太郎とともに松枝が養育し、いろいろ世話をする、とあるので、松枝と何らかの縁がある子供たちだと思われる。しかし、忠術の子供は女子が二人であり、(33)彼らは忠術の子供ではないように思

われ、松枝とどのような関係にあるのかは、よくわからない(34)。二人とも生れつきが良く、富太郎は賢い様子で、右衛門佐・高瀬といった、ほかの御年寄にもかわいがられている様子がほほえましい(35)。

続く元禄十五年九月三日の書状には、次のように記されている。

先月但馬守殿江致伺公、松ゑ殿御噂被仰候砌、頼母義生付能、如何様之御奉公可罷成など一段之御挨拶御座候、跡目無御座名跡之御吟味御座候付、頼母義者松ゑ殿御養子罷成、其上酒井之名字候得者、甲斐守名跡と存候や被致吟味、御右筆衆江も申達候、

つまり、先月、老中秋元喬知(但馬守)のところを昭利が訪れた際の話として、忠術の資質や能力を誉め、松枝の養子というだけでなく、名字が「酒井」なので、甲斐守の名跡となるか検討するとの案が出ていると伝えられているのだ。

忠術が養子に認められた際には、あくまでも松枝個人の養子であることが強調されていたが、ここでは、酒井甲斐守家復興の話に、切り替わりつつあるようだ。

酒井家側としては、御家再興ができるという非常に良い話であり、そもそもそこまで見越しての松枝の養子話だったかもしれないが、これ以上のことは、書状には書かれておらず、その点については残念ながら推測の域を出ない。

三通目の書状は、宝永三年(一七〇六)六月五日付のものである。ここには、松枝と忠術の関係性が見て取れる。なお、この書状では、忠術は「主水」と記されている(36)。

一、内々被遊御世話、松ゑ殿御願候主水替屋敷之儀、先比首尾能相済、一段之儀存候、白銀台之替屋敷者、程遠候間、御台所町辺、又者牛込ニ而成共、千坪余之所御借宅、往々者右之地と白銀之屋敷と御振替候半抔と、松ゑ殿被仰候、御女中之御事候得者、金銀御取扱之義可有御存御事無御座、前々御拝領之町屋敷御払、且又御拝借之金

子大分ニ御座候処、此御由緒御座候、是者難黙止思召候なと、御座候而、不残外江御払、其当分ゟ御不自由御成候、今度者主水手前大切之砌候得者、以前之通当分外様江不被遣、松ゑ殿御手前御借金年府等ニ候仕分、主水年々勝手不足之積仕、替地之代金なと仕分ケ元金減不申様、後々之勝手相考可然と存候、乍去主水了簡之儀者遠慮可仕候、右之通大方松ゑ殿江御まかせ申ニ而可有御座候、乍憚御手前様ゟ松ゑ殿江被仰入、誰そ御役人之内、差引茂被仕候様被仰付候者、主水勝手末々迄御世話茂少可罷成様存候、此段有増も申入度存候得共、先月廿日過ゟ御食当候様ニ而強御煩、今以透無御座、当分者左様之御用向難申入、其上右衛門佐殿仕合以後、三人之御年寄衆御用向之儀一等以美濃守殿被仰渡候、拙者義、被召加候付、松ゑ殿とハ、取分諸事申合相勤候得者、御自分之御ためと乍申、少も御心障之義申候而者如何敷、諸事相考罷有候得者、御内所之儀なと、差扣申聞御座候、ケ様申上候段、松ゑ殿御聞候者、如何可被思召哉、何とそ以御了簡、今度者被遊御差引被遣候様奉願候、

松枝は、忠術の屋敷替えのことについて腐心しており、そのため自らの経済状態まで悪化させているようだ。先の元禄十五年閏八月三日付の書状にも屋敷替えのことが述べられていたことから、長期的な問題だったのだろうか。「御女中のことなので金銀の取り扱いを御存じない」としているところが興味深いが、昭利としては、松枝らの苦境を救うため、酒井家一門の長である忠挙の介入を求めているのである。また、それが必要な根拠として、①五月二十日以降、松枝が食あたりのような症状で体調を崩しているので、松枝自身がこの問題に対処できないこと、②御年寄の用向きについては、柳沢吉保（美濃守）が担当であることなどを挙げている。忠挙の四女槌姫（頼姫）が、吉保の嫡男吉里の正室であるという姻戚関係から、ことをうまく運ぶためにも、どうしても忠挙の助力が必要だったのだと考えられる[37]。

その後、この件がどのような展開を見せたのかは、史料上の限界から、よくわからない。しかし、松枝の体調不良

については、その結末を見ることができる。

三　大奥女中松枝の死と相続

宝永三年（一七〇六）六月二十八日に、留守居松平昭利から酒井忠挙に宛てた書状には、松枝の病状の経過が書かれている。整理すると以下の様になる。

六月十五日夜、急に胃もたれのように気分が悪くなる。奥医師の曲直瀬正珪（養安院）・数原宗達（通玄）・木村某（春湖）が、いずれも緊急事態と診断したため、数原の薬を服用する。

十六日昼ごろより、調子が良くなる。

十七日から、徒頭松平信綿宅へ御下りになり、保養に努める。

第二節の宝永三年六月五日付書状では、五月二十日以降、食あたりのような症状で、体調を崩しているとのことだったが、六月十五日の夜に悪化したようだ。その後、数原宗達が処方した薬が効き、松平信綿宅へ宿下りとなっている。なお、信綿の正室は松枝の実の娘である。

その後、数原の薬が合わず、西丸奥医師の奥山玄建（謙徳院）・玄長（交庵）父子が相談の上、処方した薬も合わなかった。数日のことだったが、さほどひどい様子には見えなかったので、六月二十七日、曲直瀬が「先ず一両日は、薬を御休みになるのがよいのではないか」と言い、奥女中衆へもその件について伝えられた。寄合医の中村兼悦（玄悦）なども同様な見解だったという。

しかし、同年七月十八日卯刻、松枝は松平信綿宅にて、帰らぬ人となった。小石川蓮華寺に葬られ、蓮光院殿と号

した。(38)

八月晦日には、酒井忠挙家臣白倉茂兵衛の名で、柳沢吉保宛てに以下の様な書状が出されている。(39)

今度松え死去仕候付、松え拝領仕来候御合力米五十石、御切米ニ御直シ、主水ニ被下置候様ニ仕度念願ニ御座候、且亦、御合力金六十両、是亦松平権佐妻ニ被下置候様ニ仕度義ニ被存候、右之段美濃守様達御耳度被存候、右之趣、秋元但馬守様江茂軽ク被申達候儀ニ御座候、以上

八月　　　　　　　　　　　白倉茂兵衛

松え御合力者、金六十両ニ五十石ニ十人扶持ニ而御座候、右之内、六十両と五十石ヲ両人之子共ニ被下置、松え拝借金茂上納仕候様ニ奉願候、以上

右之通書付、八月晦日、川口十太夫ヲ以美濃守殿江差出、

松枝の受け取っていた合力金は、金六〇両五〇石一〇人扶持で、その内、六〇両と五〇石を二人の子供に下賜され、拝借金も上納することを願い出たのである。

「重朗日記抜粋」宝永三年十月四日条によると、松枝の所帯は玄米五〇石一〇人扶持で、五〇石を一五〇俵に改められて、忠術へ加増(総て四五〇俵)、一〇人扶持は、松平信綿の妻へ賜るとのことが仰せ出された、とある。結果的に、奥女中の必要経費である合力金の六〇両は、その性質上、奥女中ではない相続者に受け継がれることなく返納されたようで、切米と扶持のみが相続の対象になっている。これらの記述は、忠術および松平信綿の『寛政重修諸家譜』の記述と一致している。(40)御年寄の資産は、養子と実子に分けて相続されたのである。この相続の仕方は、「はじめに」で提示した、近江の場合と同様であるといえよう。(41)

その後の忠術について『寛政重修諸家譜』から整理すると、享保八年(一七二三)三月十二日に「精勤を賞せられ」

て、黄金一枚を賜わり、同年七月九日に道奉行に就任する。同九年十一月十五日には目付に進み、加増されて一〇〇〇俵となり、同年十二月十八日に、布衣の着用を許されている(42)。

しかし、ここまで順調に出世を重ねてきたように見える忠術の立場は、享保十年七月二十八日の事件をきっかけに、大きな変化を遂げることになる。最後に、その経緯と結末を記すことで、結びにかえたい。

結びにかえて――酒井忠術の末路――

享保十年(一七二五)七月二十八日、江戸城松の廊下で刃傷事件が発生した(43)。斬り付けたのは、松本藩主水野忠恒、斬り付けられたのは、長府藩主の世子毛利師就であった。水野は婚姻の御礼、毛利は参府の御礼で登城していたのである。

毛利は、水野を「狂人」と見て、とり押えようとしたが、水野が無言で切りかかってくるので、やむを得ず自分の刀を鞘のまま握り、水野の手をしたたかに打ち、持っていた刀を打ち落とした(44)。

側にいた、戸田氏房(45)が水野を取り押さえ、目付の長田元鄰も走り寄り、毛利を押し留めた。そして、その場に、同じく目付であった酒井忠術もいたのである(46)。

その時、忠術はどのように振る舞ったのか。「世説海談」から見ていこう(47)。

酒井頼母物騒敷尓、依之参りける尓、誰とハ知らす白刃を持たる者を戸田右近将監抱へ罷有を見て心臆したりけん、又ハ動揺したる尓や、早速尓たつさわり、殿鎮むへき尓、其儀尓不能、御徒目附を呼尓参り、夫ゟ直尓御勝手江罷越其場尓不居、此臆せるが故尓やと云へり、

「心臆したりけん」「動揺したる尓や」「此臆せるが故尓や」と、臆病なふるまいを示す印象深い言葉が書き連ねられている。そして忠術はその場から立ち去り、二度と戻っては来なかった。武士としてあるまじき行為を行った、とされているのだ。

これに対する評定所の判断は次のようなものであった(48)。

廿九日、於評定所に申渡、

御目付　酒井頼母

其方儀、昨廿八日、於廊下、水野隼人正乱心、毛利主水へ手疵負せ申候節、物騒敷候に付、相鎮可申と存罷越候所、誰共見分り不申、脇差を抜有之候者を、戸田右近将監押へ有之候に付、乱心と存為取鎮可申、御徒目付を呼に罷越、夫より直に御勝手へ罷越候、右乱心と存候はゞ、御徒目付を呼候にも不及、於其場共々取鎮可申儀に候処、其場を罷立、剰、立帰様子見届不申、彼是御役儀を乍相勤、不調法之仕形に思召候、依之改易被仰付候者也、

状況から見て、御徒目付を呼びに行く必要はなく、目付としてその場で取り鎮めるべきで、その上、現場に戻ってこなかったのは、役儀を全うしていない不調法な振る舞いだというわけだ。そして、改易に処せられたのである。

当時の江戸童の「無悪言葉」が伝わっている(49)。

ふるふべき　長田三右ハ左もなくて　こわひ酒井て　人を頼母ぞ

口論の　見酒井もなく逃走り　頼もしくなき　所改易

なお、水野家の史料にも、次のような歌が記されている(50)。

喧嘩見て　こわひ酒井で　逃タレハ　頼母しからぬ　との御改易

実父が病を得て、二本松に居を移したため、一門の長酒井雅楽頭家の客分となり、幕臣の道を探ったが、まずは雅楽頭家の家老となった。その後幸運にも、姻戚縁者の大奥御年寄の養子に迎えられ、幕臣となる。奥女中の養子という形だったが、途中から養母の嫁ぎ先の家を再興する形になる話まで出た。順調に目付まで進んだが、最後には自らの振る舞いにより、改易されることになる。これが、酒井忠術の足跡であった。

断片的な史料の分析を重ねていくしかない、という史料上の制約から、江戸城大奥の御年寄の養子の実態の細部まで明らかにするには至らなかったが、綱吉政権期の一事例を示すことができたと考える。

大奥女中の養子の分析は、近世の女性のあり方を論ずるにおいて、欠くことのできない視点である。今後は、できる限りの事例分析を重ね、その実態の全貌を明らかにすることを課題としたい。

註

（1）脇田修「幕藩体制と女性」（女性史総合研究会編『日本女性史3　近世』東京大学出版会、一九八二年）。

（2）鳥取市編『新修鳥取市史　第二巻　近世篇』（鳥取市、一九八八年）。谷口啓子著、鳥取県立公文書館県史編さん室編『鳥取県史ブックレット14　武家の女性・村の女性』（鳥取県、二〇一四年）。

（3）津田知子「萩藩御裏女中と集団」（『山口県地方史研究』七八、一九九七年）。

（4）根津寿夫「徳島藩蜂須賀家の「奥」―正室・こども・奥女中―」（徳島地方史研究会『史窓』三八、二〇〇八年）。

（5）柳谷慶子「武家のジェンダー」（大口勇次郎・成田龍一・服藤早苗編『新体系日本史9　ジェンダー史』山川出版社、二〇一四年）。

（6）福田千鶴『近世武家社会の奥向構造―江戸城・大名武家屋敷の女性と職制―』（吉川弘文館、二〇一八年）第二部　奥向

構造の基礎的考察、第十章　近世後期における奥向構造—奥向女中の職制と役務。

（7）長野ひろ子「幕藩制国家の政治構造と女性—成立期を中心に—」（総合女性史研究会編『日本女性史論集2　政治と女性』吉川弘文館、一九九七年）。

（8）『寛政重修諸家譜』第五—九九・一〇六・一一六頁。

（9）『寛政重修諸家譜』第五—二六五頁。

（10）『寛政重修諸家譜』第二十—一二六頁。

（11）石田俊「綱吉政権期の江戸城大奥—公家出身女中を中心に—」（『総合女性史研究』三〇、二〇一三年）。石田氏は、九州国立博物館宗家文書、山内家史料一五（東京大学史料編纂所架蔵写真帳）、江戸東京博物館蔵稲葉家文書、明治大学博物館蔵内藤家文書から、綱吉から家宣政権期に将軍付女中が発給した女中奉文を「表1　綱吉・家宣政権期将軍付女中発給奉文」として、作成している。そのうち、松枝が差出に含まれるものについて抜粋すると、次の様になる。

（日付）	（差出）	（宛先）
元禄七年	右衛門佐・尾上・高瀬・松江	山内豊昌
元禄九年夏	右衛門佐・尾上・高瀬・松江	山内豊昌
元禄九年十二月十五日	右衛門佐・尾上・高瀬・松江	山内豊昌
元禄十一年四月十四日	右衛門佐・いち・尾上・高瀬・松江	山内豊昌
元禄十三年四月九日	右衛門佐・大典侍・いち・高瀬・松江	山内豊昌
元禄十三年十一月十五日	右衛門佐・大典侍・いち・高瀬・松江	山内豊房
元禄十三年十二月二十八日	右衛門佐・大典侍・高瀬・松江	山内豊房

元禄十五年四月十三日　　右衛門佐・大典侍・高瀬・松江　　山内豊房
元禄十三年~十五年十一月十七日　　右衛門佐・大典侍・高瀬・松江　　稲葉知通
宝永元年　　右衛門佐・大典侍・新典侍・豊原・高瀬・松江　　山内豊房

(12)姫路市立城郭研究室所蔵酒井家文書。

(13)元禄七年(一六九四)三月九日、中奥小姓、同八月二十八日に使番となる。同九年六月九日に任を解かれる。四〇〇〇石。

(14)松平定綱は、慶安四年(一六五一)十二月二十五日に、六十歳で死去している(『寛政重修諸家譜』第一—三〇一頁)。

(15)東京大学史料編纂所所蔵。「女子　酒井甲斐守忠辰室、忠辰没後、此家断絶、因仕将軍綱吉公高給、称松枝」とある。

(16)「御老中方窺之留」(姫路市立城郭研究室所蔵酒井家文書)元禄十一年六月九日付の酒井忠挙の書状(宛先不明)によると、「古越中守在世之内、父子之名乗不仕候、親分之者御座候而、同姓甲斐守方へ参候」とある。「親分之者」がいたということから、表立っては、松枝と松平家との繋がりが切られていたことがわかる。

(17)酒井忠辰は、元禄四年(一六九一)十二月九日に死去している(『寛政重修諸家譜』第二—四〇~四一頁)。

(18)なおこの記事によれば、松枝が松平定綱の娘で、酒井忠挙(拾遺君)の「外姑」(母親の姉妹)であることが明らかになったのが最近であるため、忠挙は、その子である忠平の喪には服さなかった。

(19)『寛政重修諸家譜』第二—四一頁。

(20)「御老中方窺之留」を分析すると、酒井家一門の者たちが雅楽頭家当主である酒井忠挙に、御家騒動、養子縁組、結婚をはじめ、あらゆる相談を持ち掛けている事例が散見される。忠挙は、一門の長として、関係者の間を調整して問題の解決に努め、幕府へも対策を講じる立場にあった(福留真紀『名門譜代大名・酒井忠挙の奮闘』第二章「酒井家一門の長として」角川学芸出版、二〇〇九年)。

（21）「御老中方窺之留」。
（22）「姫陽秘鑑」四十七、東京大学史料編纂所所蔵謄写本。
（23）『直泰夜話』二六三（宮下藤雄校注、一九六六年）。
（24）『寛政重修諸家譜』第二―一七頁。
（25）「侯書案」（酒井家史料編纂部編、前橋市立図書館所蔵「酒井家文書」）。
（26）松平定員の客分の時の待遇については、「茗話燭談」（「姫陽秘鑑」二十三）に「御合力米として五拾人扶持被下、御中屋敷ニて屋敷被下置、御客分ニ而被差置候由」とある。
（27）『直泰夜話』二七〇に、「松江殿と申しけるが、養子を被成度き旨、咸休院様へ御頼に付、松平主水を被仰付候得共辞退故、頼母を被仰付」とある。
（28）辻達也校注『政談』（岩波書店、一九八七年）。
（29）福田前掲註（6）。
（30）「甲斐守」とは、松枝の夫である酒井忠辰の官職名である。
（31）「重朗日記抜粋」（姫路市立城郭研究室所蔵酒井家文書）。
（32）『寛政重修諸家譜』第一―八六頁。なお、複雑になることと、上記の史料に記されていないため、略系図では省略したが、『寛政重修諸家譜』第二―一八頁を見ると、忠術の妹が「松平主計頭照利《(ママ)》が養女」とある。
（33）『寛政重修諸家譜』第二―一八頁によると、忠術の娘は二人。長女に青木直宥の五男宥因を婿養子に取っており、次女は久貝俊斎の後妻となっている。なお、忠術の叔母（父忠古の妹）が青木直影（青木直宥の伯父）の正室であること。直宥の父直正の正室が、酒井忠助（忠術の叔父）の娘であることから、青木家と酒井家の親密ぶりが伺える。なお、『断家譜』第三―五四～五五頁によると、忠術（『断家譜』では忠衍）の妻は、桐間組頭の「千葉兵部季珍女」とあるが、『寛政重修諸家譜』（第二―一七～一八頁）にはその記述はない。また、娘は、それぞれ「山本四郎五郎正辰妻」「久貝惣左衛門俊斎妻」「伴十次郎正之妻」の三人となっているが、『寛政重修諸家譜』の記述と重なるのは、「久貝惣左衛門俊斎妻」のみである。

(34)「重朗日記抜粋」元禄十五年（一七〇二）五月二十三日条には、「松枝殿初テ御参〈與四郎君、槌姫、種姫、御部屋初テ御対面〉」とあり、松枝と忠挙の家族が初めて会った、とある。推測に過ぎないが、おいよと富太郎を引き取ることになったのは、この時の松枝の大奥からの外出が関係しているかもしれない。

(35)「はじめに」で示した、六代将軍徳川家宣の正室天英院の「侍女」高野のように、甥の中村利和を養った事例もあることから、松枝が男子である富太郎を養育することはありえるだろう。貞享元年（一六八四）九月に、老中連名で出された「覚」の中の男子禁制の箇条には、九歳までは「しめ戸」の内に入ってもよいと、付記されている（『内閣文庫所蔵史籍叢刊第21巻　教令類纂　初集㈠』「大奥之部」汲古書院、一九八二年）。また、享保六年（一七二一）四月の「定」によると、宿下りをしなかった者は、家族を大奥の自室に呼び寄せることができ、男の子も九歳までであれば許されるとのこと（『同第39巻　憲教類典㈢』「三之二十七　御広敷」汲古書院、一九八四年）。男の子が大奥を訪れる様子がわかる史料としては、幕末に奈良奉行・大坂町奉行・勘定奉行などを歴任した川路聖謨の孫の太郎・敬次郎の例がある（「浪花日記」日本史籍協会編『川路聖謨文書』六、一九八五年）。川路の次女宣は、弘化三年（一八四六）から大奥勤めをしており、二人はその縁で訪れている。嘉永四年（一八五一）十月一日条には、御年寄の詰所で上﨟御年寄の姉小路から「早く帰りて御小納戸に御なり候へ」と声を掛けられ、お菓子も貰い、御祐筆頭の嶋沢は特に太郎が気に入って、八丈縞の織物一反を与えている。太郎と敬次郎は、それぞれの乳母とともに大奥に一泊し、奥女中から贈られた沢山の玩具とともに帰宅したという（氏家幹人『江戸の女の底力―大奥随筆』世界文化社、二〇〇四年。後に文庫化され、同『江戸の女子力―大奥猛女列伝―』新潮社、二〇一〇年）。

(36)『寛政重修諸家譜』第二―一七頁で、忠術の通称は、左門→頼母→主膳→頼母となっており、「主水」との記載はない。

(37) 元禄十年（一六九七）十一月十四日の将軍綱吉の柳沢邸御成の際に、槌姫と吉里の縁組が許可され、同十七年正月二十八日に結婚した。なお、酒井忠挙の娘槌姫は、同年正月二日に、頼姫に改名している（「重朗日記抜粋」）。詳しい柳沢吉保と酒井忠挙の関わりについては、福留前掲註(20)『名門譜代大名・酒井忠挙の奮闘』第一章「徳川綱吉政権と酒井忠挙」を参照されたい。

(38)「重朗日記抜粋」宝永三年七月十八日条。

(39)「御老中方窺之留」宝永三年八月条。

(40)『寛政重修諸家譜』第一―一三六頁。

(41) ただし、近江の夫能勢頼資には、別腹の頼有という息子がおり、嫡母である近江の養子になっているが、頼有には近江の俸禄は受け継がれてはいない。近江の場合は、婚家の相続は途切れておらず、養子の頼澄は、家ではなくあくまでも近江の養子であった点が、松枝とは異なっている。

(42)『寛政重修諸家譜』第二―一八頁。

(43) この事件の詳細については、福留真紀『名門水野家の復活―御曹司と婿養子が紡いだ100年』（新潮社、二〇一八年）第一章「「松之廊下刃傷事件」ふたたび」を参照されたい。

(44)「有徳院殿御実紀」（黒板勝美編『徳川実紀』第九篇、吉川弘文館、一九九九年）。

(45)　水野忠恒の結婚相手は、大垣藩主戸田氏長の養女で、氏定の娘、氏長の妹である。水野を押し留めた氏房は、氏長の弟である。氏長の代理として、水野の婚礼の御礼登城に同行していたのである。

(46)　刃傷事件を起こした原因について、目付の取り調べで水野忠恒は、自らの不行跡が将軍吉宗に伝わり、領地を召上げられて毛利師就に下されると考えたため、と述べている(「土方本　松本記」早稲田大学図書館所蔵水野家文書)。しかし、忠恒の申し立ては思い込みにすぎず、乱心による事件というべきものだった。結果として忠恒は領地を没収され、川越藩主秋元喬房に預けられた。享保十年(一七二五)八月二十八日に、忠恒の叔父忠穀に、信濃国佐久郡七〇〇〇石が与えられ、水野家は七万石の松本藩主から、石高一〇分の一の旗本となったのである。忠恒は、忠穀のもとに移され、蟄居となった。

(47)　国立公文書館所蔵。「御目附酒井頼母御改易之事」。著者不明の雑書であるが、具体的な記述があるため引用した。なお、この史料および事件については、氏家幹人『続・幕臣伝説』第十六回「殿中でござる」(洋泉社歴史総合サイトホームページ、歴史REAL WEB、二〇一六年一月七日)でも紹介されている。

(48)　「営中刃傷記」(森銑三・野間光辰・朝倉治彦監修『新燕石十種』第四巻、中央公論社、一九八一年)。

(49)　「世説海談」。

(50)　「土方本　松本記」。

付記　本稿は、幕藩研究会のほか、二〇一九年一月五日の近世近代研究会での研究報告の内容に加筆・修正したものである。また、平成二十八～三十一年度科学研究費　基盤研究C「将軍側近と幕府官僚の関係に見る徳川幕府の政治権力」(JSPS科研費　JP16K03050)の研究成果の一部でもある。

徳川将軍姫君の縁組と御住居について

吉成　香澄

はじめに

徳川将軍家の姫君と大名との結婚に際して、姫君が生活するための御殿が藩邸内に造営された。これを御守殿《ごしゅでん》または御住居《おすまい》といった。御守殿・御住居の違いについて、かつては、夫である大名の家格や官位によって呼称がかわるとされていたが(1)、畑尚子氏(2)や氷室史子氏(3)によって、十一代将軍家斉八女の峯姫までは嫁ぎ相手に関わらず御守殿を称したことが指摘されている。すなわち、峯姫の妹の浅姫から御守殿に準じる格式として御住居がつくられたとみられる。

夫の地位以外の差では、家斉以降の御住居を称した姫君は、縁組において「万事御手軽」にすすめることを仰せ渡され、大名家への輿入れは「入輿」から「引移」に表現がかわり、大奥を出輿するときに幕府役人らが見送りに立つ際の服装も、正装から格下げされたものが着用された(4)。また、婚礼行列も「入輿」と「引移」では隊形が異なり人数も少なくなった(5)。このように、奥向研究の一端として、御守殿（御住居）研究が進展してきた。

一方、建築史の視点からは、高屋麻里子氏は家斉二〇女和姫の御住居にふれ、表御殿に匹敵する規模の屋敷だった

と推測している。また、婚礼儀礼の計画と御住居の作事が連携していたことを指摘している。(6)

さらに近年、東京大学総合研究博物館で開催された特別展示「赤門―溶姫御殿から東京大学へ」に際して、歴史学と考古学をはじめとする様々なアプローチで溶姫御殿と赤門が研究されている。(7)

これらの成果を踏まえ、本稿では家斉一六女元姫と会津松平容衆との縁組の成立経緯から、当時の大名家における将軍家との縁組や御住居の意義について検討したい。

なお、本稿では、『会津藩第七代藩主松平容衆年譜』(『会津若松市史』史料編四、二〇〇六年)に所収されている「欽《あき》文《さと》様御年譜」(8)を中心に用いた。

一　会津松平家の縁組

1　藩主松平容衆《かたひろ》と縁談

会津藩は、寛永二十年(一六四三)に保科正之が二三万石を与えられて入部して以降、幕末まで松平氏が支配した。会津松平家は徳川将軍家の御家門であり、溜詰の大名である。歴代藩主の正室は表1にあげたとおりで、正容と容頌が忍藩から迎えているほかは、特定の藩との関係は見えない。徳川将軍家との縁組は本稿で扱う容衆のみとなっているが、実は宝永期に縁組があったものの実現しなかった例がある。これについては後述する。

表1　会津藩松平家歴代正室

代	藩主	正室(父)
初	正之	菊姫(陸奥磐城平藩初代藩主 内藤政長)
2	正経	久万姫(加賀金沢藩二代藩主 前田利常)
3	正容	竹姫(武蔵忍藩三代藩主 阿部正武)
4	容貞	友姫(讃岐高松藩三代藩主 松平頼豊)
5	容頌	銑姫(武蔵忍藩五代藩主 阿部正允)
6	容住	謙姫(近江彦根藩十二代藩主 井伊直幸)
7	容衆	元姫(十一代将軍 徳川家斉)
8	容敬	節姫(出羽久保田藩九代藩主 佐竹義和)
9	容保	敏姫(陸奥会津藩八代藩主 松平容敬)
10	喜徳	

松平容衆は、享和三年（一八〇三）九月十五日に、六代藩主容住《かたおき》の次男として生まれた。ところが、容住は藩主就任五ヶ月目の文化二年（一八〇五）十二月二十七日に二十八歳で死去してしまう。このため、翌三年に容衆が三歳で七代藩主となった(9)。

容衆が藩主に就任した文化三年、水戸徳川治紀女の規姫との縁組が両家の間で内約される。しかし、同五年になっても水戸徳川家が幕府へ縁組の内意伺を出していなかったため、会津松平家が水戸へ問い合わせた。すると、五月十六日に次のような返答が届いた。

一、同日、御縁組之儀、去ル寅年水戸宰相様之治紀卿御息女お規様御内約相整、彼方より未タ　上之御内意御伺者不済候処、先月十九日御附御家老中山備中守殿信敬主を以、御伺書松平伊豆守様へ信明朝臣被差出候得ハ、同廿八日伊豆守様より備中守殿御呼出之処、不快ニ付、同役山野辺主水正殿義質主被罷出候得ハ、御縁組御内意之儀、金之助義ハ思召も有之趣、兼而相伺候儀も有之間、先つ御見合被成候様存候旨御達被成、此節宰相様より松平播磨守頼親朝臣へも御縁組有之、此方之御願書一同ニ御老中様より　公方様へ被差上候得ハ、直ニ御留被成候由之処、廿八日播磨守様へハ御勝手次第ニ可被成旨御達ニ相成候由ニ候、尤追而御達可申述儀も可有之由御口達有之、其後備中守殿伊豆守様へ備中守殿被出候節、会津へ之御縁組御見合被成候様相達候ハ、付而者御破談之趣御届有之候様、尤　上より有御沙汰義ニ者無之候間、会津家御通達之上、御届可被成旨御達之由ニ而、備中守殿より御聞番へ被仰聞会津へ申来候ニ付、乍御残念御破談被成候外無之、併不相替御懇意被成進度旨、水戸様へ御挨拶被仰進候処、今日伊豆守様より御聞番被召呼、左之御書取御渡有之、

追々年頃ニも相成候ニ付而ハ、縁辺取組候儀も有之候ハヽ、先つ前以承知致度候事(10)

慶長二十年（一六一五）の武家諸法度以来、武家は縁組の際に幕府へ届け出ることが義務づけられた。届に対して、幕府からの許可が得られないというのは、通常ではおこらないことである。しかし、水戸藩が四月十九日に縁組（規

姫と容衆）の願書を老中松平信明へ提出したところ、幕府からは、縁組を見合わせるようにとの回答があった。その理由は、「金之助（容衆）義ハ思召も有之趣」というものであった。一方で、同時に提出した治紀二男頼恕と高松藩主松平頼儀女倫姫との縁組については、勝手次第の達があったという。

これをうけて、会津松平家からも水戸徳川家へ破談の挨拶を送ったところ、同日に松平信明から会津藩の聞番が呼び出され、「追々年頃ニも相成候ニ付而ハ、縁辺取組候儀も有之候ハヽ、先つ前以承知致度候事」と、将軍家との縁組を匂わせる話が伝えられたのである。

会津松平家は、この縁組が許可されなかった理由は、容衆を将軍姫君の縁談相手にするためだと察した。将軍家からの入輿となれば、大きな費用がかかることは避けられず、財政逼迫が必至である。幕府からの縁談が本格的に来る前になんとか対処するべく、幼年藩主のかわりに藩政を取り仕切っていた会津藩大老の田中玄宰が江戸に向かった。

田中は、松平信明への訴状を二通作成した。一通は、公儀よりの御入輿は宝永に例があるとはいっても実現しておらず、会津藩二〇万石とはいえ内実は天明三年（一七八三）、四年の凶作以来年貢は減少しており、正容の時代から一〇万俵も少ない。もし将軍姫君が会津藩へ入輿するとしたら冥加至極であるが、高に不相応の入用が見込まれるので、どうか考え直してもらいたいというものである。宝永の例というのは、五代将軍綱吉の養女竹姫と三代藩主正容の嫡子正邦との縁組をさすが、このときは正邦が早世したため実現しなかった。

もう一通は、藩の財政難を訴える内容で、もしこれまで通りの御入輿を行うとすれば、家中の者を減知するしかなく、それが長期に及べば藩は破綻する。奥羽の藩の鎮めの役を永く勤めるためにも、どうか推察してほしいというものである。さらに、このような将軍姫君の入輿を回避したいとする内願を出したことについて、不届きとの咎を受ける覚悟であると述べている。

田中はこれらの書状を松平信明へ届ける前に、「堀田摂津守様正敦主御儀ハ、御間柄之上格別成御方ニ付、御内慮を伺ひ候ため、先つ彼方様へ罷出、御難渋之次第逐一致演達候処」と、会津藩にとって格別の間柄である若年寄堀田正敦を訪ね、書面を見せた上で内慮を伺った。堀田は、「先つ尤ニ者相聞候、併其方身分御咎を蒙候様被成下度由有之候処、御叱ニ而も有之候様いたし度主意ニ候哉」と尋ねた。田中は「御叱等ニ而者中々以気向相居り候所ニ者相至中間敷候間、上を差量候様ニ候得共、軽く候而遠嶋ニ而も被仰付候程ニ無之候而者、御家中相居り申間敷哉ニ奉存候」と答えた。すると堀田は「此度之儀左程重御咎可被仰付事跡も不相見、押而差上候共、其詮無之ニ可至歟」とし、「何れ此書面差出候者不益之事ニ可相成哉、且各方へも咄合候処、いまた表向不顕義ニハ候得共、御入輿被仰出候儀ニ候ハヽ、御末女様ニも可被為有、仍而者御高も有之儀格別御手軽ニも可有之歟、大凡御両卿より諸侯方へ御取組位之事ニも可相成哉之様被察候」と述べた。さらに、「何れニも御入輿迄ハ十年余も御間有之儀、勿論上より押而被下候と手を入候而御入輿被為有候とニハ次第も可有之、実ニ取続無之候ハヽ、其節ハ御勘弁可有之」と楽観的な見通しを見せた。これを聞いた田中は、ひとまず安堵し、深々と堀田に御礼をして退出した。この相談の結果、幕閣内の様子もおおよそわかったので、これ以上なにか申し入れるには及ばないと判断し、松平信明へ訴状を出すことは見送られた。(11)

2　会津藩内の状況

この頃の会津藩財政をみると、文化元年（一八〇四）の時点で藩の借金は、江戸の三谷三九郎から一〇万八七五八両、上方の鎰屋九右衛門・茨木屋安右衛門・鴻池栄三郎から約一八万両、合計二八万両にのぼる額になっていた。この打開のため、文化二年九月に六代藩主に就任した容住は、家臣たちに政治について意見を上げるよう命じた。これで集まった意見をもとに、藩士の知行扶持を面扶持《つら》[12]に替え、差額の金一万両から八〇〇〇両を藩庫に入れることができたところであった。[13]このようななかに将軍家との縁談が入ってきたのである。

一方で、文化四年十一月に幕府から会津藩へ蝦夷地警備の命がくだった。年が明けた五年正月九日から順次部隊が若松を出発、合計一六〇〇余人の藩士が蝦夷地や樺太へ派遣された。会津藩士は十二月二十八日の帰藩までの間、食糧難や病気に耐え、番屋を建てて自発的に演習を行い、同行した幕府役人の賞賛を得たという。[14]さらに文化七年三月、江戸湾の防備を命じられると、三浦半島の鴨居と三崎に陣屋を構え、藩士を駐留させた。このため、幕府は三浦半島のほとんどを会津藩領として与えた。江戸湾防備について十年がたち、会津藩からの申し出で文政三年(一八二〇)に免除された。その際、幕府は褒賞として金一万両を下賜した。[15]

これらの警備は会津藩にさらなる出費となっており、こうした財政状況が、姫君との縁組を回避する動きに大きな影響を与えたと推察される。

3　江戸城大奥の状況

表2は、家斉の娘の誕生から没年までを示したものである。家斉の長女淑姫は寛政元年(一七八九)に誕生し、同十一年に尾張藩へ嫁いだ。同二年と六年に二人女子が生まれたが、まもなく死去している。その後、同八年に綾姫(同十年死去)と総姫(同九年死去)、同十年に格姫(同十一年死去)、同十一年に五百姫(同十二年死去)が生まれた。同十二年に、のちに水戸藩へ嫁ぐ峯姫が誕生する。享和元年(一八〇一)に享姫(同二年死去)、同二年に舒姫(同三年死去)、同三年に寿姫(文化元年〔一八〇四〕死去)、そして、のちに福井藩へ嫁ぐ浅姫が誕生している。文化年間では、文化二年に晴姫(同四年死去)、同三年に高姫(同年死去)、四年に安姫(同八年死去)が誕生。同五年に元姫が誕生する。その後も、

文政に入るまで、ほぼ年に一人のペースで姫が誕生した。幕府としては、次々と生まれる姫のため、縁組相手となる適当な男子を確保しておく必要があったと考えられる。

寛政八年七月十一日に誕生した家斉四女綾姫は、翌九年閏七月三日に生後七ヶ月の仙台藩主伊達政千代（周宗）との縁組が仰せ出された。しかし綾姫は同十年三月二十八日に死去してしまう。その後、文化六年に家斉二一女浅姫が五歳で御台所の養女になると、同日に伊達政千代との縁組が公表された。同九年に伊達政千代が死去すると、福井藩主松平治好の嫡子仁之助（斉承）と浅姫の縁談が進められ、(16)浅姫はのちに福井藩松平家に入輿する。

当時は死亡率が高く、幼いうちに縁組をしても、実現しない例は多々あった。そのような場合は、一度縁組を承諾した相手であれば、その姫が死去した場合に、妹と改めて縁組させることも行われた。

4　将軍家との縁組

「欽文様御年譜」は、残念ながら文化十一年（一八一四）から十二年を含む「巻之四」を散逸している。そのため、この間に幕藩間でどのような動きがあったのかは不詳である。確認できるところでは、文化五年以降で将軍家との縁談が出てくるのは、文化十四年になる。この間に、容衆は文化十年に将軍徳川家斉に御目見し、従四位下侍従肥後守に叙任、同十三年には左近衛権少将に任じられていた。

文化十四年二月二十二日、縁談がどうなっているのか、会津藩から松平信明へ問い合わせている。

去ル辰年水戸様より御縁組御差留ニ相成り、其節伊豆守様信明朝臣より追々御年比ニ被為成御縁辺御取組之御心当りも有之候ハヽ、先つ御内意御承知被成度旨被仰聞置候処、今日御聞番を以伊豆守様へ御内伺被差出候者、追々年比ニ相成縁辺取組之儀有之候ハヽ、先つ前以御承知被成度旨、先年無屹度御達御座候処、最早段々年比ニも罷成

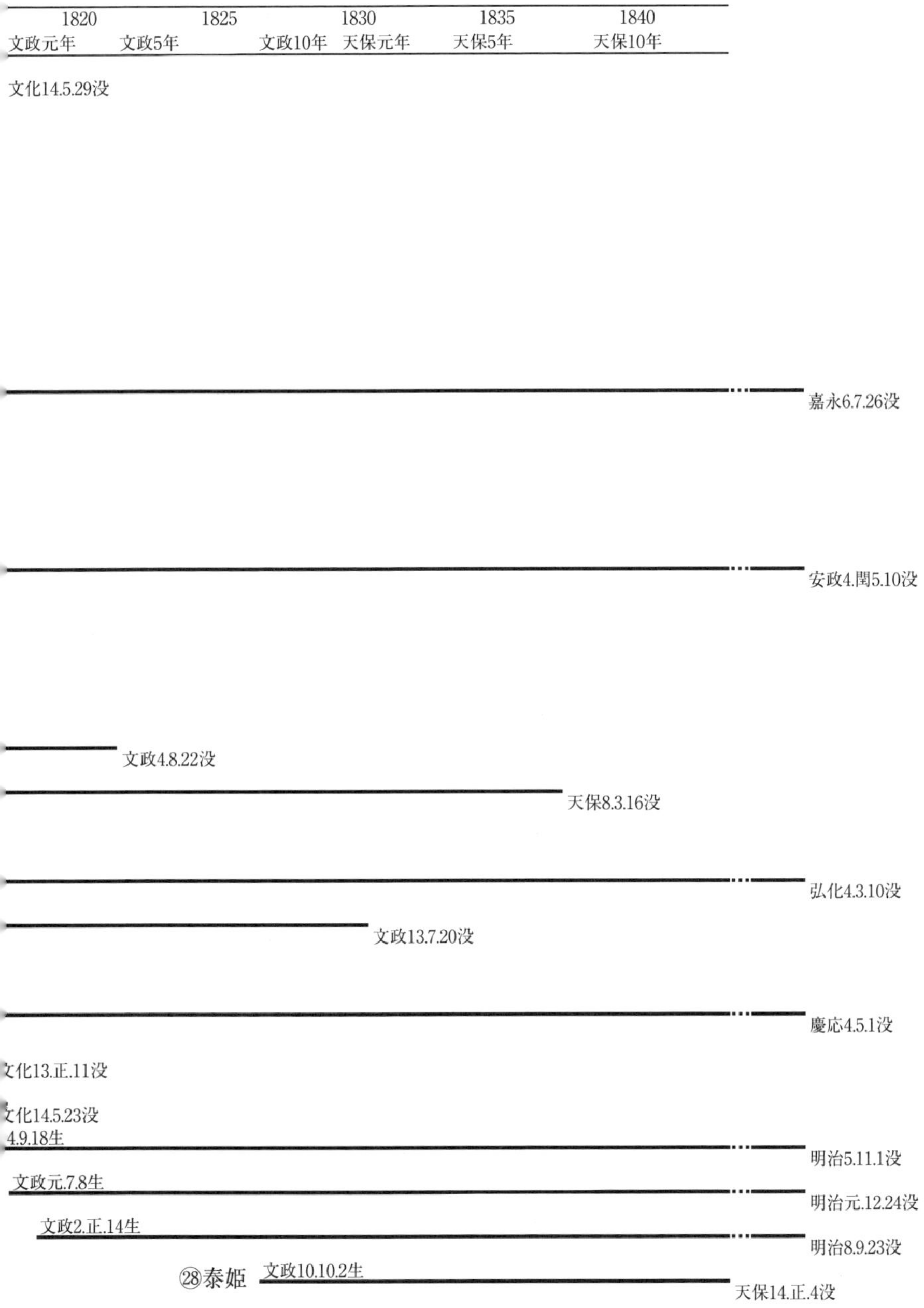
1820
1825
1830
1835
1840
文政元年
文政5年
文政10年
天保元年
天保5年
天保10年
文化14.5.29没
嘉永6.7.26没
安政4.閏5.10没
文政4.8.22没
天保8.3.16没
弘化4.3.10没
文政13.7.20没
慶応4.5.1没
文化13.正.11没
文化14.5.23没
4.9.18生
明治5.11.1没
文政元.7.8生
明治元.12.24没
文政2.正.14生
明治8.9.23没
㉘泰姫
文政10.10.2生
天保14.正.4没

表 2　家斉女子一覧

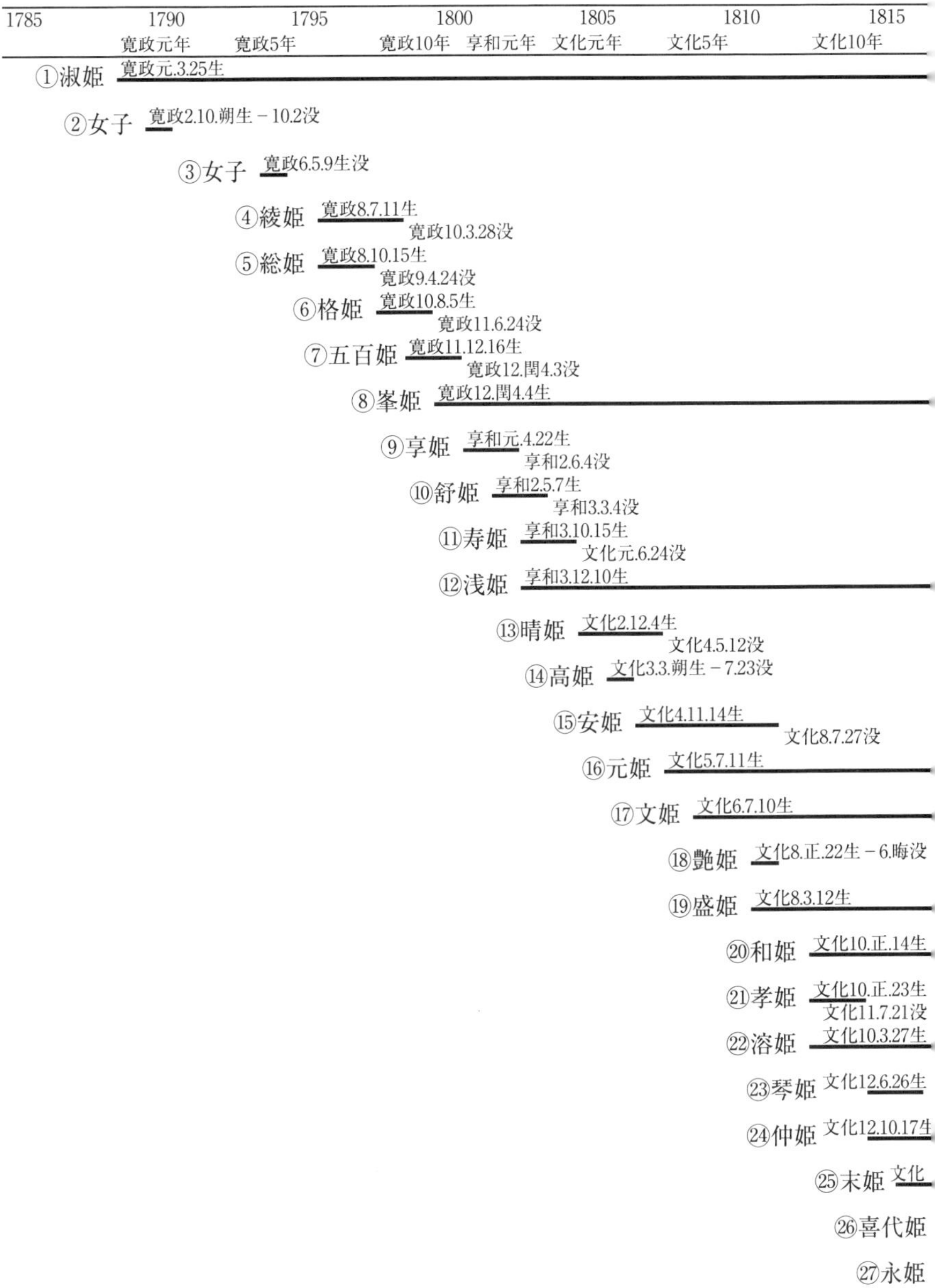
1785
1790
1795
1800
1805
1810
1815
寛政元年
寛政5年
寛政10年
享和元年
文化元年
文化5年
文化10年
①淑姫 寛政元.3.25生
②女子 寛政2.10.朔生－10.2没
③女子 寛政6.5.9生没
④綾姫 寛政8.7.11生
寛政10.3.28没
⑤総姫 寛政8.10.15生
寛政9.4.24没
⑥格姫 寛政10.8.5生
寛政11.6.24没
⑦五百姫 寛政11.12.16生
寛政12.閏4.3没
⑧峯姫 寛政12.閏4.4生
⑨享姫 享和元.4.22生
享和2.6.4没
⑩舒姫 享和2.5.7生
享和3.3.4没
⑪寿姫 享和3.10.15生
文化元.6.24没
⑫浅姫 享和3.12.10生
⑬晴姫 文化2.12.4生
文化4.5.12没
⑭高姫 文化3.3.朔生－7.23没
⑮安姫 文化4.11.14生
文化8.7.27没
⑯元姫 文化5.7.11生
⑰文姫 文化6.7.10生
⑱艶姫 文化8.正.22生－6.晦没
⑲盛姫 文化8.3.12生
⑳和姫 文化10.正.14生
㉑孝姫 文化10.正.23生
文化11.7.21没
㉒溶姫 文化10.3.27生
㉓琴姫 文化12.6.26生
㉔仲姫 文化12.10.17生
㉕末姫 文化
㉖喜代姫
㉗永姫

『徳川諸家系譜』『徳川実紀』『徳川将軍家墓碑総覧』より作成

候ニ付、相応之向も御座候ハヽ、縁辺之相談支度内存ニ御座候、此段御内意奉伺度旨相認、彼方御用人を以差出候処、是より御挨拶可致旨被仰聞之、(17)

松平信明からは、挨拶をするようにとあるのみで、返答は記されていない。

三月十一日、将軍家斉から容衆と家斉一六女元姫との縁組の内意が仰せ出されたことが、松平信明から伝えられる。ここにおける将軍内意とは、同日もしくは翌日に御三家にも通達される公式のものである。つまり、ここまでに大名家との間で縁談は内々に了承されていたということであり、会津松平家もこのときまでに縁談を承諾していたことになる。

元姫は文化五年七月十一日に生まれた。実母は家斉側室で大番士大岩盛英の娘(小普請組支配諸星信邦養女)お八千(屋知)の方で、元姫のほかに家斉一四女高姫(早世)を出産したが、同七年に死去している。(18)元姫は同九年五月二十八日に御台所の養いになっていた。

文化十四年四月十五日、幕府から元姫と容衆の縁組が公表され、御祝儀のため翌日に江戸城への総出仕が行われた。(19)同日、容衆は江戸城御座之間にあがると、上段に将軍家斉と世子家慶が着座し、御次の間に老中が列座するなか、月番老中青山忠裕から元姫との縁組の上意を仰せ渡された。家斉からは「御懇」の上意を蒙り、手ずから熨斗鮑を頂戴した。その後、羽目之間で老中土井利厚から書付を渡された。

元姫君様御事、万端至而御手軽之御扱ニ而、御入輿可被為在候、其方ニおゐても右之心得を以諸事省略致し、手軽ニ取調相伺候様可被致候事、(傍線引用者、以下同じ)

この書付の趣旨は、元姫の入輿は「万端御手軽」の扱いで、「諸事省略」するようにとのことであった。

将軍姫君の入輿(婚礼)については、十代将軍家治の養女種姫(紀伊徳川治宝室)の婚礼準備から「万端御手軽」「諸事

省略」の文言が表向の達にもあらわれ、家斉の代になると、この文言が達せられた姫君は「御住居」を称している。(20)

二　御住居造営

1　御住居の名称

すでに述べたとおり、徳川将軍姫君の「御守殿」に加え、家斉の代に新たに「御住居」がつくられた。その初の事例となった家斉一二女浅姫（越前松平斉承室）の御座所は、文政元年（一八一八）三月十五日に越前松平家に出された通達をもって、「御住居」と称することが決まった。

浅姫君様御引移以後、御座所之儀者如先格御守殿与可被称事ニ候得共、右之唱ニ而者自ら万事ニ響キ御手重之儀も出来可致哉、一躰格別之御手軽之思召ニ而御住向も有来之家作被相用候様達置候程之儀ニも候得者、此度者御守殿之唱不被相用、御住居可被称候、此段兼而可申聞置旨御沙汰ニ候事、(21)

浅姫の婚姻後の御座所の名称は、先格のように「御守殿」と称えるべきであるが、「御守殿と称したら万事が御手重になる」、「格別の御手軽の思し召しをもって、在り来たりの家作を用いることを認める」という二点から、今回は御守殿とはいわずに御住居と唱えるように沙汰している。つまり、御住居と称することで、①御守殿よりは「御手軽」でよい、②既存の建物を転用することも可能、とされたのである。これは、幕府が姫君の待遇を格下げすることを認めたものといえるだろう。

おそらく、この前段階として、越前松平家はこれまでの姫君同様に御守殿を造営することについて、経費の問題などを上げて難色を示したものと思われる。それに対して、幕府は「格別之御手軽之思召」と特別待遇であることを匂わせて、大名家へ歩み寄る姿勢を見せたのだろう[22]。

浅姫に御住居と称する旨の沙汰が出た約半年後の十一月十日、元姫の婚姻後の御座所の名称についての沙汰が会津藩へ出された。


元姫君様御引移以後、御座所之儀ハ如先格御守殿与可被称事ニ候へ共、一躰格別御手軽之　思召ニ而、此度ハ御守殿之唱不被相用御住居と可被称候、此段兼而可申聞置旨御沙汰候事、[23]

元姫もやはり、先格のように「御守殿」と称えるべきであるが、「格別御手軽」の思し召しにより、御守殿の唱を用いずに「御住居」と称えるべしとある。先にあげた浅姫への通達と、文面がほぼ一致する。この「御住居を称すべき沙汰」は、以後の姫君にほぼ同文で通達された[24]。

この文面によると、御住居と称する理由は御守殿よりは「御手軽」にするためであり、通説で言われてきたような夫の官位や家の格式との関連は見出せない。

2　御住居建設のための添地拝領

元姫との縁組が決定したことで、会津藩邸で御住居造営にむけての動きが始まった。

会津藩の江戸屋敷は、保科正之の時代は鍛冶橋内にあったが、後に桜田門内に移った。貞享元年(一六八四)に三代当主正容《まさかた》が大手前竜ノ口の屋敷を拝領、宝永六年(一七〇九)、和田倉門内に九一五〇余坪の屋敷地を拝領し、上屋敷として幕末まで使用した。残念ながら、会津藩邸内にどのような建物があったのか、詳細は不明である。

元姫の御住居は和田倉屋敷内に造営されることになったが、屋敷地が手狭であるという問題が生じた。建築物としての御守殿に規格はなく、それぞれの藩邸の地形や既存の建物などによって、間取りや面積は異なった。しかしながら、ほかの姫君の御守殿をみると、綱吉女の鶴姫（和歌山藩徳川綱教室）は三千数百坪から五〇〇〇坪、綱吉養女松姫（金沢藩前田吉徳室）は御守殿門から付属の土蔵地を含めて約九〇〇〇坪で、吉宗養女利根姫（仙台藩伊達宗村室）は六〇〇〇坪、家斉女溶姫（金沢藩前田斉泰室）は五千数百坪であったとされる。(25) これらと同等の規模の御住居を造営しようとするには、和田倉屋敷は「手狭」だったことだろう。

文化十四年（一八一七）十二月、鍛冶橋門内の青山石之助屋敷（美濃国郡上藩邸）が上地になり、北側と東南の角部分は隣接する美作国津山藩邸の添地になった。その割残り地が、元姫入輿にあたっての添地として、会津藩の預地になった。(26) しかし、青山石之助屋敷は鍛冶橋門のすぐ手前の位置にあったため、和田倉門内にある会津藩邸とは少し離れているうえに馬場先壕で隔てられていた。もしこの添地に御住居を建てたとしても、姫君の警備に人員が割かれて藩主の御供の人数が不足する、などの支障が生じるのは明らかであった。もともと会津藩としては、和田倉屋敷の最寄りで三〇〇〇坪ほどの添地を希望していた。それが和田倉門内の御厩を指しているのは明白であった。和田倉門内の御厩は、宝永以前から御用屋敷であったが、正徳五年（一七一五）に会津藩の預地になり、享保十三年（一七二八）にまた御用屋敷となった。その後、寛保元年（一七四一）に斎藤三右衛門預御厩になり、寛政五年（一七九三）に曲木又左衛門預御厩になっていた。(27) この正徳の事例から、会津藩は右のような希望を出したのである。

しかし、幕府側は難色を示していた。会津藩の家老らは手を尽して現状の屋敷地の問題点を訴え、文政二年（一八一九）八月四日に「元姫君様御住居向出来候ニ付而ハ、居屋敷手狭之事ニ候間、家中之者差置候様ニ」と、和田倉門内の曲木又六郎預地になっていた厩地二七二八坪を預地として与えられることになった。(28) 引き換えに鍛冶橋門内の元青山石之助屋敷の預地を幕府へ返却し、曲木又六郎がそこへ移るかたちとなった。十月三日、和田倉門内の厩地のうち、表門より西の方へ長三六間余、北の方へ奥行一〇間余を受け取り、十一月二日に希望していた二七二八坪余をすべて受け取った(29)。

なお、御守殿・御住居のための添地下賜は珍しいことではなかった。綱吉養女竹姫の場合は、縁組が決まった段階で会津松平家へ約一万九〇〇〇坪、島津家へ約六九〇〇坪の添地が下賜された（ただし、この添地がすべて御守殿の用地にされたとは考え難い(30)）。元姫以降の姫君では、家斉女和姫（萩藩毛利斉広室）の縁組時に桜田屋敷の北東隣に六〇〇〇坪余の添地が下賜され、ここに御住居が造営された(31)。溶姫のときは、加賀藩本郷屋敷と本郷通りの間の町人を立ち退かせ、道路を含む三一三一坪余のうち一〇四九坪余を囲込拝借地（加賀藩上屋敷用地として囲い込む分）、一五四〇坪余を御住居火除地、五四二坪余を御住居表門・裏門通りの道とした(32)。添地下賜は通例になっていたものの、その内容についてはそれぞれの状況に応じていたのだろう。

3　作事計画と幕府

文政二年（一八一九）八月晦日、和田倉屋敷に居住していた六代藩主容住正室の寿鳳院(33)が芝屋敷に移転した。翌月から、既存の奥向を残らず撤去し、御住居は屋敷地の西南寄りの方へ造営することとなった。この作事に取りかかる前に、御住居の内部について会津藩から幕府に伺いをたてたことが確認できる。

一、（文政三年九月）十九日、　元姫君様御住居向之義、　御居屋敷へ御作事被仰付度候処、手狭之地坪ニ付、迚も他家御守殿等之振合ニハ相成兼、最初有来奥向麁絵図被差出、可成丈御手軽ニ被成下候様御伺被成候処、御不足之所等品々御注文共有之、　御座之間御上段始御小座敷・御休息所・御仮粧之間・御寝間・御納戸・呉服之間・御客座敷・上使之間・御広座敷・御膳所・御広間中ノ口并長局向、　其外　公義并御家より御附之役々詰所中御門、或ハ御土蔵表御門迄数度御伺之上絵図面相究り、　木品并天井張付等之義迄も夫々御差図とも有之、当二月中大竹勇ニ

有文地祭御神事執行被仰付、同三月中御柱立[34]之御式取行経営相始、此節造畢ニ付、今日棟上之儀式被行之、猶又翌
正月二十六日就吉辰、一柳勝之進ニ直敬屋坐之蟇目勇ニ火鎮并屋坐之御神事執行被仰付之[35]、

右の史料によると、会津藩側の意向としては既存の居屋敷への作事を行いたかったが、手狭の地坪のためとても他家の御守殿のようにはいかなかった。そこで既存の奥向の「麁絵図」を幕府に差し出して御住居として転用可能かどうかも含め伺いをたてたとみられる。すると御座之間上段をはじめ多数の箇所に「御注文」が入った。幕府への伺いを重ねて絵図面が完成したが、材木の種類や天井の張付などにも指示があったという。

幕府から注文があった部屋について、江戸城大奥の例[36]を見ていきたい。御座之間上段とは、式日その他に将軍と御台所が対面して種々の儀式を執り行う場所である。そして儀式などの日に御台所が女中から祝詞を受け、また女中へお流れ[37]を下す場が「御小座敷」である。「御休息所」は、将軍が大奥への御成がないときの御台所の居間である。「御仮粧（化粧）之間」は御台所が毎朝化粧をする部屋、「御納戸」は御台所が衣装を着替える場所であるが、化粧之間は化粧道具でいっぱいなので、御納戸で化粧もしたという。「呉服之間」は呉服之間女中が詰めて裁縫をする部屋、「御膳所」は御台所の食事を調理する場所である。

以上のように、幕府から注文をうけたという部屋は、武家屋敷の奥向において重要な部屋ばかりである。こうした部屋がもとの会津藩邸の奥向になかったとは考えにくいので、幕府からの注文とは、部屋自体が欠如していたのではなく、内装の面に不足があったためと思われる。

御住居作事にあたって事前に幕府へ図面で伺いをたてた事例は、和姫御住居でもみられる[38]。また萩藩では、元文期に越前松平家の勝姫が入輿したとき、勝姫が漆負けすることから、「御座ノ間、御奥廻り御上檀・御客座敷迄之塗物之分、木地相整」と越前松平家から仕上げの指示がされていた[39]。こうした事例から、大名家が妻を迎えるにあたっ

て、その御座所を作事するときに妻の実家方と相談するのは、特別なことではなかったことがうかがえる。元姫御住居について会津藩が幕府へ伺いをたてたのは、会津藩に将軍姫君の御殿を造営した経験がないからというだけでなく、当時のこうした習慣が背景にあったのだろう。

4　御住居完成と婚礼

元姫の御住居は、文政三年(一八二〇)二月に地鎮祭神事を執行、三月に柱立式、九月十九日上棟式を行い、同月に竣工した。十月二十三日に幕府から留守居・御台所用人・同用達・目付・姫君用人・同並・広敷番之頭、そのほか広敷添番以下附々の衆、都合五〇人余による見分が行われた。

御住居の見分が行われた翌月の十一月十五日、元姫は幸子《さち》という実名を与えられ、同月二十一日に御歯黒初の儀式を行っている。

文政三年十月二十九日、元姫の引き移りと婚礼に関して、幕府からさらに通達が届いた。

元姫君様御引移之義、兼々相達候通、万端御手軽ニ被仰付候事ニ候へハ、大奥御守殿等之振合ニ不相泥、分限家格ニ応し物毎可成丈事軽く、代々之妻女とも相替儀無之相済候程ニ、後々迄手張候義無之様可被取計との御沙汰ニ候条、諸事右之心得を以省略可相成義ハ無遠慮、御附并懸り〳〵之面々へ申談候様可被致候事、(40)

万端御手軽にという言葉はすでに何度も使われているが、さらに念を入れて「代々之妻女とも相替儀無之相済候程ニ」、「後々迄手張候義無之様」とまでいっている。また、会津松平家からも婚姻後の元姫の食事については、幕府へ伺いを出して、次のように回答を得ている。

一、廿五日、　姫君様御台所向御膳を始御上り物之義、惣而手前御仕立ニ仕差上可申哉、御膳水御膳米味噌醤油等主人相用候通ニ而可然哉、年始・五節句式日其外御祝日并御平日共ニ、御献立御盛出等承知仕度旨、当九月中御聞番より御留守居室賀山城守殿へ正頼主相伺候処、今日御聞番被召呼、伺之通相心得、惣而　浅姫君様御振合ニ准し可取計候由差図有之、年中御献立等之帳面被相渡之、(41)

元姫の食事はすべて会津松平家と同様にし、調味料も同じものを用いるように心得て、総じて浅姫の事例に準じるようにとの指図であった。なお、浅姫の御住居に対しては、万事峯姫の例に準じるようにとの指示が縁組時に出ている。それぞれの藩に対して、直近に結婚した姫君を参照するよう、幕府から指示されていたことがうかがえる。右の史料では、具体的に献立等についての帳面を渡されている点が興味深い。

文政四年二月二十三日、元姫は会津藩邸内の御住居に引き移り、婚礼が行われた。この婚礼日については、もともとは文政元年十一月十二日に「来巳年（文政四年）」と通達されていた。ところがその後、「文政三年か四年の内」と、変更された。文政三年正月、会津藩は、御住居の普請も秋には終了する予定であり、参勤交代の都合もあることから、文政三年十一月中に行いたいと幕府に伺いをだした。しかし、「当冬ハ御都合不宜候間、来春御引移可被遊」との沙汰により、元姫の引き移りと婚礼は文政四年の春に決まったのであった。(42)

このように、会津藩の多大な苦労のすえに将軍家との縁組は整ったのであるが、文政四年八月二十二日に元姫は死去し、夫の容衆も、翌五年二月二十九日に死去した。

主を失った御住居は、速やかに取り壊されるのが通例であるが、元姫御住居は容衆のあとを継いだ容敬の正室節姫（久保田藩主佐竹義和娘）の御殿として改築・使用された。(43)

おわりに

会津藩松平家を事例に、将軍姫君との縁組と御住居造営をみてきた。文化・文政期は将軍家斉の子供が毎年のように誕生していた時期で、家斉の娘の縁組相手を確保することが重要課題であったことがうかがえる。家治養女の種姫、家斉長女の淑姫、同八女の峯姫と御三家への縁組が続いたあとも、次々と姫君が誕生したことから、御家門などへと縁組候補の対象が広げられた。そして、それらの家に適当な男子がいた場合には、すでに内定している縁組を阻止してでも姫君の縁組相手にさせる場合があった。

とはいえ、あくまでも双方の承諾のうえで縁組が成立するため、幕府は大名家へ一方的に縁組を命じるのではなく、交渉のうえ歩み寄る姿勢でのぞんでいる。そして、大名家側にも縁談を断れる可能性がないわけではないことから、赤裸々に財政難の深刻さや藩邸の手狭を理由にあげて拒否している。そこには、表向きは縁談に対して名誉と述べるものの、将軍家と縁戚関係になることを利点と捉える様子は見受けられない。

幕府は、財政難を訴える大名家には「万端御手軽」と「御省略」を行うように繰り返し通達し、屋敷地の手狭を理由にあげたときは希望に合う添地を下賜した。このように幕府が譲歩することで、大名家が縁談を断る理由をなくし、承諾せざるをえない方向へ持って行ったのである。

かつて拙稿(44)では、御住居は幕府の財政難から経費削減を狙って創設されたとの見解を示した。しかし、本稿で見てきたように、縁談を回避すべく理由を並べる大名家へ対しての、幕府の譲歩のひとつとして生まれたともいえるだろう。幕府にとって御住居とは、幕府側の経費削減を狙いつつ、大名家への幕府の譲歩と見せて縁談を断りづらくさせることもできる一手であったのではないだろうか。

註

（1）「御守殿」（『国史大辞典』吉川弘文館、村井益男執筆）、この箇所の記述については、市岡正一『徳川盛世録』に同様の説明があるため、これを根拠としているのではないかと推測する。なお、松平春嶽「前世界雑話稿」（松平春嶽全集編纂刊行会編『明治百年史叢書　松平春嶽全集（一）』原書房、一九七三年）では、「将軍家姫君様、御三卿・御三家へ御嫁入被為入候御住居を、御守殿といひ、大名方へ嫁入被為入候御住居を、御住居といふなり」とある。

（2）畑尚子「将軍姫君と御付女中」（『徳川政権下の大奥と奥女中』岩波書店、二〇〇九年）。

（3）氷室史子「大名藩邸における御守殿の構造と機能―綱吉養女松姫を中心に―」（『お茶の水史学』四九、二〇〇五年）。

（4）拙稿「将軍姫君の婚礼の変遷と文化期御守殿入用―尾張藩淑姫御守殿を事例として―」（『学習院史学』四七、二〇〇九年）。

（5）畑前掲註（2）。

（6）高屋麻里子「萩藩江戸屋敷の空間構成の変遷」（作事記録研究会編『大名江戸屋敷の建設と近世社会』中央公論美術出版、二〇一三年）。

（7）『赤門―溶姫御殿から東京大学へ』（東京大学総合研究博物館、二〇一七年）。

（8）本史料は、六代会津藩主松平容衆《かたひろ》の年譜で、内容年代は、容衆の誕生した享和三年（一八〇三）九月から死去した翌年の文政六年（一八二三）五月までである。

（9）文化元年、容住の体調と容衆の幼さから、御家相続を危ぶんだ会津藩大老の田中玄宰は、密かに水戸藩家老と相談し、水戸六代藩主治保の次男義和（美濃高須藩へ養子入り）の三男等三郎を容衆の弟として貰い受けていた（後の八代藩主容敬）。文化二年に容住が死去すると、側室が懐妊していたとして幕府に届け出た。このため、等三郎は享和三年十二月生まれであるが、公式には文化三年四月生まれとされている。

（10）「欽文様御年譜」文化五年五月十六日条。

（11）「欽文様御年譜」文化五年五月二十日条。

（12）賄扶持のこと。大人一日で米五合を給与する。知行渡しよりも支給額が少なくなることが見込まれた。

（13）『福島県史』第二巻　通史編二　近世一（一九七一年）。

（14）野口信一「文化五年会津藩蝦夷地出陣経緯」（『会津藩第七代藩主松平容衆年譜』）。

（15）『福島県史』第二巻。

（16）松平文庫「御家譜」文化九年四月十八日条（福井県立文書館所蔵）。

（17）「欽文様御年譜」文化四年二月二十二日条。

（18）『徳川諸家系譜』巻一。

（19）『御触書天保集成』上（高柳眞三・石井良助編、岩波書店、一九三七年）八七六。

（20）拙稿前掲註（4）。

（21）松平文庫「御家譜」文政元年三月十五日条（福井県立文書館所蔵）。

（22）幕府が姫君にかかる経費を抑えたい理由は、単に大名家への配慮だけではないかもしれない。姫君が嫁いだ御三家などが、婚姻後の姫君の生活費による藩財政圧迫を理由に、幕府へ拝借金を願い出ることが多発していたことがわかっている（大平祐一「江戸幕府拝借金の研究―幕藩関係の一考察―」『法制史研究』二三、一九七三年）。

(23)「鈫文様御年譜」文政元年十一月十日条。
(24)ほかには、和姫(家斉二〇女・毛利斉広室)の例(高屋前掲註(6))、溶姫(家斉二一女・前田斉泰室)の例(『加賀藩史料』文政八年十月二日条)などが確認できる。
(25)氷室前掲註(3)。
(26)『御府内沿革図書』「呉服橋御門鍛冶橋御門内」。
(27)『御府内沿革図書』「文化五辰年和田倉御門内御厩」。
(28)「鈫文様御年譜」文政二年八月四日条。
(29)「屋敷渡預絵図証文」第二四〇冊(国立国会図書館所蔵)。
(30)氷室前掲註(3)。
(31)高屋前掲註(6)。
(32)小松愛子「溶姫の引き移り婚礼」(『赤門―溶姫御殿から東京大学へ』東京大学総合研究博物館、二〇一七年)。
(33)寿鳳院は彦根藩主井伊直幸女の謙姫。天明四年(一七八四)生。寛政九年(一七九七)に松平容住と婚姻した。文化三年(一八〇六)容住死去により落飾。天保三年(一八三二)に死去した。
(34)家屋の建築で、初めて柱を建てること。また、そのときの祝賀の儀式(『日本国語大辞典』)。
(35)「鈫文様御年譜」文政三年九月十九日条。
(36)永島今四郎・太田贇雄編『定本　江戸城大奥』(人物往来社、一九六八年)。
(37)貴人・主君から杯に飲み残した酒をいただくこと。また、その酒。また、貴人・主君からいただく酒のこと(『日本国語大辞典』)。

(38)　高屋前掲註(6)。
(39)　高屋前掲註(6)。
(40)　「欽文様御年譜」文政三年十月二十九日条。
(41)　「欽文様御年譜」文政三年十一月二十五日条。
(42)　「欽文様御年譜」文政三年三月五日条。
(43)　「忠恭様御年譜」文政六年七月四日『会津藩第八代藩主松平容敬「忠恭様御年譜」』(『会津若松市史』史料編三、二〇〇一年)。
(44)　拙稿前掲註(4)。

幕府側史料による老中奉書の検討
―来翰留・一紙目録留・奉書留・当日奉書留に着目して―

大沢　恵

はじめに

老中奉書についての古文書学的な研究は、何をもって老中奉書とするのか（奉書文言の有無や返札をどう扱うか）、それらをどのように分類し、どのような文書名を付けるかという問題関心から始まり、一九九〇年代を中心に研究が重ねられ、(1)分類や類型化が進められた。分析対象は、国立史料館所蔵土屋家文書（鎌田永吉氏）、高知藩主山内家伝来の老中奉書（大野充彦氏）、交代寄合高木家の「川通御用」関連の老中奉書（伊藤孝幸氏）、井伊家文書のうち天明期（一七八一～八九）の老中奉書（鶴田啓氏）、永青文庫所蔵細川家史料の近世初期の老中奉書とそれに関連する大名側文書（山本博文氏）、防府毛利報公会毛利博物館所蔵毛利家文書のうち萩藩主毛利氏（初代秀就から五代吉元）宛の老中奉書（佐藤孝之氏）、明治大学刑事博物館所蔵内藤家文書の老中奉書（髙橋修氏）、複数の史料保存機関に所蔵された松平信綱加判の老中奉書（大野瑞男氏）、対馬藩宗家の老中奉書（東昇氏）など、個別の史料群に残る老中奉書が主であった。その視点は受け手の側にあったといえよう。類型化としては、大野充彦氏が高知藩主山内家伝来の約七五〇〇点の老中奉書原本をもとに行ったものが最も妥当な方法と評価されている。(2)それは、文書の形態（封式・形態・書止文言・差出所・宛所)に基づき、折紙奉書・竪紙奉書・無判奉書・切紙奉書の四つに分類したもので、奉書文言の有無や返札であるかは、老中奉書の要件としていない。

それでは、発給者、すなわち幕府の側に視点を移して老中奉書を見直すとどうであろうか。受け手の側からでは困難な、全体像や裏側を知ることはできないか。老中奉書発給に伴い作成・利用されたとみられる記録類を紹介しながら検討を試みたい。

一　本稿の検討対象

本稿では、老中奉書発給に関わる記録として、来翰留・一紙目録留・奉書留・当日奉書留に着目していきたい。なお、この「来翰留」等の名称は、次節で確認するような一定の形式をもつ記録をまとめるために付けたものである。また、これらは必ずしも一連の記録として作成されたわけではないかもしれないが、相互関係の中で明らかになる点があるため、まとめて紹介することをはじめにお断りしておきたい。これまでに確認できた史料は表1の一一点である(以下、各史料は表のアルファベットで表記する)。

表1　使用する史料

	所蔵機関	史料名	内容	来翰留	一紙目録留	奉書留	当日奉書留
A		旧丹鶴城蔵書幕府書類「一紙目録、奉書、当日奉書」(404-26-283) 『丹鶴城旧蔵幕府史料』第7巻に収録「一紙目録・奉書・当日奉書」	天保5年(1834)7～8月 水野忠邦(老中)の記録 ※7月月番		○	○	○

	所蔵機関	史料	期間・記録者				
B	学習院大学図書館	旧丹鶴城蔵書幕府書類「紙目録、当日奉書（天保十一年十一月）」（404-26-284）『丹鶴城旧蔵幕府史料』第7巻に収録「一紙目録・当日奉書」	天保11年（1840）11～12月　水野忠邦（老中）の記録　※11月月番		○		○
C		旧丹鶴城蔵書幕府書類「和泉守殿宅渡迥奉書」（404-26-263）『丹鶴城旧蔵幕府史料』第9巻に収録「天保七申六月奉書留」	天保7年（1836）6～7月　水野忠邦（老中）の記録　※6月月番			○	
D		旧丹鶴城蔵書幕府書類「来翰留」（404-26-269）『丹鶴城旧蔵幕府史料』第16巻に収録「天保十二年十一月来翰留」	天保12年（1841）11月　水野忠邦（老中）の記録　※11月月番	○			
E	国文学研究資料館	信濃国松代真田家文書「一紙目録留」（26A-う00627）	天保8年（1837）12月～天保9年（1838）正月　脇坂安董（老中）の記録　※天保8年12月月番		○		
F		信濃国松代真田家文書「一紙目録留」（26A-う00628）	天保10年（1839）正～12月　土井利位（大御所付老中）の記録		○		
G		信濃国松代真田家文書「一紙目録留」（26A-う00629）	天保10年（1839）7～12月　堀田正篤（右大将付老中）の記録		○		
H	国立公文書館内閣文庫	「西丸御奉書」（220-0320）	天保7（1836）年4～6月　太田資始（西丸老中）の記録			○	
I		「奉書御宅留」（220-0321）	天保15年（1844）2～3・5～6月　牧野忠雅（老中）の記録　※2・5月月番			○	

J		「来翰一紙目録奉書留」（220-0338）	文久2年（1862）10～11月 水野忠精（老中）の記録 ※10月月番 ※乱丁が多い	○	○	○	○
K		「来翰一紙目録」（220-0339）	文久2年（1862）11～12月 井上正直（老中）の記録 ※11月月番	○	○		

※月番老中については、荒川秀俊「老中月番表」（『日本歴史』267、1970年）、白峰旬「『水野忠精幕末老中日記』における月番老中の記載について—老中月番表の新たな作成にむけて—」（『史学論叢』39、2009年）を参照した。

いくつかの史料について少し補足をしておきたい。

学習院大学図書館所蔵旧丹鶴城蔵書幕府書類は、紀伊徳川家の付家老で新宮城（丹鶴城）主の水野忠央が収集した史料が学習院大学図書館に伝来したもので、A～Dは水野忠邦の記録の写しである（松尾美恵子監修『学習院大学図書館所蔵　丹鶴城旧蔵幕府史料』ゆまに書房、二〇〇七～一〇年で影印刊行。以下、『丹鶴城旧蔵幕府史料』と略称する）。作成の経緯は不明であるが、忠央の文庫、「丹鶴書院」の蔵書目録である国立国会図書館所蔵「新宮城書蔵目録」（W991-N23）では第七冊「御当家書」の札級　御老中留書類に分類されているため[3]、忠央は老中の留書と認識していたと推測できる。

E～Gは松代藩真田家に伝来した。E・Gの表紙には「松代案詞方」（Fは虫損のため「案詞方」しか読めない）と記されており、内容は脇坂安董・土井利位・堀田正篤の記録である。八代藩主幸貫は天保十二年（一八四一）六月に老中に就任したが、土井と堀田は同役、脇坂も四カ月前まで老中であったため、幸貫の老中就任に伴い、先任者たちの記録を借り、松代藩において作成した写しと考えられる。現在の所蔵者である国文学研究資料館では、老中という役儀に関わる勤方例書（真田家文書─役儀─老中─勤方例書─○案詞方）と分類している。

H～Kは江戸城多聞櫓旧蔵である。Jは水野忠精の記録で、表紙には「山形」と記されている。山形藩主であったことと関係があろう。

全体を概観すると、内容年代は天保期（一八三〇～四四）と文久期（一八六一～六四）に集中しており、本丸老中の記録が八点（A～E・I～K）、西丸老中（大御所や将軍世子付）の記録が三点（F～H）で、本丸老中の場合は月番を勤めた月と関係が認められる。また偶然か、水野忠邦（A～D）と関わりがある人が多いという特徴がある。脇坂安董（E）・土井利位（F）・堀田正篤（G）・太田資始（H）・牧野忠雅（I）・真田幸貫（E～Gが伝来した真田家の当主）は忠邦と同時期に老中を勤め、水野忠精（J）は忠邦の長男である。さらに井上正直（K）は忠精と同時期に老中を勤めている。このような記録が作られたのは限られた範囲なのか、発見したものにたまたま偏りがあったのか。史料の性質を考える上で重要な点であるが、これだけの数で判断するのは難しい。類例を蓄積して再検討する必要があろう。

まずは、少なくとも天保・文久期の老中の周囲では来翰留・一紙目録留・奉書留・当日奉書留という記録類が作成され、貸借も行われていたこと。よって、そこには老中をはじめとする当時の人々の共通認識が表れている可能性が高いことを指摘しておきたい。なお、本稿ではAを中心に検討を進める。

二　来翰留・一紙目録留・奉書留・当日奉書留とは

本節では、四種類の記録それぞれの特徴を確認していきたい。

1　来翰留

来翰留は老中宛の書状を到来日ごとにまとめたものである。Dの冒頭部分を紹介しよう。

〔史料1〕「天保十二年十一月来翰留」（『丹鶴城旧蔵幕府史料』第十六巻、四～五頁）

朔日入
（朱筆）「十一月朔日到来
越前守」

一筆令啓達候、
公方様　右大将様益
御安泰被成御座目出度
奉存候、猶以御機嫌能御様
体奉伺度、各迄以飛札
如斯候、恐々謹言
紀伊一位
治宝
十月十三日
水野越前守殿
土井大炊頭殿
堀田備中守殿

真田信濃守殿

（後略）

これは天保十二年（一八四一）十月十三日に和歌山藩隠居徳川治宝が差出し、十一月朔日に到来した御機嫌伺いで、宛所の四名（水野忠邦・土井利位・堀田正篤・真田幸貫）は老中である（月番は水野）。このように「〇日入」という形で書状の到来日が記され、その後に老中宛の書状が列記されている。Dは朔日入から十六日入で二九六通、Kは朔日入から晦日入で三〇五通の書状が書き留められている。同様の書状が続く場合、「同文言」として省略もあるが、どのような文言であったのか把握はできる。御機嫌伺いや献上に伴うものが多い。差出は御三家・大名・寺社など。宛所はこの例のように、老中の名前が記されるもの（連名でない場合もある）や、「四人殿」「四人様」「四人様　参人々御中」「片　四人様　参人々御中」など様々である。当時の書札礼が反映されているのであろう。

作成過程を考えるには、国立公文書館内閣文庫所蔵「一紙目録・徳川元千代殿より御使者被仰聞候書付ほか来状届書付之目録」（多703994）が参考になろうか。おそらく慶応元年（一八六五）の、老中水野忠精に関わる史料とみられるが、それによると、老中は一紙目録と来状（写しも）を表右筆組頭へ渡している。老中は書状を受領してから表右筆組頭へ回す間に写しを作成したのであろう。「十八通」とあるため、この写しは状の形態と推測できるが、それとあわせて、もしくはその後に来翰留の形の写しも作られたのか。ちなみに、表右筆は幕府の書記役で、御内書・判物・朱印状・老中奉書の執筆、幕府日記の作成、大名家の分限帳や幕府の名簿などの管理が職務であった。

2　一紙目録留

一紙目録留は、誰のもとに、誰から、どのような形で、何が届いたかを把握するために作成された記録とみられる。表2は、Aの一紙目録留天保五年七月分(七月二日~八月朔日)のうち、七月六日までをまとめたものである。この表には載せなかったが、以下に七月二十三日の記事を一部省略しながら紹介しよう。

〔史料2〕「一紙目録・奉書・当日奉書」(『丹鶴城旧蔵幕府史料』第七巻、九〇~九二頁)

七月廿三日　越前守
森伝右衛門

進上物在江戸

一、学鰹塩漬一箱　松平伊予守

一、黒大豆　一箱　鳥居丹波守

従在所到来

(中略)

飛脚連状

一、干鱧　一箱　岡部内膳正

使者連状

一、干鯛　一箱　○同人

御樽　一荷

初而在所到着付而

従旅中、飛脚連状

一、為伺御機嫌　太田備後守

将又、去十八日駿州　　明日着之由
岡部駅止宿之由　　飛脚連状
一、四月廿九日増上寺　　松平大隅守
御霊前　　忌中ニ付差扣
御参詣付而　　之由
（中略）
一、奉書之請　　谷出羽守
（傍線は合点。原文ママ）

これにみるように、日付、老中と表右筆組頭の名前、「進上物在江戸」「従在所到来」という部分で構成されている。Aの場合、日付は七月二日から八月朔日。老中はすべて天保五年（一八三四）七月に月番を勤めた水野忠邦。表右筆組頭は森伝右衛門・石川藤右衛門・志賀藤四郎の三名が不定期に交替しているため、その日の当番であろう。その他の本丸老中の一紙目録留（B・E・K）も基本的に同様で、二日から翌月朔日の日付で、月番老中と当番の表右筆組頭の名前が記されている。「半切」や「五分短」と書かれたものもある。御台所への献上物も記載がある。なお、同じ日の大御所家斉付老中土井利位と、世子家祥（後の家定）付老中堀田正篤の記録が残されている（F・G）ため、大御所や世子への献上や書状については、個別に一紙目録留が作成されていたとみられる。

「進上物在江戸」部分には、在府の者からの献上物とその献上者の名前が記されている。暇が出たがいまだ在府の者や参勤の御礼をいまだ申し上げていない者なども含まれるため、幕府への挨拶の如何に関わらず、江戸の地に居ることが要件である可能性が高い。記載件数は少なく、記載がない日も多い（Aは一六件、Kは記載なし）。

上物	理由や内容	目録	備考	差出地	奉書留・当日奉書留との対応関係
鼠1箱	甚暑為伺御機嫌	−	−	（12月参府）	7/2奉書留
1箱・1箱・1荷	在所到着ニ付而	−	−	在所（4月暇）	7/4奉書留〈廻し奉書：7/2森伝右衛門〉
1箱	在所到着ニ付而	−	−	在所（4月暇）	7/4奉書留〈廻し奉書：7/2森伝右衛門〉
1箱・1箱・1箱	在所到着ニ付而	−	−	在所（5月暇）	7/4奉書留〈廻し奉書：7/2森伝右衛門〉
	酷暑為伺御機嫌	−	−	（4月暇）	7/2奉書留
	為御機嫌伺、将又去月廿二日尾州鳴海駅止宿之由	−	−	道中	7/2奉書留
	土用中為伺御機嫌	−	−	道中	7/2奉書留
	四月廿九日増上寺御霊前御参詣付而	−	−	（12月参府）	7/2奉書留
	去月十二日増上寺御霊前御参詣付而	−	−	（4月暇）	7/2奉書留
	去月十二日増上寺御霊前御参詣付而	−	−	（3月暇）	7/2奉書留
	去月十二日増上寺御霊前御参詣付而	−	−	（4月暇）	7/2奉書留
	去月十二日増上寺御霊前御参詣付而	−	−	（4月参府）	7/2奉書留
	溶姫君様御七夜為御祝儀目録之通被致進上候処披露有之旨奉書之趣忝被存由	−	−	−	−
	四月廿九日増上寺御霊前御参詣付而	−	−	（4月暇）	7/3奉書留
	五月八日東叡山御霊前御参詣付而	−	−	（4月暇）	7/3奉書留
	去月十二日増上寺御霊前御参詣付而	−	−	在所（4月参府）	7/3奉書留
	去月十二日増上寺御霊前御参詣付而	−	−	（5月暇）	7/3奉書留

表2　A　一紙目録留　天保5年7月2～6日

日付	老中	表右筆組頭		献上・差出者		書状のもたらされ方
7/2	越前守	森 伝右衛門	従在所到来	松平美濃守	黒田斉溥（福岡藩主）	飛脚連状
				中川修理大夫	中川久教（岡藩主）	使者連状
				久留嶋伊予守	久留島通嘉（森藩主）	使者連状
				本多下総守	本多康禎（膳所藩主）	使者連状
				松平越前守	松平斉承（福井藩主）	使者連状
				松平伊豆守	松平信順（吉田藩主） （京都所司代）	飛脚連状 （従旅中）
				本多下総守	本多康禎（膳所藩主）	飛脚連状 （従旅中）
				松平美濃守	黒田斉溥（福岡藩主）	飛脚連状 （飛脚之者病気ニ而延着之由）
				松平陸奥守	伊達斉邦（仙台藩主）	飛脚連状
				南部信濃守	南部利済（盛岡藩主）	飛脚連状
				上杉佐渡守	上杉勝義（米沢新田藩主）	飛脚連状
				立花総之丞	立花種温（下手渡藩主）	飛脚連状
7/3	越前守	石川 藤右衛門	従在所到来	尾張前中納言殿	徳川斉朝（名古屋藩隠居）	飛脚連状
				木下大和守	木下俊敦（日出藩主）	飛脚連状
				松平大膳大夫	毛利斉元（萩藩主）	飛脚連状
				佐竹右京大夫	佐竹義厚（久保田藩主）	飛脚連状
				酒井左衛門尉	酒井忠器（庄内藩主）	飛脚連状

	嘉定御規式首尾好相済候旨承知之恐悦由	－	「明日着之由」	道中	－
	先頃帰国為御礼差上使者候処御前江被召出之且又自分之御礼茂申上其上巻物致頂戴重畳難有由	－	－	在所（３月暇）	7/3奉書留
１疋	－	有（7/4）	－	（６月参府）	7/4当日奉書留（松平式部大輔）
１箱・１箱・１荷	在所到着付而	－	－	在所（６月暇）	7/4奉書留〈廻し奉書：7/4志賀藤四郎〉
１箱	在所到着付而	－	－	在所（６月暇）	7/4奉書留〈廻し奉書：7/4志賀藤四郎〉
	去月十二日増上寺御霊前御参詣	－	－	（６月参府）	7/4奉書留
	去月十二日増上寺御霊前御参詣	－	－	－	7/4奉書留
	去月十二日増上寺御霊前御参詣	－	－	在所（６月参府）	7/4奉書留
	嘉定御規式如御嘉例首尾能相済候旨承知之恐悦由	－	－	－	7/4奉書留
１籠	為伺御機嫌	－	－	（４月暇）	7/5奉書留
１箱	－	－	－	（４月暇）	7/5奉書留
	四月廿九日増上寺御霊前御参詣付而	－	－	在所（４月参府）	7/5奉書留
	五月八日東叡山御霊前御参詣付而	－	－	在所（４月暇）	7/5奉書留
	五月八日東叡山御霊前御参詣付而	－	－	（４月暇）	7/5奉書留
	奉書之請	－	－	（４月暇）	－
10両	御生見玉為御祝儀	－	「七夕之御祝儀進上之覚」と重複	（４月参府）	7/6当日奉書留
10両	御生見玉為御祝儀	－	「七夕之御祝儀進上之覚」と重複	（４月参府）	7/6当日奉書留
１箱・１箱・１荷	在所到着付而	－	－	在所（４月暇）	7/7奉書留〈廻し奉書：7/6石川藤右衛門〉

				稲葉丹後守	稲葉正守(淀藩主)	飛脚連状（従濃州大井駅）
				松平加賀守	前田斉泰(金沢藩主)	飛脚連状
7/4	越前守	志賀藤四郎	進上物在江戸	榊原式部大輔	榊原政養(高田藩主)	–
			従在所到来	真田伊豆守	真田幸貫(松代藩主)	使者連状
				堀丹波守	堀直央(村松藩主)	使者連状
				石川宗十郎	石川総和(亀山藩主)	飛脚連状
				竹中主税助	竹中重知(交代寄合)	飛脚連状
				松平能登守	松平乗美(岩村藩主)	飛脚連状
				井伊玄蕃頭	井伊直元(彦根藩嫡子)	飛脚連状
7/5	越前守	森伝右衛門	従在所到来	松平大和守	松平矩典(川越藩主)	飛脚連状
				京極長門守	京極高朗(丸岡藩主)	飛脚連状
				松平土佐守	山内豊資(高知藩主)	飛脚連状
				中川修理大夫	中川久教(岡藩主)	飛脚連状
				遠山美濃守	遠山友寿(苗木藩主)	飛脚連状
				織田近江守	織田信古(柏原藩主)	–
7/6	越前守	石川藤右衛門	進上物在江戸	藤堂和泉守	藤堂高猷(津藩主)	–
				松平伊予守	池田斉敏(岡山藩主)	–
			従在所到来	伊東修理大夫	伊東祐相(飫肥藩主)	使者連状

1箱・ 箱・ 1荷	在所到着付而	−	−	在所 （4月暇）	7/7奉書留 〈廻し奉書:7/6石川藤右衛門〉
1箱	在所到着付而	−	−	在所 （4月暇）	7/7奉書留 〈廻し奉書:7/6石川藤右衛門〉
1箱	在所到着付而、五月十一日長崎江罷越久世伊勢守致対話彼地別条無之由	−	−	在所 （2月暇）	7/7奉書留 〈廻し奉書:7/6石川藤右衛門〉
1箱	在所到着付而	−	−	在所 （4月暇）	7/7奉書留 〈廻し奉書:7/6石川藤右衛門〉
	四月廿九日増上寺御霊前御参詣付而	−	−	（2月暇）	7/6奉書留
	四月廿九日増上寺御霊前御参詣付而	−	−	（11月参府・2月暇）	7/6奉書留
	四月廿九日増上寺御霊前御参詣付而	−	−	（4月参府）	7/6奉書留
	五月八日東叡山御霊前御参詣付而	−	−	在所 （4月暇）	7/6奉書留
	去月十二日増上寺御霊前御参詣付而	−	−	在所 （6月参府）	7/6奉書留
	去月十二日増上寺御霊前御参詣付而	−	−	在所 （5月暇）	7/6奉書留
	為参勤在所可致発足処先達而申聞候通当春以来疝積折々差敷其上痔疾今以同篇罷在難致旅行少茂快候者早速可致出立発足延引付而	−	−	在所 （6月参府）	7/6奉書留
	去月廿四日勢州関駅致止宿候処中暑ニ付難致旅行依之同廿五日同駅致逗留候由	−	−	道中	7/6奉書留
	今般京都江之被下御暇其上御懇之蒙上意御手自御羽織頂戴之従内府様茂致拝領物難有由去月廿五日京着付而	−	−	京都	−
1箱・ 1箱	七夕之為御祝儀	−	「半字下り」	−	7/6奉書留

留との対応関係」欄は筆者追加。

幕府大名武鑑編年集成』第15巻、東洋書林、2000年）、および各家の家譜などを参照した。

				毛利日向守	毛利広鎮(徳山藩主)	使者連状
				細川中務少輔	細川之寿(宇土藩主)	使者連状
				五嶋大和守	五島盛成(福江藩主)	使者連状
				毛利讃岐守	毛利元世(清末藩主)	使者連状
				松平肥前守	鍋島斉正(佐賀藩主)	飛脚連状
				大村丹後守	大村純昌(大村藩主)	飛脚連状
				松浦大和守	松浦皓(平戸新田藩主)	飛脚連状
				毛利讃岐守	毛利元世(清末藩主)	飛脚連状
				酒井石見守	酒井忠方(松山藩主)	飛脚連状
				本多下総守	本多康禎(膳所藩主)	飛脚連状
				酒井石見守	酒井忠方(松山藩主)	使者連状
				松平伊豆守	松平信順(吉田藩主) (京都所司代)	飛脚連状 (従旅中)
				太田備後守	太田資始(掛川藩主) (西丸老中)	飛脚連状 (従京都)
				本多内蔵助	(越前松平家家臣)	格状

「一紙目録・奉書・当日奉書」(『丹鶴城旧蔵幕府史料』 第7巻)より作成。ただし、「差出地」「奉書留・
人物の特定や参府・暇の確認には、「天保武鑑」 天保6年刊／須原屋茂兵衛版(深井雅海・藤實久美
「差出地」欄の(　)は武鑑に記載された参府・暇。

一方、「従在所到来」部分には、在所もしくは道中からの献上物や書状等が、その献上・差出者の名前、どのような形でもたらされたのか(「飛脚連状」や「使者連状」など)とともに記されている。記載された時にはすでに江戸に到着している者も含まれるため、より細かくいえば、在所もしくは道中から差し出されたということになろう。「従国許到来」や「到来状」とする場合もあり、相手や内容により用語が使い分けられているとみられる。差出者の名前に印(点・丸)が付いているものもある。また、献上物の中には献上者側が作成した進上目録とみられる目録が付いているものもある。関係する文書があれば一緒に書き留めたのであろうか。ほぼ毎日記載があり、基本的には献上物を伴うもの、書状のみ、奉書の請書の順に記されている(Aは二〇一件)。

ここでは「進上物在江戸」と「従在所到来」は、どこから届いたものであるかによって書き分けられていることに注目しておきたい。

ところで「一紙目録」という名称を手掛かりにすると、気になる史料が二種類ある。

一つ目は、奏者番が献上の使者に面会すると認め、老中へ提出した文書である(家来が献上物を受け取った場合は「半切」となる)。東京大学史料編纂所所蔵「奏者番留書」(4272–6)の一紙目録之部によると、記載される内容は、日付、当番の名前、献上物、献上者の名前、理由である。「一紙目録」「半切」という名称や、献上物に関する目録であることなど、一紙目録留と似ている点もあるが、書式や記載対象が異なる。なお、Eの元となった記録の作成者、脇坂安董の日記(東京大学史料編纂所所蔵「脇坂家記録」(4272–13)のうち老中脇坂安董公務日記)にもこの一紙目録が出てくるため、両者は同時期に存在していたと考えられる。

二つ目は、一紙目録留と同様の内容を持つが形態の異なる史料である(国立公文書館内閣文庫所蔵「来翰一紙目録」(多033006))。一紙目録留の一日分ずつが切紙に書かれ、綴られている(付箋が図示されているため、この史料も写しか）。全体としては時期も老中名・表右筆組頭名も規則性が認められないが、慶応二年（一八六六）十一月頃までの内容が含まれているとみられる。確認できている一紙目録留の下限（文久二年（一八六二）十二月）以降も、同様の内容を持つ目録が存在していることは興味深い。

三者の関係としては、前項で述べたように老中は来状と共に「一紙目録」を表右筆組頭へ渡しているが、それは奏者番作成の一紙目録であり、受け取った表右筆組頭は、それと同時に渡された来状をもとに「来翰一紙目録」に近い形態の目録を作成、さらにそれを冊子に書き留めたのが一紙目録留と推定することができようか。一つの仮説としておきたい。

3　奉書留

奉書留は老中奉書の写しである。Aより二点紹介しよう。

〔史料3〕「一紙目録・奉書・当日奉書」（『丹鶴城旧蔵幕府史料』第七巻、一七六頁）

御状令披見候、
公方様　内府様
大納言様益御機嫌能被成
御座目出度被存由得
其意候、随而干鱧一箱進
上之候各申談遂披露候処
一段之仕合候、恐々謹言

水野越前守

七月廿三日

岡部内膳正殿

（朱筆）「同断、岡部出江八太夫渡之」

〔史料4〕「一紙目録・奉書・当日奉書」（『丹鶴城旧蔵幕府史料』第七巻、一七八頁）

越前守殿御宅渡

廻し奉書　　一通

七月廿三日

森伝右衛門

御状令披見候、

公方様　内府様

大納言様益御機嫌能被成

御座目出度被存由尤候、

将又今度初而被下御暇

其上巻物頂戴之従

内府様茂拝領物有之

重畳難有由得其意候、

在所到着付而為御礼

以使者御樽肴進上之候
遂披露候処一段之仕合候、
恐々謹言

下野殿
和泉殿　除名
連名

七月廿三日

岡部内膳正殿

（朱筆）「同断、留守居同道使者呼、加藤半兵衛江
直渡之」

このような形でAには二〇八通分が列記されている。差出日は天保五年（一八三四）七月二日から八月朔日。ほかの史料も基本的に二日から翌月朔日である。差出者は月番老中単独と老中連名の両方があり、Aでは月番老中単独が約四分の三、連名が約四分の一という割合である。史料3・4は同日（七月二十三日）付で岸和田藩主岡部長和へ宛てたもので、史料3は月番老中（水野忠邦）単独、史料4は連名（当時の老中は青山忠裕・大久保忠真・松平乗寛・松平康任・水野忠邦）。内容では史料3は定例の献上、史料4は在所到着御礼の献上に対する返書である。連署は、公家・門跡・御三家、参勤の伺い、城普請、帰国の御礼、証文、伝駅の奉書などの「大事」のみに用い、月番老中単独の署名は、御機嫌伺い、軽微な進物、当座のことなどの「小事」に用いるよう、寛文四年（一六六四）に定められたが[4]、それに合致している。宛所は大名（嫡子も含む）のほか、御三家などの家臣・遠国役人・公家・寺社など多岐にわたる。一カ月

の間に複数通発給されている者も多く、Aでは佐賀藩主鍋島斉正の一〇通が最も多い。御機嫌伺い・御礼・献上などに対する返書が大半を占めるが、遠国役人の交代に関する伝達や京都所司代宛のものなどもある。

老中奉書の本文は、同日付で同様のものが続く場合、「同文言」として省略もあるが、どのような文言が使用されたかは把握できる(花押の有無は不明)。ちなみに、Aに写された対馬藩嫡子宗義章宛老中奉書(史料5)の実物が、九州国立博物館所蔵対馬宗家文書に現存する(035031401)[5]。

〔史料5〕「一紙目録・奉書・当日奉書」(『丹鶴城旧蔵幕府史料』第七巻、一九二～一九三頁)

御状令披見候、／
公方様益御機嫌能／被成
御座、四月廿九日／増上寺／
御霊前　御参詣之儀／
被承之恐悦旨尤候、／紙面
之趣各申談可及／言上候、
恐々謹言
　　　　水野越前守
　七月廿八日
　　宗右京大夫殿
　　　　　　　　　　　　　　　　　　(／は原文の改行位置)

比較すると、文言は同じであるが、実物には差出者の実名と花押があるほか、改行位置が異なる。つまり、奉書留の写しは敬意表現も含めた厳密なものではなく、文言の把握を目的としたものといえそうである。奉書留から元の老中奉書を復元すると次のような形となる。

差出者表記…〈月番老中単独の場合〉名字＋官途／片名字＋官途
〈老中連名の場合〉「連名」／「片連名」

宛所…殿付／様付

日付…月日／月／年月

書止文言…恐々謹言／以上／不具謹言／恐惶謹言

これは大野充彦氏の類型に当てはめると折紙奉書にあたる。したがって、奉書留には料紙や封式に関する記載はないが、折紙・折封であったのではないかと推定できる。注目すべきは、宛所が「様」の書状形式のものや、日付に日にちが欠けたものが含まれることである。

なお、この形態の老中奉書については、先行研究で以下のような点が明らかになっている。高知藩山内家の場合、年頭祝儀・八朔祝儀献上に対する返礼、代替をはじめとする将軍家重要慶弔事に際しての献上に対する返礼、領知判物や御暇（帰国・湯治）を頂戴した折の御礼に対する返礼、藩主への病気・卒去・災害等の見舞、下賜品の通達、参勤時期の伺いに対する回答、城修築などの普請許可という重事に対しては連署が、連署奉書による重事および他の類型の奉書による特定事項以外一般に単署が用いられた。当時の呼称は「御奉書」「折紙御奉書」「御返札」「御用状」であるという(6)。天明期（一七八一～八九）の彦根藩井伊家の場合には、年頭御祝儀・八朔祝儀献上への礼状、彦根到着御礼献上への礼状、代替・本丸移徙などの将軍家の重事に際しての祝儀献上に対する礼状、参勤時期伺に対する返礼、将軍家上使首尾の問い合わせという重事に連署が、連署奉書による重事および他の類型の奉書による特定事項以外（献上礼状や返札一般）に単署が用いられた。包紙の表記は「御奉書」「連名之御奉書」であるという(7)。

奉書留には老中奉書本文の他にも情報がある。

一つ目は、史料4の冒頭に「越前守殿御宅渡／廻し奉書　一通／七月廿三日／森伝右衛門」とあるような、老中奉書の渡し方、および加判の仕方に関する表右筆組頭の指示である。全点の奉書留で確認できる。Aでは、連名のものの大半に「廻し奉書　〇通」として「越前守殿御宅渡」、「御判済候者明朝御城江可被下候明日相渡申候」、「御判済候ハ、両三日之内御城江可被下候」、「御判済候者明朝御城江可被下候明日宿次ニ而被遣候」などとある。西丸老中の記録であるHでは、「奉書　〇通」として「御宅渡」、「御判済候ハ、西丸江可被下候」、「御判済候ハ、明朝御本丸江可被下候」などである。一方で、連名だが「廻し奉書」とされていないものもある。ここからは、連署の仕方は幾通りかあり、儀礼的な内容には「廻し奉書」、老中間での協議を必要とする内容には別の方法と使い分けられていたことがわかる。「大事」に用いる連署の中でも、連署の仕方という痕跡の残らない形でさらに軽重に応じた区別があったといえよう。「廻し奉書」の具体的な手順は確認できていないが、名称から推測すれば、老中間を回覧する形で署名していったのであろうか(8)。また渡し方では、Hに記された天保七年(一八三六)の端午の祝儀に対する西丸の老中奉書は、二六四通のうち四八通が「御城渡」、二一六通が「御宅渡」と、同じ用件でも一様ではない。またAには京都所司代の松平信順宛が六通あるが、月番老中水野忠邦宅へ留守居を呼び渡したもの、城で渡したもの、継飛脚で送ったものが二通ずつと、同一人物へも用件に応じて使い分けられている。

二つ目は、史料3・4の朱筆部分のような、老中奉書本文の後に記された伝達の状況である。奉書留のうちA・C・Jで確認できる。抜粋の都合で省略されているが、「同断」は、史料3は「廿四日宅江留守居呼」、史料4は「廿四日宅江」を指す。ここの記述からは、老中奉書の差出日の翌日以降に月番老中宅へ大名の留守居(場合により使者も)らを呼び出し、渡していたことがわかる。ところで、Aでこのような記述があるのは、水野忠邦宅で渡した場合に限られる。したがって、この記録は老中の手控えとして作成された可能性が高い(9)。Ｉの史料名「奉書御宅留」もその性質を示しているように思われる。なお、奉書留に書き留められた老中奉書には日にちが欠けたものが含まれると指摘したが、Ａの場合、それらは城に戻す、もしくは他の老中宅で渡すなどで、水野忠邦宅で渡したものではない。すなわち、日にちの入っていない老中奉書はその老中が目にした状態と推測することができる。その後、日にちが加えられ、発給されたのであろう。老中奉書作成の途中で写した、作成過程ならではの形と考えられる。

4　当日奉書留

当日奉書留も老中奉書の写しである。Ａよりまず一点紹介しよう。

〔史料6〕「一紙目録・奉書・当日奉書」（『丹鶴城旧蔵幕府史料』第七巻、二〇〇〜二〇一頁）

水野越前守

今朝学鰹塩漬一桶

被献之遂披露候処

一段之御仕合候、恐々謹言

七月廿三日　忠邦

〆松平伊予守殿　忠邦

天保五年（一八三四）七月二十三日に岡山藩主池田斉敏へ宛てた、この朝の学鰹塩漬献上に対する返書である。定例の献上とみられる。このような形でＡには二四通分が列記されている。この収録件数は奉書留の一割ほどである。差出日は、Ａは天保五年七月四日から七月二十八日、Ｂは天保十一年十一月二日から十二月朔日。件数が少ないためＡ

は期間が短いが、二日から翌月朔日が基本であろう。差出者は月番老中単独のみで、後述の二通以外は、大名（隠居・嫡子も含む）に宛てた献上に対する返書である。「今朝」という書き出しが多い。老中奉書の本文は、同日付で同様のものが続く場合、「同文言」として省略もあるが、どのような文言が使用されたかは把握できる（花押の有無は不明）。元の老中奉書の形を復元すると次のようになる。

差出者表記…実名

日付…月日

書止文言…恐々謹言

〈本紙裏〉差出者表記…名字＋官途＋実名／名字＋官途

〈本紙裏〉宛所…殿付

これは大野充彦氏の類型では竪紙奉書にあたり、料紙は竪紙、封式は捻封と考えられる。

この形態の老中奉書については、以下のような点が明らかになっている。用いられた料紙は折紙奉書に比べ薄手で、寸法も小ぶりの中奉書。(10)高知藩山内家の場合、元禄三年（一六九〇）四月までの藩主登城召、藩主在府中の献上への返状、世子による年頭祝儀・八朔祝儀献上への返状に用いられ、当時の呼称は「竪御奉書」「御捻」「御捻御奉書」であるという。天明期（一七八一～八九）の彦根藩井伊家の場合には、世子（藩主代行期間中を含む）在府中の献上に対する礼状、世子（藩主代行期間中を含む）に対する勤仕通達に用いられ、包紙の表記は「御奉書」であるという。

献上に対する返書の場合、当日奉書留には伝達の方法や状況は記されていない。そこで大名側の史料を参考にしたい。久保田藩佐竹家で文化八年（一八一一）から文政二年（一八一九）に編纂された『国典類抄』（秋田県立秋田図書館編『国典類抄』秋田県教育委員会、一九七八～八八年）の「将軍家江御献上物之事」によると、前日夕方に伺い、朝献上すると、同日中に月番老中からの使者をもって老中奉書が到来、さらに同日中に藩側から使者を遣わし請書を差し出す、という流れであったようである。山内家の場合にも、包紙表書に記された受領日を信じるならば、ほとんどが即日渡しになっているという。つまり、竪紙・捻封の老中奉書は献上を行った当日に渡されていたとみられる。当日奉書という名称もこのような伝達方法を表しているのであろう。

なお、Aには登城命令が二通ある。そのうちの一通を例としよう。

〔史料7〕「一紙目録・奉書・当日奉書」（『丹鶴城旧蔵幕府史料』第七巻、二〇〇頁）

扣

林肥後守江捻奉書

其方遠慮被遊御免

候間、従明十九日可有登

城候、恐々謹言

七月十八日　　忠邦

〆林肥後守殿　　水野越前守

（朱筆）「十八日持帰」

七月十八日付で若年寄の林忠英へ遠慮御免のため翌日より登城するよう命じたもので、こちらには「扣」「林肥後守江捻奉書」「十八日持帰」と三つの説明が付いている。解釈が難しいが、「捻奉書」（詳しくは次節で述べる）の「扣」で、奉書の日付と同じ日に「持帰」ったということを意味しているのではないかと思われる。「持帰」ったのは記録の作成者である水野忠邦であろう。

以上のように、奉書留と当日奉書留はどちらも老中奉書の控えで、記録の内容や性格は同類であるが、そこに写された老中奉書の形態によって書き分けられている。つまり、奉書留に記された老中奉書と当日奉書に記された老中奉書の間には記録を分ける必要があったということになろう。

Aから判明する天保五年七月二日から八月朔日の一カ月間に七月の月番老中水野忠邦が発給した老中奉書は、奉書留と当日奉書留を合わせて二三二通にのぼる。時期により変動はあろうが、月番老中が一カ月間に扱った数の目安となろう。ちなみに、一カ月のうちに同じ人物に複数通発給されている場合、奉書留のみ、または当日奉書留のみで、混ざることはない。この点からも両者は明確に区別されていたことがわかる。

三　四種類の記録の関係性

次に、本節では四種類の記録のつながりを確認しながら、その意味について考えてみたい。

1　一紙目録留と来翰留

来翰留は一紙目録留の「従在所到来」部分に記された書状の本文にあたる。文久二年(一八六二)十一月朔日に到来した広島藩主浅野茂長差出の書状を例に確認しよう。

〔史料8〕国立公文書館内閣文庫「来翰一紙目録」(220‐0339)

朔日入

(中略)

一筆致啓上候、
公方様先月八日東叡山
御霊前江　御参詣御機嫌能
被遊
還御旨承之恐悦之至奉存候、就夫
以飛札申上候、御序之刻
御前可然様御執成奉頼候、
恐惶謹言
松平安芸守
十月四日
三人様　自分除名
人々御中

〔史料9〕国立公文書館内閣文庫「来翰一紙目録」(220－0339)

十一月二日　河内守
佐山八十次郎
従在所到来
（中略）
飛脚連状

一、九月八日東叡山　　　　松平安芸守
　御霊前
　　御参詣付而
（後略）

書状が到来すると、本文が来翰留に写される。そして、翌日の一紙目録留にもその書状について記される。こちらは要約となる。一紙目録留が二日から始まり、翌月朔日までであるのは、この流れが原因であろう。月番老中の担当範囲は、月内に受領したものであることがわかる。

なお、Kの来翰留に収録された三〇五通の書状のうち二九〇通に一紙目録留との対応関係が認められる。しかし一方で、一五通は対応するものがない。また一紙目録留には記載されていても来翰留に記載がないものも少数ながらある。この違いは、現段階では不明である。

2　一紙目録留と奉書留・当日奉書留

これについては三点の対応関係が認められる（表2参照）。

一点目は、表右筆組頭（史料2・4では森伝右衛門）である。奉書留の「廻し奉書」などの指示はたいていの場合、一紙目録留の日付と同じ日に、一紙目録留に記された表右筆組頭より出されている。発給までに日数を要する案件でも、基本的には一紙目録留に記された当日のうちに、どのような方法で連署し、どのように渡すか、老中へ伝えられたのであろう。

二点目は、一紙目録留の「従在所到来」部分と奉書留、「進上物在江戸」部分と当日奉書留という対応関係である

（表2の「奉書留・当日奉書留との対応関係」参照）。前節の例では、一紙目録留（史料2）の「進上物在江戸」にある松平伊予守の献上と当日奉書留の老中奉書（史料6）、「従在所到来」にある岡部内膳正の献上（二件）と奉書留の老中奉書（史料3・4）が結びつく。すなわち、在所または道中の者から届いたものには折紙・折封、在府の者から届いたものには竪紙・捻封と、相手の居場所により老中奉書の形態が使い分けられていたということになる。これは山内家や井伊家の状況とも一致する。なおAの場合、一紙目録留に記載されていても対応する老中奉書が確認できないもの、奉書留に記載されていても該当する献上・書状が一紙目録留に見当たらないものもある（当日奉書留に記された献上の返書は、すべて一紙目録留で対応関係が認められる）。

三点目は、Aの一紙目録留の中にある「七夕之御祝儀進上之覚」（史料10）で、「横奉書」とされたものと奉書留、「捻奉書」とされたものと当日奉書留、という対応関係である。

〔史料10〕「一紙目録・奉書・当日奉書」（『丹鶴城旧蔵幕府史料』第七巻、七〇～七一頁）

当番
七月六日　戸田因幡守
七夕之御祝儀進上之覚
一、黄金　壱枚　紀伊大納言殿
一、黄金　壱枚　○尾張中納言殿
一、黄金　壱枚　○水戸宰相殿
一、黄金　壱枚　松平加賀守
鯖　弐百刺　同　人

一、黄金　壱枚　松平肥後守
（中略）
一、黄金　壱枚　松平伊予守
以上
惣奉書数二十六通
一、点掛り分捻奉書　十三通
一、無印之分横奉書　十三通
内一通　紀伊殿　御城渡
一、丸付候分奉書不出
七月六日
石川藤右衛門

これは奏者番の当番戸田忠温が七月六日に作成した七夕の祝儀献上の覚書に、表右筆組頭の石川藤右衛門が付箋と印を付けたものである。この印は老中奉書をどうするかを示しており、点を付けた者には「捻奉書」、印のない者には「横奉書」、丸を付けた者には奉書を出さないというように区別している。[11]そして、ここで「横奉書」とされたものは奉書留に、「捻奉書」とされたものは当日奉書留に該当する老中奉書がある。[12]したがって、老中や表右筆組頭らは、折紙・折封を用いた老中奉書を「横奉書」、竪紙・捻封を用いた老中奉書を「捻奉書」と呼んでいたことがわかる。当日奉書留の登城命令（史料7）でも「捻奉書」という用語が使用されていた。ちなみに、山内家でも竪紙奉書を

「御捻」「御捻御奉書」とする呼称が確認できるため、「捻奉書」は発給側のみで使われた呼称ではないとみられるが、「横奉書」というのはこれまで紹介されていないように思われる。

なお、同じ儀礼の献上に対して、折紙・折封（老中連名）と竪紙・捻封（月番老中単独）が使い分けられていることも注目すべきであろう。その違いは、表3の通り、格式や献上物によるのではない。そこで、これまでに確認してきた関係性を考え合わせると、区別の要因は献上者の居場所であろうと推察できる。「横奉書」の者は在所または道中から、「捻奉書」の者は江戸の地から献上が行われたのではないか。竪紙奉書は折紙奉書に比べ薄礼といわれるが(13)、この事例からは幕府の発給する文書として両者は同等の重さをもっていた可能性が窺える。

3　四種類

前1・2項を踏まえると、四種類の記録は二九六頁の図のような関係になる。一紙目録留を中心に置くと、献上物や書状の到来から、老中奉書発給へと至る一本の流れが浮かび上がる。来翰留・奉書留・当日奉書留がそれぞれの文書の控えであるのに対し、一紙目録留はそれらを把握・管理し、老中奉書を作成するために用いられた事務資料と考えられよう。

印	差出地	奉書留・当日奉書留との対応関係
横奉書	（3月暇）	－
奉書不出	（3月参府）	－
奉書不出	（定府）	－
横奉書	在所（3月暇）	7/6奉書留〈廻し奉書：7/6石川藤右衛門〉
捻奉書	（4月参府）	7/6当日奉書留
横奉書	在所（4月参府）	7/6奉書留〈廻し奉書：7/6石川藤右衛門〉
横奉書	（4月暇）	7/6奉書留〈廻し奉書：7/6石川藤右衛門〉
横奉書	在所（4月暇）	7/6奉書留〈廻し奉書：7/6石川藤右衛門〉
横奉書	在所（4月暇）	7/6奉書留〈廻し奉書：7/6石川藤右衛門〉
横奉書	（5月暇）	7/6奉書留〈廻し奉書：7/6石川藤右衛門〉
捻奉書	（4月暇）	7/6当日奉書留
捻奉書	（定府）	7/6当日奉書留
横奉書	（4月参府）	7/6奉書留〈廻し奉書：7/6石川藤右衛門〉
捻奉書	（4月参府）	7/6当日奉書留
横奉書	（4月暇）	7/6奉書留〈廻し奉書：7/6石川藤右衛門〉
横奉書	（2月暇）	7/6奉書留〈廻し奉書：7/6石川藤右衛門〉
捻奉書	（4月暇）	7/6当日奉書留
横奉書	（4月暇）	7/6奉書留〈廻し奉書：7/6石川藤右衛門〉
横奉書	－	7/6当日奉書留
捻奉書	（定府）	7/6当日奉書留
横奉書	（4月暇）	7/6奉書留〈廻し奉書：7/6石川藤右衛門〉
捻奉書	－	7/6当日奉書留
捻奉書	（4月参府）	7/6当日奉書留
捻奉書	（定府）	7/6当日奉書留
横奉書	（4月暇）	7/6奉書留〈廻し奉書：7/6石川藤右衛門〉
捻奉書	－	7/6当日奉書留
捻奉書	（4月参府）	7/6当日奉書留
捻奉書	（4月参府）	7/6当日奉書留

奉書留との対応関係」欄は筆者追加。

江戸幕府大名武鑑編年集成』第15巻、東洋書林、2000年）、および各家の家譜などを参照した。

表 3　七夕之御祝儀進上之覚

献上者		献上物
紀伊大納言殿	徳川斉順（和歌山藩主）　従二位大納言，55万5000石	黄金１枚
尾張中納言殿	徳川斉温（名古屋藩主）　従三位中納言，61万9500石	黄金１枚
水戸宰相殿	徳川斉昭（水戸藩主）　従三位宰相，35万石	黄金１枚
松平加賀守	前田斉泰（金沢藩主）　正四位宰相，大廊下，102万2700石	黄金１枚 鯖200刺
松平肥後守	松平容敬（会津藩主）　正四位下中将，溜間，23万石	黄金１枚
松平大隈守	島津斉興（鹿児島藩主）　正四位下中将，大廊下，77万800石	黄金１枚
松平陸奥守	伊達斉邦（仙台藩主）　従四位上中将，大広間，62万5600石余	黄金１枚
松平越前守	松平斉承（福井藩主）　従四位少将，大廊下，32万石	黄金１枚
松平三河守	松平斉民（津山藩主）　従四位少将，大廊下，10万石	黄金１枚
松平讃岐守	松平頼恕（高松藩主）　従四位少将，溜間，12万石	黄金１枚
松平摂津守	松平義建（高須藩主）　従四位少将，大広間，3万石	白銀３枚
松平左京大夫	松平頼学（西条藩主）　従四位少将，大広間，3万石	白銀３枚
松平淡路守	前田利幹（富山藩主）　従四位侍従，大広間，10万石	白銀３枚
松平出羽守	松平斉貴（松江藩主）　従四位侍従，大広間，18万6000石	黄金１枚
松平大和守	松平矩典（川越藩主）　従四位侍従，大広間，15万石	黄金１枚
松平肥前守	鍋島斉正（佐賀藩主）　従四位侍従，大広間，35万7000石余	黄金１枚
松平右近将監	松平武厚（館林藩主）　従四位侍従，大廊下，6万1000石	白銀１枚
松平左兵衛督	松平直韶（明石藩主）　従四位侍従，大広間，6万石	白銀１枚
松平修理大夫	毛利斉広（萩藩嫡子）　従四位侍従	黄金１枚
松平大学頭	松平頼誠（守山藩主）　従四位侍従，大広間，2万石	白銀１枚
松平因幡守	池田斉訓（鳥取藩主）　従四位侍従，大廊下，32万5000石	黄金１枚
酒井河内守	酒井忠学（姫路藩嫡子）　従四位侍従，溜間	黄金１枚
松平安芸守	浅野斉粛（広島藩主）　従四位侍従，大広間，42万6000石余	黄金１枚
松平播磨守	松平頼縄（府中藩主）　従四位侍従，大広間，2万石	白銀１枚
松平備後守	前田利之（大聖寺藩主）　四品，大広間，10万石	白銀３枚
松平渓山	島津斉宣（鹿児島藩隠居）　正四位中将	黄金１枚
藤堂和泉守	藤堂高猷（津藩主）　従四位侍従，大広間，32万3950石	黄金１枚
松平伊予守	池田斉敏（岡山藩主）　従四位侍従，大広間，31万5200石	黄金１枚

「一紙目録・奉書・当日奉書」（『丹鶴城旧蔵幕府史料』第７巻）より作成。ただし、「差出地」「奉書
人物の特定や参府・暇の確認には、「天保武鑑」天保６年刊　須原屋茂兵衛版（深井雅海・藤實久
「差出地」欄の（　）内は武鑑に記載された参府・暇。

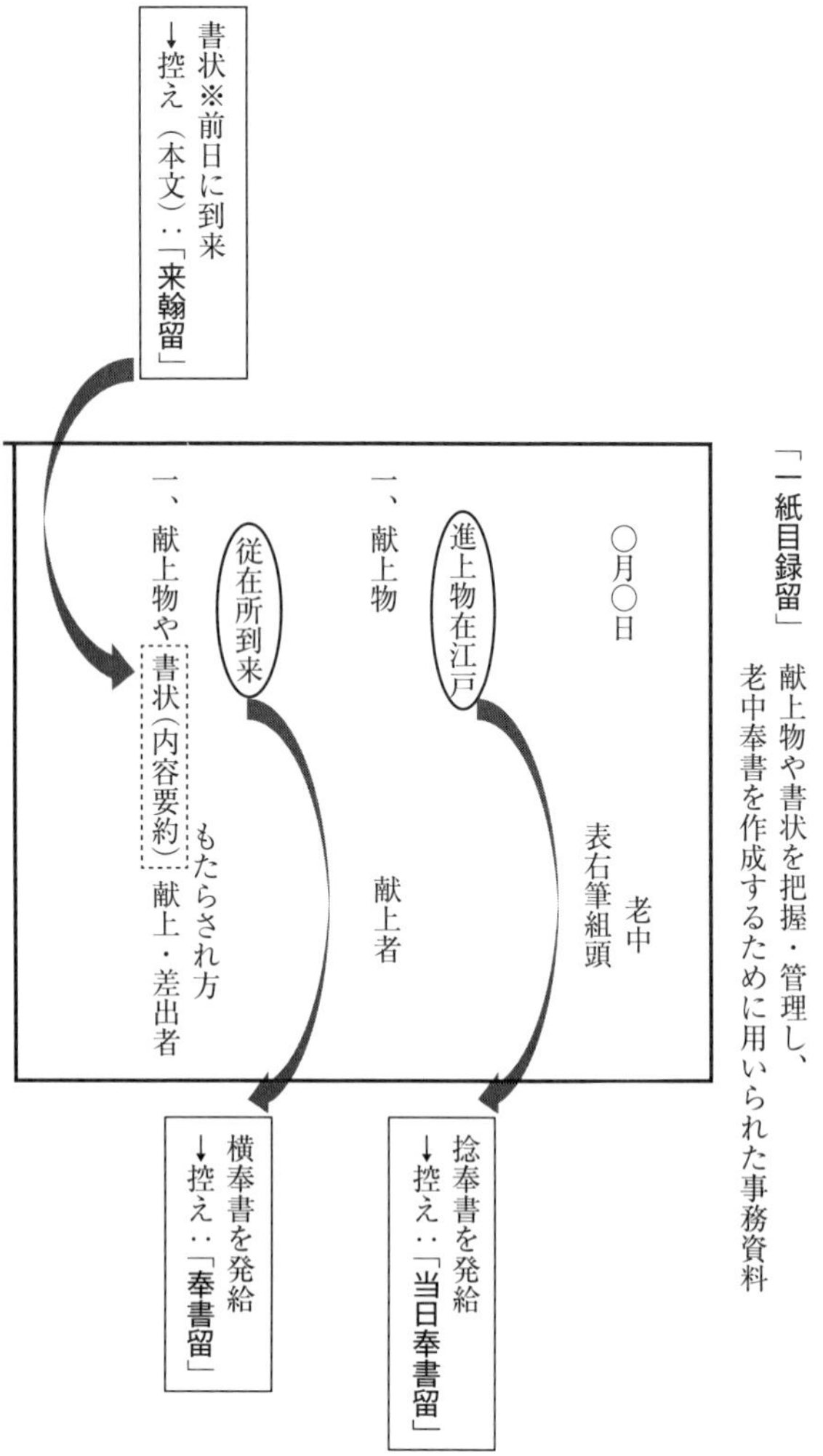

図　四種類の記録のつながり

おわりに——幕府側からみた老中奉書とは——

ここまでに確認してきたことを、幕府側からみた老中奉書という観点で整理し直したい。

老中は「加判の列」とも称されたように、老中奉書の発給はその役職を象徴する職務であるが、近世後期には、月番老中は一カ月に二〇〇通以上を発給し、大半は儀礼的なものであったようである。それに対応するためには効率的な仕組みが築かれていたのであろう。その一端を担ったのが、今回紹介した記録類と考えられる。

来翰留は老中に出された書状、奉書留と当日奉書留は老中奉書の控え、一紙目録留は、書状や献上物などを把握・管理し、それをもとに老中奉書を作成するのに利用された記録とみられる。これらからは、老中や表右筆組頭ら作成・発給に直接携わった者たちは、奉書留と当日奉書留に記されたものを合わせて老中奉書と認識していたことがわかる。換言すれば、老中奉書を奉書と当日奉書に分類していたともいえる。奉書文言の有無や返礼であるか否かは区別されておらず、書状形式の文書も含まれている。「当時かなり一般的に、老中が大名宛てに発する公的・儀礼的文書に対して、御奉書の呼称があったことは否定できない[14]」といわれるが、その実態が裏付けられる。

むしろ、彼らが意識していたのは相手の居場所なのではないか。奉書は在所または道中に居る者へ出されたもので、料紙は折紙、封式は折封、老中らの呼称は「横奉書」であった。連署奉書には「廻し奉書」とそうでないものがあり、重要な内容に対して出されたとされる連署の中に、連署の方法という表面に出ない形でさらに軽重の区別があったと推測される。伝達の仕方も、月番老中宅に大名の留守居などを呼び渡す、城で渡す、継飛脚で送るなど、いくつかの方法があり、事例により使い分けられていた。発給に要する日数も様々であったようである。

一方の当日奉書は在府の者へ出されたもので、料紙は竪紙、封式は捻封、老中らの呼称は「捻奉書」であった。その名の通り、献上の当日中に発給されたとみられる。こちらの場合は直接伝達方法を知ることはできなかったが、受け手側の史料を参考にすると、老中から使者が派遣されたようである。

なお、同じ儀礼での使い分けからは、奉書と当日奉書は幕府の発給する文書として等しい価値をもっていた可能性が窺える。在府の者へは薄礼の文書形式を用いる代わりに老中から使者を遣わし敬意を表すというように、複数の要素を組み合わせることで均衡が保たれていたのであろうか。

発給者側に残されるのは、写しや付随して作成された関連書類など、老中奉書そのものではない。現物でなければわからないことが多いのも事実ではある。しかし一方で、現物には痕跡の残らないところに重要な問題が隠れていることも判明した。そこに目を向ける意義はあると思われる。互いの特性を生かした、両視点からの分析が大切であろう。

本稿では幕府側の老中奉書関係史料として、来翰留・一紙目録留・奉書留・当日奉書留に注目してきた。現時点までに確認できたのは一一点であったが、類似の史料が老中を勤めた家やその周辺に伝来している可能性はあるのではないか。また、これら以外にも老中奉書発給に伴い作成された史料は存在しよう。その調査、および今回解明できなかった問題の検討などは今後の課題としたい。

註

（1）　主な研究としては、鎌田永吉「常陸国土浦土屋家文書目録」（史料館編『史料館所蔵史料目録』第十五集、一九六九年）、高木昭作「近世史にも古文書学は必要である」（永原慶二・稲垣泰彦・山口啓二編『中世・近世の国家と社会』、東京大学出版会、一九八六年）、大野充彦「江戸幕府発給文書について」（高知県教育委員会文化振興課編『高知県歴史資料調査報告書　土佐藩主山内家歴史資料目録』、一九九一年）、伊藤孝幸「老中奉書について―交代寄合高木家による「川通御用」勤務に関連して―」（『古文書研究』三四、一九九一年）、鶴田啓「老中奉書をめぐる古文書学的研究について」（平成三年度科学研究費補助金研究成果報告書『近世幕府文書の古文書学的研究』、一九九二年）、山本博文「近世初期の老中発給文書と月番制」（同前）、佐藤孝之「江戸幕府「老中奉書」の発給形態とその変遷―毛利氏宛「老中奉書」による分析―」（『東京大学史料編纂所研究紀要』三、一九九二年）、高木昭作「近世史料論の試み―老中とその発給文書について―」（『岩波講座日本通史別巻三　史料論』、岩波書店、一九九五年）、髙橋修「老中奉書の文書学的研究」（『歴史』八六、一九九六年）、笠谷和比古『近世武家文書の研究』（法政大学出版局、一九九八年）、大野瑞男「老中奉書と老中制度」（大野瑞男編『史料が語る日本の近世』、吉川弘文館、二〇〇二年）、東昇「対馬藩の文書管理の変遷―御内書・老中奉書を中心に―」（国文学研究資料館編『藩政アーカイブズの研究―近世における文書管理と保存―』、岩田書院、二〇〇八年）などがある。

（2）鶴田註（1）、大野瑞男註（1）など。

（3）Aは「一紙目録奉書・当日奉書」、Bは「紙目録・当日奉書　天保十一子年十一月」、Cは「和泉守殿宅渡廻奉書」、Dは「天保度来翰留」（八冊のうち一冊）に該当するとみられる。

（4）「厳有院殿御実紀」寛文四年三月二十九日・四月朔日条（黒板勝美編『新訂増補国史大系　第四十一巻　徳川実紀　第四篇』、吉川弘文館、一九九八年）。

（5）九州国立博物館の対馬宗家文書データベースで画像を閲覧した。なお、対馬藩の御内書・老中奉書は江戸から対馬へ送り、ある程度まとまると成巻していたため、現在は巻子装である（東註（1））。

（6）大野充彦註（1）。高知藩主山内家の事例については以下も同様。

（7）鶴田註（1）。彦根藩井伊家の事例については以下も同様。

（8）老中連署の中に、さらに「廻し奉書」であるか否かという区分が存在した可能性があることは、小宮山敏和氏も「天保七申六月奉書留」（C）の史料解説で指摘している。また「廻し奉書」の手順についても、ある程度形式的なものであるので、老中が寄り合って検討・署名したのではなく、回覧し署名したのではないかと推定している（『丹鶴城旧蔵幕府史料』第九巻、ゆまに書房、二〇〇八年)。

(9)　吉川紗里矢氏は、役職についた幕府役人が勤務のために、江戸城や奉行所以外の場所で、私的に作成した文書を役職文書と呼んでいる(吉川紗里矢「老中の文書管理と幕府人事――『御覚之控』を中心に――」『書物・出版と社会変容』二〇、二〇一六年)。この奉書留もそれに属するものであろう。

(10)　笠谷註(1)。なお、笠谷氏はその文書論的な本質は料紙ではなく、捻封という封式にあるとして、「捻封の老中奉書」とすべきと指摘している。

(11)　一紙目録留全般に同様の印が見られる。全体にこれと同じ基準が適用されているわけではないが、同様の役割をもって書き入れられたのではないかと考えられる。

(12)　例外として、萩藩嫡子毛利斉広は横奉書の印で当日奉書留に該当文書がある。捻奉書の印の数も一つ足りないため、写しの際の誤記か。

(13)　大野充彦氏は「封式や署判の在り方をみる限りでも「折紙奉書」、「竪紙奉書」、「無判奉書」、「切紙奉書」の順で次第に薄礼になっていく様子が窺い知れる」と指摘(大野充彦註(1))。笠谷和比古氏も竪紙を用いた老中奉書について、「書札礼の観点からしたとき、竪紙であるとは折紙に比して厚礼、上格であることを意味するのであるが、本型文書はむしろ折紙の奉書より低格なのである。(中略)竪紙ではあるが折紙のそれより寸法の点でも、紙質の点でも、劣位の奉書紙が用いられているのである。本型文書の料紙の使用が竪紙であるのは捻封という簡略封式を採用したことからもたらされた結果と解すべき」と述べている(笠谷註(1))。

(14)　鎌田註(1)。

江戸幕府の行政運営における「申合」の機能

小宮山　敏和

はじめに

本稿では、江戸幕府の行政運営において行われた「申合《もうしあわせ》」と呼ばれる行為に注目し、「申合」の機能的な面について検討するとともに、江戸幕府の行政運営上での「申合」の意味について検討していきたい。

そもそも「申合」とは、例えば『日本国語大辞典』から辞書的な意味を確認してみると、「相談をして、とり決めること。一定の了解のもとに、口約束をすること。また、そのとりきめ。いいあわせ」などと説明されている。(1) 実際に、老中やその他の幕府役職関係の史料等では、「申合」と記されたものを散見するが、これまで特段の検討を加えることなく、一般的辞書的な意味で、「老中間で申し合わせたこと」などと理解されてきていると思われる。しかし、後述するように、この「申合」を機能別に場合分けしてみると、単なる取り決めなどには留まらず、例えば老中の行動や業務上の手続き等を規定していた面も確認される。そのため、幕府行政上で制度的な位置付けを与えられた行為として機能していたのではないかと推測されるが、現状でその制度的な位置付けや機能などが明確に検討された研究は少ないと言えよう。

例えば、現在の法体系では、法律、政令、府省令、訓令・告示など、大きな骨格である法律から徐々に運用に則して細部の規定が作られていく。一方、幕府法令については、法度や触は注目されているが、より業務に則した細部の規定に当たる部分についての研究は、個別事例を取り上げる中での検討を除き、体系的にはあまりなされていないのではないだろうか。そのため、老中他幕府役職者の行為が、制度的なものに起因するものなのか個々人の独自の判断によるものなのか等、その評価にも少なからず影響を及ぼすため、この点を検討していく必要があると思われる。

では、「申合」は、右記でいう法度や触の下位法令に該当するのだろうか。「申合」そのものを取り上げた先行研究はほとんどないが、坂本忠久氏が都市法における「申合」の機能について検討されているので確認しておきたい。(2)

坂本氏によれば、江戸の町の年番名主の元における「申合」の性格としては、御沙汰や町触等が契機となって生み出されることがあること、特定の触に対する施行細則的な機能を有する場合があること、単なる下位規範ではなく一部に年番名主の独自性が盛り込まれる場合があることなどを指摘している。つまり、「申合」は、町触の補完的役割、或いは施行細則的な性格があることを指摘するとともに、町触同様の拘束力・規範力を持つとしている。これは、「申合」が、年番名主のみで取り決められるものではなく、町奉行所が関与しつつ作成されていることにもよるようである。また、上から下達される触等については文面等の変更はできないが、「申合」については年番名主方に裁量があることから、ある程度規制されつつも年番名主側の意向が反映できたとする。そして、近世の触に代表される制定法が(上からの)命令・禁止の規範であるのに対し、申合等では一部町役人の意向や意見が反映される場合があり、両者を含めて実際には運用されていると結論付けている。

本稿では、右記の先行研究による町組織の事例も参考にしつつ、幕府組織、特に老中の業務における「申合」について考えて行くこととしたい。また、老中の業務と老中職に関わる文書との関係については、これまでも藤田覚氏による付札・書取等に係わる史料学的な研究[3]や笠谷和比古氏による老中発給文書等の類型化や機能等の研究[4]、大友一雄氏による老中職で用いられる書類の管理等と公用方役人との関係についての研究[5]、吉川紗里矢氏による老中の人事関係文書の研究[6]など、優れた論考が出されてきてはいるが、吉川氏が指摘するように[7]、老中の役職文書は日記以外にも多様に存在し、その作成過程や用途については、未だ明確にされたものは少ないと言えよう。

さらに、アーカイブズ学の観点から、江戸幕府の行政組織やその運営上で作成される文書については、その記録生成母体の組織性や記録資料群の構造的な把握等が、記録を生み出した幕府行政組織の総合的な理解や、個々の記録等の位置付け、分析、利用提供の基礎情報として求められるところであるが[8]、幕府行政の中核たる老中職や同職運営上で作成される文書についても、前述のように、一部の検討は進んでいるものの、未だ個別文書の検討から全体を把握する作業を進めていく段階であると言える。本稿はそのような研究状況の中で、老中関係の文書について、歴史学・アーカイブズ学的にも、職務やそこで生成される文書等を一部ではあるが明確化できるものと考えている。

なお、前述のように、「申合」そのものや「申合」を含む細則的なものについては、従来あまり研究がなく、手探りな部分も多い。本稿は、今後、同分野の研究を進めていくための試論的な位置付けのものであることを予め記しておきたい。

一　使用史料「類聚録」の概要

本節では、検討に用いる主な史料について触れておきたい。ここで検討の中心に使用するのは、「類聚録」と呼ばれる史料である（松尾美恵子監修『学習院大学図書館所蔵　丹鶴城旧蔵幕府史料』第三巻、ゆまに書房、二〇〇七年、に影印版として収録、以下、同巻の頁数のみを（　）で示す）。本史料は、水野忠邦の手元資料を元に、新宮水野家で書写したものと思われる丹鶴城旧蔵幕府史料の中の一つであり、江戸幕府の老中間で申し合わせた内容である申合や、他の老中等からの通知事項等を書き留めたもので、天明八年（一七八八）～天保三年（一八三二）のものを所収する。ただし、補足的に天保十三年のものが数点追加されている。なお、史料の概要については、影印版の解説を参照されたい。ここでは、所収する記事が大きく三つの性格に分かれるため、その部分について検討していきたい。

本史料に所収する記事の特徴について見ていくと、書式としては、見出しの年月日を記した後に、「申合之書付」、「覚」や「廻し」など、記事様式の種類を記してから記事が記されている。よって、本来的にはそれぞれ性格が異なるものと推測されるが、一方で、本史料は「類聚録」として一つにまとめられて編纂されている。また本史料巻一には、部別の目次と年月日順の目次が存在するが、後者の冒頭には「申合書付見出」と記され、「覚」や「廻し」という様式上の情報は目次上で明示されておらず、全体として大きな意味での「申合」との認識で捉えられていたものと推察される。以上の点を認識した上で、「申合之書付」「覚」「廻し」のそれぞれの持つ性格について検討してみたい。なお、本史料の全体を提示することは難しいため、ここでは本史料の中から三者をすべて含む「御成之部」を取り上げて、検討を進めていく。

「御成之部」については、所収する記事を表1にまとめた。「申合之書付」が多く、少しの「覚」と一件の「廻し」から成っている。「見出・内容等」の欄については、目次に掲載があるものは目次の記述を元にしているが、若干修正した部分もある。また、目次に掲載されていないが本文中に掲載されていたものについては、筆者が任意に内容を記載した。目次の掲載の有無については、表中で示している。

表1　「類聚録」御成之部の記事一覧

年月日	見出・内容等	目次の有無	部門	申合／覚／廻しの別	備考
寛政7年正月26日	門前　通御之節御成早き節之儀（辰十月廿七日又申合午十月廿七日又申合）	有	御成之部	申合之書付	
寛政8年10月27日	門前　通御六時御供揃ニ而候得とも通御六時過候とも御目見不及候事	有	御成之部	申合之書付	寛政7年1月26日の申合の変更
寛政9年11月8日	通御御道筋提灯ニ成候儀其外共	有	御成之部	申合之書付	享保2年12月18日付の先例書あり
寛政10年10月17日	遠御成之節門前江罷出候処以来ハ以前之通門内ニ扣罷在候儀	有	御成之部	申合之書付	寛政3年に先例あり
享和元年3月26日	大納言様　御成之節出羽殿病気差合等ニ候ハヽ、代り助月番ニ而　御先相勤候事	有	御成之部	申合之書付	
享和2年3月9日	御両卿方清水御用屋敷御立寄并明地　御成之節者不及御留守詰候事	有	御成之部	覚	「御触書天保集成」四七一七関連
寛政11年9月26日	大納言様浜御庭御成之節西丸江見廻りニ不及候事　御本丸方ニ而火事番心得之事	無	御成之部	覚	
享和元年3月26日	浅草筋大納言様御成之節御本丸同列衆ニ而火事番心得候儀可申談事	無	御成之部	覚	
文化元年12月20日	出火之節防相勤候面々御成日　御用召其外共之儀	有	御成之部	申合之書付	
文化3年7月5日	御成之節御門番之面々家督後初而蒙上意候御礼入来書立不及儀	有	御成之部	覚	
文化4年11月19日	遠　御成御延引之儀若年寄宅ゟ不申越儀	有	御成之部	覚	
文化5年3月	大納言様遠　御成延引之儀対馬殿ゟ申遣ニ不及儀	有	御成之部	廻し	

文化6年9月23日	公方様大広間西御縁還御　御目見之節年寄共御床之方江罷出候事	有	御成之部	覚	
文化11年10月24日	大納言様遠　御成之節御道筋出火候共能登殿不相越火事番之者是迄之通可心得事	有	御成之部	申合之書付	
文政元年正月6日	遠　御成之節　御成先最寄等出火之砌火事番罷出候ハ、月番非番登城之儀	有	御成之部	申合之書付	
享和元年3月26日	大納言様　御成之節出羽殿病気差合等ニ候ハ、代り助月番ニ而　御先相勤候事	無	御成之部	申合之書付	
天保2年11月16日	御成御留守詰之節西丸登城之儀例刻登城之節ハ西丸玄関より退出之事	無	御成之部	申合之書付	
天保3年8月27日	有君御方門前通御之節姫君様方之通ニ相心得之事	無	御成之部	申合之書付	
天保13年9月13日	於鼠山駒場習仕之節御馬方へ弁当振舞之儀相止之事	無	御成之部	申合之書付	

「類聚録」巻1の冒頭にある目次の記載を元に作成。ただし、目次に記載がなく本文のみに記載があるもの、目次と内容に齟齬があるものについては適宜内容等を記入または修正した。また、目次に記載があるが本文に記載がないものについては省略した。

結論から先に示すと、「申合之書付」は老中間の業務運営について申し合わせた事柄、「覚」は老中以外の部局も含めた決めごと、「廻し」は他部局からの通知等の性格がある。以下にそれぞれの様式別の事例を取り上げつつ、検討を加えていきたい。なお、「申合之書付」は次節でその性格等について詳細に検討するため、ここでは他の二者との比較の観点からのみ触れることとする。

1　「申合之書付」

〔史料1〕「類聚録」〔一八七頁〕

寛政七卯年正月廿六日
　申合之書付
　　寛政六寅
　　　十一月朔日
遠　御成之節、老中・弾正大弼居屋敷前通御之節、門前江罷出御目見致候処、御成刻限格別ニ早キ節者罷出ニ不及旨加納遠江守を以被仰出之、
右之通候処、　御成六時迄ニ候ハヽ、罷出不及、右巳後之刻限ニ候ハヽ、其時々伺候上ニ而罷出候有無可相極事、
右之通卯正月廿六日申合候事、

史料1は、まず申合を行うきっかけとして、寛政六年（一七九四）十一月に、御成の刻限が特に早い時は老中が自身の屋敷の門前に出て将軍に御目見する必要はないとの将軍の意向が、御側御用取次の加納久周《ひさのり》を通じて老中に示されている。これを受け、老中達は、御成が六つ時までであれば門前には出ず、それ以降であった場合にはその時々に合わせて伺いの上で決める、という趣旨で申し合わせている。将軍の意向を受け、「格別早い」とはどこからなのか、業務を遂行する上では線引きの必要があることから、六つ時を基準として対応を分けることとしたと理解できる。これは、老中間で業務運営上の解釈を示していると言えよう。このように、「申合之書付」は、老中間の業務運営上の取り決め等について用いられていることがわかる。

また、「申合之書付」の適用範囲だが、例えば「御参詣之部」の中には、文政十一年（一八二八）四月十五日付で「西丸方申合之書付」と見出しのついた書付があり、さらに同内容を通知する「覚」が続いて記入されている（9）〔一八六頁〕。ここから、ここでいう「申合」は、同役やある集団内、狭い範囲の関係者を適用範囲として作成されるもの

と推測され、触などのように広範に渡って影響を及ぼす性質のものではないと推察される。(10)

2 「覚」

〔史料2〕「類聚録」〔一九二頁〕

文化三寅年七月五日

覚

御成之節、所々御門番之面々家督後初而蒙　上意候為御礼入来之節、是迄ハ書立持出候処、向後書立持出ニ不及候事、

史料2は、家督を継いだ後の初めての門番を仰せつかった際の事で、今後は「書立」の持出不要としている。この史料の対象は門番であり、老中ではない。指示の発出主体が老中なのかそれ以外なのかは判然としないが、「申合之書付」の対象とは方向が明らかに異なっていることはわかる。

〔史料3〕「類聚録」〔一九三頁〕

文化六巳年九月廿三日

覚

公方様大広間西御縁還御之節、年寄共桜之間御障子之方ニ罷在　御目見仕候得共、向後御床之方江罷出候事、

〔史料4〕「類聚録」〔一九一頁〕

享和元酉年三月廿六日

覚

一、浅草筋大納言様　御成之節、御本丸同列衆ニ而火事番之心得候儀可申談事、

一、右同断　御成之節、自分病気差合等之節、代り　御先勤之儀可申談事、

一、西丸御留守詰并見廻りニ者不及候事、

史料3は、将軍が還御した際に老中達が出迎えに出る場所の変更を指示したものである。老中達を「年寄共」と表現しているとともに、自らの御目見位置を自ら変更指示しているようには見受けられないことから、老中以外のものからの指示と考えられよう。

史料4は、世子である家慶が浅草方面に御成した際の火事番や緊急時の交代要員について相談しておくこと、西丸に詰めたり見廻りは不要であると指示している。この指示の主体は、老中というより将軍または奥からの指示、或いは西丸など他部局からの指示という可能性が考えられる。

〔史料5〕「類聚録」〔一九〇頁〕

享和二戌年三月九日

覚

御両卿方并清水御用屋敷江御立寄并明地、〔「御成之節」脱カ〕向後前々之通御留守詰ニ不及旨相伺済候事、

〔史料6〕「御触書天保集成」[11] 史料四七一七

享和二戌年三月

一、御曲輪之内　御成之節は、以来共老中、若年寄之御留守相止候旨、大目付え采女正、御目付え堀田摂津守申達之、

史料5では、御三卿の屋敷に将軍が立ち寄るなどの際、今後は留守詰で詰める必要はないとしているものである。

これに関連して、『御触書天保集成』に収録されているものが史料6であり、同趣旨の内容が大目付と目付を通じて幕府内に通達されたことがわかる。このように、「覚」と見出しが付くものについては、触と関連するものが散見される(12)。これも後で述べる「申合之書付」のような、触を受けての同役内での解釈等というより、「覚」の内容それ自体が先にあって、そのうち業務上で関連するものを所収しているのではないかと思われる。

以上から、「覚」は老中間のみで適用される申し合わせとは異なり、老中職に対する外部からの指示なり通達等の可能性が高く、そのうち業務上で関連するものを本史料に所収しているのではないかと推察される。

3「廻し」

この「廻し」と付いているものは、老中間での回状による伝達が為されたことを示しているようである。例えば、「御名代之部」の「寛政元酉年六月十二日」の日付がある「廻し」〔一九五頁〕は、発出したのは「備後守」とある。これはこの月の月番老中牧野貞長で(13)、増上寺・寛永寺への名代についての伝達である。この「廻し」には、所々に朱書で補注等が入っているが、最後に「右六月十五日丹波殿より下廻しニ而到来、和泉殿江順達」と朱書されている。この丹波殿と和泉殿は、老中の鳥居丹波守忠意と松平和泉守乗完であると推測されるので、老中間を回状として回ったと思われる(14)。また、「廻し」として「申合之書付」を回達している例もあるので(15)、「廻し」は単に回状形式で伝達したことを表すのであろう。

〔史料7〕「類聚録」〔一九三頁〕

文化五辰年三月

御廻し　　　対馬守

大納言様遠　御成延引之儀申来候而も対馬守より以来同列衆江申遣候ニ不及筈ニ申合候事、
但、西丸御目付ゟ同列衆銘々江申来候次第

〔史料8〕「類聚録」〔二一五頁〕
寛政二戌年八月五日
廻し　　越中守
（本文略）
（朱書）
「但是ハ細川越中守殿ゟ道中往来心得之儀越中殿江聞合有之候付、同列一統評議之上相定、右之通答被申越候、
以後為心得記置」

史料7の発出は西丸老中の安藤対馬守信成で、世子家慶の遠御成が延期となった場合、その知らせを今後は信成から知らせることはしないと申し合わせたこと、代わりに西丸目付から知らせることにしたというものである。発出が西丸老中からであり、回状による伝達が内容によっては本丸老中内のみに限ったことではないことが推測される。

史料8は、往来で摂家や親王以下に行き合った際の対応について見解を示したもので、ここでは文末に記された朱書の注に注目したい。同箇所からは、本件が細川家から松平定信への問い合わせが発端であったこと、回答内容について事前に老中間で評議し決定したことがわかる。つまり、この廻しで回達されてきたものは、内容的には初見ではなく、細川家への通達事項が参考送付されてきたと考えられる。

以上から、「廻し」とされるものは、老中または関係者からの回状形式による伝達事項を指していると考えられ、その中で後日の参考となりそうなものが選択されて記録されてきたものと考えられよう。

二　「申合」についての検討

1　「申合」作成の要因等

本節では、前節で取り上げたもののうち、①「申合之書付」を中心に検討を加えていきたい。まずは「申合」作成等のきっかけとなる要因、作成過程、既存の「申合」の改正等について確認しておきたい。

〔史料9〕「類聚録」〔一七九頁〕

享和三年亥年四月廿二日

　　申合之書付

　　　四月廿四日

一、御台様増上寺御参詣相済　帰御以後老中・対馬守御本丸西丸若年寄中より当番御留守居迄以手紙御機嫌相伺候事、

　但、備前守・大炊頭・堀田摂津守ハ御広敷御機嫌伺相済候事、

一、御参詣相済候恐悦ハ翌日登城之上、御側衆を以申上并御広敷江罷出候事、

一、御台様増上寺御参詣之節、先例之年寄共居残罷在候由候得とも、御用も無之候ハヾ、其儀ニ及間敷候御台様思召ニ付、右之趣御聴ニも入候処思召も無之間、居残ニ不及旨以平岡美濃守被　仰出之、

〔史料10〕「類聚録」〔一八八頁〕

寛政九巳年十一月八日

申合之書付

遠　御成之節、　通御御通筋門前并辻番江桃灯差出　御目通之場所江ハ差出ニ不及哉、金十郎を以御目付心得方相尋候処、書面之通佐久間左京ゟ書付差出候、依之、以来　通御御通筋之門前并辻番江計り桃灯差出可申事、

一、御目付ゟ差出候書付左之通

遠　御成之節、御通筋屋敷之門前并辻番所江桃灯差出候儀、享保二酉年御書付を以被　仰渡候、以後御定等相替儀ハ無之哉旨御尋ニ付相糺候処、享保度被　仰出候後別段被仰渡等相見不申、只今以享保度之通相心得罷在候、依之御目通場所并辻番共桃灯差出候ニ及不申候、則享保度御書付之写相添、此段申上候、以上、

十月　　　　佐久間左京

（中略）

享保二酉年十二月十八日

佐渡守殿御渡

一、御通筋屋敷廻ニ出置候桃灯ハ無用ニ仕、辻番所計ニ置可申事、

但、門前ニハ桃灯差置可申事、

（中略）

一、町々ハ行灯計ニ而桃灯無用ニ可仕事、

（中略）

右之通可被相達候

〔史料11〕「類聚録」〔一八八頁〕

寛政八辰年十月廿七日
　申合之書付
遠　御成之節、老中・弾正大弼居屋敷前通御之節、六時之御供揃ニ候ハヽ、六時過之通御ニ候而も御見目得罷出ニ不及候事、
右　御目見之儀去卯正月申合有之候得共、猶又以来書面之通申合候事、

史料9は、将軍御台所の増上寺参詣後のご機嫌伺いの時期や手段等について申し合わせたものであるが、ここでは三つ目の一つ書の記載に注目したい。将軍御台所の増上寺参詣の際に、従来は老中等が参詣後も（増上寺に）居残っていたところ、用件がないのであれば居残る必要はないのではないかとの御台所の思し召しがあったこと、将軍にも伺ったところ特に異論はないとのことで、今後は居残る必要はないと御側御用取次の平岡頼長を通じて下命があったとしている。ここから、将軍・大奥からの指示によって従来の運用が変更されたことがわかる。「申合」が作成されるきっかけは、この例のように将軍・大奥からの指示や要望の他、大名・役人等からの疑義や細部への照会、同役内での運用の見直しの必要など、様々な要因によって、老中間で見解を合わせておく必要からなされるようである。

史料10は、将軍の遠御成の際に、道筋の門前や辻番への桃灯の差し出しについての申合である。この中で注目されるのは、運用に疑義が生じた際に目付に問い合わせており、目付は記録から適切な先例を探し出して、老中の元に報告していることである。老中はその先例を踏まえ、本件の様な「申合之書付」として申し合わせている。ここからは、先例調査を行い、先例を踏まえて検討し作成しているということがわかる。

史料11は、将軍の遠御成の時に、老中等の屋敷前を通過する際には、老中等が門前に出てお目見えすることについての「申合」である。史料11では、六つ時の御供揃であるならば、六つ時過の通過であっても御目見不要としてい

る。この御目見については、「去卯正月申合有之候得共」とあることから、寛政七年正月に既に「申合」がなされており、その改正に当たるものと理解できる。この寛政七年正月の「申合」というのが、実は史料1である。史料1では、格別早い場合には御目見不要との下命によって、六つ時までの御成であれば御目見に出ることは不要と「申合」ているが、史料11によって、「六時之御供揃」までが判断の基準に変更され、屋敷前の通過時刻は判断基準から外れることとなっている。

このような形で既存の「申合」については、再度内容を改めた「申合」をすることによって改定していることがわかる。新設するのみではなく、改定あるいは廃止においても、「申合」の手続きが必要となっていたと考えられ、単に申し合わせるというのみならず、制度的にも確立していたといえるのではないだろうか。

では、この「申合」がもつ性質等はどのような特徴があるのであろうか。これについては、一節でも触れている通り、例えば前出の史料1や史料10・11等では、「申合」によって申し合わせた老中等の業務や行動等を規定する役目を負っていると言える。また史料9等では、老中に限らず、限られた範囲での関係者に通用するものや、解釈、見解、業務の運用方法などを示したものなどがあることから、これらの目的を達成するために作成されたものと思われる。

2 「申合」と触等(1)

次に、この「申合」と他の法令、特に触等との関係について検討していきたい。

〔史料12―1〕「御触書天保集成」史料五一三七

寛政元酉年七月

大目付え

御役勤中之諸帳面并書付類、銘々限りニて跡役え引渡無之向有之哉ニも相聞候、以来ハ転役退役又は死去等之節は、不残同役え引渡、跡役被　仰付候ハ、、右帳面書付類同役より不残引渡有之様可被致候、

但、手留之儀は、銘々宅え封置候とも、又は同役え相譲候とも、勝手次第可致候、

右之趣、諸役人え寄々可被達候、

七月

〔史料12-2〕「類聚録」〔三八六頁〕

寛政元酉年七月廿六日

申合之書付

御役勤中之諸帳面并諸書付類、銘々〔限りニて跡役え引渡無之向有之哉ニも相聞候、以来ハ〕転役退役又ハ死去等之節ハ、不残同役江引渡置、跡役被　仰付候ハ、、右帳面書付類同役ゟ不残引渡候〔有之〕様可被致候、御側御用人ハ同役無之ニ付、此方同列之内へ受取置、跡役被　仰付候ハ、可相渡候、御勝手方之書付帳面類ハ同掛り之面々江可相渡候、

但、手留之儀も〔は〕、銘々宅江封置〔候〕とも、又ハ同役江相譲候とも、勝手次第可致候、

右之趣、伺相済候上、書面之通申合候事〔諸役人え寄々可被達候、〕

但、御側御用人・若年寄・寺社奉行も右之趣伺済面々江達之、

酉七月

（〔　〕内および傍線は引用者、以下同じ。説明は後掲本文参照）

〔史料12-3〕「類聚録」〔三八六頁〕

寛政四子年四月
　申合之書付
是迄日々持帰之書付も宅ニ而帳面仕立置候得とも、先ハ紙之儀宅留ニ而取扱候事も無之ニ付、書付之侭ニ而差置候而も御用弁之差支ニも不相成候間、以来扣書付有之分、品ニ寄其侭ニ而差置可申候、依之帳面相減候分凡左之通、
　但、後役江引送り之節も、其侭ニ而送り可申候、
　御用留帳之内
一、御礼書　　一、御役儀・御役席留　　一、御朱印留
一、金銀御入用・御修復之類留　　一、御金改・改物留
一、御仕置留　　一、申渡留　　一、月番・御名代勤之割
一、留書　　一、人留人通留　　一、次飛脚状奥江出留
一、産穢・忌服留
　是ハ写持出之上持帰候付、其書付之侭ニ而差置候分、
一、出仕断
　是ハ扣持出之上持帰候付、其書付之侭ニ而差置候事、
右之通申合候事、
　四月
史料12-1は、『天保御触書集成』所収の触で、役職に就任中に作成等した「諸帳面并書付類」の取り扱いについて

通達したものである。内容は、役人としての職務に伴って作成した謂わば公的文書を後任に引き継がない者がいること、今後は同役の者が一旦引き取り、後任が着任後、同役の者から引き渡すこと、手留（私的に作成した写やメモ等に当たるものか）については、自宅で保存しておいても同僚等に渡しても勝手次第であること、以上について各部署に通達するようにというものである。[16]

この史料12−1に関連して、「類聚録」の中に「申合之書付」として収録されていたものが史料12−2である。なお、収録に当たっては、特に触との関係が明記されていたわけではない。また、史料中の［　］で囲った部分は、触にはあるが「申合之書付」では記載されていない部分、傍線部分は、「申合之書付」のみに記載されている文字を表している。

基本的な内容は史料12−1と同趣旨であるが、異なる点としては、御側御用人と御勝手方の引継ぎ文書の扱いについて触れられていること、御側御用人・若年寄・寺社奉行へも同趣旨が通達されていると記載されていることである。史料12−1と比較すると、史料12−1が全体的な基本方針を示したものであるのに対して、史料12−2は、部署としての対応を示したものと言え、史料12−1の運用細則的なものに該当すると考えられる。また、関係部署間で情報共有を図っていたことがわかる。

なお、史料12−2のように史料12−1と文章が重なるなどの関係はないが、老中職に関する文書の扱いという点で関連する史料として史料12−3があるので、ここで触れておきたい。史料12−3からは、江戸城での業務上で一般に扱われていたのは書付と呼ばれる一紙様式のものであり、日々自宅に持ち帰り必要に応じて書付を写して控えを作成していったものが、一つ書きで列挙されたものも含む帳面類であることがわかる。史料12−3では、帳面類が多数に及んでいることから、控えがあるものについては、帳面に仕立てずとも書付のままで保存して良いと老中間で申し合わせている。史料12―3に関連する触などは確認できていないので、江戸幕府全体での方針なのかは定かではないが、少なくとも老中という役職に伴う文書作成や文書管理についての運用は、ある程度自分たちで決定していたことがわかるとともに、江戸城または老中を出した大名家に伝来する文書等の形成過程にも関係する規定であるといえよう。

以上からは、基本方針を示す触に対して運用細則的な役割を果たした「申合」の一つの性格を確認することができる。老中同役中または関係する部署も含めて、一部局としての対応の申し合わせを行い、部局内での取扱方を定めている。また、触への対応のみならず、運用に関連する取り決めを申し合わせで決めて運用しており、具体的なところは「申合」の段階で決められて実行されていたことが推察される。

3「申合」と触(2)

触との関係については、次の事例も確認しておきたい。

〔史料13―1〕「御触書天保集成」史料八六

寛政四子年十二月

大目付え

若君様え御機嫌伺并恐悦等、或は献上物之儀、在国在邑之面々より呈書差越候節、在所ニて其月之月番難分、前月ニても承知之月番老中宛所ニて、呈書差越可申事、

但、月を越到着候とも、宛所之老中え可差出事、

右之趣、呈書差越向え、無急度可被相達置候事、

十二月

〔史料13-2〕「類聚録」〔三五九頁〕

同(寛政)四子年十二月廿六日

申合之書付

若君様江御機嫌伺并恐悦等、或者献上物之儀、［在国］在邑之面々より呈書之事、右［差越候節］、在所ニ而其月之月番難分ハ、前月［ニても承知］之月番［老中］宛所ニ而、呈書差越［可申事］十一月を越候而呈書到着之節も可有之事ニ付、右之段兼而心得居、献上物之指図等も伺之節可取計事、

［但、月を越到着候とも、宛所之老中え可差出事、］

但、月越ニ右之通到来之時ハ、小目録仕立持出、廻しニ可致候、右一名之呈書到来之節病気差合等ニ而登城不致節も先受取候而月番江可差遣候、小目録廻し并献上物指図、且又右之返札ハ月番より可差出候、返札不済内登　城候ハヽ、其宛所より返札ハ可出事、

［右之趣、呈書差越向え、無急度可被相達置候事、］

子十二月

〔史料13-3〕「類聚録」〔三六〇頁〕

(寛政四年)十二月廿九日

呈書之儀ニ付

申合之書付

申合書付但書之内

一名之呈書到来之節、病気差合等ニ而登　城不致節ハ、月番へ可差出旨相達、月番ニ而小目録廻し并献上物指

図、且又右之返札可差出候、返札不済内登　城候ハヽ、其宛所より返札ハ可出事、（傍点は引用者）

史料13-1は、こちらも『天保御触書集成』所収の触で、若君様（家斉長男の竹千代）へ呈上するご機嫌伺いの書状や物の献上などの際に、在所にいて月番老中がわからない場合には前月の月番老中宛として構わない、もし月をまたいで到着しても元の宛所のままで良い、とする通達である。この触に関する「申合之書付」が史料13-2であり、史料12-2と同様に史料13-1の御触との異同を［　］や傍線で示している。

この中で、触の後半部分「在所ニて其月之月番難分、前月ニても承知之月番老中宛所ニて、呈書差越可申事　但、月を越到着候とも、宛所之老中え可差出事」に対応する形で、（本件の申合が十二月であるので前月の）十一月付のものが十一月を過ぎた形で呈書が到来することもあるので、このことを予め心得て置き、献上物の指図なども問い合わせの際には適切に取りはからうこととしており、具体的な事案に則した対応案となっている。さらに、月をまたいだ形の場合には小目録を作成して回達すること、宛先が（自分）一名の呈書が到来の時は、病気等で登城しない場合もまずは受け取って月番へ渡すこと、（その際の）小目録の回達や献上物の指図、その返札については月番から差し出すこと、返札が済まないうちに（元の宛先の人物が）登城したならば、宛所であった人物から返札を出すことが但書で示されており、より細かな運用内容について申し合わせている。

さらに史料13-3は、史料13-2の但書の部分について、史料13-2の三日後の日付で改正しているものである。史料13-2では「先受取候而月番江可差遣候」として、前月の月番等、当月の月番以外の老中を宛先として到来した場合、まずは受け取ってその後に月番に渡すとされていたが、史料13-2では「月番へ可差出旨相達」（傍点部）として、当初から月番に提出するように通達することと改正している。

以上のように、触に伴う「申合之書付」の作成過程を見てきたが、これは、老中の行う関連業務自体が、これらの細かな取り決めをしておかないと回らないという実態があったからではないかと推察される。触と運用を取り決めた「申合之書付」の関係とが、以上から窺い知れるのではないだろうか。

本節では、「申合」の機能面を中心に検討し、部局を限定した中で、「申合」は運用細則的な役割を果たしていたこと、触への対応等の具体的なところは「申合」の段階で決められて実行されていたことなどを明らかにした。

おわりに

本稿では、老中関係の情報を記した「類聚録」を元に、「申合」を中心として「覚」や「廻し」など、老中の役職に伴って発生している文書等の一部を取り上げた。

「申合之書付」のみならず、「覚」や「廻し」とされる記事も含めて、「類聚録」の目次の書きぶりからは区別なく、全体として「申合」と捉えられていることを前提とするが、その中で個々の性格について検討した。

「申合之書付」との対比にはなるが、「覚」は老中間のみで適用される申し合わせとは異なり、老中職に対する外部からの指示なり通達等の可能性が高いこと、そのうち業務上で関連するものを「類聚録」に所収している可能性が高いことを指摘した。

また、「廻し」とされるものは、内容面で区別される「申合之書付」や「覚」とは異なり、老中または関係者からの回状形式による伝達事項を指していると考えられ、その中で後日の参考となりそうなものが選択されて「類聚録」に記録されてきたものと考えられることも指摘した。

一方、「申合之書付」は、部局を限定したなかで運用細則的な役割を果たしていた「申合」や、触への対応等の具体的なところを実質的に決定し実行されていた「申合」などを示していたことを明らかにした。

さらに、「申合」は、同役やある集団内、狭い範囲の関係者を適用範囲として作成されるものと推測されるとともに、様々な部局でそれぞれが「申合」を用いて部局業務を規定し、または複数部局を適用範囲として「申合」で規定するなどの可能性にも触れた。ここからは、江戸幕府の部局が一定程度自律的な組織体として存在していたこと、その運営や部局間で連携した業務を行う場合には、「申合」といったような根拠となる規定等の存在が必要であったことなどが推察されよう。幕府組織の中で、「申合」という機能が様々な部署で一般的に活用されて行政運営されていた可能性が示唆されるのではないだろうか。

はじめにでも言及しているように、江戸幕府の行政文書については歴史学・アーカイブズ学ともに、まだまだ研究を進める余地がある。また、老中の役職文書はこれまでの研究の中で触れられてきた日記以外にも多様に存在し、その作成過程や用途については、未だ明確にされたものは少ない。微力ながらも、本稿ではその一部を明確化できたのではないかと思われるが、未解明の部分も多く残されている。今後は老中以外の役職も含め、業務運営と文書の関係に注目しつつ、役職について制度と実際の業務運営との関係を軸に検討を加えていきたい。

註

（1）『日本国語大辞典第二版』（小学館。Japanknowledgeのものを使用）。
（2）坂本忠久『近世江戸の都市法とその構造』（創文社、二〇一四年）。
（3）藤田覚『近世史料論の世界』（校倉書房、二〇一二年）。

（4）　笠谷和比古『近世武家文書の研究』（法政大学出版局、一九九八年）。
（5）　大友一雄「天保期幕府老中職にみる公用方役人について―松代藩真田幸貫を事例に―」（『松代』二四号、二〇一〇年）。
（6）　吉川紗里矢「老中の文書管理と幕府人事　『御覚之控』を中心に」（『書物・出版と社会変容』二〇号、二〇一六年）。
（7）　吉川前掲註（6）。
（8）　太田富康氏は、アーカイブズ機関における目録編成記述の検討の中で、近世アーカイブズや収集アーカイブズが、行政文書等の組織アーカイブズと同じ土俵に立つまでには、記録を生成した組織情報等を解明することそのものが当該組織の歴史的・制度的研究そのものとなるなど多大な調査研究を必要とすることを指摘する（「アーカイブズ機関における編成記述の動向と課題―都道府県文書館の目録と検索システムの状況から―」国文学研究資料館編『アーカイブズの構造認識と編成記述』思文閣出版、二〇一四年）。そのような点からも、幕府の記録とそれを生み出した組織について意識しつつ、その解明を確実に進めていく必要がある。
（9）　具体的な部分では、「西丸方申合之書付」の「紅葉山御宮江公方様　内府様御参詣之節、大納言様より、御太刀一腰・御馬代金一枚　御名代駿河守・備前守之内　右之通向後御名代有之事」とされる部分に対して、「覚」では「紅葉山御宮江公方様　内府様御参詣之節、大納言様御名代駿河守・備前守之内相勤候」として、西丸で申し合わせた内容を通知する形の表現となっている。
（10）　例えば、東京大学史料編纂所所蔵写本である「脇坂家記録」の中や国文学研究資料館所蔵の常陸国土浦土屋家文書の中にも、奏者番関係の史料として申合を含む史料が散見される。また、国立公文書館所蔵の「同役一座申合」は、寺社奉行内寄合の申合の記録であり、役職ごとに同様の記録を作成していたと考えられる。さらに、同館所蔵の「撰要類集」には「裁断之内評定一座申合」の部分があり、「尹台秘録」には「三部行(奉行)申合之部」が存在することから、役職に留まらずある集団を形成している場合にも、その集団内での申合が存在することが窺われる。

一方で、一つの役職や集団ではなく、ある臨時的な業務に則して申合が作成される場合がある。例えば、国立公文書館所蔵の「将軍宣下ニ付申合之留」は、宝暦十年の将軍家治の将軍宣下に関するもので、この中では老中、若年寄それぞれの申合、或いは双方合わせた申合・覚・触などが、将軍宣下関連の業務の流れの中で所収されている。非日常的業務なのか等にもよるが、関係部署間で業務を進める上で、適宜、申合等を用いて進め、それが先例としてまとめられたのではないだろうか。

(11)『御触書天保集成』(岩波書店、一九五八)。以下同じ。

(12)他にも、例えば御触書集成には「享和二戌年九月覚」として「是迄出羽守え差出候諸願等、当分月番之老中え差出候様向々え達し之事」(『御触書天保集成』五二八二)を所収する。これに関して、「類従録」の「遠国状之部」に所収されている「享和二戌年九月廿一日覚」では、「西丸江之呈書献上物等一紙目録、是迄月番ニ而持出候得共、向後月番ニ而取調持出可申事」(三六二頁)としており、御触書の段階(月番に差出)からさらに一歩進んだ指示(差出の上、月番で取調)となっている。実際には、多くの「覚」と題された指示等が飛び交わされている中、編者の取捨選択の中で所収されていった可能性が推測される。

(13)荒川秀俊「老中月番表」(『日本歴史』二六七号、一九七〇年)。

(14)この年の老中は、荒川氏の老中月番表によると、牧野貞長のほか、松平信明・鳥居忠意・松平乗完と、月番免除の松平定信。発出元の牧野と前後の鳥居と松平乗完を除くと、本件情報を記したのは、松平信明か松平定信となる。また、「類従録」の「官家之部」に所収されている「寛政二戌年八月五日」の「廻し」(二一五頁)は松平定信発出であるが、文末に朱書補注があり、「右一通越中守殿ゟ廻し」との記述がある。このような点を加味すると、この時期の注や記事を記録したのは松平信明の可能性も考えられ、信明の作成したものが後の老中達が写して伝え、追加等も経て現在の「類従録」になっていた可能性が考えられる。

(15)　「類従録」の「遠国状之部」に所収されている「寛政元酉年八月七日」付の記事〔三五八頁〕。

(16)　吉川紗里矢氏は、幕府役人の作成する文書について、仮にではあるが、役職についた幕府役人が勤務のために私的に作成した文書を役職文書と呼び、それは江戸城や奉行所以外の場所、具体的には幕府役人の家で作成されたとする。また、幕府役職者が江戸城や奉行所において作成した文書群を役所文書と呼んで区別している（吉川前掲註（6））。後役に引き継ぐ文書とはここで言う役所文書が該当すると思われるが、作成場所と文書の関係については、様々な事例があることから、より検討を加えていく必要があると思われる。

付記　脱稿後、五十嵐一郎「同席大名間における「申合帳」の変遷過程―詰衆を例として―」（『国士舘史学』二三、二〇一九年）に接した。同論文からは、詰衆内でも申合を用いて自律的な組織運営を行っていたことが読み取れ、他役職も含めた幕府内での申合の機能等を考える上で有益な事例を提示している。

Ⅲ　諸藩の政治・文化

尾張藩祖徳川義直の刀剣献上・贈与

深井雅海

はじめに

尾張藩祖徳川義直の年代記である「源敬様御代御記録」（徳川林政史研究所蔵）[1]には、御成などの際の将軍家への刀剣献上の他、徳川一門・幕閣・大名・幕臣・尾張家および諸大名の家臣などに対する刀剣贈与の記事が頻出する。一方、徳川美術館蔵の「元和七酉年ゟ寛永十五寅年迄御腰物御脇指請取払方帳」は、元和七年（一六二一）から寛永十五年（一六三八）までの尾張徳川家での刀剣の出納を記録した帳面である。同史料には、「請取」として、買上品、義直家臣からの献上品、諸大名からの贈品、将軍家からの下賜品の、計四五〇振と、「払方」として、尾張家が贈品に用いた刀剣三一二振（ただし、うち二振は抹消）が収録されている[2]。

右のうち贈品に用いた刀剣を登録した「御腰物御脇指払方覚」（以下「払方覚」と略す）と、「源敬様御代御記録」（以下「御記録」と略す）を突き合わせてみると、義直の差料となった刀剣などを除く二九五振が符号する。

たとえば、「御記録」の元和七年七月九日条にはつぎのようにみえる。

松浦肥前守江名古屋おいて御脇差被遣之、

また、「払方覚」の冒頭にはつぎのように記されている。

一、左安吉《ワキサシ》　代金六枚　御かい被成候内
　是ハ酉七月九日なこやニて松浦肥前殿へ被遣
　候、

すなわち、両史料から、元和七年七月九日、肥前平戸城主(六万三二〇〇石)松浦隆信に名古屋で贈られた刀剣は、銘が左安吉の脇指で、その代付け(代金)は大判六枚、買上品であることが判明する。

本稿では、両史料を基に、尾張家より、将軍家・徳川一門・幕閣・大名・幕臣・尾張家および諸大名の家臣などに献上・贈与された刀剣を、時期・理由・氏名・地位・代付け・入手先ごとに分類・整理し、身分・地位に応じて、いかなる理由で、どのような格付けの刀剣が贈られていたのか、明らかにしたい。

一　刀剣の入手先と銘・代付け

まず、贈品に用いられた刀剣二九五振の入手先と銘・代

と代付け

貞宗	当麻	長光	景光	包永	真長	来国俊	二字国俊	吉岡一文字	吉平	雲次	延寿	法城寺	左国弘	吉房	了戒	その他	計
		1	1	1	4	3		3	3	4	3	1		1	4	49	100
	2	2	4		1		1	1		1	1	1	1	3		21	48
	2	2	2	3	2	1	2	1	2			2	1			21	64
	3	2	1	2		2	1						2			5	24
1		1		1												9	21
6	1						2									12	24
1											1					12	14
8	8	8	8	7	7	6	6	5	5	5	5	4	4	4	4	129	295

付けの全般的な傾向について、みておきたい。

表1は、入手先と代付けとの関係についてみたものである。入手先は、買上品、大名・義直家臣などからの贈品、義直の父家康の遺品である「駿府御分物」、将軍家からの拝領品に分けられる。最も多いのは、買上品の一八八振（六三・七％）、次いで多いのが贈品の五五振（一八・六％）であり、両者で八二・三％、大半を占める。また、代付けをみると、二〇枚（二〇〇両）未満の刀剣が多く、二一二振（七一・八％）と、大部分が格の低い刀剣である。したがって、二〇枚未満の格の低い刀剣を大量に購入し、贈品にあてていた実態が明らかとなる。

つぎに、贈品に用いられた刀剣の銘についてみよう。銘は、一一一に及ぶ。その内、四振以上を数える刀剣銘についてみたのが表2である。来国光の二四振が突出しているものの、全体の一割にも満たない。つづく、信国・行光・青江・一文字・左文字・貞宗・当麻・長光・景光の八振以上を数えるものを含めても一〇四振、三五・二％である。その他の一二九振のうち、六〇振は一振ずつ銘が異なって

表1　贈品に用いられた刀剣の入手先と代付け

入手先／代付け	買上	贈品	駿府御分物	拝領	記載なし	計
5枚以下	77	16	6		1	100
10枚未満	35	9	3		1	48
20枚未満	52	9	2		1	64
30枚未満	13	4	4	3		24
40枚未満	6	8		6	1	21
50枚未満						
50枚以上	4	7	2	8	3	24
記載なし	1	2	4	2	5	14
計	188	55	21	19	12	295

表2　贈品に用いられた刀剣の銘

刀剣銘／代付け	来国光	信国	行光	青江	一文字	左文字
5枚以下	4	6	2	6	4	
10枚未満	3	1		2		3
20枚未満	8	3	7	1	3	1
30枚未満	3	1			1	1
40枚未満	4		1		1	3
50枚未満						
50枚以上	2					1
記載なし						
計	24	11	10	9	9	9

表1・2註　徳川林政史研究所編『源敬様御代御記録』1・2巻（史料纂集、八木書店、2015～2016年）、「元和七酉年ゟ寛永十五寅年迄御腰物御脇指請取払方帳」（徳川美術館蔵）により作成。

おり、多様な刀剣が収集されたことがうかがえる。もう一つ注意すべきは、同じ刀剣銘であっても、代付けが大きく異なることである。たとえば、来国光の場合、五枚以下のものから五〇枚以上のものまで、多岐にわたっている。刀剣の評価の奥深さを物語るものといえよう。

二　将軍家への献上

献上贈与のうち、将軍家への献上品からみよう。表3は徳川秀忠、表4は徳川家光への刀剣献上を示す。いずれも、江戸の尾張屋敷に御成したときか、上洛・下向時に名古屋城に逗留したときなどに、刀剣献上が行われている。

表3　徳川秀忠への刀剣献上

No	年	月	日	地位	理由	形状	刀剣銘	代付け	入手先
①	元和9	2	13	将軍	江戸尾張屋敷へ御成	太刀	御賀丸久国		駿府御分物
						刀	吉光		
						脇指	宗近		
②	元和9	⑧	24	大御所	下向のとき名古屋城逗留	刀	会津正宗		
③	寛永2	3	8		江戸尾張屋敷へ御成	太刀	備中恒次	四枚	駿府御分物
						刀	清水藤四郎	(三〇〇〇貫)	
④	寛永3	10	9		下向のとき名古屋城逗留	脇指	浮田志津	一〇〇枚	
⑤	寛永4	5	3		江戸尾張屋敷へ御成	刀	斎村貞宗	八〇枚	
⑥	寛永5	6	11		江戸尾張屋敷へ御成	脇指	左文字	五〇枚	秀頼よりの贈品

⑦	寛永8	2	29		江戸尾張屋敷へ御成	脇指	光包	一三〇枚	将軍より拝領

註　出典は表1に同じ。名物刀剣の代金のうち、（　）内は、「享保名物帳」（辻本直男補・注『図説刀剣名物帳』〔雄山閣出版、一九七〇年〕）にみえる代付けを示す。月の丸数字は閏月。以下の表も同じ。

表4　徳川家光への刀剣献上

No	年	月	日	地位	理由	形状	刀剣銘	代付け	入手先
①	元和9	2	18	将軍世子	江戸尾張屋敷へ御成	太刀	長光	八枚	
						刀	貞宗	三五枚	将軍より拝領
						脇指	国吉	五〇枚	駿府御分物
②	元和9	⑧	12		下向のとき名古屋入城	太刀	光忠	五枚	秀頼よりの贈品
						刀	二字国俊	五〇枚	浅野家よりの贈品
						脇指	光包	一〇〇枚	駿府御分物
③	寛永2	2	26		江戸尾張屋敷へ御成	太刀	行平		
						刀	大左文字		
						脇指	金森正宗	（三〇〇枚）	
④	寛永4	6	21		江戸尾張屋敷へ御成	太刀	真長	四枚	忠長よりの贈品
						刀	正宗	一五〇枚	秀忠より拝領
						脇指	国吉	五〇枚	
⑤	寛永5	8	9	将軍	江戸尾張屋敷へ御成	刀	中川郷	一〇〇枚（五〇〇〇貫）	秀忠より拝領
⑥	寛永6	5	朔		疱瘡快然の祝儀	脇指	来国次	一〇〇枚	秀忠より拝領

⑦	寛永8	5	9	江戸尾張屋敷へ御成	脇指	当麻	一〇〇枚	秀忠より拝領
⑧	寛永11	7	4	上洛途中名古屋到着	刀	二字国俊	五〇枚	秀忠より拝領
					脇指	奈良屋貞宗	（三〇〇枚）	
⑨	寛永12	7	22	江戸城二丸にて茶差上	刀	貞宗	一〇〇枚	買上
					脇指（光友より）	則重	三五枚	秀康よりの贈品
⑩	寛永13	9	21	江戸尾張屋敷へ御成	太刀	久国	一五枚	
					刀	鍋島江	三五〇枚（七〇〇〇貫）	
					脇指	来国光	一〇〇枚	水戸家よりの贈品
					太刀（光友より）	備前国綱	五枚	
					刀（光友より）	貞宗	一〇〇枚	秀忠より拝領
⑪	寛永14	9	3	江戸城西丸にて茶・膳など差上	脇指	貞宗	六〇枚	買上

註　出典は表1に同じ。

まず注意すべきは、献上が、太刀・刀・脇指の三点セットか、太刀・刀、もしくは刀・脇指の二点セットか、刀、脇指いずれか一振に分かれていることである。もちろん、正式な御成のときは、三点セットでのやりとりが行われている。「御記録」(3)から、一例を掲示しよう（傍線筆者、以下同じ）。

〔史料1〕

御成ニ付、未明ニ為御迎　御登城、追付　公方様被為　成、為御相伴　水戸様（徳川頼房）先達而御越、藤堂和泉守（高虎）ニも参上有之、　御成之節、捨露次外江　御出向、水戸様ニも御越、和泉守ニも供奉、捨露次くつろけ所ニ而御駕籠ゟ出御、本露次より御数寄屋江被為　入、御懸物等　上覧、早而御膳御指上、相済而御休息所江被為成、暫有而又御数寄屋江　入御、御茶被　召上、　御二方様ニも御頂戴、和泉守給納、早而御鎖之間江渡御、御飾之諸器　上覧、上意之上　水戸様御一覧、和泉守ニも一覧有之、早而御長袴ニ而　御成書院江　渡御、御太刀大原真守・御小袖弐百・八丈嶋（縞）三百端・白銀三千枚御頂戴、御三献御祝有之、御規式相済而御広間江渡御、于時御太刀御賀丸久国・御馬鞍置壱疋・御小袖弐百・金襴三十巻・襦弥百巻・越前綿千把・白糸百斤・紅糸弐百斤・黄金三百枚御進上、御礼被　仰上、相済而御能初之三番、過而御舞台正面ニ要脚三百貫、六所ニ積之、猿楽江呉服被下之、早而御中入、此節御書院おゐて七五三之御膳御差上、御引替之御膳出被遊御相伴、水戸様・和泉守ニも御相伴有之、初献・二献御各盞、三献之時蓬莱之御台出之、御盃御頂戴、于時御刀義弘・御脇差奈良屋貞宗御頂戴、御返盃有而御刀吉光・御脇指宗近御指上、御盃水戸様御頂戴、和泉守江も被下、早而再御広間江　出御、御能過而　還御、此節外露次口迄　御送、　水戸様ニも同所迄御送、和泉守ニも相越、（以下略）

史料1は、元和九年（一六二三）二月十三日に、将軍秀忠が尾張屋敷に御成した際の記事である。正式な御成のときは、「御迎」として義直が登城している。御成書院で太刀などの下賜・献上品の授受が行われたのち、書院で盃のやりとりが執行された際、刀と脇指を交換している。三代将軍家光の場合、寛永二年（一六二五）二月二十六日と同十三年九月二十一日のとき「御迎」が行われているので、両行事が正式な御成と思われる。いずれの際も、太刀・刀・脇指の三点セットでの贈答が執り行われている。

しかし、正式な御成を除くと、献上刀剣の数は、基本的に、そのときどきの将軍・大御所・世子から下賜される刀剣の数に比例したものを用意している。「御記録」から、二例引用してみよう。

〔史料2〕(4)

公方様御下向、今日名古屋　御城江被為　入、於　御本丸御饗応有之、御太刀則宗・御刀来国光・御脇指左文字・御馬弐疋御頂戴、御太刀光忠・御刀二字国俊・御脇指光包御差上有之、（以下略）

〔史料3〕(5)

大御所様名古屋江　着御、御腰物志津御頂戴、　大御所様江も御脇指浮田志津御指上之、（以下略）

史料2は、元和九年閏八月十二日、将軍家光が名古屋城に入城したとき、史料3は、寛永三年十月九日、大御所秀忠が名古屋城に逗留したときの記事である。元和九年には、太刀（則宗）・刀（来国光）・脇指（左文字）の三点セットを下賜され、義直は、同じく太刀（光忠）・刀（二字国俊）・脇指（光包）を献上している。また寛永三年には、刀（志津）を下賜されたのに対し、名物刀剣の浮田志津（脇指）を献じている。いずれも、下賜された刀剣と同じ数を奉じたことは明らかである。

つぎに、献上した刀剣の代付けをみると、まず注目されるのが、太刀の評価の低さである。寛永十三年九月二十一日に家光へ献上された久国は一五枚で、一〇枚を超えているものの、それ以外の五振はすべて一〇枚未満であり、おおむね四、五枚の刀剣が使用されている。太刀の贈答は形式化していたといえよう。これに対し、刀と脇指は代付けの高いものが用いられている。ごく一部三五枚のものがあるが、それ以外は、不明のものを除き、すべて五〇枚以上の刀剣である。一〇〇枚以上のものが多く、なかには、会津正宗・清水藤四郎・浮田志津・斎村貞宗・金森正宗・中川郷・奈良屋貞宗・鍋島江（郷）のように、名物刀剣が八振みられる。ことに、鍋島江は三五〇枚という、かなり高い代付けである。

ついで、献上刀剣の入手先をみよう。ごく一部買上品がみられるものの、不明を除き、献上品は、将軍家からの拝領品、徳川一門からの贈品、家康遺品の駿府御分物などにより構成されている。なかでも、将軍家からの拝領品が一〇振と多く、将軍家光への献上品は、秀忠からの拝領品が目につく。こうしてみると、名物刀剣などの名刀は、贈答儀礼により、将軍家と尾張家との間で循環していたといえよう。

三　徳川一門への贈与

表5は徳川忠長、表6は、紀伊・水戸家およびそれ以外の一門への刀剣贈与を示す。

表5　徳川忠長への刀剣贈与

No	年	月	日	理由	形状	刀剣銘	代付け	入手先
①	元和9	2	18	将軍世子家光、江戸尾張屋敷御成のとき相伴	太刀	景光	四枚	浅野家よりの贈品
					刀	長光	二〇枚	駿府御分物
					脇指	信国	二五枚	買上
②	寛永2	2	5	大御所秀忠、忠長屋敷御成のとき相伴	太刀	真長	三枚半	加藤家よりの贈品
					刀	一文字	一五枚	買上
					脇指	来国光	三五枚	松平家よりの贈品
③	寛永2	2	28	御成の祝儀	太刀	長光	一〇枚	浅野家よりの贈品
④	寛永5	10	7	駿府にて	太刀	吉家	三枚	紀伊家よりの贈品
					刀	則重	一五枚	

理由	形状	刀剣銘	代付け	入手先
	脇指	当麻	二〇枚	買上
御付、朝倉宣正へ下賜	刀	青江	八枚	
〃 鳥居成次へ下賜		左文字	八枚	
〃 奥津河内守へ下賜		則次	七枚	

註　出典は表1に同じ。

表6　御三家・一門への刀剣贈与

No	年	月	日	理由	氏名	職名	形状	刀剣銘	代付け	入手先
①	元和9	⑧	13	名古屋立寄	水戸頼房		刀	当麻	二〇枚	買上
							脇指	来国光	三〇枚	
				同上御供	中山信吉	家老	刀	元重	五枚	
					村瀬重治			守家	五枚	
②	元和9	12	11	佐屋立寄	紀伊頼宣		刀	一文字	三〇枚	大御所より拝領
							脇指	来国光	三〇枚	将軍より拝領
					水野重良	家老	刀	左相行	五枚	駿府御分物
					安藤直治	家臣		義景	四枚	買上
③	寛永元	4	22	帰国のとき名古屋立寄	紀伊頼宣		刀	来国俊	六二～六三枚	将軍より拝領
④	寛永2	12	12	下向のとき名古屋で饗応	紀伊頼宣		脇指	左文字	三〇枚	秀頼よりの贈品
⑤	寛永4	12	12	名古屋城で対顔	紀伊頼宣		刀	来国光	一五枚	買上
							脇指	行光	三五枚	忠長よりの贈品

⑥	寛永7	11	24	名古屋立寄	松平忠直		脇指	安吉	二〇枚	買上
					永見吉治	家臣	刀	政光	三枚	
⑦	寛永8	2	5	江戸にて	紀伊長福（光貞）		刀	二字国俊	二〇枚	買上
⑧	寛永11	7	5	長久寺止宿	水戸頼房		刀	則房	五〇枚	松平家よりの贈品
⑨	寛永13	7	21	初めて逢	紀伊修理		脇指	行光	一〇枚	買上
⑩	寛永15	3	5	初めて逢	松平頼重		刀	景光	一〇枚	買上

註　出典は表1に同じ。

忠長は、周知のごとく、秀忠の二男で、家光の弟である。義直にとっては甥にあたる。慶長十一年（一六〇六）五月に生まれ、元和二年（一六一六）九月に甲斐一国を与えられ、同六年八月参議に任じられて甲斐宰相と称した。ついで、寛永元年（一六二四）七月、駿河・遠江などを加増されて五〇万石、駿府城主となった。翌三年八月、従二位権大納言に叙任されたため駿河大納言と呼ばれた。ところが、同八年五月に甲斐へ蟄居させられ、翌九年十月、上野高崎城主安藤重長に預けられ、同十年十二月に自害した(6)。

表6に見える一門は、紀伊頼宣・長福・修理、水戸頼房・頼重、松平忠直である。頼宣は、家康の一〇男で、義直の二歳違いの弟である。元和五年七月に紀伊・伊勢五五万五〇〇〇石を与えられ、紀伊中納言と称した。寛永三年八月には、従二位権大納言に叙任されている。長福はその長男で、寛永八年当時六歳、のちの二代光貞である。修理はその弟で、寛永十三年当時五歳、同年十一月に死去している。頼房は、家康の一一男で、義直の三歳違いの弟である。慶長十四年十二月、常陸水戸二五万石を与えられ、元和六年八月参議に任じ、同八年九月三万石加増、寛永三年八月従三位権中納言に昇進し、翌四年正月正三位に叙されている。頼重はその長男で、寛永十五年当時一八歳、のち

の讃岐高松一二万石の祖である。(7) 松平忠直は、家康の二男秀康の子で、慶長十二年閏四月に越前六八万石を継いだもののの、元和九年二月に改易となり、豊後国大分郡内で「料田」五〇〇〇石を給され、津守村に居住した。(8)

まず、忠長への刀剣贈与からみよう(表5)。忠長への贈与は、家光や秀忠が尾張屋敷や忠長屋敷に御成した際に、忠長・義直が相伴をしたときと、義直が暇により国許へ帰るとき駿府に立ち寄った際に行われている。いずれも、太刀・刀・脇指の三点セットを贈っている。将軍家の場合と同じく、太刀は代付けの低いものを贈与しており、すべて代金五枚未満である。ただし、寛永二年二月二十六日、将軍家光が尾張屋敷に御成した際の祝儀として、同二十八日に使者に届けさせた太刀長光は、若干高めの一〇枚である。義直が、太刀を贈呈したのは将軍家と忠長のみであり、太刀は、代付けの低さと相俟って、儀礼的な道具と化していたといえよう。また、かかる意味からいっても、同じ一門とはいえ、忠長は特別な存在として扱われていたといえよう。

太刀の低さに対し、刀や脇指は、比較的価値の高いものが贈られている。刀は一五〜二〇枚、脇指は二〇〜三五枚、脇指の方が高めである。入手先は、大名家よりの贈品と買上品である。注意すべきは、忠長の付属家臣へも刀剣が下賜されていることである。ことに、朝倉宣正(遠江掛川二万六〇〇〇石)・鳥居成次(甲斐谷村三万五〇〇〇石)の両付家老は代付け八枚の刀、奥津河内守は七枚の刀と、細かく差をつけており、これは格を重視する表れといえよう。(9)

つぎに一門の場合をみてみよう(表6)。紀伊頼宣・水戸頼房・松平忠直には、刀・脇指のセットか、刀、脇指のどちらかが贈られている。いずれも、国許に帰国するときや、京都から下向する際、名古屋・佐屋に立ち寄ったときに贈与されている。とくに義直は、兄弟である頼宣・頼房に対しては、寛永元年四月二十二日③や同十一年七月五日⑧にみえるように、五〇〜六〇枚という、将軍家にも献上できるような高価値の刀剣(来国俊・則房)を進呈している。実際、来国俊は将軍家より拝領した品である。こうした特別な場合を除けば、通常、二〇〜三〇枚程度の刀剣を贈っている。刀より脇指の方が高めなのも、忠長の場合と同じである。入手先は、将軍家よりの拝領品も目につくが、多いのは買上品である。

頼宣や頼房の子供たちにも、刀剣を贈与している⑦・⑨・⑩。注目されるのは、紀伊家の長男長福（のちの二代光貞）と、二男の松平修理および水戸家の松平頼重との間で差を設けていることである。長福には、代付け二〇枚の二字国俊の刀を贈ったのに対し、修理と頼重には一〇枚の刀剣を渡している。跡継ぎか否かで、格差をつけたといえよう。

紀伊・水戸家、松平忠直家の家臣にも、刀剣を下賜している。水戸家の付家老中山信吉（常陸松岡二万石）・村瀬重治（一万石）、紀伊家の付家老水野重良（紀伊新宮三万五〇〇〇石）には(10)、代金五枚の刀剣が贈られている。しかし、紀伊家家臣の安藤直治には四枚、松平忠直の家臣永見吉治には三枚の刀剣である。この差は何によるものであろうか。安藤直治は、付家老直次（紀伊田辺三万八〇〇〇石余）の世子であり(11)、当主ではないため、代金一枚の差がつけられたのであろう。また、松平忠直の家臣永見吉治については、既述したごとく、主君の忠直が豊後国津守村へ配流になっていたため、さらに低い価値の刀剣が与えられたものと思われる。

四　幕閣・役人への贈与

表7は、年寄（老中）などの幕閣や諸役人に対する刀剣贈与を示す。注目されるのは、同じ年寄（老中）であっても、人物によって、贈られる刀剣の代付けが大きく異なることである。また、同一人物でも、時期により、贈与される刀剣の評価が異なる。これは、そのときどきの年寄（老中）の序列や権力状況が反映されているためと思われる。その実態をみよう。

表7　幕閣・役人への刀剣贈与

No	年	月	日	理由	氏名	職名	形状	刀剣銘	代付け	入手先
①	元和9	⑧	12	将軍家光下向御供	酒井忠世	年寄	刀	左国弘	二〇枚	買上
					阿部正次	年寄	刀	信国	一五枚	浅野家よりの贈品
					青山忠俊	年寄	刀	吉用	一五枚	買上
					酒井忠勝	年寄	刀	助吉	一五枚	買上
					安藤重長	上野高崎城主	刀	法城寺	一〇枚	買上
②	元和9	⑧	24	大御所秀忠下向御供	土井利勝	年寄	刀	備前三郎	三〇枚	買上
					井上正就	年寄	刀	島津左文字	二〇枚	駿府御分物
					永井尚政	年寄	刀	一文字	一三枚	駿府御分物
③	寛永3	9	晦	将軍家光下向御供	酒井忠勝	年寄	刀	来国光	二〇枚	駿府御分物
					安藤重長	上野高崎城主 書院番頭	刀	景光	一〇枚	買上
					稲葉正勝	年寄	刀	包平	一〇枚	買上
④	寛永3	10	4	鳴海止宿	酒井忠世	年寄	刀	長光	二五枚	将軍より拝領
⑤	寛永3	10	9	大御所秀忠下向御供	土井利勝	年寄	刀	左文字	三〇枚	将軍より拝領
					井上正就	年寄	脇指	来国光	二〇枚	駿府御分物
					永井尚政	年寄	刀	左文字	二〇枚	買上
					酒井忠行	年寄忠世の子 奏者役	刀	則重	一八枚	買上
					土屋利直	近習	刀	吉平	一〇枚	成瀬家よりの贈品

					内藤忠重	書院番頭		末左文字	一〇枚	買上
⑥	寛永4	7	10	酒井忠勝屋敷訪問	酒井忠経	忠勝の子	刀	吉房	七枚	買上
					酒井忠朝			左国弘	一〇枚	
⑦	寛永6	5	13	上使到着	酒井忠吉	四〇〇〇石	刀	包平	一〇枚	買上
⑧	寛永7	8	29	京都への使、名古屋立寄	酒井忠世	年寄	刀	景光	二〇枚	忠長よりの贈品
					土井利勝			左文字	三〇枚	将軍より拝領
					伊丹康勝	勘定頭 九〇〇〇石	脇指	行光	五枚	買上
⑨	寛永8	6	4	屋敷訪問	永井尚政	年寄	刀	安吉	二〇枚	買上
				屋敷立寄	加々爪忠澄	町奉行 五五〇〇石		包永	五枚	寺尾家よりの贈品
⑩	寛永8	6	9	使者をもって贈る	酒井忠勝	年寄	脇指	来国光	五〇枚	頼宣よりの贈品
					稲葉正勝		刀	光忠	三〇枚	紀伊家よりの贈品
					松平信綱	小性組番頭		当麻	一五枚	買上
⑪	寛永10	4	朔	三島止宿につき小田原にて贈る	稲葉正勝	年寄	刀	備前三郎	三〇枚	買上
⑫	寛永10	7	10	上使到着	中根正成	持筒頭 三〇〇〇石	刀	景秀	二五枚	買上
⑬	寛永12	7	26	将軍へ茶指上のとき取持	堀田正盛	老中	刀	高木貞宗	三〇枚	買上
⑭	寛永12	7	27	将軍へ茶指上のとき取持	柳生宗矩	大目付	刀	来国光	一五枚	買上
					佐久間実勝	作事奉行		志津	一五枚	
					石谷貞清	目付	刀	来国光	五枚	駿府御分物

					兼松正直			法城寺	五枚	買上
⑮	寛永12	7	晦	将軍へ茶指上のとき取持	土井利勝	老中	刀	高木貞宗	五〇枚	買上
					松平信綱			包永	二〇枚	
					阿部忠秋			真長	一〇枚	
					朽木稙綱	書院番頭		〃	一〇枚	
⑯	寛永12	10	9	上使到着	三枝守恵	書院番頭	刀	来国光	三〇枚	買上
⑰	寛永15	6	18	上使到着	池田長賢	書院番頭	刀	左弘行	三〇枚	頼房よりの贈品

註『源敬様御代御記録』1・2巻、「元和七酉年ゟ寛永十五寅年迄御腰物御脇指請取払方帳」、『新訂寛政重修諸家譜』(続群書類従完成会、1964〜1966年)により作成。職名のうち、年寄と老中の呼称の変化については本文参照。

元和九年(一六二三)七月に行われた、家光の将軍宣下のため、秀忠・家光は上洛した。その下向時の閏八月十二日に将軍家光、二十四日に大御所秀忠が名古屋城に逗留している。表3・4や史料2に示したごとく、その際、刀剣の贈答が執り行われているが、義直は、供奉した年寄たちにも刀剣を贈っている(①・②)。家光付き年寄の酒井忠世には代金二〇枚の刀、阿部正次・青山忠俊・酒井忠勝には一五枚の刀と、差を設けている。秀忠付き年寄についても同様である。土井利勝には三〇枚の刀、井上正就には二〇枚、永井尚政には一三枚の刀と、異なっている。元和九年時の年寄のなかでは、酒井忠世がすべての年寄衆のなかで筆頭の地位にあったとされているが、[12]最も高い代付けの刀を贈与されたのは、秀忠の出頭人土井利勝であった。利勝が一番の権力者であったということであろう。[13]いずれにしても、当時の年寄衆の序列や権力状況がうかがえて興味深い。なお、家光供奉の安藤重長は、上野高崎城主(五万六六〇〇石)である。

つづいて、寛永三年（一六二六）時の刀剣贈与をみよう。この年九月六日、後水尾天皇の二条城行幸のため、将軍家光・大御所秀忠とも上洛した。その下向時、家光は九月晦日に熱田に宿泊し、義直は饗応している。この節、刀剣の贈答は行われなかったが、義直は供奉の年寄たちに刀剣を贈った③。また、酒井忠世は少し遅れて十月四日に鳴海に止宿したため、使者をもって刀を遣わした④。秀忠は、下向時の十月九日名古屋城に泊まり、第二節で指摘したごとく刀剣の授受が行われているが、義直は供の年寄たちにも刀剣を与えている⑤。

元和九年時と比べてみると、やはり、最も価値の高い刀剣を贈られたのは、秀忠の出頭人土井利勝である。前回と同額（三〇枚）の左文字の刀、しかも、将軍よりの拝領品を贈与されている。ついで高い刀剣は、家光付きの酒井忠世に与えられた二五枚の長光の刀、こちらも将軍よりの拝領品である。この二人が、刀剣贈与の面からみても、年寄のなかで上席にあったことは変わらない。つづく二〇枚の刀剣を贈られたのは、酒井忠勝・井上正就・永井尚政の三人の年寄である。正就は、元和九年時と同額であるが、忠勝・尚政両人は、一五枚・一三枚から増額されており、地位が向上したことがうかがえる。元和九年、家光の将軍襲職にともなって年寄に取り立てられた稲葉正勝は、一〇枚の刀を与えられたにすぎず、年寄のなかでも末席であった[14]。

他の受贈者をみよう。酒井忠行は、年寄の忠世の嫡男であり、上野板鼻二万石余の領主、秀忠の奏者役を務めていた[15]。年寄の稲葉正勝より高額の、一八枚の刀を贈られている。正勝と同額の刀を与えられたのは、三人である。土屋利直は、秀忠の近習、上総久留里二万一〇〇〇石余の領主[16]、安藤重長と内藤忠重は書院番頭であり、重長はすでにみたごとく上野高崎城主、忠重は一万石の領主である[17]。

以降で、まず注目されるのは、寛永八年六月九日⑩の刀剣贈与である。このとき義直は、使者をもって、年寄の酒井忠勝・稲葉正勝両人、小性組番頭の松平信綱に刀剣を贈っている。寛永三年の時点③では、忠勝には二〇枚、正勝には一〇枚の刀を与えているが、五年後の八年にはそれぞれ五〇枚と三〇枚に増額している。そのうえ、贈品の来国光の脇指と光忠の刀は、いずれも紀伊家より贈られた品である。両人の出頭ぶりが目につくといえよう。また松平信綱は、このとき、まだ知行一万五〇〇〇石の小性組番頭であった(18)が、義直がわざわざ使者を派遣して、一五枚の刀を与えていることは、彼の将来性をかっていたということであろうか。

寛永九年正月、大御所秀忠は、死の直前に自分の出頭人土井利勝を将軍家光付きとした。秀忠の死によって西丸年寄制は解体するが、家光は西丸年寄を本丸年寄に再任した。しかし、この時点の七人の年寄のうち、実力者は酒井忠世・土井利勝・酒井忠勝の三人であり、腹心の稲葉正勝は、序列が下から二番目であった。そこで家光は、正勝の地位の引き上げを図り、同年十一月、相模小田原八万五〇〇〇石に加封した。この加増により、正勝の領知高は、実力者に劣らぬものとなった。翌十年四月一日(11)、義直が三島に止宿した際、小田原で正勝へ三〇枚の刀を贈ったのも、期待感の表れともいえよう。ただし正勝は、翌十一年正月に病死した。

この正勝の死去により、将軍家光の政権構想は修正されることになった。二ヶ月後の同十一年三月、家光は酒井忠世・土井利勝・酒井忠勝の年寄三人と、六人衆などの職務内容を規定した。この法度により、年寄の管掌事項が成文化されたので、以下本稿では、これまでの「年寄」を「老中」と呼ぶことにする。そして、同年閏七月二十九日、家光は、六人衆であった松平信綱・阿部忠秋・堀田正盛の三人の側近を従四位下に叙し、その直後から、土井利勝・酒井忠勝に並んで老中連署奉書に加判することを命じた(19)。

このように、家光は自身の出頭人を老中の地位に引き上げたものの、老練な土井利勝などとは力の差があったことは当然といえよう。寛永十二年七月二十六日と晦日の刀剣贈与をみよう(13・15)。これは、義直が七月二十二日に江戸城二ノ丸で将軍家光へ茶を献じた際、取り持ちをした老中たちに、後日挨拶として刀剣を贈ったものである。土井利勝には五〇枚、堀田正盛には三〇枚、松平信綱には二〇枚、阿部忠秋には一〇枚と、二〇〜一〇枚の差をつけた刀を与えている。三人の側近の間にも差を設けたことは、彼らの間でも格差があるということであろうか。今後、実証すべき課題といえよう。

ついで、役人への贈与をみよう。これについては、理由が、立ち寄ったとき、取り持ちを務めた際、上使を務めたときの三つに分類できる。まず、立ち寄ったときは二例(⑧・⑨)みられる。一つは、寛永七年八月二十九日、明正天皇の即位の際に使者を務めた伊丹康勝(勘定頭、九〇〇〇石)が、年寄とともに名古屋に立ち寄ったときの授与である。二つ目は、翌八年六月四日、義直が加々爪忠澄(町奉行、五五〇〇石)の屋敷へ立ち寄った際の贈与である。ともに、代金五枚の刀剣が贈られている。

取り持ちを務めたときは、すでにみたごとく、義直が、江戸城二ノ丸で将軍へ茶を献じた際、後日取り持ちの挨拶として遣わしたものである(⑭・⑮)。老中だけでなく、役人たちにも贈与している。柳生宗矩(大目付、六〇〇〇石)・佐久間実勝(作事奉行、二〇〇〇石)両人には一五枚、朽木稙綱(書院番頭、四一一〇石余)には一〇枚、石谷貞清(目付、一五〇〇石)・兼松正直(同上、五〇〇石)両人には五枚の刀と、差を設けている。前者三人が一〇枚以上の刀剣を贈られたのは、諸大夫であったためと思われる。しかし、先述の伊丹・加々爪両人は、諸大夫でありながら五枚の刀剣が与えられている。この違いは、柳生など三人が取り持ちという役目を務めたため、増額されたものと考えられる。

将軍の上使を務めた際は、さらに増額された刀が贈られている。その状況をみよう。上使が到着したのは、寛永六年五月十三日(⑦)・同十年七月十日(⑫)・同十二年十月九日(⑯)・同十五年六月十八日(⑰)の四回である。一回目は家光の疱瘡見舞に対する上意伝達、二回目は巣鷹の下賜、三回目は鷹の鶴の下賜、四回目は御内書と巣鷹四連の下賜による上使派遣である。義直は、いずれの場合も、上使を手厚く遇している。「御記録」から、最初の例をみよう。

〔史料4〕(20)

上使酒井和泉守今日名護屋〔古〕到着、町屋おゐて御馳走有之、済而　御城江罷出、今度　御疱瘡之刻、路次迄
御下向御機嫌被　思召旨　上意之趣申上、早而御饗応・御囃子被　仰付、御盃事有之、此節御刀被遣之、
其後御鎖之間おゐて御茶被下之、相済而退散有之、
和泉守自分之御礼申上、御太刀・御馬・時服十進上有之、
一、右ニ付、和泉守今晩之泊江御使平岩弥右衛門を以黄金五枚・御羽織二・御袷三被遣之、家来江も時服被下之、

上使の酒井忠吉は、四〇〇〇石の幕臣である。酒井は、名古屋に到着したのち町屋で馳走をうけ、その後城で将軍の上意を伝達し、饗応に与った。盃事が行われたとき、義直から刀を下賜された。「払方覚」によれば、この刀は、代金一〇枚の包平であった。のち茶の接待をうけ、退散している。さらに酒井は、宿泊所において、使者をもって、黄金・羽織・袷を贈られている。

かくして、二回目の中根正成(持筒頭、三〇〇〇石)は二五枚の景秀、三回目の三枝守恵(書院番頭、六〇〇〇石)は三〇枚の来国光、四回目の池田長賢(同上、六〇〇〇石)は三〇枚の左弘行の刀を、それぞれ贈与されている。徐々に代付けが増額されているが、それが、上使を務めた者の役職の格によるものかどうかは不明である。いずれにしても、二五〜三〇枚という代付けは、一門か老中に贈られる刀剣に匹敵する。幕臣でありながら、かかる高額の刀剣を与えられることは、上使という役目以外には考えられない。義直が、上使を重視している表れといえよう。

五　大名・幕臣・尾張家および諸大名の家臣への贈与

義直の刀剣贈与は、大名・幕臣・尾張家や諸大名の家臣に対するものが多い。その一部を示したのが表8と表9である。まず表8により、大名とその家臣への授与をみよう。

表8　大名とその家臣への刀剣贈与

No	年	月	日	理由	氏名	地位	形状	刀剣銘	代付け	入手先
①	元和8	8	5	於名古屋	六郷政乗	常陸府中　一万石	刀	三原	三枚	買上
②	元和8	9	27	於名古屋	戸田氏鉄	摂津尼崎　五万石	脇指	当麻	七枚	稲葉家よりの贈品
③	元和8	11	16	於名古屋	本多忠政	播磨姫路　一五万石	刀	行光	一八枚	買上
④	元和9	⑧	26	参上	蒲生忠郷	奥州会津　六〇万石	刀	長光	三〇枚	将軍より拝領
							脇指	来国俊	二〇枚	忠長よりの贈品
⑤	元和9	⑧	26	参上	南部利直	陸奥盛岡　一〇万石	刀	真長	七枚	買上
⑥	元和9	⑧	27	於名古屋	上杉定勝	出羽米沢　三〇万石	刀	末の左	七枚	駿府御分物
							脇指	信国	四枚	千村家よりの贈品
					千坂高信	家臣	刀	雲次	三枚五両	買上

⑦	寛永元	3	28	於名古屋	細川忠利	豊前小倉　三九万石余	刀	光忠	一五枚	買上
					青山幸成	常陸　一・六万石余		包利	六枚	
					水野元綱	三河　一万石余		信国	五枚	
⑧	寛永元	11	29	於名古屋	宗義成	対馬府中二万石	刀	来国光	五枚	買上
					柳川調興	家臣		延寿	二枚五両	
⑨	寛永4	正	18	於名古屋	黒田忠之	筑前福岡　四三万石余	刀	為清	一三枚	買上
							脇指	来国光	八枚	松平家よりの贈品
					黒田一成	家臣	脇指	了戒	二枚半	買上
					井上主馬			信国	二枚半	成瀬家よりの贈品
⑩	寛永4	11	晦	於名古屋	浅野光晟	安芸広島　四二万石余	刀	一文字	二五枚	買上
							脇指	来国光	一〇枚	
					上田重安	家臣		光包	四枚	
					浅野高房		刀	吉岡一文字	三枚	
					木村石見守			了戒	二枚五両	
					杉田新兵衛			一文字	二枚五両	
⑪	寛永10	5	18	於名古屋	板倉重宗	摂津など　五万石	脇指	行光	一〇枚	買上
⑫	寛永13	3	22	大垣拝領後初めて参上	戸田氏鉄	美濃大垣　一〇万石	刀	吉岡一文字	一〇枚	買上

⑬	寛永13 12 19	婚礼後初めて屋敷訪問	浅野光晟	安芸広島 四二万石余	刀	包永	三五枚	買上
					脇指	信国	一五枚	

註　表7に同じ。

大名に対する贈与は、その理由として、「御記録」に、「於名古屋」とか「参上ニ付」とか「名古屋通行ニ付」と記されるものがほとんどである。恐らく義直は、大名たちが名古屋を通行し、挨拶に立ち寄ったとき、刀剣を授与したものと思われる。その入手先は、買上品と大名・義直家臣よりの贈品が大部分を占める。与えた刀剣は代金一〇枚未満のものが多い。しかし、大大名には、一〇枚以上の刀剣を贈っている。なかでも、二〇～三〇枚の刀剣を贈与された者は限られる。

　奥州会津の蒲生忠郷（六〇万石）と、安芸広島の浅野光晟（四二万石余）の両人がそれにあたる。忠郷には、元和九年（一六二三）閏八月二十六日、三〇枚の長光の刀と二〇枚の来国俊の脇指が贈られた（④）。しかも、前者は将軍よりの拝領品、後者は忠長から贈られた品である。また光晟には、寛永四年（一六二七）十一月晦日（⑩）と同十三年十二月十九日（⑬）の二回刀剣が与えられている。一回目は、二五枚の刀（一文字）と一〇枚の脇指（来国光）、二回目は、三五枚の刀（包永）と一五枚の脇指（信国）である。二回目は、刀・脇指とも増額された品が贈られている。これは、義直が光晟の婚礼後初めて屋敷を訪問したため、その祝いを込めて贈ったからであろう。では、何故、忠郷・光晟両人には、高額の刀剣が与えられたのであろうか。それは、両人の母が家康の娘振姫であり、[21]したがって、義直にとっては両人は甥にあたるからと思われる。光晟の場合は、さらに、義直の簾中が光晟の父長晟の妹という二重の縁がある。[22]

　右の二人を除けば、播磨姫路の本多忠政（一五万石）、豊前小倉の細川忠利（三九万石余）、筑前福岡の黒田忠之（四三万石余）、摂津などで五万石の板倉重宗、美濃大垣の戸田氏鉄（一〇万石）の五人が、一〇枚以上の刀剣を与えられている。細川・黒田両人は、大大名であり、いわば当然といえるが、他の三人はいかなる理由で一〇枚以上となったのであろうか。本多忠政は、家康の功臣忠勝の子であり、家康の嫡男信康の娘、つまり義直の姪を妻としている[23]。この点が考慮されて、二〇枚近い刀が贈られたのであろう。板倉重宗は五万石ではあるが、幕府重職の京都所司代を務めていたためと思われる[24]。戸田氏鉄は、五万石時代の七枚（②）から、寛永十二年に一〇万石へ加増されたため、一〇枚に増額された（⑫）ものと考えられる。

義直は、大名に同行した各家の家臣たちにも、刀剣を下賜している。上杉定勝（出羽米沢三〇万石）の家臣千坂高信、宗義成（対馬府中約二万石）の家臣柳川調興、黒田忠之の家臣黒田一成・井上主馬、浅野光晟の家臣上田重安・浅野高房・木村石見守・杉田新兵衛らである。いずれも、五枚未満の刀剣を与えている。なかでも注意すべきは、浅野家家臣である。上田の四枚、浅野の三枚、木村・杉田の二枚五両と、細かに差を設けている。これは、縁戚関係にある浅野家の内情に詳しいが故の処置といえよう。

ついで、表9により、幕臣と義直家臣に対する贈与をみよう。

表9　幕臣・義直家臣への刀剣贈与

No	年	月	日	理由	氏名	地位	形状	刀剣銘	代付け	入手先
幕臣										
①	寛永2	4	29	不明	渡辺宗綱	目付 三七〇〇石	刀	雲重	四枚	買上
					永井直元	書院番		来国長	三枚五両	
					石川政次	目付 三五〇〇石		有利	三枚	
②	寛永3	11	12	於名古屋	服部政信	今切関所番 四二九〇石	脇指	青江	四枚	買上

番号	年	月	日	区分	事由	人物	役職・石高	種類	銘	代付	備考
③	寛永10	8	15		領分通行	柳生宗矩	大目付 六〇〇〇石	刀	成宗	七枚	買上
						井上政重	大目付 四〇〇〇石	刀	成家	七枚	買上
④	元和8	5	朔	義直家臣	不明	成瀬正虎	五〇〇〇石	刀	片山一文字	五枚	買上
								脇指	来国光	二五枚	拝領
⑤	元和9	11	15	義直家臣	屋敷へ御成	千村良重	四四〇〇石余	脇指（忰へ）	平安城	二枚	遠山家よりの贈品
⑥	寛永2	9	29	義直家臣	屋敷へ御成	成瀬正虎	尾張犬山 三万石	刀	備前兼長	一五枚	松平家よりの贈品
⑦	寛永4	正	13	義直家臣	上意討ちの褒美	平岩元成	鉄炮頭 五五〇石	刀	雲重	三枚	買上
						飯島光重	使番 五〇〇石	刀	兼長	三枚	買上
⑧	寛永4	11	9	義直家臣	屋敷へ御成	竹腰正信	美濃今尾 三万石	刀	包永	二〇枚	紀伊家よりの贈品
⑨	寛永10	2		義直家臣	不明	寺尾直政	八〇〇〇石	刀	備前三郎国宗	（義直差料）	買上
⑩	寛永10	8	18	義直家臣	屋敷へ御成	竹腰正信	美濃今尾 三万石	刀	一文字	一八枚	買上
⑪	寛永11	6	20	義直家臣	屋敷へ御成	寺尾直政	八〇〇〇石	刀	中島来	五枚	買上
⑫	寛永11	7	6	義直家臣	小屋建築の褒美	間宮正照		刀	来国光	五枚	買上
⑬	寛永13	4	3	義直家臣	屋敷止宿	山村良豊	五七〇〇石	脇指（忰へ）	長谷部	三枚	買上

註　『源敬様御代御記録』1・2巻、「元和七酉年ゟ寛永十五寅年迄御腰物御脇指請取払方帳」、『新訂寛政重修諸家譜』、「士林泝洄」（『名古屋叢書続編』17～20巻、名古屋市教育委員会、1966～1968年）により作成。

幕臣についても、大名と同じく、領分を通行したときなどに刀剣を下賜している。入手先は、すべて買上品である。目付・書院番などは四枚以下であるが、大目付の柳生宗矩・井上政重については七枚の刀を与えている。柳生・井上両人は諸大夫であるため、高めの刀剣が贈られたものと思われる。寛永十二年七月に、義直が将軍へ茶を進上したとき取り持ちをした、大目付の柳生などには一五枚、目付には五枚の刀剣が贈与されているので（表7⑭）、通常の際は、明らかにそれより格下の刀剣を下賜されたことがわかる。

義直家臣については、屋敷へ御成したときや、褒美として刀剣を下賜している。与える刀剣の代付けは、五枚以下と一〇枚以上とに大きく分かれる。一〇枚以上の刀剣を下賜されたのは、成瀬正虎（尾張犬山三万石）・竹腰正信（美濃今尾三万石）の両付家老である(25)。正虎は、家督相続前の元和八年五月一日に五枚の刀（片山一文字）と二五枚の脇指（来国光）、相続後の寛永二年九月二十九日に一五枚の刀（備前兼長）を与えられている。ことに、二五枚の来国光は拝領品である。一方正信は、寛永四年十一月九日に二〇枚の刀（包永）、同十年八月十八日に一八枚の刀（一文字）を下賜されている。とくに、二〇枚の包永は紀伊家よりの贈品である。このように成瀬・竹腰両家は、大大名を超える高価値の刀剣を授与されており、このことは、義直が付家老を重視している表れといえよう。

おわりに

尾張藩祖徳川義直が、刀剣を、将軍家へ献上する他、徳川一門・年寄（老中）など幕閣・役人・大名・幕臣・尾張家および諸大名の家臣に贈与した実態をみてきた。その結果、相手の身分・地位に応じ、どのような格付けの刀剣を贈るのか、一応の基準が設けてあったことが明らかになった。

将軍家に対しては、御成などの際、太刀を除けば、代金五〇枚以上の刀・脇指を献上している。なかには一〇〇枚以上の名物刀剣が幾振もみられ、こうした名刀は将軍家と尾張家との間で循環していたといえる。一方、太刀は主に五枚以下のものを献じており、その贈答は形式化していたといえよう。

徳川忠長・頼宣・頼房などの一門には、一五～三五枚、主に二〇～三〇枚の刀・脇指を贈っている。弟の頼宣・頼房には、五〇～六〇枚という高額の贈与もみられる。忠長については、将軍家御成の相伴として太刀・刀・脇指の三点セットを贈呈しているのに対し、頼宣・頼房には、名古屋に立ち寄ったとき刀・脇指の二点セットか、そのいずれかを贈っており、太刀の贈与はみられない。忠長は、兄弟と異なり、遠慮のある間柄といえよう。

年寄（老中）などの幕閣には、一〇～五〇枚という幅広い価値の刀剣が贈られている。これは、そのときどきの序列や権力状況により、人物によって与える刀剣の価値が異なるからである。とくに、三〇枚以上の高額の刀剣を贈与されたのは、大御所秀忠の出頭人土井利勝、将軍家光の出頭人酒井忠勝・稲葉正勝・堀田正盛に限られる。しかも、将軍からの拝領品や紀伊家より贈られた品などが、贈品として選ばれている。役人については、通常五枚程度の刀剣を与えたが、将軍の上使を務めた者に対しては、一〇～三〇枚に増額した刀剣を贈っている。

大名は、名古屋に挨拶で立ち寄った際などに刀剣を贈与されている。したがって、一〇枚未満の刀剣を与えられた者が多くみられるが、なかには蒲生忠郷や浅野光晟のように、縁戚関係により、二〇～三〇枚の高額の刀剣を贈呈された者もいる。なお、大名の家臣については、徳川忠長の付家老は七～八枚、頼宣・頼房の付家老は五枚、それ以外の家臣は四枚以下、と差を設けている。幕臣についても、五枚以下の刀剣を与えているが、諸大夫の者には、若干高めのものを贈っている。また義直の家臣へも、五枚以下の刀剣を下賜しているが、成瀬・竹腰の両付家老には、一五～二五枚と、大大名を超える価値の刀剣を与えている。

右にみたごとく、義直が代金三〇枚以上の高額な刀剣を贈った者は、将軍家・徳川一門の他、年寄（老中）、将軍の上使、縁戚大名のごく一部にすぎない。他の大名、その家臣、幕臣、義直家臣の大部分には、比較的価値の低い二〇枚未満の刀剣が与えられた。これらの刀剣の大半は、表1にみえるとおり、買上品である。したがって尾張家では、価値の低い刀剣を大量に購入し、多くの大名・幕臣に配って、その存在感を示したといえよう。

註

（1）本稿では、徳川黎明会徳川林政史研究所編『源敬様御代御記録』一・二巻（史料纂集、八木書店、二〇一五・二〇一六年）を使用した。
（2）並木昌史「徳川美術館の刀剣・刀装具」（徳川黎明会徳川美術館編『徳川美術館所蔵刀剣・刀装具』同館発行、二〇一八年）一八六頁。
（3）「源敬様御代御記録」元和九年二月十三日条。
（4）同右、元和九年閏八月十二日条。
（5）同右、寛永三年十月九日条。
（6）『徳川諸家系譜』二巻（続群書類従完成会、一九七四年）六三～六四頁。藤井讓治『徳川家光』（人物叢書、吉川弘文館、一九九七年）六九～七三頁。
（7）『徳川諸家系譜』二巻、四二～四五頁。なお、頼宣の領知は同史料に「五十五万石」とあるが、『和歌山県史　近世』（一九九〇年）により紀伊・伊勢五五万五〇〇〇石に訂正した。
（8）『徳川諸家系譜』四巻（続群書類従完成会、一九八四年）八二・九四～九五頁。なお、同史料には「遺領七十五万石」

とあるが、『福井県史 近世一』（一九九四年）により六八万石に訂正した。
（9）『新訂寛政重修諸家譜』（続群書類従完成会、一九六四〜一九六六年）一一巻、一二五〜一二六頁。同上、九巻、三〇〇頁。
（10）同右、一一巻、一〇〇頁。同上、一六巻、一〇四頁。同上、六巻、九二頁。
（11）同右、一七巻、一六九〜一七一頁。
（12）藤井前掲註（6）三二頁。
（13）山本博文『寛永時代』（新装版、吉川弘文館、一九九六年）九頁。
（14）杣田善雄『日本近世の歴史2 将軍権力の確立』（吉川弘文館、二〇一二年）二七頁。
（15）『新訂寛政重修諸家譜』二巻、六頁。
（16）同右、二巻、一八五頁。
（17）同右、一三巻、二三〇頁。
（18）同右、四巻、四〇一頁。
（19）年寄（老中）の変化については、以下の二書を参考にした。藤井前掲註（6）八一〜八六・一〇三頁。杣田前掲註（14）二五〜三〇・五九〜六〇頁。
（20）「源敬様御代御記録」寛永六年五月十三日条。
（21）『徳川諸家系譜』二巻、三六〜三七頁。
（22）『新訂寛政重修諸家譜』五巻、三四一頁。
（23）同右、一一巻、二一七〜二一八頁。

(24)　同右、二巻、一四〇～一四一頁。
(25)　「士林泝洄(一)」(『名古屋叢書続編』一七巻、名古屋市教育委員会、一九六六年)四三・五八～五九頁。

記録方から見た米沢藩中期藩政改革

浅倉　有子

はじめに

本稿は米沢藩中期藩政改革期における、記録方の機能について考察するものである。記録方は、とりわけ重要な編纂等に携わる役職で、本稿の関わりでいえば、安永元年（一七七二）に任じられた飯田右門繁知、寛政三年（一七九一）の小西惣右衛門敷昌らが相当する（拙稿①「米沢藩記録方の編纂事業に関する基礎的考察」[1]）。記録方は、上杉治憲（鷹山）らによる藩政改革に深く関わり、「御国政御書事」[2]に関わる先例の調査、重要案件について案詞の作成等を任務とした（拙稿②「近世・近代における『上杉家文書』の整理・管理とその変容」[3]）。いわば記録方は改革政治を支える職掌であり、また同時期に歴代の「御系図」、「代徭備考」二〇冊、「代々御式目」、「条例明鑑」二五冊等の膨大な編纂物を作成した。したがって、治憲の時代は、いわば米沢藩における「編纂書の時代」ともいうべきものであった。

他方、米沢藩の藩政改革について小関悠一郎氏は、改革前期である明和・安永改革には、家老竹俣当綱による「地利」理念を中核理念として、家臣団や農民・商人層の社会的な合意を得ながら改革が進められ、改革後期にあたる寛政年間では、家老莅戸善政を中心に、「国産」「国益」「国民」理念によって諸政策が実施されたとする重要な論点を提示した(4)。あわせて、竹俣当綱が、明和四年(一七六七)に「御家格御仕立御用掛」に任じられて以来、数々の編纂書を成就させるなど、米沢藩の記録編纂に大きな役割を果たしたとし、「国政」が記録に基づいて行わなければならないことを竹俣が強く意識し、彼が進めた編纂記録が藩政上全く新しい取り組みであったと論じた。氏によれば、竹俣は荻生徂徠・太宰春台の経世論に根本的な着想を得つつ、歴史的に形成された米沢藩の諸制度・法令や現状などを諸記録によって認識し、双方を勘案して改革を構想したとする。

その竹俣が、天明二年(一七八二)に突如失脚する。その理由については、未だ詳らかではない。

本稿では、以上の問題を踏まえて、小関氏が具体的には分析していない記録方の視点から、明和・安永改革と竹俣失脚後の改革の様相について、若干の指摘を行うものである。記録方については、筆者も拙稿①②で分析を行って来た。それらの成果も踏まえつつ、若干ではあるが本論で新たな論点を提示したい。

以下、第一節で明和―安永年間の記録方の活動の状況を、第二節で天明期、特に竹俣失脚後の記録方について検討し、第三節で寛政期について論じるとともに、その後の展望を示したい。本稿で検討する史料は、主に米沢市上杉博物館所蔵の上杉文書「記室要録」である。以下、同史料からの引用は雄松堂から販売されたマイクロフィルム版を利用し、年月のみを〔安永〇・〇・〇〕のように記す。

一　明和―安永年間の記録方

まず、拙稿①で明らかにしたことを、提示しよう。安永三年(一七七四)、記録方片山紀兵衛と飯田右門は、「御政事向ニ付而古格先例引合之義、奉行所より申達次第新古之御例を穿鑿申出候様、今度改而被仰付候、依之御家中・町在訴状・願書等之類、又ハ御賞罰之義共ニ重立候済口等之分ハ下案詞方御用懸り共被仰付候事」（安永3・6・11）と、政事向きの先例の調査と、訴状・願書・賞罰等に関わる重要案件について案詞の作成を命じられた。「御国政御書事」、「御密談御書事」（安永3・11・18）が記録方の重大な職務であった。

しかし、記録方の改革政治への関与は、すでに明和年間から認められる。明和四年（一七六七）閏九月十五日、「御右筆飯田右門繁知竹俣美作宅へ被呼出、謙信公御以来年中行事、其外御政務一件御仕立ニ付、先達而片山紀兵衛江被仰付候、右調方御用掛被仰付候、尤片山紀兵衛江問合可相務旨被仰付候」（明和4・閏9・15）と、飯田右門と片山紀兵衛が、上杉謙信以来の年中行事の編纂や、「御政務一件」の作成の御用掛に任命された。

その後明和七年閏六月には、在国中の藩主治憲が、虫干中の「古状箪笥之御書被遊御覧」（明和7・閏6・13）、竹俣の指示によって片山・飯田が古文書の取出し等の対応を行った。二年後の明和九年（同年十一月に安永と改元）八月一日、竹俣らが記録所に出勤し、「謙信公御以来御三代様之御直筆撰之」（明和9・8・1）と、謙信・景勝・定勝三代の「御直筆」を選出した。これらの文書が謙信愛用の掛硯（史料1の傍線部）に納められ、その押板に竹俣らが以下の箱書を行った（明和9・8・8）。

〔史料1〕

一、同八日、御代々様御直筆共　謙信公御用之御掛硯ニ入、作事屋へ押板申付先達而出来、右押板江銘々入日記相認、尤御掛硯外箱へ左之通書付候様片山相伺、御差図有之、今日竹大夫（＝竹俣当綱）出勤ニ付相記

明和九年壬辰八月

精撰古案　千坂対馬高敦　出席

明和九年壬辰八月

御筆　謙信公　千坂対馬高敦　出席

色部修理照長　出席
御記録惣監竹俣美作当綱　改之
入日記在内　御記録掛　片山紀兵衛一積
御記録方　飯田右門繁知

景勝公　色部修理照長　出席
定勝公　御記録惣監竹俣美作当綱改之
入日記在内　御記録掛　片山紀兵衛一積
御記録方　飯田右門繁知

史料1の事業が、国宝上杉家文書の精選古案と両掛入文書成立の初発に相当する。また、箱書に「御記録惣監竹俣美作当綱」と、「御記録掛　片山紀兵衛一積」「御記録方　飯田右門繁知」の署名があることが注目される。上杉家文書が、竹俣当綱が主導する藩政改革と密接に関わって成立したことを示すものであろう。片山一積は、父一真の遺跡を継いで宝暦十年（一七六〇）十二月から記録方と中之間儒者を兼帯した人物であり、中期藩政改革の主要人物の一人である。しかし、精選古案と両掛入文書に含める古文書類は、明和九年八月段階で大まかな選定がなされたものの、詳細な選定と整理はむしろ後回しであった。二か月後の同年十月二日整理が一旦終了し、「御筆・精撰古案入之御掛硯弐ツ」（明和9・10・2）に竹俣当綱が封印を行った。文書類の整理はその後も続き、「両掛御掛硯壱肩、赤御簞笥壱ツ、御長持弐竿」の入日記が実際に作成されたのは、およそ二十七年後の寛政十一年（一七九九）八月のことであった。入日記の作成は、記録方の小西敷昌・角屋正秘が担当した。(5)

なお、前述の片山紀兵衛の初代は、宝永二年（一七〇五）十月に「江戸の浪士片山元傐（僑）一源と云者御召抱同年五月中矢尾板伯章卒去する故也米沢に下る、十一月九日新秩弐百石賜之、聖堂・講堂御預ケ、儒者職・御中之間詰命之、以来片山家代々職分と相成る」(6)とあり、江戸で浪人していた片山一源（別史料では片山元僑一源）(7)が、上杉吉憲に二〇〇石で召し抱えられた。儒者・矢尾板三印が死去したための召抱えで、以後片山家が代々藩の儒者を勤めた。その後、紀兵衛一真・紀兵衛一積・紀兵衛一興と相続し、米沢藩明和・安永改革時には紀兵衛一積がその職にあり、天明六年（一七八六）末に紀兵衛一興が家督を相続している。七〇石取の中之間儒者と兼帯で記録方に任命された一真の息子・一積は、父の死去により宝暦十年十二月に遺跡七〇石を継ぎ、父と同様に記録方と中之間儒者を兼帯、天明六年まで長期間その職にあった。明和七年には三〇石加増され、知行高は一〇〇石にのぼった。一積の子一興も父・祖父と同様に、天明六年に家督一〇〇石を継ぎ、記録方と中之間儒者を兼帯した。片山家は、三代に渡って記録方と中之間儒者を勤めた唯一の家である。

以下、表1として、明和—安永年間に記録方が関わった事業について示した。以下、この表1に基づいて、前稿で十分に論じることができなかった編纂事業も併せて検討していきたい。

表1　記録方の事業1　明和4年（一七六七）—安永9年（一七八〇）

No	年月日	事業内容、任免等
1	明和4年⑨月15日	御右筆飯田右門繁知に謙信公以来の年中行事、御政務一件御仕立に付き、片山と共に調方御用掛任命。
2	⑨月16日	飯田右門神文、御書物御仕立に付御用掛、以後御年譜等も取扱に付き。
3	11月晦日	片山・飯田、下命の御書物御仕立、中書等差出につき、御賞。12月26日にも片山・飯田御賞。
4	同年中	御家格仕立御用下命。
5	明和5年5月19日	片山・岩瀬に、御城内・御城下絵図仕立下命。
6	7月23日	年中行事、御在国一ヶ年分の中書出来に付き、竹俣宅において片山・飯田御賞。
7	10月21日	職分勤式、三手以上の分一〇冊調済、竹俣へ提出。
8	12月14日	竹俣宅において御賞、片山＝御城銘細御絵図御仕立出精、片山・飯田＝御家格書立出精。
9	12月19日	九代藩主治憲、来年初入部につき、飯田御用掛任命。

10	12月27日	竹俣宅において御賞、片山・飯田＝御家格御仕立出精。
11	明和6年7月5日	竹俣宅において御賞、片山＝御家格書出出精。
12	11月17日	御前において飯田御賞、御普請御用上りに付き。竹俣宅において片山御賞、御城下御絵図・原々居屋敷絵図共新規仕立出精、大殿様分御城下絵図仕立差上。
13	12月27日	竹俣宅において御賞、片山＝御家格書立出精、飯田＝御家格書立出府前後相勤。
14	明和7年正月6日	片山三〇石加増、一〇〇石に。
15	⑥月13日	御書院にて虫干、治憲古状箪笥の御書御覧、上覧の節、片山取出等の対応。
16	8月22日	飯田、御記録相勤に付、書院において神文。
17	9月17日	御系図書継出来に付き、片山御賞。
18	9月25日	将軍家御令條、御当家御式目清書下命。
19	12月11日	御令條表装共に出来、竹俣へ提出。
20	12月29日	竹俣宅において御賞、片山・飯田＝御家格書立出精。
21	明和8年8月16日	御令條御式目拾遺共に一〇冊表装し奉行詰之間へ提出、御当家御式目も追々心掛けるよう下命。
22	11月7日	御家格御仕立、御国元の分六四冊成就、追々御前へ差上、江戸の分は未完、代徭備考は治憲の発駕前に仕立差上べく下命。
23	12月26日	御前に召出、御側格御仕立明和四年に下命の所、今日迄に中書出来、片山・飯田御賞。
24	安永元年3月28日	江戸両藩邸類焼に付き、竹俣宅において、片山・飯田に御奉書・御請の始終等の記録仕立下命。
25	7月10日	一昨日御年譜虫干、今日仕廻、竹俣印府。
26	8月1日	竹俣ら三大夫記録所へ出勤、謙信公以来御三代様の御直筆を撰ぶ。
27	8月8日	御代々御直筆とも謙信公御用の掛硯に入れ、押板に入記認める。飯田に、以来記録方と心得るよう、竹俣下命。

28	10月2日	御筆・精選古案入の御掛硯二つに竹大夫印府。
29	10月4日	片山・関口・南雲(日帳方、三左衛門)・南波(右筆、喜右衛門)に、当春類焼の日帳調方御用掛下命。
30	12月24日	竹俣宅において御賞、片山・飯田＝御家格御仕立、大殿様(重定)御記録仕立出精。
31	安永2年③月15日	賞罰勧懲録、治憲在国中の清書、竹俣宅において飯田へ下命。
32	5月11日	公事訴訟御定書・伊奈家法・地方伝記、清書下命、飯田・高坂・南波担当。
33	6月3日	治憲、記録所へ入らせられ、満足の旨御意。
34	6月22日	記録所へ須田伊豆入来、御掛硯の直筆拝見。
35	7月8日	代徭備考二一冊・勧懲録八冊分の表紙三〇枚お渡。
36	7月11日	代徭備考、賞罰勧懲録出来、御前へ差上、御重宝の御書物に思召され、喜悦の旨。
37	7月16日	年中行事一七冊編集完了のお届。
38	7月25日	幕府寺社奉行より、評定所等での裁許裏書絵図・裁許書等を当年中に取集め提出命令、御用掛吉田与右衛門・片山・南雲・飯田。
39	8月27日	分限帳、御前御控調方、以来御用掛飯田任命。
40	9月24日	須田伊豆・芋川縫殿処罰・欠所に付き、伝来の御書等書物類箱入印府にして、片山へお渡し、記録所にて保管。
41	12月8日	蔵王堂所持の新撰古案一〇冊、御取上、記録所へお渡し。
42	安永3年2月24日	右筆高坂金左衛門・南波に、御家格編集の清書下命。
43	2月24日	与板徳間逸八・富井又右衛門へ延宝年中・元文年中御取上の御家中勤書お取上の分、清書下命。
44	3月24日	香坂(高坂)・南波、御家格清書に付き書院にて神文、徳間・富井、先祖書清書に付き神文。
45	3月24日	重定公御年譜中書出来に付き御届。片山・飯田御賞。

46	6月11日	記録方片山・右筆飯田へ、御政事御用向に付いて、奉行所より達次第、古格先例引合、新古の例を穿鑿するよう改めて下命(～寛政3年9月御免)。
47	11月12日	原々にて踊狂言催すに付き御教訓の御書立、町奉行・伏嗅頭・猪苗代・御徒等へお渡の覚書、記録所へ作成命令。
48	11月18日	御密談御書事調製につき、記録所にて御賞。
49	12月16日	記録方片山・記録掛高坂・飯田、先祖書清書の徳間・富井御賞。
50	12月27日	竹俣宅において、江戸にて御借受の「大日本史」書写下命。
51	12月27日	竹俣宅において御賞、片山・飯田＝記録所勤精勤、御家格仕立・旧格等穿鑿下案の上案詞方、香坂・南波＝右筆方・日帳調方・記録所御家格仕立、徳間・富井＝家中取上の先祖書書写。
52	安永4年正月8日	伊達遠江守殿より御借受の「大日本史」書写頭として片山・飯田に任命、今日より講堂にて書写人三六人が従事。
53	2月27日	「日本史」一通り書写済。
54	5月16日	「日本史」一通り出来、御前へ差上。
55	6月29日	「日本史」書写頭取片山・飯田御賞。
56	7月11日	御家中より差上の先祖書清書に付き徳間・富井御賞。
57	8月14日	分限帳御前分三冊出来、御前へ差上。
58	12月19日	大町判書一件御書事、御触等調に付き、記録所御賞。
59	12月25日	大町判書一件御書事、御触等調に付き、記録所御賞。
60	⑫月24日	竹俣宅において御賞、儒者片山・右筆飯田＝御家格仕立、御国政御書事、香坂＝御家格仕立、記録所日参、右筆所御用、徳間・富井＝先祖書清書、記録所日参。
61	安永5年4月27日	将軍家令條二冊(七、八、明和4年より安永3年迄の分)、御代々御式目三冊(九、十、十一、明和4年より安永3年迄の分)、春中より書継清書出来、差出。

62	5月14日	諸済口江戸表へ書上之義、片山へ清書下命。
63	5月23日	宇津江九門、延宝5年先祖書御取上の写、三手取合一〇冊献上に付き御賞。
64	7月8日	徳間・富井、元文5年御取上の御家中先祖書四一冊清書出来に付き御賞。
65	10月15日	郡中百姓へ当年より少しずつ囲籾致候段の御書付、都合一七七通、飯田・徳間・富井・登坂調製、18日出来、提出、御賞。
66	11月27日	在郷へ漆一本二〇銭ずつの入料成し下され候御書付二二六通、代官所等へ張出分七通調方下命、飯田・徳間・富井・登坂担当、12月3日提出。
67	安永6年正月29日	当年3月謙信公二〇〇年御祭事に付き、御呵物御免取調伺帳一冊、御家中三手以上分限帳仕立方調製、江戸急登りの竹俣へ差出。
68	4月14日	記録方片山・右筆日帳方南雲三左衛門・右筆記録方掛飯田、3月13日重き御法要執行に付き、御呵御免事取調御用掛勤に付き御賞。
69	7月19日	与板宮本吉兵衛、記録所御旧記清書手伝下命。
70	8月25日	御判物御本書、昨24日江戸より米沢着、入日記と御本書引合せの上、角御蔵へ収納。
71	10月22日	三手以上分限帳清書成就、差上。
72	12月24日	儒者片山・右筆飯田、御家格仕立、御国役御用の書事に付き御賞、与板記録所手伝富井・宮本御賞。
73	12月24日	御懐中本清書出来、差上に付き、高橋平左衛門御賞。
74	12月24日	飯田、御家中諸士へ成し下され物清書に付き御賞。
75	安永7年正月晦日	記録所新建を竹俣に請願、四月中認可。
76	4月	馬廻山田郷右衛門嫡子に御軍書清書下命。
77	4月8日	飯田右門二五石加増、九五石に。宝暦六年に右筆入、一三年勤続、明和4年から記録所御用掛、御政事御用向掛ケ入の書事共精勤に付。

78	4月11日	喜平次様・相模様御傅役の事、御招請の事、喜平次様御座所御婚礼の事等、一冊相整、12日出来。
79	4月11日	上記一冊、御役成書上等に付き御賞。
80	4月20日	角御蔵御道具帳調製、5月22日までに出来。
81	5月9日	5月2日に取り掛かりの漆木植立の御触書七〇通、今日出来。
82	7月5日	作事屋一統へ勤方の書上御渡しにつき、清書下命。
83	7月6日	上記清書出来、竹俣へ差出。
84	7月11日	片山・飯田、暑中に付き吸物等下賜、富井・宮本同断、高橋平左衛門・山田軍書清書に付き同断。
85	7月29日	片山、記録方用の長尾・上杉両系図一冊仕立竹俣へ提出、御用が済み次第同所へお下げ願。
86	⑦月2日	片山へ下命の国絵図・境絵図差上、岩瀬五郎嫡子左市に依頼、完成。
87	8月26日	式目二五冊完成。
88	10月3日	将軍家令條、御代々様御式目安永6年まで二冊完成。
89	11月27日	多罪篇、その他郡奉行所存寄書等調製。前日、徳間・富井・宮本、御国政御用の書事、御家格仕立等により御賞。
90	12月21日	竹俣宅において御賞、片山＝記録所日勤・国政御用の御書事、江戸表へ書上取量方、御家格仕立方、飯田・富井・宮本＝記録所日勤御書事、掛入の書事等。
91	12月21日	竹俣宅において褒賞、高橋・山田＝記録所日勤、軍書全部清書。
92	安永8年2月17日	飯田、記録方と兼務の確認。
93	2月23日	定例亀鑑三〇冊・賞罰勧懲録四冊、表紙ともに完成。
94	3月3日	耳雑談二冊完成。
95	3月6日	「雨夜之昔」(竹俣著述、一八組足軽心得の一冊)お渡し、清書下命。

96	3月14日	「耳雑録」二冊、他に四境の儀一冊清書、竹俣宅にて作成。
97	5月15日	記録所上覧、片山対応。
98	5月21日	御招請一件評判書・御用状留置（御用状別冊にして付札分共に作成）、後年のため表紙を付けるよう下命。
99	5月26日	さらにお手許五ヶ年の節倹仰出、家中借上げの内一部返金。勤務弛緩の有無についても調査、その御用掛として、片山・飯田ら任命。
100	5月29日	上記御用のため、書院東縁通りに日々会席。
101	6月4日	書院会席に出御、酒・肴下賜。
102	6月6日	上記に付き、三手以上一冊、扶持方以下一冊、竹俣宅に提出。
103	6月11日	御招請一件別冊清書完成、竹俣宅に提出。
104	6月14日	勤務弛緩調査に付き記録方多忙の旨上申、御年譜調方に未だ一切取りかかれず。
105	7月14日	御生霊棚御法名写置、竹俣下命。
106	8月4日	御国産物書完成。
107	8月17日	飯田に御養子お願い一件書立下命、今日完成に付き本紙・写共に竹俣に提出。
108	8月21日	記録方に、正月に5日ほど休日を取るように指示。
109	9月2日	飯田、四境番所仕法替に付き御用掛下命、今日から二の丸御用座敷へも出勤。
110	10月5日	毛利宅において片山御賞、五穀を始め御国産の品々取調、二冊差上げに付き。飯田は清書に付き御賞。
111	11月28日	伊達遠江守から借用の礼儀類典一〇〇冊書写の御用掛、吉田・香坂・飯田に下命。
112	12月21日	片山＝記録方出精、御家格仕立御用、国政御用向、講談、江戸表書上御用、要門管窺抄等に付き、毛利宅にて御賞。

113	12月21日	飯田＝記録所御用向出精、御家格仕立御用、国政御用向、江戸表書上御用、諸士勤方差弛御用等に付き御賞。富井・宮本・山田も記録所諸事御用等にて御賞。
114	12月26日	片山・飯田・高坂、定例亀鑑完成に付き御前にて御賞。高橋は、江戸において御賞。
115	安永9年2月2日	看病の一件一冊清書開始。
116	2月24日	片山・飯田、以後火事の際は記録所に詰める旨指令。
117	3月8日	家中への拝借金受取、一人四貫文ずつ。
118	3月9日	飯田へ看病の一冊調製を吉江令達。
119	3月16日	礼儀類典引合済。
120	3月17日	看病の一冊、家老詰間の分調製済。
121	3月26日	竹俣宅において褒賞、香坂・飯田＝東町荷物改一件取掛り、四境〆に付き。
122	4月7日	飯田に、四境において人の教導を引受け取り計らう様指示。
123	4月14日	礼儀類典成就に付き、竹俣宅において飯田・吉田・香坂御賞。
124	5月27日	町奉行所の申出により、御令條・御式目二五冊出来、差出。
125	6月3日	飯田に下命の四境口留番所御法お定めの御用調製に付き、竹俣に届出。
126	6月4日	竹俣宅において御賞、富井＝将軍家令條・御代々式目(町奉行所分)五冊清書に付き、宮本＝将軍家令条・御代々式目(町奉行所分)二〇冊清書。
127	6月8日	飯田に四境番所廻り下命。
128	6月11日	山田、制度通書写一〇冊清書に付き御賞。
129	6月11日	江戸において高橋御賞、制度通二冊清書に付き。
130	10月1日	飯田、四境追加の一冊出来、差出。

131	10月4日	飯田、新御殿御用掛不参の際は、四境の御用を務めるよう下命。
132	11月6日	竹俣宅において御賞、飯田・穴沢＝四境御法御定、東町荷物改所御用掛、境口々数カ所に自身で廻勤等に付き、永久の法の基を立てたことにより金七〇〇疋等。
133	11月29日	竹俣宅において飯田御賞＝御家格仕立方に付き。
134	12月16日	竹俣宅において片山・飯田御賞＝家中精勤の者への暮の御賞御用掛勤めに付き。
135	12月	片山、当年九月に江戸から角御蔵に下された御代々様御位記・口宣八通の保管方法につき伺い、一つの長持に保管が適当、御判物長持と同様の長持製作を提案。
136	12月	同じく差下した謙信公・景勝公御両代の古案五八冊、来春拝見し判断。御直筆のものなら、先に撰出して一箱に納めたものと一緒に保存。
137	12月	矢尾板がかつて改めた溜金小箪笥も来春改め。江戸お下げの寛永年中分限帳も、これまで角御蔵で保管してきた分限帳と一箱にして保管を提言→翌年閏五月六日すべて伺いの通り、一式鎰共にお渡。

丸数字は閏月　（「記室要録」第一巻・第二巻等によって作成）

明和四年閏九月、竹俣邸において、謙信以来の年中行事その他御政務一件御用が、飯田にも下命された（表1№1、以下№のみ記す）。その後、飯田は片山と共に「御家格御仕立御用」と総称される事業に関わり続けることになる。表1を概観すると、同五年五月に片山と米沢藩絵図方の岩瀬に米沢城内・城下絵図の調製が命じられ（№5）、同年七月在国一年分の年中行事の中書が出来（№6）、同七年九月の御系図の書継（№17）、将軍家の御令條と上杉家の式目の清書等が見える（№18・21等）。さらに安永二年七月には、「代徭備考」と「賞罰勧懲録」が完成して治憲に献じられ（№36）、さらに「年中行事」一七冊の編集完了（№37）と続く。これらのうち明和五年の城下絵図は、城下町と原方全体に及ぶ大絵図で、現在米沢市上杉博物館でデジタルマップとして公開されているものである。これまで制作意図は不明とされているが、恐らく改革の開始にあたって、現状の地理的情報の掌握を意図したものであろう。

表1から、改革政治との関連をより明確に理解できるものをあげると、安永五年十月の郡内百姓への囲籾奨励の書付一七七通の調製（No.65）と、漆植え付けの奨励（No.66）二二六通の調製、竹俣の著作「耳雑談」（安永七年、米沢藩は新たに四境御取締役場を設け四境廻村横目を任命、その四境廻勤役に対して通達された勤方の心得）の清書（No.96、表では「耳雑録」）、同じく「雨夜の昔」（当綱が起草した、足軽一八組に対する奉公の心得、人道の心得。安永八年に通達されたもの）の清書（No.95）等があげられる。これらのうち四境御取締役場は、流通統制の要であり、飯田が同八年九月に「四境御番所御仕法替ニ付御用掛」に任命され（No.109）、実際に四境に教導のために派遣されていることが注目される（No.122・127等）。さらに天明元年三月には、四境御改御用掛頭取・東町改役所御附横目役の一人に任命されている（第二節の表2参照）。すなわち、飯田は調査や起案・編纂を通して改革政治に関わるのみならず、政策の前面に立って改革を推進する役割を果したといえよう。飯田の役割については、もっと評価されて然るべきと考える。[8][9][10]

二　天明年間の記録方

さて、前節で述べた記録方は、天明年間の藩政、とりわけ竹俣当綱失脚後の藩政においてどのような機能を担ったのであろうか。

まずあげられるのは、明和年間以降進められてきた「御家格御仕立」の一部が成就したことである。天明元年（一七八一、安永十年四月に改元）五月、御家格編集の諸典が新たに製作した箪笥に収納され、扉に以下の裏書がなされた〔天明元・5〕。

〔史料2〕

将軍家令條、御当家御代々御式目を始、御家格年中御行事ゟ凡大細之例條、随而諸士撰登之部、職分勤式、代々備考、賞罰勧懲録、永く可為亀鑑もの編集被仰付候、其部其類諸典目録ニ相見候通、多年之功成奉行中潤色し、畢而則納置候也、必是を以他へ出し候事、堅く御制禁之條不可有違失者也

天明元年五月日

奉　行　毛利内匠雅元
同　御用掛　竹俣美作当綱
同　　吉江喜四郎輔長
儒者編集　片山紀兵衛一積
書写　飯田右門繁知

すなわち、将軍家から借用して書写した令條を始め、上杉家の「御代々御式目」「年中御行事」「諸士撰登之部」「職分勤方」「代々備考」「賞罰勧懲録」等、永く判断の基準となるべきものを収納したと記されている。追って、江戸から運送された歴代藩主の位記口宣案八通と、古分限帳が新規作成された長持に収納され、角御蔵に収められた〔天明元・8・29〕。

財政の緊縮にも拘わらず、新たな事業も開始された。天明二年五月三日、昨年江戸で購入された大日本諸国絵図の裏打と装丁、箱書が下命された〔天明2・5・3〕。絵図数は二六一枚にのぼり、これに要する裏打紙が三二〇一枚、一帖につき張師六七名が必要と見積もられた。調製された諸国絵図一箱は、国境諸口絵図三四枚、引合絵図一枚入りの一箱とともに、角御蔵に収蔵された〔天明2・12・14〕。

さて、天明二年十月、竹俣当綱が突如隠居を命じられ、かつての政敵芋川邸に押込となった。しかし、「記室要録」には、全くその記載はない。表2として、天明三年から同六年までの記録方に関わる事案を年表として掲げた。

表2　記録方の事業2　天明3年(一七八三)―6年(一七八六)

No	年月日	事業内容、任免等
1	天明3年正月21日	飯田、東町御役場勤に付き、慰労。
2	正月29日	賞罰勧懲録清書開始。
3	3月24日	当年5月桂徳院様(五代藩主宗憲)法要に付き、御呵者御免取調のため日々出勤に対する慰労。
4	3月24日	片山、諸士御知行定の一冊、御内見に入れ候処、清書下命。
5	4月6日	5月の法要に付き、御呵者御免取調一冊、難被成下一冊調製、毛利宅へ片山・飯田提出。
6	4月21日	毛利、古来の御呵者銘目の取調を指示。
7	4月21日	奉行詰之間において、片山・飯田に注意。清書から一人書落ちに付き。
8	4月21日	片山、往古よりの御呵者御免取調に付き伺書提出、記録所だけでは困難、頭々から事例を報告させたものを記録方で精査し、「御免掛之部」一冊、「御免之御沙汰無之部」一冊を仕立、追々書継等を提案→6月3日認可。
9	6月	上記につき各頭に通達。
10	6月10日	御家格四八冊清書完成。
11	6月12日	五ヶ年の御大倹年限、来春より先例に復する旨の書立御用掛下命。大殿様御晩年の振合にて然るべき思召、明和元年・同3年の日帳書抜を下命。
12	6月24日	先日提出の勤式備考四八冊をお手元に置きたいとの要望につき、三段の箱を拵え差上げる様、飯田に指示。
13	6月24日	6月12日の寄合の続き、指示のあった年限の書立終了。
14	7月4日	広居宅において、穴沢・飯田・原、四境頭取御免。御締大抵相戻るに付き、定番人による取締を下命。
15	7月21日	式台において来年始御規式についての寄合、飯田・片山出席。
16	8月21日	御役成勤式・代徭備考四八冊箱入にして広居へ差出。
17	8月23日	藩主分の御知行定清書完成、差出。

18	9月16日	御知行定清書完成に付き、白木の箱に入れ、毛利・広居に各一箱、藩主治憲へ一箱差出。
19	9月16日	御呵付引合撰抜完成に付き、清書を桐箱に入れ、毛利・広居分差出。
20	9月23日	毛利宅において御賞、片山＝御知行定・御呵付引合仕立、飯田・小西・龍口＝御知行定・御呵付清書に付き。
21	11月5日	当年凶作に付き、記録所勤の面々志納金差出。
22	11月9日	毛利宅に片山・飯田等罷越、御呵帳引合。
23	11月12日	毛利宅に飯田罷越、御呵帳引合完了。
24	12月7日	礼儀類典書写昨日完了、御覧に入れる。
25	12月16日	広居宅において、飯田、四境頭取勤務につき御賞。
26	12月22日	御賞、片山＝記録所日勤、御政事書上、暮の下され物取量、侍講等、飯田＝記録所日勤、御役成入札書上、暮の下され物取量等、小西・龍口左源＝事由不明。
27	12月26日	毛利宅において、片山・飯田・小西、礼儀類典書写頭取の御賞。
28	12月27日	広居宅において、片山・飯田・宮本、御家格四八冊の清書調製の御賞、桐生は江戸で御賞。
29	天明4年㊣月16日	片山、御呵者御免掛之部、重罪御免難被成部、及び御免之時節に向い書抜編集終了、中書三冊・別部一冊・横折帳三冊、演説書を毛利に提出。
30	㊣月19日	毛利、御呵者一件中書を上覧に供し、清書を令達。
31	3月6日	記録所の休日、1・15・28日に、8・23日が追加されていたが、この追加分を9・24日に変更。
32	4月6日	治憲公御年譜に着手。
33	6月4日	毛利、片山長右衛門に月三、四度記録所出勤、見習を指示。
34	6月6日	片山、去年凶荒に付き、後世のために上々御取行を始め万端の編集を提案、認可。
35	6月6日	毛利宅において御賞、片山＝御呵者御免掛編集と提出、飯田・小西・龍口＝御呵者御免清書。
36	6月11日	打続く不天気に付き、諸所で祈禱。藩主治憲断食、御堂へ参詣。

37	6月29日	御系図書継に着手、7月3日完成。
38	8月11日	中之間にて御賞、広居令達、片山・飯田＝御系図書継出来に付き。
39	9月16日	上杉治憲、藩主退任の内意を示す。
40	12月17日	先代旧事本紀書写完成、高楯村了広寺より借受の一箱、役所に返却。
41	12月24日	広居宅において御賞、片山＝先代旧事本紀書写取計に付き、飯田・小西・龍口も御賞。
42	天明5年2月3日	直丸様（顕孝）から下命の唐詩選五言絶句、飯田・小西・龍口・片山長左衛門調製、本日完成し、片山紀兵衛差出。
43	2月6日	幕府、治憲の隠居を認可。越前守、中殿様と称す。
44	2月7日	治広、上杉家の家督相続。
45	5月19日	奉行千坂へ伺書提出、年譜編纂に付き、家中諸士から元文5年以来の先祖書提出を求める。延宝年中、元文5年の年譜編纂の先例により↓10月中、書上方の触出る。
46	5月25日	侍組由緒書、御覧の意向に付き、深夜まで勤務、6月7日清書出来。
47	6月4日	礼儀類典の書写全て完成、引合完了、提出。
48	8月8日	片山長右衛門、神文。
49	9月24日	毛利宅において御賞、飯田＝御隠居・御家督に付き御用向の書物調製により。
50	12月18日	礼儀類典五〇二冊皆成就、七箱に入れ右筆所にお渡し。
51	12月20日	広居宅において飯田御賞＝記録所日勤、月々書上取計。
52	天明6年正月22日	御政事所において御賞、片山・飯田・小西・龍口＝礼儀類典御用掛に付き。
53	2月24日	御経に付き御免者取調開始。
54	5月1日	頭書字彙・武鑑の購入請願の処、有合せの字彙お渡し、武鑑の購入請願を継続。
55	5月11日	治憲公御年譜中書完成、6月3日に広居宅にその旨を報告。

56	6月14日	元文以来の御家中勤書引合せ完了、清書開始。
57	7月6日	広居宅において御賞、片山・飯田・小西・龍口・片山長右衛門、治憲公御年譜中書成就に付き。
58	8月6日	三の丸御用人尾形弥惣より飯田へ、武蔵・下総・上野の絵図入用につき差し上げるよう指示、角御蔵へ行き取出。
59	9月8日	新藩主治広来年初入部に付き、飯田御用掛任命。
60	9月21日	飯田へ元文5年以来の勤書清書延引の指示。
61	10月14日	片山退身の伺広居へ差出に対し、もう一、二年留置、長子長右衛門を教育するよう飯田ら広居へ請願。
62	⑩月12日	幕府御側御用取次横田筑後守から御城坊主を通して謙信の官職等の照会、回答。
63	⑩月12日	広居他御内用登、御判物長持持参、去る14日に米沢発足、本日江戸着。
64	12月17日	毛利宅において御賞、飯田金三〇〇疋他。
65	12月24日	毛利宅において、片山願いの通り隠居認可、嫡子長右衛門に家督、職分の他御記録所勤諸口御用掛これ迄の通り勤務。

丸数字は閏月　（「記室要録」第二巻等によって作成）

天明三年六月、「御家格」四八冊の清書が終了した（表2No.10、以下No.のみ記す）。これは、「勤式備考」と考えられ、藩主治憲の希望により、手元に置くための箱が調製されることになった（No.12等）。他にも「諸士御知行定」の一冊清書（No.4）と治憲への献上（No.18）、恩赦に関連した先例の調査・編集と提出（No.29等）、天明三年の凶荒を受け、後世に備えた書物の編集を提案するなど（No.34）など、記録方は、変わらずに御家格の編纂等の役務に携わり、藩政を支え続けている。なお片山紀兵衛一積は天明六年末に隠居し、長左衛門（後に紀兵衛一興）が跡を継いだ。

一方変化としてあげられるのは、「掛之大夫」としてこれまで主に竹俣が管轄していた記録方の事案が、奉行毛利雅元と、同広居忠起らに報告され、令達を受けるようになったことである。広居は、竹俣失脚に関与した人物であり、政権中枢の変化を示す事象として象徴的である。また、天明七年二月には「御家格者七万石程之義ニ被遊候」〔天明7・2・16〕と、七万石格程度への削減と一層の緊縮財政が宣言された。

天明年間は、記録方に関する限り、決して改革の停滞期ではなかった。

三　寛政年間の記録方

寛政になっても（一七八九、天明九年正月に改元）、記録方は変わらずに「御政治御用向」や「御裁許案調方」〔寛政元・12・17〕に携わっていた。他方、藩中枢では同三年三月に中老職に抜擢された莅戸善政を中心に、改革に関わる評議が頻繁に持たれるようになった。そのメンバーの中に、片山紀兵衛一興がいた。(11)

同三年九月八日、奉行中条至資から、記録方に、「近年改而諸御書事被仰付候所、左候而者本職之書記方自然と疏ニ相成、第一事多端ニ候而ハ御人少之上不行届事故、先達而孝子御賞誉、御裁許書、御役成書上之取調等、以来不相渡筈ニ相済候、然ハ此上本職儀入精第一、御家之御例格を始、都而古実ニ明なる様ニ可相心掛候、仍而時々御尋事等之節不質候様可被相心掛候事」〔寛政3・9・8〕が令達された。すなわち、記録方は改革政治の第一線から退き、本務に復するという大きな変化が生じた。片山が改革中枢にいたにも拘わらず、生じた変化であった。

しかし、同じ寛政三年十一月、小西敷昌らが「御右筆所吟味方、御日帳方同様御記録方」〔寛政3・11・11〕に任命された。併せて記録方への就任者の家格・家禄は、寛政年間以降高くなる傾向にあり、旗本の中核である五十騎組・馬廻組・与板組、中之間詰衆などから、記録方が任命されるようになった。(12)小西敷昌は、馬廻組二五石が前職であったが、文化二年（一八〇五）に任じられた佐藤雄秀が五十騎組・五〇石、同十二年の湯野川忠雄が中之間詰・一五〇石と、先例を大幅に上回る者が任命されたりするようになった。記録方というポストが、米沢藩において重要視されていくことが窺えよう。記録方は、上杉家の正史編纂を通して上杉家の過去の歴史や正統性に関与し、御家の重宝である「上杉家文書」の選択・整理及び管理を業務とする。従って、藩政の前面からは退いたものの、逆に藩内においてより重きをなしていったものと考えられる。前述のように、両掛入文書・精選古案両掛入文書箪笥の文書群の整理が一旦完了したのは、この時期、寛政十一年である。

おわりに

以上、不十分ながら、米沢藩記録方から見た中期藩政改革について論じてきた。記録方は、明和・安永年間を通して改革政治の中枢にあり、改革の停滞期とされ、かつ竹俣当綱の失脚にも拘わらず、天明期においても相変わらず改革を牽引している。記録方が本来の職務に復帰するのは、後期の藩政改革が始まった寛政三年（一七九一）九月以降である。

また記録方の中では、片山紀兵衛一積・一興父子とともに、飯田右門繁知が重きをなしており、起案・編纂等のみならず、現実の政治の前面に立つなど、改革政治を牽引したことが判明した。さらに改革期には、藩政の基礎となる膨大な編纂物が記録方によって編まれ、以後の藩政にも活かされた。

国宝「上杉家文書」となる文書類の整理・保存も竹俣当綱と記録方によるものであった。「上杉家文書」の成立は、小関氏の言われる竹俣の政治姿勢と関連して考えることができると思われる(13)。すなわち、竹俣が「国政」が歴史的に形成された記録に基づいて行わなければならないことを強く意識し、「御家格御仕立御用掛」に任じられて以来、数々の編纂書を成就させるなど、米沢藩の記録編纂に大きな役割を果たしたことである。本稿では、その後付けを行ったことになろう。

註

（1）拙稿①「米沢藩記録方の編纂事業に関する基礎的考察」（国文学研究資料館編『幕藩政アーカイブズの総合的研究』、思文閣出版、二〇一五年）。
（2）「記室要録」第一巻、安永四年閏十二月二十四日条。
（3）拙稿②「近世・近代における『上杉家文書』の整理・管理とその変容」（『新潟史学』六一号、二〇〇九年）、及び拙稿①。
（4）小関悠一郎『〈明君〉の近世―学問・知識と藩政改革―』（吉川弘文館、二〇一二年）。
（5）寛政十一年八月改「両掛御懸硯古状御簞笥入日記」（東京大学史料編纂所編『大日本古文書』家わけ第十二・上杉家文書之二、東京大学出版会、二〇〇一年覆刻）。
（6）市立米沢図書館所蔵の「任職叢考」（幕末の編纂）による。本稿では、市立米沢図書館デジタルライブラリーを利用した。
（7）「諸士略系譜(1)」（『上杉家御年譜』巻二三所収、米沢温故会、一九七六年）。
（8）米沢藩の藩政改革全般については、横山昭男『上杉鷹山』（吉川弘文館、一九六八年）、同『上杉鷹山のすべて』（新人物往来社、一九八九年）等を参照。

（9）市立米沢図書館デジタルライブラリー解題。
（10）市立米沢図書館デジタルライブラリー解題。
（11）横山前掲註（8）『上杉鷹山』。
（12）拙稿①、「記室要録」第五巻、「諸士略系譜⑴」（前出）、「同⑵」（『上杉家御年譜』巻二四所収、米沢温故会、一九七六年）、「代徭集」（「上杉文書」、マイクロフィルム版）。
（13）小関前掲註（4）。

近世大名の蹴鞠・楊弓・打毬
―寛政〜文化期の津軽寧親宛書状から―

岡崎寛徳

はじめに――将軍家斉の吹上酒宴――

まず、弘前藩の大名津軽家に伝存した書状の一部を紹介する。(1)

〔史料1〕

一、私義御番抔相勤大勢之義、中々外聞仕候義及茂無御座候処、不斗　天幸ニ而、如此之身之上ニ罷成、難有上ニ茂思召ニ相叶候哉、時々御酒宴ニ被為　召頂戴被仰付、折ニふれ　御酌ニ而頂戴等仕、扨々夢のことく成義ニ奉存候、折々思召ニ而　御側廻り之御品拝領被仰付候、先頃吹上瀧見之御茶屋　御成之節者、御供順ニ茂無御座候処、思召を以、別段被召連、御酒宴ニ被出、其節被召上候　御喜世留、其儘御手つから頂戴被仰付候、是等者餘り無之候義ニ而、一入本望ニ奉存候、

この書状の差出人は「柴田蔵人」で、宛先は記されていないが、全体の文面から津軽家当主に宛てたものに間違いない。日付は「四月廿三日」のみで、年次は明記されていない。

柴田蔵人は「御番」をつとめる大勢の一人であったが、思わぬ「天幸」がめぐってきたという。ある人物の思し召

しに叶ったためか、「如此之身之上」となり、時折「御酒宴」に呼ばれることがあった。しかも、「御酌」で酒を頂戴する機会をたびたび得て、「夢のごとく」であると述べている。さらに、「御品」を拝領することもあり、「吹上瀧見之御茶屋」に御供をした際には、「御酒宴」で用いられた「御喜世留」(キセル)を「御手つから頂戴」した。柴田は、あまりないような出来事で、「一入本望」に感じたと津軽家当主に伝えた。

それでは、津軽家当主と柴田蔵人および「御酒宴」を開いたのはどういう人物か、また「四月廿三日」は何年か、ということを解き明かしていこう。

弘前市立弘前図書館所蔵の津軽家文書には、諸大名から津軽家に宛てた書状が二〇〇通ほど残されているが、これまでほとんど研究対象として扱われてこなかった。筆者はかつて、交代寄合那須家の津軽家宛書状一八通を簡単に紹介したことがある(2)。また、複数の書状を用いて、津軽寧親が諸家当主との間で菓子贈答を行い、菓子を手製する場合もあったことを別稿で明らかにした(3)。

分析したところ、津軽家宛の約二〇〇通は、大半が津軽寧親へ送った書状であることがわかった。寧親は寛政三年(一七九一)から文政八年(一八二五)までの長きにわたり、弘前藩主をつとめていた。その時期において、柴田家で「蔵人」を名乗ったのは勝峯一人である。勝峯は、寧親の先代信明の養女が嫁いだ相手でもある。柴田家は五〇〇石の旗本で、勝峯は寛政三年八月八日に小姓組番入り、翌四年十二月二十九日から進物番出役、文化二年(一八〇五)十月十四日には小姓組から小納戸となり、同八年に死去する(4)。一方、信明は寛政三年六月二十二日に死去している。

差出人は旗本の柴田勝峯、宛先は弘前藩主の津軽寧親であることが判明した。そうなると、「御酒宴」の開催者は将軍徳川家斉に確定できる。家斉はたびたび酒宴を開いて、小納戸に御酌をすることがあり、江戸城「吹上瀧見之御茶屋」において自ら用いたキセルを勝峯に与えた、という事実が浮かび上がる。

この出来事は、何年のことなのであろうか。史料1には掲示していないが、同じ書状の後半には、「明年御上りも御座候ハヽ、乍恐拝顔申度、久々ニ而　御目見も仕度奉存候」と記されている。寧親は来年に江戸参府の予定、すなわち弘前在国中であることがわかる。

寧親の在国期間を表1に示した。柴田勝峯の存命中において、寧親が「四月廿三日」に在国していたのは、寛政十一年と文化四・五・七・八年である。[5] しかし、「明年御上り」ではなく、同年中に参府している寛政十一年と文化四・五・七年は該当しない（文化四年は江戸到着直後に、再度国元へ戻ることが決まった）。文化八年の場合、本来は翌九年に江戸へ参府する予定であったが、蝦夷地のロシア船対策などにより同十一年まで参府が延期となった。

そこで、文化八年四月二十三日直前における家斉の動向を追うと、同月十三日に「吹上御庭」へ出向いていることが確認できる。

表1　津軽寧親の在国期間

寛政4年5月17日～寛政5年3月10日
寛政6年6月4日～寛政7年3月11日
寛政8年5月24日～寛政9年3月10日
寛政10年5月9日～寛政11年5月10日
寛政12年5月27日～享和元年3月10日
享和2年5月18日～享和3年3月6日
文化元年6月7日～文化2年3月16日
文化3年5月14日～文化4年5月10日
文化4年7月6日～文化5年8月23日
文化6年5月11日～文化7年9月13日
文化8年3月15日～文化11年7月28日
文化12年6月1日～文化13年⑧月12日
文化14年9月4日～文政元年8月20日
文政4年4月29日～文政5年4月11日

弘前市立弘前図書館所蔵津軽家文書「弘前藩庁日記」、青森県文化財保護協会編『津軽歴代記類』下（国書刊行会）より作成。⑧月は閏8月。

すなわち、幕府小納戸の柴田勝峯（数え年で四十八歳）は文化八年四月十三日、将軍家斉（三十九歳）の吹上御成に随伴した際、家斉自身からキセルを拝領した。そして、同月二十三日に光栄の思いを書状に認め、弘前在国中の津軽寧親（四十七歳）に送ったのである。史料1冒頭の「御番」は小姓組番、「如此之身之上」は小納戸を指すことになる。

当主間の書状ならではの動向や感覚をうかがい知ることができた。本稿では、こうした興味深い記述のある津軽寧親宛書状をいくつか抽出し、寛政～文化期における大名自身の動向・感覚に迫っていきたい。主に、蹴鞠・楊弓・打毬に関わる書状を取り上げる。

一　津軽寧親宛の書状

津軽家文書に含まれる津軽寧親宛書状の全体については、すでに先の別稿で述べているので、ここでは基本的な情報のみを記す。

寧親は明和二年（一七六五）正月十七日、弘前藩津軽家の分家にあたる黒石津軽家に生まれた。父著高の死去に伴い、安永七年（一七七八）に黒石四〇〇〇石を相続。しかし、弘前藩津軽家の当主信明が寛政三年（一七九一）に嗣子なく急死したため、寧親は本家を継ぐことになった。

その寛政三年には従五位下・出羽守に任じられ、同九年に越中守、文化八年（一八一一）に従四位下、文政三年（一八二〇）には侍従となる。そして、同八年まで弘前藩主をつとめ、隠居後の天保四年（一八三三）に死去している。かつて当主であった黒石津軽家は寧親の長男典暁、弘前津軽家は次男信順がそれぞれ継承した。

寧親宛の書状には月日のみが記されているため、年次を特定する上では寧親の動向が重要となる。年次を決める一つは、宛先の官名が「出羽守」と「越中守」いずれかという点である。越中守に任じられた寛政九年正月十三日の前後で分けることが可能であろう。

そして、寧親が江戸と国元弘前のどちらに滞在しているか、という差異も鍵となる。書状を読んでいくと、差出人は江戸、寧親は弘前にいる状況がほとんどである。ただし、松前藩松前家や秋田藩佐竹家、黒石津軽家などの場合は、それぞれの国元から弘前滞在中の寧親に送っている書状もある。いずれにしても、寧親の在国期間に注意すれば、書状の年次は限定されてくる。また、差出人の官名や滞在場所、生没年・当主在任期間も、年次特定を検討する際に重要な手掛かりとなり得る。

別稿で記したように、二七家三六人が寧親に書状を送っている。寧親や先代信明の血縁関係が一〇家あり、分家の黒石津軽家、大名の川越藩松平家・福山藩阿部家・赤穂藩森家・村松藩堀家、交代寄合の那須家、旗本の柴田家・杉浦家・北条家・多門家である。また、松前藩松前家と秋田藩佐竹家、および松前奉行などの地縁関係が八家を数える。そして、江戸城内の殿席が津軽家と同じ「柳間」の同席大名として、鴨方藩池田家・綾部藩九鬼家・新見藩関家・黒川藩柳沢家・赤穂藩森家・村松藩堀家が挙げられる（森家と堀家は血縁関係と重複）。他に鳥羽藩稲垣家(6)、幕府儒者の成島家や医者の多紀家による書状が現存する。

こうした近世大名たちの直筆書状、特に私信は、単なる挨拶状に過ぎないという先入観からであろうか、あまり取り上げられてこなかったように思われる。戦国期から近世初期、あるいは幕末期における大名当主の書状が、政治動向を考える上で有意義なために重要視されていることと、非常に対照的である。

近世中後期における大名当主の書状は、たしかに年頭・歳暮や節句の挨拶が書かれたものを多く見る。しかし、読み込んでいくと、意外な事実や時代性を反映した内容に触れることがある。その行動だけではなく、大名たち自身の感情や息遣いのようなものが垣間見える書状も存在する。冒頭の柴田勝峯書状に続いて、那須家・佐竹家・森家・稲垣家の津軽寧親宛書状を通して、寛政～文化期における大名たちの姿を掘り起こしてみよう。

二　那須資明・資礼

津軽家と那須家の血縁関係は天和三年（一六八三）、第四代弘前藩主津軽信政の息子政直が那須資弥の養子となったことに始まる。また、第七代津軽信寧の娘「豊」は、那須資明の正室に迎えられた。那須資虎の娘は第八代津軽信明の養女「幸」となり、柴田勝峯に嫁ぐ予定であったが、その前に死去している。さらに、津軽家一門にあたる津軽順朝の娘が那須資礼の養女となり、資礼の婿養子資興の正室となった。明治維新後、那須家は津軽家との縁を頼りに、弘前へ移住している。

1　那須資明と打毬・蹴鞠・愛鳥・絵画

最初に、七月二十四日と九月七日の書状を取り上げる。いずれも年次は記されていないが、差出人が「那須与一資明」とあることから、資明が隠居して「芝山」と号する文化八年（一八一一）以前に限定される。また、那須家は参勤交代をしない定府の交代寄合であるため、資明が江戸から送ったものということになる。二通の書状ともに「御留守中」と記されており、寧親は在国中で間違いない。

そのため、寧親が初めて弘前に入国した寛政四年（一七九二）から、資明が隠居する文化八年までの間となり、七月二十四日や九月七日に在国している年に絞られてくる。

次の史料は七月二十四日付書状の一部である。

〔史料2〕

此節御打球御鞠なと如何被遊候や、私義も先日　八郎左衛門殿すゝめにより、御屋敷ニて鞠一度仕候処、たちまちくつゞれ出来、甚難儀仕、よふゝゝ此間なをり申候、たまゝゝ事致候得共、右体之儀扨々大笑致候事ニ御座候、扨又御預りのおし鳥随分丈ふニ御座候、此夏に相成候已来、とやにて、おんの方不残かざり羽落、めむ鳥同様に相成申候、やがて秋すへにハ羽生し候儀と奉存候、私も外におし鳥鴨とふ相求飼置申候、中々慰ニ相成、此節相楽申候、何も御笑被遊被下置候様奉希上候、

江戸にいる資明が、弘前滞在中の寧親に、国元で「御打球」と「御鞠」をしているだろうかと尋ねている。この「御打球」は、乗馬しながら杖で毬を打つ競技で、打毬とも記される。資明は、寧親が打毬を行っていたことを把握していたと思われる。

また、「御鞠」は蹴鞠を指す。寧親は蹴鞠を弘前で行っていたようで、資明も「八郎左衛門」に勧められて蹴鞠をしたという。

八郎左衛門は津軽家の用人などをつとめた山鹿高美と考えられる。「御屋敷」と記されているので、那須家屋敷ではなく、資明が津軽家側の「御屋敷」を訪問した際、山鹿高美に誘われて蹴鞠をしたのであろう。

しかし、資明にとって初めての蹴鞠体験であったためか、すぐに靴擦れができてしまい、難儀していたが漸く治ったという。寧親に「右体之儀扨々大笑致候事」と伝えているところに、両者の親密な関係を理解することもできる。

もう一つ、史料2には鴛鴦のことが記されている。帰国に先立ち、寧親は所持していた鴛鴦を資明に預けたようである。資明はそれが丈夫に育ち、羽の生えかわりについての現状を伝えた。さらに、自らも鴛鴦や鴨を飼うつもりであること、「慰」みとなるので「楽」しいと述べていることがわかる。

さて、この七月二十四日付書状は八月中旬頃に弘前へ届けられ、寧親はすぐに返書を認め、江戸の資明に送ったも

のと思われる。それに対する返書が次の九月七日付書状であろう。一部を次に掲示する。

〔史料3〕

御打球御鞠など如何被遊候哉、折々御慰ニ出候儀と奉存候、私義も日々閑暇ニ罷在、鳥などいぢり罷在候、御一笑可被成下候、扨御預りのおし随分丈夫ニ罷在候、殊之外能人なれ申候、明年者又御飼被遊候儀ニ御座候哉奉伺候、随分大切ニ甚愛し罷在候、

資明は再び、打毬や蹴鞠をしているだろうかと寧親に尋ねている。「御慰」になっているだろうとも記しており、寧親の動向を資明が把握しているからこその文面と考えられる。

一方、江戸で「閑暇」の日々を過ごす資明は、飼っている鳥に触れていることを「御一笑」くださいと述べる。また、寧親から預かっている鴛鴦はさらに丈夫となり、よく人に馴れているという。来年、寧親が江戸に参府すれば返すことになるわけだが、それまでは「大切ニ甚愛し」むと伝えている。

寧親は打毬・蹴鞠や鴛鴦飼育をしており、資明も影響を受けて蹴鞠に挑戦し、愛鳥の日々であったことが判明する。「難儀」「大笑」「慰」「楽」、あるいは「閑暇」「一笑」「愛し」と、率直な感情が記されている点も興味深い。

次の史料は、史料3と同じ九月七日の書状に記されている猶書の一部である。

〔史料4〕

此方御留守ニ而者、私なとも甚淋しく一向面白キ儀も一切無御座候、最早段々涼敷相成候間、遠乗にても可仕哉と奉存候、兎角世上厳敷様子ニ而、うかと出あるき儀も仕兼候儀ニ御座候、御役人なとも少し之遊興がましきは ち当り、御役御免なとの人まし承及候、扨々兎角こはき時節に御座候、私なとハ差て遠慮も無御座候身分ニ御座候得共、先々差扣、無用ニ他行も仕兼罷在候、兎角此節者寄合衆なとも只々学問致出情之様子と相見へ申候、

兼々御存寄被遊候、見廻り彦坂も御先手へまいり、是も少々出来之方かと奉存候、

資明は、寧親が「此方御留守」、すなわち江戸にいないため非常に淋しく、面白いことが一切ないという。また、気候が涼しくなってきているので、寧親は国元で「遠乗」をしているだろうと述べる。それに対して、江戸は「世上厳敷様子」のため出歩くことも難しい状況であると伝えている。少し遊興をしただけで御役御免となった幕府役人も増えており、資明は「こはき時節」と評する。さらに、遠慮する必要がないにもかかわらず、外出をなるべく控えていること、近頃は寄合衆たちも学問に出精していること、「彦坂」が「御先手」に転任したことなどを記している。

この「彦坂」は、三〇〇〇石の旗本彦坂九兵衛忠篤を指すと考えられる。忠篤が先手弓頭に就任したのは寛政六年八月八日のことで、その情報を資明が寧親へ九月七日に伝えたのではないだろうか。同じ九月七日付書状には、寧親が「御珍敷御廻浜」をしたことも記されている。津軽家文書「弘前藩庁日記」の「国日記」（以下、「国日記」または「江戸日記」と表記）によると、寧親は寛政六年八月十七日に弘前から青森へ向かい、青森や浅虫で宿泊し、九月四日に帰城した。

すなわち、七月二十四日と九月七日の寧親宛書状（史料2～4）は寛政六年のものと推定できる。寛政改革を推進した松平定信が老中を御役御免となったのは寛政五年七月二十三日であるから、その一年後の書状ということになる。まだ改革期の影響が色濃く残っていたのであろう。うっかり出歩けないほどの厳しい世相で、遊興により罷免者が出るなど、資明が怖いと感じる時節であった。

なお、「国日記」寛政六年八月十三日条には、打毬で用いる馬のことが記されている。

次の史料5は、資明の寧親宛十一月二十七日付書状の一部である。

〔史料5〕

先頃者御珍敷御廻浜被遊候由、嘸々御壮遊之御儀被為在候与奉存候、右海辺之処御眺望御画ニ被遊、道泉江被下置候ヲ奉拝見、扨々驚入奉感心、誠ニ眺望同様ニ而奉感嘆候、

この書状より以前、寧親が資明に対して、領内「御廻浜」のことを伝えていたと見られる。資明はそれを「嘸々御壮遊」と表現している。

寧親は実際に見た海辺の光景を「御画」に描き、「道泉」に下賜した。その「御画」を目にした資明は、「眺望同様」と非常に驚嘆したのである。

それでは寧親自作の絵画を与えられた「道泉」は、誰のことであろうか。弘前藩医の樋口道泉（淳美、酔山）ではないかと筆者は考えている。樋口道泉は江戸の弘前藩邸で仕えた近習医で、杉田玄白や米沢藩医堀内林哲との交流があった人物である(7)。

掲示はしていないが、同じ書状の猶書で、資明は「玄隆」という人物について触れている。やはり弘前藩医の中に浅越玄隆がおり、寛政六年から近習医をつとめていた(8)。そして、寧親が弘前に在国していることも考慮すると、寛政六年または寛政八年に絞られる。

さらに「国日記」から寧親「御廻浜」を調べると、寛政八年八月二十三日に弘前を出発し、翌二十四日に鰺ヶ沢へ到着、二十八日に帰城した。すなわち、寧親が自ら筆をとり、樋口道泉に与えた「海辺之処御眺望御画」は、寛政八年に鰺ヶ沢近辺を描いたものと考えられる。

2　那須資礼と楊弓・舞踊

史料6は四月二十一日付書状で、差出人は「那須与一」とある。那須家の書状一八通は全て資明によるものと考え

ていたが、この一通は資礼としなければならない。後述するように、文化十三年（一八一六）に特定することが可能で、「与二」は文化八年に家督を相続した資礼を指すからである。資礼は秋田藩主佐竹家の出身で、文化六年に那須家の養子となった。

〔史料6〕

不寄存御鷹雁被下置、重畳難有仕合奉存候、早速拝戴仕候、長途之処態拝領被仰付、厚思召呉々恐入難有奉感佩候、扨又楊弓之義被仰出奉畏候、時々仕候得共、何様ニも当出不申候、十本之内漸四五本程当申候、亦者十本内無中事御座候、猶出情仕可申奉存候、舞も昨日より稽古相始、仙四郎江相談仕候、御国本ニ而も度々御囃子等御座候内相窺御床敷奉存上候、

この書状によると、資礼は思いがけず寧親から「御鷹雁」を拝領した。寧親が国元で鷹狩を行い、その際に捕獲した雁が江戸まで運ばれたのである。そして、資礼は寧親から「楊弓」を勧められ、自らの屋敷内で時折行っていると述べる。一〇本放って四、五本当たれば良い方という技量で、今後も「出情」するという。

また、資礼は「舞」の稽古を開始し、「仙四郎」に相談していること、寧親が弘前で「御囃子」を催していると聞き「床敷」思うということが記されている。「仙四郎」は、長唄の坂田仙四郎であろうか。

すなわち、打毬・蹴鞠などに加え、寧親は楊弓と御囃子も催していた。那須家では資明や資礼もそれらを行っていたが、寧親の影響を多分に受けていたと推察される。

同じ書状の猶書にあたる史料7からは、当時における江戸の世相を知ることができる。

〔史料7〕

扨又中々面白義申上候様被仰出奉畏候、外ニ相変候義無御座候、当今木下川薬師開帳ニ而甚賑申候、私も先頃参

詣仕候、杜若を池へ多く植申候而、花盛御座候、八ツ橋なと出来申候、桜もうへ候得共、是ハ皆葉桜相成申候、回向院ニも祐天寺開山祐天僧正木像開帳ニ而、是も甚繁昌仕候、御屋鋪御近所天気之節ハ、日々賑やかに御座候、右之趣申上度、如是御座候、

資礼は、二つの御開帳の様子を寧親に伝えている。その一つは木下川薬師（天台宗浄光寺）である。この寺院は、徳川将軍家が行う鷹狩の際に休息所としてしばしば利用された。また、杜若《かきつばた》の名所として江戸町人の行楽場となっており、「嘉陵紀行」などにも描かれている(9)。

資礼自身も参詣したばかりで、「甚賑」という雰囲気であった。そして、池に植えられた多くの杜若が「花盛」であること、「八ツ橋」が架けられたこと、「皆葉桜」であることを記している。

もう一つは、回向院（浄土宗）における祐天僧正像の御開帳である。資礼はこちらも「甚繁昌」しており、好天の際は「日々賑やか」と具体的な現状を述べているので、木下川薬師同様に資礼自ら足を運んだのであろう。「藤岡屋日記」には、文化十三年の御開帳寺院として木下川薬師と回向院のことが記されている(10)。すなわち、史料6・7の四月二十一日付書状は、文化十三年と確定できる。那須・津軽両家ともに屋敷が本所にあり、木下川薬師や回向院は比較的近い。江戸町人たちに交じりながら、当時二十二歳の資礼も御開帳の際に参詣したのである。

史料6には「御鷹雁」と「御囃子」のことが記されている。「国日記」で確認すると、寧親は文化十三年三月二十三日に国元で鷹狩を実施しており、同年二月十三日と二十七日には弘前城内「梅之間」で「御慰御囃子」を催していることがわかる。

三　佐竹義和・森忠賛・稲垣長続

打毬・蹴鞠や楊弓を行っていたのは津軽・那須両家だけではない。

まず打毬は、しばらく衰退していたが、八代将軍徳川吉宗により復興された。また、安永七年（一七七八）における姫路藩主酒井忠以の打毬が確認できる。(11) さらに、大坂加番に赴任中の大名家が、大坂城の山里馬場などで打毬を定期的に実施していたことが知られている。(12)

蹴鞠については、近世中後期においても複数の大名が行っていた。なかでも岡山藩主の池田宗政・治政は宝暦～天明期に国元で蹴鞠を繰り返しており、岡山後楽園内と江戸上屋敷内には屋根付きの「御鞠場」が設けられていたことも判明している。(13) また、元平戸藩主の松浦静山は、「甲子夜話」の中で「予は久しき飛鳥井の門弟にして、鞠は蹴れども」と記している。(14) その他、静山の息子で平戸藩主の松浦熙、刈谷藩主の土井利徳、福岡藩黒田家や鳥取藩池田家なども実際に蹴鞠をしていたようである。

楊弓の場合は、徳川家宣の側室で家継の生母である月光院が、江戸城大奥で繰り返していたという。(15)

そして、津軽寧親宛書状を通覧していくと、秋田藩の佐竹義和、赤穂藩の森忠賛、鳥羽藩の稲垣長続という三人の書状からも、蹴鞠や楊弓に関する記述を見出すことができる。

1　佐竹義和と蹴鞠

佐竹義和は天明五年（一七八五）から文化十二年（一八一五）に秋田藩主をつとめ、藩政改革に取り組んだ人物として知られている。秋田蘭画と呼ばれる西洋画を描いた義敦（号曙山）の長男にあたり、義和自らも書画などの文芸に通じていたという。

その義和から寧親に宛てた六月十七日付書状には、最早暑さが厳しいので、「蹴鞠茂催兼候」と記されている。暑くない時期には蹴鞠を行っていた、と読み取ることが可能であろう。年次を一つに絞ることは難しいが、寧親だけではなく、義和も在国中と思われるので、文化六・八・十年のいずれかが相当する。

次の六月二十六日付書状からは、義和が実際に蹴鞠をしていたことが確定できる。[16]

〔史料8〕

如年例大暑ニ相成候得とも、愈御清福御在国奉欣然候、蹴鞠の事被仰下、忝被成度々相催候、いつも下手にハこまり申候、御鞠折々被成よし、さそ御面白事と奉存候、御尋に御座程拝見可申候、領分巡覧の事御聞及の段、はやふしれ事感心仕候、当年ハ男鹿の方へ七、八日も参り可申候義所、日てりにて植仕付も甚をくれ候ニ付、先今年ハ相止申候、貴様にも先頃御巡郷被成候よし、よき御楽奉存候、

寧親の弘前「御在国」が明瞭である。中止にはなったが、領内の「男鹿」巡見に触れているように、義和も在国している。寧親が「先頃御巡郷」を行った情報を得ていたようで、義和は「よき御楽」だったであろうと述べる。

その義和自身は、秋田で蹴鞠を「度々相催」しているが、「いつも下手」であるために困惑していた。そして、寧親も蹴鞠を繰り返しているとの書状を事前に得て、非常に面白いことであろうと伝えた。寧親は弘前、義和は秋田と、それぞれ蹴鞠を実施していることを伝え合っているが、両者には技量に差があったのかもしれない。

さて、史料8の年次であるが、同じ書状の猶書に、「ヲロシヤや舟又々参候よし、此度ハ度々かけ合向にても御座候哉、静謐のよし、さそゝゝ御日能安心仕候、つうし馬場左十郎参り居候ハ、当年ヲロシや人御返しにも相成候哉とも

風聞承候」と記されている。「つうし馬場左十郎」は通詞馬場佐十郎貞由のことで、「ヲロシャ人」はゴロウニンを指すと思われる。馬場は文化十年二月に江戸を出立して松前・箱館に到着し、同年九月に江戸へ戻った(17)。加えて、寧親・義和いずれも在国中であるため、文化十年の書状と特定することができる。

寧親は文化十年五月に鰺ヶ沢などを巡見しており、史料8の「先頃御巡郷」とも一致する。中止になった義和の「男鹿」行きは、文化七年八月二十七日に起きた文化男鹿地震の復興に向けた植林に関することであろう。

2　森忠賛と蹴鞠・楊弓

赤穂藩主であった森忠賛の書状三通にも、蹴鞠や楊弓のことが記されている。いずれも差出人は「森右兵衛佐」、宛先は「津軽越中守」とある。このため、寧親が越中守に任じられる寛政九年（一七九七）以降、忠賛が美濃守となる文政二年（一八一九）までに絞られる。

その間の享和元年（一八〇一）に、忠賛は隠居している。年次を特定していくと、下記三通とも隠居後の忠賛による書状であることが判明する。

〔史料9〕

折々御楊弓御蹴鞠共御取出シ被為在候由、私も不相替楊弓出情仕候、併近来者大出来、不出来御座候而困申候、蹴鞠ハ絶而不仕候、近頃あれ是進メニ預候得共、当時鞠足場も無之仕合故、取出シ不申候、清閑老人ハ折々催候由承及候、同人も旧冬以来、大不沙汰罷過候、随分例之元気、年を越而も盛ン之様子御座候而、羨敷義御座候、

これは正月十七日付書状で、忠賛は寧親を「弘前賢君」、自らを「赤穂老人」と称している。そして、寧親が楊弓や蹴鞠を繰り返していたことが理解できる。

忠賛は、「不相替」という表現に見られるように、楊弓に精を出していたが、「大出来」の時も「不出来」の時もあり「困」っているという。一方、寧親から勧められても、忠賛は蹴鞠を行っていない。「鞠足場」（蹴鞠場）自体がないことを、その理由に挙げている。

興味深いのは、忠賛が「清閑老人」のことを引き合いに出している点である。蹴鞠を繰り返し催すほど「元気」「盛ん」な「清閑老人」を、忠賛は「羨」ましいと述べる。

この「清閑老人」は、備中鴨方藩主をつとめた池田政直と考えられる。延享三年（一七四六）生まれで、寛政十二年八月二十六日に隠居し、「清閑斎」と号した。寧親が在国中であることを考慮すると、史料9は享和元・三年、文化二・四・五・七年のいずれかとなる。

仮に文化七年とした場合、清閑斎は当時六十五歳で、忠賛は五十三歳、寧親は四十六歳にあたるが、江戸城の詰間が「柳間」という点で三者は共通する。「江戸日記」によると、清閑斎はたびたび津軽家屋敷を訪れている。寧親が従四位下に昇進した文化五年十二月以降は大広間に移るが、「甲子夜話」(18)に「今の侍従津軽越州、柳班にて有りしとき、備前支侯池田信州、退老して号清閑斎と屢々相伝して、席の事、御番所のことなど談論し」とあるように、寧親は「柳班」（柳間）時代から政直（清閑斎）と親しい間柄であった。

忠賛は、別の書状でも清閑斎のことに触れている。

〔史料10〕

御当地近年之暑気難渋仕候、夫故清閑様ニも無沙汰仕候、御鞠折々御取出被為在候哉奉伺候、私方誠之鞠足場拵候而、折々鞠楽仕候、不相替不達者、暑中別而大汗罷成候、来御参府之上者、何卒度々御相手相成候様出情仕候、近来楊弓相打候而、日々相楽候、

これは六月十五日付書状で、寧親は在国しており、来年「御参府」の予定であった。当時すでに隠居していた忠賛は「御当地」江戸におり、暑さのため「清閑様」と対面する機会を得ていなかった。暑くなる以前には顔を合わせていたとすることができよう。

また、忠賛も新設した「鞠足場」で蹴鞠を行っている。「不相替不達者」で、「大汗」をかいているとも記す。加えて、寧親が参府する来年には「御相手」をしてほしいと伝えている。

忠賛は同じ書状の猶書で「美作守」の暑中伺いについて記しているが、「美作守」は当時の赤穂藩主森忠敬を指す。忠敬は文化六年十二月十六日に美作守、同九年四月三日には越中守に任じられる。その期間、寧親が六月十五日に在国しているのは文化八年に限定される。すなわち、史料10は文化八年の書状ということになる。

実際に蹴鞠を一緒に行っていたかは不明だが、史料9の段階では「鞠足場」そのものがなく、忠賛は蹴鞠をしていなかった。ところが、文化八年の史料10では蹴鞠を「楽」しみ、ともに競技することを望むまでになっていた。

次に掲げる七月二十三日付書状の史料11は、文化十二年で間違いない。

その猶書に「大隅守様御安全被成、御在城奉賀候、可然奉希上候、初而之御旅行一入御草臥被成候御儀与奉存、無音者追々御領内珍敷所御遊覧御楽与奉遠察候」とある。津軽大隅守信順は寧親の跡を継いで弘前藩主となる人物で、文化十一年十二月十六日に大隅守に任じられた。翌年六月一日に初めて弘前へ入国したが、「初而之御旅行」はこれを指す。「一入御草臥」となったかもしれないが、領内遊覧は「御楽」しみだったであろうと忠賛が述べる。

〔史料11〕

御用多ニ而未御楊弓御取出シ不被遊候旨、御尤御儀奉存候、御当地ニ而も右暑中以来、楊弓も薄らき、私抔も打絶罷在候、今少冷気ニも趣候ハヽ、出情可仕心懸罷在候、桂風折々尋呉候得共、大暑ニ弱リ、楊弓ハ不仕候、御

手製も未御拵不被遊候由、是亦暑気中者別而御暑く、御慰も薄くと奉存候、先之御礼申上候者、御手製之御菓子拝領忝仕合、扨々見事成義、早々打寄拝味仕候、厚々御礼申上候、御存之私手製も冷気催早々ハヽ、可差上心得罷在候、扨先達而、御弓京都ニ被仰付候所、漸出来差越候、花菱迄序より差出候、此簡御覧も被遊候哉、一寸内見仕候所、一張之方者出来も宜敷相見候、今一張者劣リ候様奉存候、思召相叶候哉、いかゝと奉存候、

この史料によると、寧親は帰国後、楊弓を取り出せないほどの多忙であった。一方、忠賛は居住する江戸が暑いため、楊弓から遠ざかっていたが、涼しくなれば再開するつもりであるという。菓子については別稿で触れているので、ここでは省略する。

また、忠賛は「御弓」の製作を京都に発注し、それが仕上がってきた。しかし、一張りは忠賛自身が見ても上出来であるが、もう一張りは劣る品であった。最後の「思召相叶候哉、いかゝと奉存候」からは、寧親が忠賛に京都製「御弓」を依頼していたことがうかがえる。

3　稲垣長続と蹴鞠

志摩鳥羽藩主稲垣長続の津軽寧親宛書状にも、蹴鞠の記事が見られる。

八月十一日付書状の冒頭には、「六月廿一日尊書被成下忝次第、七月晦日在所表へ当着仕候」とある。寧親と長続がそれぞれ国元にいることは間違いなく、六月二十一日に寧親が弘前で認めた書状が、江戸を経由して七月晦日に鳥羽へ届き、八月十一日に長続が書き記した返書ということになる。

この書状によると、長続は寧親に「御秘薬」を所望していたようで、念願通り贈られたことに感謝を述べている。しかも「角別之御薬」であり、服用したところ「追々宜様」になったという。そうした薬拝領の御礼に続くのが、次

の史料である。

〔史料12〕

扨又鞠之義も被仰下、当年者在所ニ而相手も無御座候、右者甚不自由ニ奉存候、御地ニ而も久々御在　城御退屈候哉とも奉存候、

長続は寧親から蹴鞠を勧められているものの、この年は在所の鳥羽にいるため、蹴鞠の「相手も無御座候」という状況であった。すなわち、寧親と長続がいずれも江戸に滞在している際は、どちらかの屋敷でともに蹴鞠を行っていたことを示すと考えられよう。

それでは、史料12を含む八月十一日付書状は何年のものであろうか。

後述する寧親自身の「御日記」によると、文化十年十月二十日に「稲垣信濃守江返事申遣」とある。また、同年六月十五日の「御日記」（国文学研究資料館の目録は（文化十四年カ）と推定）には、「稲垣信濃守より手紙来、右者金丹之儀申来」と記されており、史料12は文化十年八月十一日の書状に確定できる。

そして、月日の表記がない長続の寧親宛書状には、「仰のことく、鞠も久しく捨置候、江府之相手ニなくてハ、誰参候而も、此表一向面白き事共無御座候」と記されている。蹴鞠を長らくしていない理由は、江戸にいる時のような相手がいないためであると述べる。寧親と長続は、蹴鞠の競技仲間だったのであろう。

なお、寧親の江戸城詰間が柳間のち大広間であるのに対し、長続は帝鑑間である。両者は近しい縁戚関係でもない。江戸城詰間の同席や縁戚関係の有無にかかわらず、ともに蹴鞠を行う大名が存在したのである。

おわりに――津軽寧親宛の蹴鞠免許状――

津軽寧親は蹴鞠を愛好しており、交代寄合の那須資明や、大名の佐竹義和・森忠賛・稲垣長続にそれを推奨するほどであった。忠賛の書状によると、鴨方藩主をつとめていた池田清閑斎(政直)も愛好者の一人として数えることができる。さらに、寧親は江戸に滞在していた際、忠賛や長続と一緒に蹴鞠を行っていた可能性がある。

では、実際に蹴鞠をしていたのかということを確認するため、「御日記」と称される史料に着目したい。これまで引用してきた「国日記」や「江戸日記」が弘前藩の日記方で記されているのに対して、「御日記」は藩主自筆による日記である。寧親の「御日記」は文化十年(一八一三)から同十四年の五年分が現存する。(19)

その文化十二年二月六日条には、「佐竹・森・池田・淡路右四人被参、鞠催相催、右兵衛佐・淡路守・清閑斎右三人者休息江通、尤昼之内に奥江通」と記されている。すなわち、江戸滞在中の寧親は、佐竹義和・森忠賛・池田清閑斎および富山藩主前田利幹(「淡路守」)を招き、蹴鞠を開催したのである。佐竹義和は「兼而就御直約」による訪問であった。(20)場所は津軽家上屋敷の「奥」で、「御座之間」近くの庭と推察される。前年の文化十一年十二月二十九日の「御日記」には「池田清閑斎来、鞠催」とあり、清閑斎とはこの日もともに蹴鞠をしていたことが確認できる。

また、「御日記」によると、寧親は江戸滞在中の文化十二年三月三日・同二十七日・四月晦日に、忠賛や清閑斎と楊弓を行っていた。その三月三日条には「奥江通」とあり、同日の「江戸日記」は両者が「御座之間」へ向かったとする。文化十四年の「御日記」には「下段ニ而」や「庭ニ而」というように、楊弓は「御座之間」の下段や庭で行われたことがわかる。「御日記」文化十二年二月十二日条によると、寧親は忠賛の屋敷に招かれた際も楊弓をしている。

国元の場合は、文化十年十月八日の「御日記」に「今日、四季之間庭ニ而鞠垣出来ニ付、開キ致事」と記されている。文化十二年九月十六・二十六・二十七日には「四季之間ニ而楊弓有之」とあり、楊弓や蹴鞠は弘前城本丸御殿の四季之間やその庭で行われていたのである。(21)

そして、寧親の「御日記」から、蹴鞠と楊弓の実施回数を換算すると次のようになる。文化十年は蹴鞠五回、楊弓一回。文化十一年は蹴鞠七回、楊弓なし。文化十二年は蹴鞠一四回、楊弓三三回。文化十三年は蹴鞠なし、楊弓二九回。文化十四年は蹴鞠なし、楊弓二二回。弘前在国中における文化十一年四月五日の「御日記」には「鞠五十座致事、五時前より七時前相済」とあり、寧親が長時間にわたり蹴鞠を繰り返した日もあった。楊弓については、文化十二年九月十三日は「五百射」、同年四月十七日・十三年五月二十六日・十四年二月三日は「千射」と記されている。文化十二年を境として、蹴鞠から楊弓に熱意が移っている印象を受ける。

一方、「御日記」文化十二年四月十五日条に「打毬致候事」とあり、寧親は江戸で打毬を行っていた。同月二十六日には「馬場ニ而ダキウ」と記されており、馬場で開催された。(22)

ところで、大名家文書に蹴鞠免許状が残されていることがある。それらは、大名家側から公家の難波家や飛鳥井家に働きかけて取得した、単なる称号に過ぎないと考えられてきた。しかし、蹴鞠を愛好する大名が複数存在していたことが判明すると、それだけではないようにも思われる。

蹴鞠は公家の伝統文化の一つで、中世には武家の間にも広がりを見せた。近世に入ると、摂津や信濃など一部の地域において、町人や村人の間で流行したことも知られている。(23)近世武家社会における蹴鞠についてはほとんど明らかにされていないが、岡山藩池田家や平戸藩松浦家などは複数代にわたり行っていた。

津軽家文書にも蹴鞠免許状が現存し、表2に示したように、寧親宛のものは一五通ある。(24)形式的なものと見られがちな免許状は、寧親が蹴鞠を愛好し、他の大名たちと競技していたことを考慮すると、鍛錬した技術の向上に伴うものであったのかもしれない。

表2　津軽寧親宛の蹴鞠免許状

免許年月日	差出人	免許内容	免許理由
寛政3年12月26日	難波前大納言宗城	「紋紗上紫下濃葛袴錦革鴨沓」	「蹴鞠為門弟」
寛政4年正月4日	難波前大納言宗城	「紫葛袴」	「依御懇望」
寛政5年正月4日	難波前大納言宗城	「摺薄上」	「依御懇望」
寛政6年正月4日	難波前大納言宗城	「有文紫革」	「依御懇望」
寛政8年2月13日	飛鳥井中納言雅威	「金紋紗上」	「蹴鞠為門弟」
寛政9年正月4日	飛鳥井中納言雅威	「無文紫革」	「蹴鞠為門弟」
寛政9年7月7日	飛鳥井中納言雅威	「孔雀上」	「蹴鞠為門弟」
寛政10年正月4日	飛鳥井中納言雅威	「紫上」	「蹴鞠為門弟」
文政3年12月16日	飛鳥井宰相雅光	「紫組冠懸」	「蹴鞠為門弟」「窺　叡慮」
文政6年正月4日	飛鳥井宰相雅光	「鶿上」	「蹴鞠為門弟」
同右	難波侍従宗弘	「鶿上」	
文政7年正月4日	飛鳥井宰相雅光	「青黄葛袴」	「蹴鞠為門弟」
同右	難波侍従宗弘	「萌黄葛袴」	「御執心之儀且年齢被及其旬候間」
文政8年正月4日	飛鳥井宰相雅光	「桃色上」	「蹴鞠為門弟」
同右	難波大夫宗弘	「桃色紋紗上」	「年来蹴鞠御執心之間」

国文学研究資料館所蔵津軽家文書「蹴鞠免許状」より作成。

免許状には、それぞれの理由が記されている。「御懇望」や「御執心」というように、寧親からの強い要望によるものであった。

もう一つ、津軽家文書に「蹴鞠色目次第」という史料がある。[25] 前半の「御大名衆御旗本衆蹴鞠色目次第」には十四の色目（階級）が記されている（後半は「寺社仕官百姓町家」）。これを蹴鞠免許状の内容と照合していくと、寧親は長年かけて昇格していたことがわかる。

また、寛政十年（一七九八）の免許から二十年以上経て次の免許を得ているが、本稿で明らかにしてきたように、その間も寧親は蹴鞠を行っていた。

寧親の「御日記」文化十一年十一月十二日条には「飛鳥井より此度江戸表江出府に付、合力百両申来、然処省略中故断申遣、為餞別銀二十枚進物伺之通、尤今少々相増候様」とあり、飛鳥井家から合力金を頼まれることがあった。翌十二年五月六日には、「近衛殿屋敷江招出」の際に「鞠少々」を行ったという。武家当主としての嗜みに加えて、公家との交流においても、実際に蹴鞠をすることが重要だったのである。

蹴鞠免許状も、形式的に得ることばかりが目的ではなく、ある程度実態を伴ったものではないかと思われる。文政三年（一八二〇）十二月十六日は寧親が侍従に任じられた日でもある。さらに寧親は、津軽家当主として得られる最高位の免許を文政八年正月四日に得てから、わずか三ヶ月後の同年四月十日に隠居した。

本稿で取り上げた以外にも、興味深い津軽寧親宛の直筆当主書状が存在する。それらは別の機会に紹介したい。

註

（1）弘前市立弘前図書館所蔵津軽家文書「柴田蔵人書状」。以下の書状も津軽家文書。
（2）拙著『改易と御家再興』（同成社、二〇〇七年）。同書第十章で「津軽信明宛書状」としたが、年次特定を進めた結果、「津軽寧親宛書状」に訂正する。
（3）拙稿「大名の手製菓子と贈答─弘前藩主津軽寧親と地縁・血縁関係者─」（『和菓子』二五、二〇一八年）。また、山下須美礼「国許における藩主の気晴らしと家臣との交流─弘前藩主津軽信明の「在国日記」の分析から─」（浪川健治編『明君の時代─十八世紀中期～十九世紀の藩主と藩政─』、清文堂出版、二〇一九年）によると、寧親の前藩主津軽信明は、自ら葛餅をつくることがあった。
（4）小川恭一編著『寛政譜以降旗本家百科事典』（東洋書林、一九九七年）。
（5）「弘前藩庁日記」の「江戸日記」文化八年九月八日によると、柴田勝峯の病気が津軽家側に伝えられている。
（6）拙稿前掲註（3）では鳥羽藩稲垣家を柳間同席に分類したが、正しくは「帝鑑間」である。
（7）学蔵会編『杉田玄白全集』第一巻（生活社、一九四四年）、米沢市医師会・米沢市上杉博物館編『米沢藩医　堀内家文書』（米沢市医師会、二〇一五年）。樋口道泉の動向について、羽賀与七郎「桐山家について」（『日本医史学雑誌』一〇―二・三、一九六四年）から、天明六年は江戸常府の表医者における筆頭で、寛政九年には江戸の藩校弘道館で医学師範をつとめていたことがわかる。さらに、『青森県立図書館報』三〇（二〇一八年）によると、表医者に任じられたのは明和六年、死去したのは寛政十年九月四日であった。
（8）書状には「御医者之角力とり御座候哉、御一笑之御儀と奉存候、玄隆者谷風と奉存候」とある。那須資明は、浅越玄隆を見て相撲取りのように感じ、笑いが出たという。玄隆は、寛政七年に死去したばかりの大横綱谷風を彷彿とさせる体格の持ち主だったのであろう。

（9）村尾嘉陵「嘉陵紀行」（江戸叢書刊行会編『江戸叢書』第一巻、名著刊行会、一九六四年）、岡山鳥著・長谷川雪旦画『江戸名所花暦』（八坂書房、一九七三年）。

（10）鈴木棠三・小池章太郎編『藤岡屋日記』第一巻（三一書房、一九八七年）。祐天寺研究室編『祐天寺年表』三（祐天寺、二〇〇四年）によると、祐天寺第九世の祐東が幕府に願い出て、御開帳が許可された。

（11）姫路市立城郭研究室ニュース『城踏』七四（二〇〇九年）。

（12）松尾美惠子「近世末期大坂加番役の実態―三河田原藩を例に―」（『徳川林政史研究所研究紀要』昭和五十七年度、一九八三年）。

（13）『岡山後楽園史』通史編（後楽園史編纂委員会、二〇〇一年）、神原邦男『大名庭園の利用の研究―岡山後楽園と藩主の利用―』（吉備人出版、二〇〇三年）、佐橋謙「「御鞠場」がある池田家文庫絵図の発見（短報）」（『岡山大学大学院教育学研究科研究集録』一五八、二〇一五年）、岡山池田家文書の安永四年「江戸御本屋敷御鞠場建地割図」。また、岡山大学附属図書館・岡山シティミュージアム『平成二七年度企画展　池田家文庫絵図展　京都と岡山藩』（岡山大学附属図書館、二〇一五年）は、綱政・宗政の蹴鞠免許状などを紹介している。

（14）松浦静山『甲子夜話』三篇六―巻七十七（平凡社、一九八三年）。

（15）松尾美惠子氏の御教示による。

（16）秋田県立図書館編『御亀鑑』五巻（秋田県教育委員会、一九九三年）、秋田県公文書館編『御亀鑑』七巻（秋田県、一九九五年）、加藤民夫「佐竹義和時代の文教政策―『御亀鑑』の記事を柱として―」（『秋田県公文書館研究紀要』一一、二〇〇五年）。

(17)　片桐一男『阿蘭陀通詞の研究』(吉川弘文館、一九八五年)。
(18)　松浦静山『甲子夜話』五—巻六十八(平凡社、一九七八年)。
(19)　国文学研究資料館所蔵津軽家文書「御日記」。「香」や「角力見物」の記事もある。
(20)　秋田県立図書館編『御亀鑑』五巻(秋田県教育委員会、一九九三年)。
(21)　福井敏隆氏の御教示によると、弘前市立弘前図書館所蔵津軽家文書「年代記」文化元年七月二十一日に、「二之御丸御鞠場、北之御小庭江御引移之義、被仰付之」とある。また、「御日記」からは、文化十年正月二十八日と二月三日にその二之丸で蹴鞠が実施され、同年八月十九日に「本城鞠場出来後、初稽古ニ行」と記されていることがわかる。
(22)　国文学研究資料館所蔵津軽家文書「鞠突条令」によると、打毬は「北御馬場」、すなわち弘前城北ノ丸馬場で行われていた。
(23)　近世の蹴鞠に関する論考として、竹下喜久男「近世中期摂北における蹴鞠の展開」(『史学論集』、佛教大学文学部史学科創設三十周年記念論集刊行会、一九九九年、のち『近世の学びと遊び』、思文閣出版、二〇〇四年に所収)、渡邉融「近世蹴鞠道飛鳥井家の一年」(『放送大学研究年報』一七、一九九九年)、井上智勝「町人・百姓と鞠道家元—飛鳥井家・難波家の蹴鞠装束免状をめぐって—」(『大阪歴史博物館研究紀要』七、二〇〇八年)がある。信濃における蹴鞠については、『長野県史』通史編第五巻(長野県史刊行会、一九八八年)や『近世の庶民文化』上田市誌歴史編十(上田市誌編さん委員会、二〇〇四年)などを参照。
(24)　国文学研究資料館所蔵津軽家文書「蹴鞠免許状」。
(25)　弘前市立弘前図書館所蔵津軽家文書「蹴鞠色目次第」。なお、中西貞三『蹴鞠抄』所収の文政八年改正「御大名御旗本方色目次第」には、入門・昇格時における難波・飛鳥井両家への礼物が記されている。

災害と幕藩権力・民衆
——盛岡藩領における津波災害を事例に——

千葉一大

こういう災害を防ぐには、人間の寿命を十倍か百倍に延ばすか、ただしは地震津浪の週期を十分の一か百分の一に縮めるかすればよい。そうすれば災害はもはや災害でなく五風十雨の亜類となってしまうであろう。しかしそれが出来ない相談であるとすれば、残る唯一の方法は人間がもう少し過去の記録を忘れないように努力するより外はないであろう。

寺田寅彦「津波と人間」[1]

はじめに

平成二十三年（二〇一一）三月十一日に発生した東日本大震災以来、歴史学にも、身近な問題として災害をとらえ、社会に過去からのメッセージを伝えていくという姿勢が求められている[2]。盛行している「災害史」研究もその一つの方法で、筆者もその必要性を論じたことがあるが[3]、管見では、歴史研究において災害を扱うときいかなる観点があるか、明確に指標を示した見解は少ない。その中にあって、笹本正治氏の言及はよく整理されたものである[4]。笹本氏はまず、災害史を社会全体の解明手段の一つとしてとらえ、社会の災害への対応の仕組み、共同体の相互扶助のあり方などを確認することを重視している。さらに、災害発生前後における社会状況の変化も、短時間に与えたものと、長い経過の中で変化するものの双方に注目すべきだとする。さらに具体的な研究課題として、災害に対する社会や各家、個人の備えや対応、地域共同体の動向と対応、復興過程における状況、領主や神社・寺院などの対応、人心動向への影響、災害に対する認識の形成と変容、災害事実の伝承のあり方などを挙げている。

本稿で取り上げるのは、右の観点のうち、災害時の領主の対応と、その支配下にあった地域共同体の動向・対応である。具体的には、江戸時代、盛岡藩領沿岸を襲った地震津波、特に安政三年（一八五六）七月二十三日に発生した地震津波を検討の中心とする(5)。日本の代表的な地震カタログとして利用されている『日本被害地震総覧』(6)によれば、震源は北緯四一度、東経一四五度三〇分、マグニチュード七・五と推定されている。推定震度は八戸で五〜六、青森・木造・田名部・野辺地・七戸・五戸・三戸（以上、現青森県）・宮古・山田（以上、現岩手県）・鹿角（現秋田県）で五、盛岡・雫石・紫波・遠野・大槌（以上、現岩手県）で四〜五、箱館（現北海道函館市）・蟹田・鯵ヶ沢（以上、現青森県）・久慈（現岩手県）で四などとみられる。震害は少ないとされているが、震後に津波が三陸と北海道南岸を襲っており、箱館で一二、三尺、久慈（現岩手県久慈市）で一〇尺、山田（現岩手県下閉伊郡山田町）で九尺、大槌（現同大槌町）で一七尺などの高さになったという(7)。

一八世紀以降、災害に関する記録は増加する。その記録の残り方にも階級性・階層性があることが指摘されている(8)。本稿の例に則した場合、大名文書には被害統計とその扱いに関する史料が残される。大名・藩は被害状況を把握して、領民救済の検討や幕府に対する罹災届の作成を行う際の基礎材料とする。被害状況を把握するための基礎調査は地域行政を担う機関である代官所が担当し、村役人が実地で調査・報告する。調査にあたった村役人は、先例・経験を伝承するためその様子を書き記し、それが地方文書として残されることになる。本稿で用いるのは、大名文書に残された幕府に対する届書と、代官が作成した藩に対する報告の経緯を伝える史料、そして村役人の作成になる調査の実情を伝える史料である(9)。これらの史料をもとに、罹災時の被害把握、被災者救済という二つの観点から検証を加える。

一　被害状況はいかに把握されるのか

1　幕府への罹災届提出

冒頭でも言及した通り、江戸時代、各藩が災害を被り甚大な被害に陥った際には、幕府に対して被害届が提出されていた。本稿ではこれを罹災届と呼んでおく。ここでは、藩が採った被災統計を活用し、幕府に提出する罹災届が作成される過程を考えたい。

盛岡藩の安永五年（一七七六）から寛政五年（一七九三）までにおける幕府への罹災届について、藩政史料「書留」の「公儀御届」の部から抽出したのが表1である。ここで明らかなように、罹災届は凶作・飢饉・火災の他、地震・津波の場合にも確認することができ、災害の被害、あるいは損毛を生じた場合に幕府に対する届け出がなされていることがわかる。作成された届書は月番老中に対し、留守居役が提出している。

届書は国許で作成するのが原則だが、次のように国許からの報知に基づいて江戸において作成される場合もあり得たのである。たとえば天明五年（一七八五）・同六年の飢饉の下で発生した大凶作の場合は、まず藩財政を預かる御元〆・御勘定頭から書付で、天候や作柄の状態が記されたのち、まずは「一先之御届」を差し出し、損毛高については追って言上すべしとの伺い出が藩内でなされ、それを受けて書付が江戸に送られ、江戸詰の用人や留守居役たちが相談の上で届書の文面を作成・提出している。

表1　安永5年～寛政5年盛岡藩提出の罹災届

年	届書日付	藩主	提出先	種別	内容	備考
安永5年(1776)	11月3日	南部利雄	松平康福[月]	損毛届	天候不順、水害、損毛高六万石。	
安永6年(1777)	10月25日		板倉勝清[月]	損毛届	水害、山崩れ、水害、田畑流失、損毛高六万一三〇〇石。	
	11月13日		板倉勝清[月]	火災届	10月12日野辺地(現青森県上北郡野辺地町)出火。	
安永7年(1778)	4月18日		板倉勝清[月]	火災届	4月10日盛岡城下大火「一先御届書」。	
	5月		板倉勝清[月]	火災届	4月10日盛岡城下大火「委細御届」。5月7日提出。	
	6月			火災届	4月28日郡山(現岩手県紫波郡紫波町)火災。	
	9月5日		松平武元[月]	損毛届	長雨、河川洪水。損毛高追って言上(一先の届書)。	
	11月3日		松平康福[月]	損毛届	河川洪水、田畑損毛。損毛高六万七五〇〇石(委細御届)。	
安永8年(1779)	10月5日		板倉勝清[月]	損毛届	河川洪水。損毛高五万二六〇〇石余。	
安永9年(1780)	6月19日		板倉勝清[月]	火災届	6月5日夜盛岡城下火災。	
天明2年(1782)	6月21日	南部利正	松平康福[月]	火災届	5月27日花巻川口町火災。	
天明3年(1783)	8月25日		松平康福[月]	損毛届	気候不順、不作。損毛高追って言上(一先御届書)。	盛岡より送られた届書を江戸詰用人・留守居役らが認め直して提出。
	11月11日		久世広明[月]	損毛届	気候不順、不作。損毛高計一八万九二二〇石余。	

南部利敬

天明4年（1784）	2月18日		火災届	正月24日宮古黒田町火災。	
	11月14日	牧野貞長[月]	損毛届	去年不作につき苗不足、時疫流行。損毛高計九万三七二〇石余。	
天明5年（1785）	9月29日	[月]	損毛届	天候不順、不作、風害、水害。損毛高追って言上（一先御届書）。	盛岡において元〆・勘定頭の意見により作成、送付された被災内容の書付に基づき、江戸詰用人・留守居役らが相談の上提出。
	12月2日	水野忠友[月]	損毛届	天候不順、不作、風害、水害。損毛高計一九万七四六八石、倒木三万六〇五三本ほか。	
天明6年（1786）	10月8日	水野忠友[月]	損毛届	仕付高不足、風害、水害、不作。損毛高追って言上（一先御届書）。	盛岡において元〆・勘定頭の意見により作成、送付された被災内容の書付に基づき、江戸詰用人・留守居役らが相談の上提出。
	⑩月18日	牧野貞長[月]	損毛届	仕付高不足、風害、水害、不作。損毛高計一六万六七五〇石余。	
天明7年（1787）	7月晦日	阿部正倫[月]	損毛届	天候不順、水害。損毛高追って言上（一先御届書）。	
	10月16日	牧野貞長[月]	損毛届	天候不順、水害、不作。損毛高六万三五七五石余。	
天明8年（1788）	10月29日	松平信明[月]	損毛届	天候不順、水害。損毛高四万一九五八石余。	
寛政元年（1789）	10月16日	松平信明[月]	損毛届	天候不順、水害、霜害。損毛高五万五六五〇石余。	

寛政3年（1791）	9月26日	南部利敬	松平信明[月]	損毛届	天候不順、水害、風害。損毛高追って言上（御損毛高一先届）。	
	10月10日		戸田氏教[月]	損毛届	風雨、委細吟味の上言上。	
	11月13日		[月]	損毛届	「御領内御損毛高御届書」。損毛高七万八三五〇石余、倒木三万四五三〇本、流出・倒壊家屋一五七軒など。	
寛政4年（1792）	5月		戸田氏教[月]	火災届	3月14日～17日、領内岩手・志和・閉伊・二戸・三戸郡在々山火事。焼失家屋六九九軒、寺四か寺、社一八か所、山四九三か山、立林一五一か所、焼木二一万三一二〇本余、風折木八七〇〇本余ほか。	
寛政5年（1793）	2月29日		松平乗完[月]	地震・津波届	正月7日午刻より申刻まで強震、花巻・大槌等で被害。	
	11月13日		松平信明[月]	損毛届	「当作不熟御損毛高御届」。天候不順、大雨、冷害、洪水、霜害。損毛高一一万七四二〇石余。	

○月は閏月。[月]は月番老中（御用番）を示す。「書留　公儀御届」一～三（もりおか歴史文化館蔵）により作成

幕府は中央政府として被災状況をこのような形で把握するとともに、これらを基にして、被害甚大の場合には、該当諸藩に返却期限付きではあるが無利子の拝借金を貸与したり、[10]藩主の江戸参勤を免除したりといった、復旧・復興に支出が見込まれる財政負担を軽減・補助する対応を採る場合がある。これについて菊池勇夫氏は、「統一権力として幕府が全国の災害を掌握するためであったが、各藩にしてみれば、被害程度に応じて幕府から拝借金や勤役御免を引き出すねらいがあった[11]」とする。そのような目論見も存在したことは事実だが、[12]すべてにおいて、大名家側が拝借金貸与・課役負担免除を目論んでいたかどうか確認できないし、また目論見が存在したとしても、そのすべてが実現したわけではないであろう。

ただ、藩側が、幕府に状況を詳細に届け出る必要性からも、また自領で発生した災害に対処するためにも、災害情報の収集・把握に努める必要は当然にあった。そこで、安政三年（一八五六）七月二十三日に発生した地震・津波における罹災届の作成過程、記載内容、情報伝達の経緯などについて検討する。

この折の幕府に対する藩の届け出は二段階に分けられる。(13) まず初めに八月十一日に、盛岡藩留守居添役大村邦之助が、月番老中の堀田正睦のもとに、左に掲げる八月二日付の「一先之御届」を持参して提出した。

領分去月廿三日午之刻地震強く、場所ニ寄家相潰、且海岸通高汐押上り、流家并人馬怪我茂可有之哉ニ相聞得、今以日々震相止不申、汐合茂不穏ニ付、吟味行届兼候趣、城下表江追々注進有之候、依之委細之儀者猶吟味之上御届可申上候得共、一先此段御届仕候、以上

八月二日　　　　御名

差出の「御名」とは、藩主南部利剛（美濃守）の記載を憚ったもので、藩主名による届書である。当時利剛は在国中であって、届書の日付とその提出日には、ずれがある。また、大目付にも同様の届書が提出されているが、書止文言の「以上」より前の部分は同文で「月日、御名無之」認め、末尾を左のように調整したものが提出されている。

右之通、御用番堀田備中守様江御名ゟ去ル二日付ニ而御届仕候付、此段申上候、以上

御名内

八月十一日　　　　林　謙三

大目付宛のものは、月番老中への届書の提出経緯が記され、「此段申上候」と、提出したことを報告する形式である。林謙三は当時盛岡藩の留守居下役を務めていた人物である。

一見して明らかなように、「一先之届書」は、災害発生日時・時刻と地震・高汐（津波）という災害種別は伝えてい

るが、災害が現在進行形で「吟味行届兼候」として、詳細は後日吟味後にということを記しており、具体的な被害の数値はない。すなわち、災害発生を届け出るという速報性を重視した届書だといえる。

その後盛岡藩では、左に掲げる九月二十九日付の「御吟味之上御届書」を、十月十日に月番老中久世広周に対して、留守居役加嶋加録を使者として提出した。

先達而一先御届仕候通、領分当七月廿三日午之刻地震強く、其上従城下弐拾五里余閉伊郡大槌、同弐拾六里余宮古、同弐拾八里余三戸郡五戸、右浦々高汐押上り、在所流家・潰家・破損所并人馬溺死、破船・流船等有之、依之具ニ為遂吟味候処、田畑損毛高・民家道橋破損所左之通、

一、高五百六拾石余　大汐押入損毛高
一、流失家　九拾三軒
一、潰家　百六軒
一、破損家　弐百三拾八軒
一、流失厩　四拾壱軒
一、潰厩　弐軒
一、破損厩　三軒
一、潰土蔵　壱軒
一、破損土蔵　九拾壱軒
一、流失小屋　拾軒
一、破損小屋　三軒

一、流失納屋　三拾九軒
一、潰納屋　三軒
一、破損納屋　九軒
一、流失船　五艘
一、破損船　弐艘
一、破損小煎釜　壱ヶ所
一、落橋　弐ヶ所
一、地割　壱ヶ所
一、川欠場所　拾壱ヶ所
一、山崩　壱ヶ所
一、流失網小屋　壱軒
一、流失網　拾弐把
一、溺死　弐拾六人之内男拾人・女拾六人
一、溺死馬　拾壱疋
一、溺死牛　弐疋
一、流失高札場　壱ヶ所
右之通御座候、此段御届仕候、以上
九月廿九日
御名

先の届書同様、大目付に対して、ほぼ同文だが、末尾に月番老中に届け出た旨を記した届書が留守居下役岩間寛作の名で提出されている。こちらは、まさに「吟味」の上で作成された届書である。地震津波によって家屋倒壊・流出・溺死等の被害甚大な場所として、領内の大槌・宮古・五戸を挙げ、家屋破損・流出や死傷者などの被災状況を藩側が調査した数値が、死者・損毛高・流出家屋・倒壊家屋・破損家屋などの事項ごとに整理され、詳細な被害報告となっている。つまり、この安政三年の地震・津波の場合には、災害発生直後に速報として届書が一通提出され、被害の詳細を把握したうえで二通目の届書が提出されるという、凶作・飢饉と同じ形式の届け出がなされたのである。

2　被災状況把握の手法

藩の災害対応、さらにはこのような幕府宛の届書の作成には、被災状況の藩当局による被災状況の把握が必要となる。被災状況はどのように藩へと報告されたのか。江戸時代中期以降、盛岡藩には三三の「通《とおり》」と呼ばれる代官所管区があった。通には代官が二人ずつ任命されており（ただし、いくつかの通で兼管あり）、代官所に半年交替で勤務し、代官所に在勤する者を当番、盛岡城下にいる者を非番と称した(14)。

被害が発生した代官所管区の一つ、五戸通(15)の場合、発災直後、代官所のある五戸（現青森県三戸郡五戸町）在勤の当番代官足沢左十郎から、盛岡にいる非番代官桂五太夫に左のような書状(16)が送られた。

一筆致啓上候、然者今午ノ刻大地震ニて御官所壁之分大体頽破ニ相成、御武器蔵四方壁落、御大豆蔵猶更ニ大破ニ相成、御米穀蔵所々壁落候間、一先為御心得得御意候、市中潰家等も有之候へ共、出火ニも相成不申、怪俄人等も無之候間、此旨共御含御届可被成候、右持通しを以可得御意如此御坐候、以上

七月廿三日　　　　　　　　足沢左十郎

桂五太夫殿

尚以潰家等御吟味之上者御届書差出不申候而ハ相成申間敷被考候、跡ゟ可得御意候、

一、大坂村御大豆蔵之義者未夕訴出不申候へ共、定而大破ニ相成候半《わん》ト被考候、是又吟味之上跡ゟ可得御意候、

右共御含其筋御届可被成候、以上

足沢はまず、地震で代官所の壁がほぼ崩れ、敷地内の武器蔵・米蔵の壁も落ち、大豆蔵が大破したこと、潰家も出たが出火に至らず、けが人もいないことを記し、藩当局にはこの点を踏まえて届け出を至急提出するよう桂に求めている。五戸の当番代官から盛岡の非番代官に送られたこの書状を元に、盛岡の非番代官が五戸の被災についての届書を調え、それが五戸通からの被災情報第一報として藩に届け出されるという形がとられたのである。

しかし、文面から明らかなように、足沢の筆が及ぶのは代官所の敷地内のことが主で、その他の被災状況は確報ではない。当然五戸通管内全体の被災状況はわからない。つまり、この書状に基づいて桂が差し出す届書は、あくまで第一報たる「御急」の「御届」で、倒壊家屋や状況が明確ではない大坂《おうさか》村（相坂村、現青森県十和田市相坂）の大豆蔵などについて吟味を行ったうえで続報を送り、届書を改めて差し出す必要性が想定されているのである。

被害詳報の届書を作成するうえで必要な「吟味」は、被害詳報として町場や各村などから代官に提出される届書の分析と集計によってなされた。たとえば、代官所のある五戸の町場から五戸代官宛に提出された届書は、左のようなものである。

乍恐御訴奉申上候事

一、家壱軒五戸町御蔵入勘助　同虎太郎　同久兵衛　与兵衛　同与之吉　辰五郎　治助　甚内　伊右衛門　虎吉

伊勢　倉之助　中市八郎知行所百生（姓）彦　家数〆十三軒

右者去月廿三日九ツ時大地震ニ付潰家ニ相成申候、尤人馬ニ者怪俄無御坐候間、乍恐此段御訴奉申上候、以上

安政三年八月廿四日

五戸下町検断覚兵衛　印

同　上町同　林治　同

同　大肝煎　与三兵衛　同

足沢左十郎様　桂五太夫様(17)

五戸の町場は、代官所を中心に、南に上町、北に五戸川を隔てて下町が配置されており、この時期の中心街は上町であった。町役人である検断は上町と下町の川原町にそれぞれ置かれ、上町検断は上町、川原町検断は下町を支配していた(18)。届書は五戸通の大肝煎と上町・下町の両検断から、地震から一か月を経た八月二十四日付で提出されている。これによれば、五戸の町方・知行所において一三軒が倒壊、人や馬に怪我がないことが記されている。この他の町方・村方から代官に提出される震害の届書にも共通するが、家屋倒壊・大破・壁の崩れの程度や、人や家畜の死亡、怪我などの人数・頭数が言及されているのが普通である。

一方、津波の被災状況は、どのように把握されていったのか。ここでは、津波被災地の中でも大きな被害の生じた大槌通(19)の事例を検証対象とする。

津波発生時の大槌代官は横川貢・神友衛の二人で、当番代官が横川、非番代官が神であった。津波発生当日の横川から神宛の書状は、左に示すように非常に簡略である。

一筆致啓上候、然者大槌通今廿三日午ノ下刻地震五度程震候処、間も無之大汐差込、二度之大汐ニて所々損候模様ニも相聞得申候ニ付、海岸筋在町江吟味廻方之者差出候之間、熟与吟味之上、猶御届可申上候得共、一先此段其筋御届被置候様致度、即刻付を以可得御意如此御座候、以上

七月廿三日　　　　　　横川　貢　印
神　友衛殿[20]

まず地震・津波の概況として、大槌通で二十三日に地震が五回あり、間を置かず二波の津波が押し寄せ、所々に被害が生じた模様であることを伝えている。五戸通と同様に、当番代官が地震・津波の発生と被災がある旨を把握し、被災地に吟味のため人を出すことを非番代官に伝え、彼から藩当局に届け出させることを要請するというのが、第一の通報だった。

七月二十七日付の続報[21]では、横川が、代官所の下役・物書に同心（足軽）を添え被災状況見分のため廻村させ始めたことが伝えられている。しかし「于今折々多少荒浪押来り」という状況下、吟味が困難な状況で、被災が大きかった場所には調査の手が及び難かったことが知られる。波が落ち着き次第、被害の大きい場所にも下役や物書を派遣して調査する必要があるとしている。

その後、神・横川両代官は、管内見分を進めるとともに、各村に被災状況について書上の提出を求めた。「村々訴書」と呼ばれるこの書上は、代官所が、管内における被害状況を把握するための基礎調査である。各村の肝入・村役人はこれを八月七日までに提出した[22]。実例として小槌村（現大槌町）が提出した書上[23]を確認すると、差出は小槌村の肝入・老名連署で、代官両名に提出されている。まず、数度の地震ののち強い揺れがあり、その後沖合から津波が押し寄せ、海岸の人家に高さ一丈に及ぶ津波が押し寄せたことが記される。さらに家屋・土蔵・家財・漁具の流出・大破した者の名が、家族の人数や家計状態・持高とともに記載され、家屋流出は二戸、また土蔵が一棟流出したと記されている。被災者は「諸漁具家具等ハ勿論、喰物迄一宇押流」されて、やっとの思いで山に逃げたという。注目すべきは、家屋流失や大破した者がいずれも「困窮」している者として報告されていることである。この点については次節

破損									溺死者数（人）	溺死馬数（疋）	欠損高（石）
大破納屋（か所）	大破土蔵（か所）	中破土蔵（か所）	小破土蔵（か所）	厩（か所）	中破厩（か所）	大破物置（か所）	小破物置（か所）				
											45.205
2				1							
											18.690
											4.081
2							3			1	8.006
											18.243
											9.119
											10.000
										1	0.816
											4.440
		1									37.847
											17.601
	18（総計）					1					
			1								14.249
											21.395
											30.394
1					1				15		8.447
											4.586
									3		3.966
									2		49.766
											50.968
											10.050
											2.967
											8.040
											4.142
											11.465
5	20（総計）			1	1	1	3		20	2	394.483

む。

表2　安政3年(1856)の津波による盛岡藩領大槌通の被災状況

村名	現在地名	村内の給所	倒壊	流失				
			潰家（軒）	家屋（軒）	納屋（か所）	厩（か所）	物置（か所）	家屋（軒
釜石村	釜石市（中心部）			7	2	1		
両石村	釜石市両石町			2				
鵜住居村	釜石市鵜住居町							
片岸村	釜石市片岸町							
		駒木家	1	4	3	13		
		小川宗右衛門家						
		岩間家						
		小川源四郎家						
箱崎村	釜石市箱崎町			5	2	5	1	
		箱崎家		2		2		
小鎚（槌）村	大槌町小槌ほか			4			2	
		前川家						
八日町	大槌町本町							
大槌村	大槌町大槌ほか							3
		前川家						
吉里吉里村	大槌町吉里吉里			1				1
船越村	山田町船越			27	4	7		5
		漆戸家		1				1
		毛馬内家		5	1			
		伊藤家		6		2		
織笠村	山田町織笠							
		伊藤家						
上山田村	山田町山田・後楽町							
下山田村	山田町北浜町・山田							
		漆戸家						
大沢村	山田町大沢							
合　計			1	64	12	30	3	15

横川良助「内史略」南旧秘事記后十九（もりおか歴史文化館蔵）により作成。破損家屋の数値は大破・中破・小

で論じることとする。

このような書上を通じて、代官は管内の被災状況を把握したとみられる。把握され、藩に報告された大槌通の被災状況の数値は表2の通りである。横川・神は連署して、目付・勘定所にこの被災状況を報告している(24)。

史料に「海岸筋の津波并奥筋に懸て大に痛有之、其節之勤番御代官より非番の代官迄之文言夥しく、其の被害の状況及ひ庶民の訴向を報し来る(25)」とあるように、災害の第一報、ついで各村の申告に拠る形で取りまとめられた甚大な被災状況などは、現地の代官所に勤番する当番代官から盛岡在勤の非番代官へと伝達され、さらに藩当局の担当部署への届け出がなされ、対応の検討が要請されたのである。一方、盛岡藩は地方知行制を堅持していたから、知行所を持つ藩士からは、代官所のものとは別に目付に対して罹災届が提出され、知行所内の被害状況が申告されている(26)。安政三年の地震・津波において、盛岡藩が把握した被害状況は、このような現地の代官・知行給人からの届け出をもとにしているとみてよい。

二　被災者への救済と幕藩権力

1　被災者救済のあり方

北原糸子氏によれば、安政江戸地震(安政二年、一八五五)では、地震・津波・洪水・火事などの災害が発生した場合には、権力の側によって、当座の食料の支給や雨露をしのぐための処置がとられ、もっとも救われがたい貧困層、あるいは日常的に窮民と観念されている階層に対して、金銭・食料の支給などの処置をとる例が見受けられるという(27)。この応急的救済の後には、仕事の創出と救済事業を抱き合わせた土木工事などの復興事業が展開されるとしてい(28)

る。一方、吉川仁氏によれば、江戸期の被災者救護は、「三仕法」と呼ばれる、①被災者に食料を提供する「粥・握飯施行」（炊出し）、②被災者を収容する「御救小屋」の設置、③被災者に支給される「御救米銭」の三つが、江戸に限らず全国的に定番の手法となっており、治政者が差配する体制のもとで、富裕層の施しや相互扶助を加えて展開されたとしている。(29)吉川氏のいう「三仕法」が災害時に全国各地で行われたものとして普遍化することは可能なのだろうか。ここでは、盛岡藩領沿岸で津波発生後、被災地において被災者救済のためにいかなる措置が取られたのか検証を試みたい。

延宝五年（一六七七）三月十二日に北緯四一度、東経一四一度一五分で発生したとみられる地震は、震後約一時間で津波が来襲し、大槌・宮古・鍬ヶ崎《くわがさき》（現岩手県宮古市）などで被害を出した。(30)大槌通代官所の記録から編纂された「大槌古今代伝記」(31)では、津波を逃れて山に逃げ延びた人々に対し、代官所が救援品の「諸道具」や穀物を配布したことが知られる。

元禄十二年（一六九九）十二月八日発生の津波は、「地震ニても不仕」に波が押し寄せたといい、(32)現在のアメリカ合衆国オレゴン・ワシントン州沖で発生した地震が太平洋の反対側に襲来した津波と考えられている。その高さは鍬ヶ崎で四メートル、津軽石《つがるいし》（現同市）で三・二メートル、大槌で三・三メートルなどと考えられている。(33)鍬ヶ崎村では、津波の襲来で人々が山に逃げた後火災が発生、二〇軒が焼失、一三軒が流失した。家財道具などを一切搬出することのできなかった村人の状況を、宮古代官は「餬命」に及びかねないと判断し、まず藩の蔵にある「御蔵米」を一五九人に対して放出した。さらに盛岡の藩当局に対しても「御助米」の交付が要請され、藩でもこれを許可している。さらに、被災民の願いにより、小屋がけのため藩有林の雑木が使用できるよう、山を管轄する山奉行が「相談」している。(34)盛岡藩では山林樹木の乱伐が行われないよう規制がなされ、山林の切り出しに当たっても伐採を許可する証文

（鉞証文）を必要としたが、災害時には藩有林・入会地の山林からの伐採が許可されるのが慣行であった[35]。

一方、寛政五年（一七九三）正月七日に北緯三八度三〇分、東経一四四度三〇分で発生したと考えられる、推定マグニチュード八・〇～八・四の地震によって引き起こされた津波は[36]、盛岡領沿岸では宮古より南の被害が大きかった模様で[37]、特に大槌通においては両石村《りょういしむら》（現釜石市）の被害が著しく、流失・潰家が七一軒、男女九人が溺死した[38]。大槌通代官は「困窮之者共、此節之急難相凌可申体無御座候」として、被災者に対し「何程成共御手当被成下置度」と要請し、藩当局では願い通りこれを許可した[39]。また両石村については、代官の申し出に基づいて、財政を掌る御元締・勘定奉行（勘定頭）が協議した結果、被災した家一軒につき銭一貫文宛を支給、賦課されていた役銭一一貫八九三文の半分を免除、味噌の支給も認められた[40]。味噌は一軒につき一貫目ずつが支給されている[41]。また、漁業を営む上で必要な漁網を流失させ、経営困難になった網元にも、役銭のうち前々年・前年の未進分と、当年から三か年中の納入分が免除された[42]。

この災害では、鵜住居《うのすまい》（現釜石市）において寺院が一軒につき白米三升を支給、また大槌の在郷商人常陸屋の本家・分家がそれぞれ一軒に六〇〇文ずつを与え、釜石の商人佐野与治右衛門も一軒につき白米八升と銭六〇〇文を配るなど、藩による対応以外にも、寺院や富豪等から金銭や物資が自らの町場・村落に向けて支給する「居廻り施行」が、初めて盛岡藩においても行われていることが確認できる[43]。

以上の点から見ると、盛岡藩の津波襲来時の応急救済には、住居・家財の喪失や、食料の欠乏といった、文字通り人命を支える衣食住に甚大な損害が及ぶ場合への緊急対処の必要性が、その判断材料とされていたとみられる。現地の代官所が、元禄十二年の津波に関する史料上の言葉を用いれば「餲命」という状況に陥ったと判断したとき、応急救済措置が取られ、盛岡の藩当局にもさらなる救済要請が行われた。災害という緊急時に際しては、地方支配を担う代官所の現地裁量が優先され、報告を受けた藩当局が対応を事後承認し、さらに対応を拡充する手法が採られたのである。

盛岡藩の津波災害の応急対応としては、時々の状況に応じて、食料補助、小屋組のための材木支給、金銭の支給、役金の免除などの処置が採られたことを確認できた。ただ、同じ地震津波による災害であっても、規模や場所、その被災状況が異なる以上、臨機応変が求められていたことはいうまでもない。災害対応の手引書などの存在を確認することはできなかったが、被災地の出先機関の責任者の判断によって、現地即応体制としてとられるものと、藩当局が事項を管轄しているために現地から藩の担当部署に対して伺いが出され許可を得て行われるものとの、二種類に分けられる。

食糧支援や物資・金銭の支給は、被災地の中でも住民の生命が危機にさらされるという状況が必然としてあったとみられる。加えて、寛政五年の事例を見ると、被災者の中でも特に「困窮之者」が被災後凌げない状況を防ぐため「御手当」が与えられるようになっている。基本的に藩の対応策は、被災者が当座の急場を凌ぐための対応であり、被災者のために仕事を創出したり、復興事業として土木事業を実施し被災者を従事させたりといった長期にわたる復興支援の姿は史料から確認できない。さらに、被災地救済に民間の力が加わるのは、盛岡藩領の場合、江戸後期に入ってからとみられる。

一方、吉川氏が普遍的に行われていたと唱える「三仕法」については、盛岡藩領の史料にはその概念自体が見えず、また「三仕法」とされるものすべてを一律に実施しなかったことも指摘できる。考えてみれば、幕府領・藩領・旗本などの知行地に分かれた当時の支配のありようや、災害の種類、発生場所、被害状況が災害の各個において異なることを踏まえれば、「三仕法」という概念が災害対応の手引書の如く存在・普遍化し、災害のたびごとに一律に適用されるはずもない。災害対応は被災者が生き延びるために必要な手立てとして考えられるものが根底にあるにしても、地域やその支配状況によってその特性があり得るし、また被災状況によって取られる措置に違いが生ずることは当然であろう。

2　安政三年、大槌通の場合

次に安政三年（一八五六）の津波における、大槌通の救済措置について検証する。七月二十七日付　非番代官（神友衛）宛　当番代官（横川貢）書状によれば(44)、代官のおひざ元である大槌町において炊き出しを命じ、食事に困る家々に食料を配給したこと、両代官が内借する形で被災者に藩の米蔵から御蔵米を放出して手当を行うつもりであることが挙げられており、処置に同意ならば、勘定奉行へ談合の上、早急に返事を送ることを求めている。被災四日後には、被災者への食料の調達、食事の手当が喫緊の課題として浮上したことが明らかな一方で、藩の米蔵の米に手を付けたり、非常事態の発生時には、代官の裁量による救済措置が実施されることがあったことがうかがえる。

八月に入ると、代官は藩に対して、近年の不漁、さらに被災した百姓たちが難儀していることを理由に、「御救」として「御手当米」の支給を要請した。代官所管内の船越・小槌・大槌・片岸・両石・箱崎・釜石・吉里吉里《きりきり》（現岩手県下閉伊郡大槌町）の八か村に対して、六二駄片馬二斗七升五合が「御手当米」として支給されたが、この米は代官限りにおいて「拝借米」として当座取り計らっている(45)。

物資の支給に対応するための状況を把握するには、先に見た「村々訴書」が必要となる。史料(46)によってより詳細に「村々訴書」の作成事情がわかる吉里吉里村の例をみる。同村内で、津波で家屋が流失し「潰家」となったのは百姓一人のみであった。そこで彼の家一軒のみを「潰家」とする「村々訴書」がまず作成された。ところが、代官と下役が見分のため、八月三日に吉里吉里村を訪れた際、津波によって「無々迷惑の者」もあるだろうから、「極窮」の者を書き出すようにという示唆が、役人の側からなされたという。ここで留意すべきことは、「極窮」している者が現実の被災者かどうか問われていないこと、また代官や代官所下役のこだわり、示唆によって行われている点である。示唆を受けて、肝入・老名といった村役人が相談の上、実際の潰家の者のほか、村で従前から困窮していた一一人の名前を「潰家」として書き加え、さらに津波で田畑に大きな被害を生じ、当年の年貢収納が見込めない二八人の存在についても記した書上が代官所に提出された。つまり、吉里吉里村提出の「村々訴書」における被害数値は、水増しされていたことになる。

これをうけて吉里吉里村には代官所から当座の御手当米が支給されたが、代官所から添付された割付書付によって支給対象になったのは、実際の潰家の者のほか、書き加えられた一一人の家の者、併せて一二軒四八人で、一人につき二升五合ずつ、家族人数分が支給された。村ではこのほかにも「迷惑の者」があるとして、村役人が相談した結果、村に下付された拝借米が分配支給された。

代官の見分、さらに各村々からの書き上げによって把握し、藩に報告された大槌通の被災状況を表2として先に示したが、小槌村の「村々訴書」では流出家屋が二戸だったものが四戸に増え、また吉里吉里村の最終的に書き上げた「流出」「潰家」の戸数はそのまま藩に報告されていることがわかる。小槌村の流出戸数が増加した理由は定かではないが、吉里吉里村同様の事情が生じた可能性も否定できない。大槌通内すべての村が当てはまるのかは不明だが、両村においては藩に申告された流出戸数が増加していることになる(47)。

江戸時代においては、災害が発生した場合、特に困窮している者たちに当座の食料や避難小屋などの救済措置がとられ、その上で広範に存在する一般の被災者に対して、低廉な価格での救米放出などの食料の手当が求められることが救済策として広く行われていた。[48] 前節第2項「被災状況把握の手法」で、小槌村の「村々訴書」において被災者が「困窮」していることが強調されたことに言及したが、津波で「難儀迷惑」する者に対し地域社会の「施行」が実施されたことや、[49] 吉里吉里村が代官所役人に促され小槌村同様被災者の範囲を拡大し、さらに当座の配給米が支給されたもの以外にも、津波によって迷惑を蒙る者に村への配給米を分配し配慮したことを考えあわせれば、水増しは欲得がらみのものではなく、災害を契機としてより弱い立場に追い込まれかねない人々に対し、当座なりとも救済を得さしめて、生命の危殆から逃れさせようとした、現地の行政機関や地域社会ぐるみの共助的な配慮が存在するとみられる。また被災地域が、わずか四年前盛岡藩を揺るがした「三閉伊一揆」の舞台であったことも念頭に置かざるを得ない。藩政が一揆で否定され、幕府の藩政介入という事態に至ったことを踏まえ、[50] 藩としては、閉伊郡沿岸の村落（漁村）社会構造を維持するとともに、領民に対する「仁政」を意識し、罹災者に慰撫の姿勢を取る必要があった可能性もある。

一方、吉里吉里村の事例は、水増しされた数値で藩が被害状況を把握したことを示している。飢饉時の損毛届を検討した菊池勇夫氏の成果によれば、損毛高として挙げられた数値は、平年の収納高（年貢高）に比べ減少した分を、固定化された名目上の高である本高・新田高に割り振って算出しているため虚構が含まれるが、[51] 地震・津波の罹災届においても、藩が把握した数値に水増しがあるとすれば、それをもとに作成された罹災届の数値も、結果的に虚構の数値の積算によって成り立っている可能性がある。

菊池氏は、つきあいのある藩同士が幕府への損毛届提出を報告しあう状況から、江戸における交際経費を抑制するため、凶作を契機に贈答慣行を省略する必要があったからではないかと、虚構の数値が含まれる損毛届提出の理由を推測しているが、[52] 安政三年の津波の場合には、盛岡藩の記録からは、領内に被害をもたらした地震・津波で、江戸において他藩への通知などといった飢饉時のような事例はみられず、災害を契機とした交際制限の事例も見えなかった(53)。これが災害の性質によって異なるものなのか、菊池氏が検討した天明年間とは異なり、「公用留」「内用留」と題される留守居役の詳細な留書類が欠如していることによるものなのか、他の事例とも併せて今後検討が必要となる。いずれにしろ、罹災届が災害規模を考えるうえで重要な基礎史料となることから、歴史研究や災害研究の上では数値の改変の存在に留意して検討することが必要であろう。

おわりに

これまで、盛岡藩の事例から、災害発生時の幕藩権力の対応について、不十分ながら検討を加えてみた。江戸時代、盛岡藩が幕府に提出した罹災届は、第一報、さらに各村の申告に拠る形で取りまとめられた甚大な被災状況などが、被災地から盛岡へ伝達された情報に基づいていた。一方、発災時の応急的な救助は、地方支配を担う代官所の現地裁量が優先され、被災地において人命を支える衣食住に甚大な損害が及ぶ「鰯命」という事態発生が救済の判断基準となっていた。盛岡藩の津波災害の応急対応としては、時々の状況に応じて、食料補助、小屋組のための部材支給、金銭の支給、役金の免除などの処置が採られているが、安政三年(一八五六)の津波においては、実際の被災者に加えて、日常的により弱い立場にあり、災害によってより一層追い込まれるであろう人々を各村の「村々訴書」に書き出すことが、代官所から暗に求められた。当座なりとも救済を得さしめて、災害を契機とする生命の危殆から逃れさせようとした現地行政機関・地域社会の配慮が存在していたと考えられる。

しかしながら、盛岡藩から罹災届で地震・津波発災と被害状況の報告を受けた江戸幕府は、何らの措置も取らず、藩の側に対応を任せる格好である。松尾美恵子氏の検討によれば、罹災届を受けて特段の措置がないのは、幕府の災害対応として特段珍しいことではないという[54]。また江戸時代を通じ、盛岡藩の採る地震・津波への対応は生命の維持に必要な対応のみに限られる。長期の復旧・復興作業に関する史料は今のところ確認できず、そこに藩がどの程度関与したのか、地域社会の動向も含めて明らかにはできない。いずれにせよ、本稿においては、現在見出すことのできる史料において、発災直後の緊急対応、被災状況の把握と活用について、ごく一部の側面に言及したにすぎないが、災害対応という問題を検討することからも、幕藩体制の枠組みや藩の自立性といった問題をとらえる視角が見出されるように思われる。

最後に、歴史学が災害を研究対象とすることについて、若干の私見を述べておきたい。

災害史研究には、災害を科学的に分析、規模・範囲などを明らかにするものと、災害に対応せざるを得なくなった人間の活動、社会への影響を検討する観点からのものと、二つの種類があるとされる[55]。前者は、地震学・火山学・気象学などの研究分野が、史料からデータを抜き出し、過去発生した災害の実態から災害の被害を軽くするヒントを得るためになされるもの、後者は歴史学の立場から、史料に則して、災害が人間・社会に与えた影響や復旧・復興の過程に着目・論証するもので[56]、その手法や研究のテーマには大きな差異があり、求められる成果も異なるはずである。

ところが、後者の研究手法に対して、災害科学者である川崎一朗氏は、「歴史学へのオブジェクション」として「歴史学において自然災害が無視されている」と主張している。氏は、平城遷都を例に挙げ、遷都が生産インフラを傷つけ住民を疲弊させたはずであるとし、自然災害を無視して論ずるのは、歴史学が住民の疲弊を無視することを意味するのではないか、歴史学は住民を疲弊させるような自然災害を抜きにして、どのように未来を予測するのかとの主張を展開している[57]。

歴史学は文献・遺物などの史料の存在が前提となる「過去」を扱う学問である。史料に基づき、災害やそこから引き起こされる諸事象について検討を加え、それを踏まえつつ、現代社会を見据え、危険性の警鐘を打ち鳴らすことはできるだろう。しかし、川崎氏が求める未来の「予知」「予測」は歴史家の仕事の矩《のり》を超えている。また、歴史学では災害に着目し検討を加えている研究者も多く、近世史においては飢饉をはじめとする災害像を史料に基づきながら描きだす綿密な検討が存在し[58]、歴史学・自然科学が相互に相補い、成果を取り入れることも始まっている[59]。歴史学が自然災害に着目しており、川崎氏の評価が妥当なものではないことは明らかである。

歴史研究において災害をテーマとする場合、以下の二点が可能であろう。まず自然科学者がデータ取りに活用する史料に批判を加え、災害を検討するうえで適切な史料か否かを示し、適切な史料についてはその解釈を示すことである[60]。ただ、それればかりではなく、我々歴史研究者が史料を解釈し、何かを導き出すという姿勢も必要であろう。それは、史料を科学的データの集積物として見るのではなく、歴史学のセオリー通りに、史料を具体的に分析することを通じて、発災当時、さらには復旧・復興過程における社会像を明らかにし、冒頭引用した寺田寅彦の言が示すように「人間がもう少し過去の記録を忘れないように」、災害事象への認識を深化させることを目指すということになるのだろう。

註

（1）寺田寅彦『天災と国防』（講談社、二〇一一年）一四一・一四二頁。
（2）奥村弘「東日本大震災と歴史学―歴史研究者として何ができるのか―」（『歴史学研究』八八四、二〇一一年）。
（3）拙稿「北方史の中の津軽77　歴史資料と防災研究」（『陸奥新報』二〇一一年九月十九日付朝刊掲載）。

（4）笹本正治「災害史の視点」（『京都大学防災研究所年報』第三七号B―2、一九九四年）。

（5）三陸地域を襲う地震や津波については、明治二十九年（一八九六）に発生した「明治三陸津波」以来、常に科学的検証の対象とされてきた（伊木常誠「三陸地方津波実況取調報告」『震災予防調査会報告』七、一八九六年、今村明恒「三陸海岸に於ける過去の津波に就て」『地震研究所彙報別冊』一、一九三四年、羽鳥徳太郎「三陸沖歴史津波の規模と推定波源域」『東京大学地震研究所彙報』五〇、一九七五年、宇佐美龍夫・東京大学史料編纂所「江戸時代における三陸地方の地震活動」『東京大学地震研究所彙報』五三、一九七八年、羽鳥徳太郎「三陸沖歴史津波の規模の再検討」『津波工学研究報告』一七、二〇〇〇年、など）。また三陸地方に特化した歴史地震・津波カタログとして、『大船渡市立博物館研究報告　三陸沿岸地震・津波年表―東北地方太平洋側における歴史地震・歴史津波―』（大船渡市立博物館、一九九〇年）がある。

一方、歴史学では、森嘉兵衛氏による研究があるが（「岩手県津波史」『岩手教育』一一―六・七・九、一九三三年、『森嘉兵衛著作集　第九巻　日本僻地の史的研究―九戸地方史　下』法政大学出版局、一九八三年、一五五～一七五頁）、概括的なものにすぎない。森氏の研究以後明らかになった諸史料を含め、さらなる史料批判、解釈の見直しを行い、再検討することが必要と思われる。

（6）宇佐美龍夫・石井寿・今村隆正・武村雅之・松浦律子『日本被害地震総覧　五九九～二〇一二』（東京大学出版会、二〇一三年）。

（7）同右、一八八～一八九頁。

（8）北原糸子編『日本災害史』（吉川弘文館、二〇〇六年）一六〇～一六二頁。

（9）本稿で用いた史料は、所蔵機関の写本に拠ったが、文部省震災予防協議会・武者金吉編、石橋克彦解説『復刻　日本

地震史料　第四巻　嘉永元年より慶応三年まで　及び年表』（明石書店、二〇一二年）六八九〜七〇〇頁、東京大学地震研究所編集・刊行『新収日本地震史料』第五巻（日本電気協会、一九八五年）一八七〜二五二頁に関連史料の翻刻があるので、適宜参照されたい。

(10) 幕府からの大名（藩）に対する拝借金についての検討として、大平祐一「江戸幕府拝借金の研究―幕藩関係の一考察―」（『法制史研究』二三、一九七四年）、松尾美惠子「幕府拝借金と越後高田藩政―天明期の幕藩関係―」（『徳川林政史研究所研究紀要　昭和五十一年度』一九七七年）がある。なお災害に対するものではないが、盛岡藩に対する拝借金貸与については、拙稿「文化年間における盛岡藩への拝借金―その貸与と返納について―」（『日本歴史』六二〇、二〇〇〇年）を参照のこと。

(11) 菊池勇夫『飢饉―飢えと食の日本史』（集英社、二〇〇〇年）一〇一〜一〇二頁。

(12) たとえば、元禄八年（一六九五）の飢饉に際して、盛岡藩では飢饉の状況を伝える書付を盛岡から江戸に送り、まず「御内意」を伺うため南部家の「御頼の老中」である阿部正武に提出され、その「思召」を聞いた上で、月番老中大久保忠朝に提出された。その結果、十一月二十五日に明年の藩主参勤が免じられた。一方、盛岡藩は弘前藩が拝借米を得たため、自藩でも獲得しようと考え、阿部の「御内意」を得ようとした。しかし、事前に懇意にする旗本に相談したところ、彼らは拝借の前例がないとし、弘前藩の例は公儀より命じられたことで申し出ない方がよいと主張、結局、拝借の話は沙汰止みとなった（拙稿「「取次」・「後見」・「御頼」・「懇意」―盛岡南部家の事例から―」『弘前大学國史研究』一〇八、二〇〇〇年）。

(13) この折の幕府への届け出の経緯は、引用史料も含め、「利剛公御在府・御留守留」（もりおか歴史文化館蔵）による。

(14) 『岩手県史』第五巻・近世篇二（杜陵印刷、一九六三年）五四六〜五五二頁参照。

(15) 五戸通は、三戸郡に属する手倉橋《てぐらばし》・浅水《あさみず》・扇田《おうぎた》・野沢《のさわ》・豊間内《とよまない》・志戸岸《しとぎし》・五戸・兎内《うさぎない》・大森《おおもり》・切谷内《きりやない》・上市川《かみいちかわ》・又重《またしげ》・中市《なかいち》・石沢《いしざわ》・西越《さいごし》・戸来《へらい》・七崎《ならさき》・下市川《しもいちかわ》の一八か村、北郡に属する奥瀬《おくせ》・沢田《さわだ》・小平《こだいら》・柳町《やなぎまち》・鶴喰《つるばみ》・上吉《かみよし》田《だ》・下吉田・折茂《おりも》・犬落瀬《いぬおとせ》・下田・百石《ももいし》・切田《きりだ》・大不動《おおふどう》・滝沢《たきさわ》・米田《まいた》・藤島《ふじしま》・伝法寺《でんぽうじ》・相坂《おうさか》・天ヶ森《あまがもり》の一九か村、合計三七か村で構成されており、これらの村落は、現在の青森県東南部、三沢市、三戸郡五戸町・新郷村、上北郡六戸町・おいらせ町、さらに八戸市と十和田市のそれぞれ一部を含んだ地域にあたる。代官所は五戸村（現五戸町館）に置かれていた（『日本歴史地名大系　第二巻　青森県の地名』平凡社、一九八二年、四八頁）。

(16) 横川良助「内史略」南旧秘事記后十九（もりおか歴史文化館蔵。岩手県立図書館所蔵本と対校の上、用いた）。

(17) 同右。

(18) 前掲『日本歴史地名大系　第二巻　青森県の地名』八二～八三頁。

(19) 大槌通の管轄区域は、閉伊郡の南部沿岸と小国川上流地帯を占め、甲子村・平田村・釜石村・両石村・箱崎村・鵜《うの》住居《すまい》村・片岸村・栗林村・橋野村（現岩手県釜石市）、小槌村・大槌村・吉里吉里《きりきり》村・金沢村（現同県上閉伊郡大槌町）、船越村・織笠村・轟木村・飯岡村・上山田村・下山田村・大沢村（現同県下閉伊郡山田町）、小国村・江繋村・泉沢村（現同県宮古市）の二三か村が含まれ、代官所は小槌村に置かれていた。支配下の合計高三三四九石七斗、うち家臣団への給地高は一二三四石余である（『日本歴史地名大系　第三巻　岩手県の地名』平凡社、一九九〇年、五三七～五三八頁）。

(20) 前掲「内史略」南旧秘事記后十九。

(21) 同右。

(22) 「梅荘見聞録」（岩手県立図書館蔵）。

(23) 前掲「内史略」南旧秘事記后十九。
(24) 同右。同様の書上は、大槌通に隣り合う宮古通において、藩の目付所に宛てて書き上げたものが同書に確認できる。
(25) 「岩手県誌資料　七十六　水害雑抄・明治二十九年の水害・明治二十九年の津波」（岩手県立図書館蔵）。
(26) 「盛岡藩家老席覚書」（もりおか歴史文化館蔵）同年八月十六日条には、藩士赤前次郎八からの申告として、知行所宮古通赤前村において地震・津波で田高四六石八斗一升、畑高二九石八斗七升六合五勺、都合七六石六斗八升六合五勺が水損となった旨を届け出ており、八月二十二日条には同じく漆戸滝口の届書が掲載され、知行所大槌通船越村・下山田村において百姓家一一軒が流失・破壊、高八石七斗二升八合五勺の水損が計上されている。また八月二十七日条に見える同じく毛馬内典膳の届書によれば知行所大槌通船越村で死者三人、家屋流失五件、家屋大破五件、納屋流失二か所、高三石九斗六升六合が「当毛荒地」となったことが申告されている。
(27) 北原糸子『地震の社会史―安政大地震と民衆―』（講談社、二〇〇〇年）二五二～三〇五頁。
(28) 北原編前掲『日本災害史』一九六～一九七頁。
(29) 吉川仁「被災後対応の歴史に学ぶ―災害対策の新しい枠組みに向けて―」（『建築雑誌』通巻一六四二号、二〇一三年）。
(30) 前掲『日本被害地震総覧　五九九～二〇一二』六七頁。
(31) 岩手県立図書館蔵。
(32) 「古実伝書記」（原本宮古市伊香弥七蔵、岩手県立図書館蔵謄写本）。
(33) 前掲『日本被害地震総覧　五九九～二〇一二』七一頁。
(34) 「盛岡藩家老席雑書」（もりおか歴史文化館蔵）元禄十二年十二月十四日条。

(35)『岩手県史』第五巻・近世篇二(杜陵印刷、一九六三年)一〇〇七〜一〇〇八・一〇一七〜一〇二一頁。
(36)前掲『日本被害地震総覧　五九九〜二〇一二』一二四頁。
(37)前掲「古実伝書記」。
(38)「大槌支配録」(岩手県立図書館蔵)。
(39)「盛岡藩家老席雑書」寛政五年正月十五日条。
(40)「盛岡藩家老席雑書」寛政五年正月十九日条、および「古実伝書記」。
(41)前掲「大槌支配録」。
(42)同右。
(43)「古実伝書記」。
(44)前掲「内史略」南旧秘事記后十九。
(45)同右。なお、米六二駄片馬二斗七升五合は、石高に直すと四六石五斗二升五合(一駄＝七斗四升)となる。
(46)「安政三辰年七月廿三日地震にて大汐押上ケ吉里々浦破損並ニ諸浦破損留書」(岩手県立図書館蔵)。同書は、昭和三十二年(一九五七)、郷土史家の「楓生」こと太田孝太郎の筆写によるもので、盛岡市芳賀家所蔵の文書を筆写したものという。芳賀家は吉里吉里村で漁業・海運業を営んでいた旧家で、この史料は「安政三厄年ノ三陸海嘯ヲ詳記シタ記録トシテハ唯一ノモノデアロウ」と太田は評している。
(47)なお、註(26)で取り上げた藩に対する知行給人たちの申告と代官所の報告数値の間でも異なっているものがある。吉里吉里村同様の状況が生じたのかは不明。
(48)北原編前掲『日本災害史』一九六〜一九七頁。

(49) 大槌通では、村役人や所給人、在郷商人、寺などが代官の下知によって米（計三六石四斗余）、籾・稗（計三三石九斗余）、銭（四四貫四五〇文）、味噌（一六貫目）、金子（一分）などを差し出し、被災者へ給付されている（前掲「内史略」南旧秘事記后十九）。

(50) 嘉永六年（一八五三）の三閉伊一揆については、とりあえず森嘉兵衛『南部藩百姓一揆の指導者　三浦命助伝』（平凡社、一九六二年）、『森嘉兵衛著作集第七巻　南部藩百姓一揆の研究』（法政大学出版局、一九七四年）四二四〜五七一頁、深谷克己『南部百姓命助の生涯』（朝日新聞社、一九八五年）八四〜一九四頁などを参照されたい。

(51) 菊池勇夫「損毛届と幕藩関係―盛岡藩を事例に―」（『飢饉から読む近世社会』校倉書房、二〇〇三年、三二三〜三四八頁）。

(52) 同右、および菊池前掲『飢饉―飢えと食の日本史』一〇三頁。

(53) 前掲「利剛公御在府・御留守留」。

(54) 松尾美恵子「富士山噴火と浅間山噴火」（大石学編『日本の時代史16　享保改革と社会変容』吉川弘文館、二〇〇三年）。

(55) 田中琢「災害史」（松沢勲監修『自然災害学科学事典』築地書館、一九八八年）一八九・一九一頁。

(56) 北原糸子「いま、なぜ災害社会史か？」（『自然災害科学』一八―一、一九九九年）、同「災害史研究の現状と課題―災害史事典を編纂して―」（『歴史学研究』八九八、二〇一二年）。

(57) 川崎一朗「災害社会―本当に強い社会とは―」（座小田豊・田中克・川崎一朗『防災と復興の知　3・11以後を生きる』大学出版部協会、二〇一四年）。

(58) 既述の北原氏の編著書の他、菊池前掲『飢饉―飢えと食の日本史』・『飢饉から読む近世社会』、および『飢饉の社会史』(校倉書房、一九九四年)・『近世の飢饉』(吉川弘文館、一九九七年)・『東北から考える近世史―環境・災害・食料、そして東北史像』(清文堂出版、二〇一二年)、松尾前掲「富士山噴火と浅間山噴火」、水本邦彦「人と自然の近世」・倉地克直「津波の記憶」(水本編『環境の日本史4　人々の営みと近世の自然』吉川弘文館、二〇一三年)など多数。また川崎氏の論説発表後も、菊池勇夫「飢饉と災害」(『岩波講座　日本歴史』第十二巻近世三、岩波書店、二〇一四年)、倉地克直『江戸の災害史　徳川日本の経験に学ぶ』(中央公論新社、二〇一六年)、北原糸子『日本震災史―復旧から復興への歩み―』(筑摩書房、二〇一六年)などの成果がある。

(59)　代表例として、国立歴史民俗博物館編・発行『ドキュメント災害史一七〇三～二〇〇三　地震・噴火・津波、そして復興』(二〇〇三年)を挙げておく。この図録のもとになった展示に向けての研究の経緯や手法は、西谷大「公募型企画展示『ドキュメント災害史一七〇三～二〇〇三　地震・噴火・津波、そして復興』の記録―展示の過程と構成―」(『国立歴史民俗博物館研究報告』一二一、二〇〇五年)に詳しい。

(60)　下川雅弘「『慶長日件録』の慶長三陸津波関連記事―地震学に果たすべき歴史学の役割―」(『史叢』八〇、二〇〇九年)。ただ、地震学・噴火学などの側をみると、データを採る史料について、歴史学の史料批判の手法では地震・火山の記述がほとんど残らなくなる恐れがあるとか、怪しげな史料でも口碑伝承を反映する場合があるとか、歴史学の史料批判のありようとは異なる史料の接し方が研究の初歩として説かれており(小山真人・早川由紀夫「はじめての史料地震・火山学」『地学雑誌』一〇八―四、一九九九年)、研究分野の違いゆえ、止むを得ないことかもしれないが、彼我の史料を扱う認識の差には大きなものがある。

あとがき

本論集は、松尾美恵子先生の喜寿を記念して編集・刊行されたものである。執筆者は、幕藩研究会の会員からなり、おもに研究会草創期のメンバーや、ここ数年来のシンポジウム・大会発表者、そして現在運営に関わっている面々で構成した。

論文集の刊行計画は、十数年前からあった。これまで幕藩研究会では、節目となる年にシンポジウムを企画・開催しており、そのたびに成果をまとめる話が持ち上がってきた。しかし、様々な事情により実現を見るには至らなかった。

とはいえ、何とか会員の研究成果を公表できないかと、有志が集まったのは二〇一七年末のことであった。その場で、松尾先生の記念の年に刊行することが目指され、執筆者はこれまでのシンポジウム・大会発表者や運営に関わっているメンバーを中心としつつ、研究会の立ち上げに関わった会員にも、寄稿を依頼するという方向性が定まった。松尾先生も、「みなさんの成果発表の場になるならば」とご快諾をいただき、さらにご自身がシンポジウムで発表された成果を寄稿して下さるという申し出もあって、論集刊行計画が本格的にスタートしたのである。

二〇一八年の夏頃までには、概ね執筆者の構成が固まり、論集に向けた中間発表会を開催するなど、刊行準備を進めていった。この間に、岩田書院に出版をお引き受けいただくことも決定し、論集刊行に向けて大いに弾みが付いた。台風のなか、出版のお願いにうかがった時、京王線「千歳烏山」駅近くの喫茶店でご馳走になったコーヒーがとても美味しかったことが忘れられない。松尾先生の慶事の年に、論文集を刊行できるのも、岩田書院の社長岩田博氏の懇切丁寧なご助言とご尽力のお陰である。心より感謝の意を表したい。

松尾先生は、二〇一三年に学習院女子大学を定年退職され、同大学名誉教授になられて以降も、ますますお忙しい毎日を送っておられる。先生が以前勤務された徳川林政史研究所には毎週のように通われ、その傍ら武蔵野市・品川区などの文化財保護委員、江戸東京博物館資料収集委員などを現在もお務めになっている。さらに、会長職を務められた地方史研究協議会や、日本歴史学会では今でも評議員の任に就かれている。各種の講演依頼も少なくない。こうしたご多忙のなか、幕藩研究会の例会にはいつも出席され、一研究者の視点からご助言を下さっている。研究会の会員は、出身大学やゼミも異なり、幕藩研究のために自主的に集ったメンバーである。学会のように組織が十分に整備されているわけではないが、その反面良い意味で緩やかで、拘束性もない。こうした性格の研究会が、三十年以上もの長きにわたって継続できたのは、偏に松尾先生のご人徳の賜物というほかはないのである。

松尾先生の学問は、確実な史料に立脚した実証性を重視しつつも、史料の内容を解明するだけではなく、常に個別の事象が全体史のなかに如何に位置づけられるかを問われる姿勢が貫かれている。大名の御手伝普請役や大坂加番制の実証研究の先に、大名類別論や近世国家編制の問題へと大きな議論を展開されるのは、その顕れといえよう。まさに、「小さな歴史から大きな歴史へ」（二〇一三年一月十五日、学習院女子大学最終講義副題）の精神そのものなのである。そして、先生の研究は、基本的な枠組みをしっかりと提示されるため、研究史のなかでも確固たる地位を占め揺るぎない。大名殿席制の研究は、もはや大名の性格を把握する上では無視できない先行研究であるし、近年盛んな江戸城大奥や武家社会の奥研究も、先生が発表された女中分限帳の研究や奥・大奥論が基盤となっている。さらに、富士山噴火など災害史の視点で、幕藩制にアプローチするという斬新な手法も提示された。

このように先生の学問は、拡がりがあってしかも深い。そのうえで、『阿部家史料―公餘録―』『御当家紀年録』などの譜代大名の基本史料とともに、学習院大学図書館所蔵『丹鶴城旧蔵幕府史料』を刊行されるなど、研究環境の整備にも大きく貢献されてきた。

本論集には、幕府・大名(藩)・幕藩関係に関する論考はもちろんのこと、先生が長らく手懸けてこられた大奥研究や災害史研究、さらには、『丹鶴城旧蔵幕府史料』を活用した研究成果を収めている。松尾先生はじめ、研究会の草創期を支えた会員の方々からご論考をいただいたことで、本書の学問的価値が一層高まった。これまで様々な形でお世話になってきた松尾先生へ、いささかなりともご恩返しになれば幸いである。

ここ数年来、大学院博士後期課程に進学する院生が減少してきていることもあり、幕藩研究会の運営は必ずしも安定的というわけではない。それでも、三十歳代の若手研究者を中心に、定期的に例会を開催するなど活動を継続できている。今後も若い力を結集して、幕藩研究を志す研究者の拠点であり続けるとともに、研究成果をさらに発信できるよう努力していきたい。これからも幕藩研究会に温かいご支援、ご鞭撻をいただければ幸いである。

末筆ながら、松尾先生の今後のますますのご活躍とご健康を祈念させていただき、筆をおくこととしたい。

二〇一九年十月

幕藩研究会論文集編集世話人

(文責・藤田英昭)

【執筆者紹介】掲載順

松尾美惠子（まつお　みえこ）　学習院女子大学名誉教授
鍋本　由徳（なべもと　よしのり）　日本大学准教授
針谷　武志（はりがや　たけし）　別府大学教授
藤田　英昭（ふじた　ひであき）　徳川林政史研究所研究員
堀　　亮一（ほり　りょういち）　ＮＨＫ学園専任講師
田原　　昇（たはら　のぼる）　東京都江戸東京博物館学芸員
福留　真紀（ふくとめ　まき）　東京工業大学准教授
吉成　香澄（よしなり　かすみ）　㈱図書館流通センター
自治体史編さん支援本部専門員
大沢　　恵（おおさわ　めぐみ）　東京大学特任専門職員・ＮＨＫ学園講師
小宮山敏和（こみやま　としかず）　国立公文書館上席公文書専門官
深井　雅海（ふかい　まさうみ）　徳川林政史研究所副所長
浅倉　有子（あさくら　ゆうこ）　上越教育大学大学院教授
岡崎　寛徳（おかざき　ひろのり）　半蔵門ミュージアム主任学芸員
千葉　一大（ちば　いちだい）　青山学院大学・聖心女子大学講師

論集　近世国家と幕府・藩

2019年（令和元年）11月30日　第１刷　350部発行　　定価［本体9000円＋税］

編　者　幕藩《ばくはん》研究会（代表：松尾美惠子）

発行所　有限会社岩田書院　代表：岩田　博　　http://www.iwata-shoin.co.jp

〒157-0062 東京都世田谷区南烏山4-25-6-103　電話03-3326-3757　FAX03-3326-6788

組版・印刷・製本：ぷりんてぃあ第二

ISBN978-4-86602-087-7　C3021　¥9000E

コピーOK

岩田書院 刊行案内（27）

			本体価	刊行年月
047	福江　　充	立山曼荼羅の成立と縁起・登山案内図	8600	2018.07
051	木本　好信	時範記逸文集成＜史料選書６＞	2000	2018.09
052	金澤　正大	鎌倉幕府成立期の東国武士団	9400	2018.09
053	藤原　　洋	仮親子関係の民俗学的研究	9900	2018.09
055	黒田・丸島	真田信之・信繁＜国衆21＞	5000	2018.09
056	倉石　忠彦	都市化のなかの民俗学	11000	2018.09
057	飯澤　文夫	地方史文献年鑑2017	25800	2018.09
059	鈴木　明子	おんなの身体論	4800	2018.10
060	水谷・渡部	オビシャ文書の世界	3800	2018.10
061	北川　　央	近世金毘羅信仰の展開	2800	2018.10
062	悪党研究会	南北朝「内乱」	5800	2018.10
063	横井　香織	帝国日本のアジア認識	2800	2018.10
180	日本史史料研	日本史のまめまめしい知識３	1000	2018.10
064	金田　久璋	ニソの杜と若狭の民俗世界	9200	2018.11
065	加能・群歴	地域・交流・暮らし＜ブックレットH25＞	1600	2018.11
067	宮城洋一郎	日本古代仏教の福祉思想と実践	2800	2018.11
068	南奥戦国史	伊達天正日記 天正十五年＜史料選書７＞	1600	2018.11
069	四国地域史	四国の中世城館＜ブックレットH26＞	1300	2018.12
070	胡桃沢勘司	押送船	1900	2018.12
071	清水紘一他	近世長崎法制史料集２＜史料叢刊12＞	18000	2019.02
072	戸邉　優美	女講中の民俗誌	7400	2019.02
073	小宮木代良	近世前期の公儀軍役負担と大名家＜ﾌﾞｯｸﾚｯﾄH26＞	1600	2019.03
074	小笠原春香	戦国大名武田氏の外交と戦争＜戦国史17＞	7900	2019.04
075	川勝　守生	近世日本石灰史料研究12	5400	2019.05
076	地方史研究会	学校資料の未来	2800	2019.05
077	朝幕研究会	論集 近世の天皇と朝廷	10000	2019.05
078	野澤　隆一	戦国期の伝馬制度と負担体系＜戦国史18＞	6800	2019.06
079	橋詰　　茂	戦国・近世初期 西と東の地域社会	11000	2019.06
080	萩原　三雄	戦国期城郭と考古学	6400	2019.07
081	中根　正人	常陸大掾氏と中世後期の東国＜戦国史19＞	7900	2019.07
082	樋口　雄彦	幕末維新期の洋学と幕臣＜近代史23＞	8800	2019.08
083	木本　好信	藤原南家・北家官人の考察＜古代史13＞	4900	2019.08
084	西沢　淳男	幕領代官・陣屋 データベース	3000	2019.08
085	清水　紘一	江戸幕府と長崎政事	8900	2019.08
086	木本　好信	藤原式家官人の考察	5900	2019.09
087	飯澤　文夫	地方史文献年鑑2018	25800	2019.10
088	岩橋・吉岡	幕末期の八王子千人同心と長州征討	3000	2019.11
089	西沢　淳男	飛騨郡代豊田友直在勤日記１＜史料叢刊13＞	7000	2019.11